KB266703

한국 · 한국인 · 한국사회
뉴스로 읽다

한국·한국인·한국사회
뉴스로 읽다 ①

이창재 지음

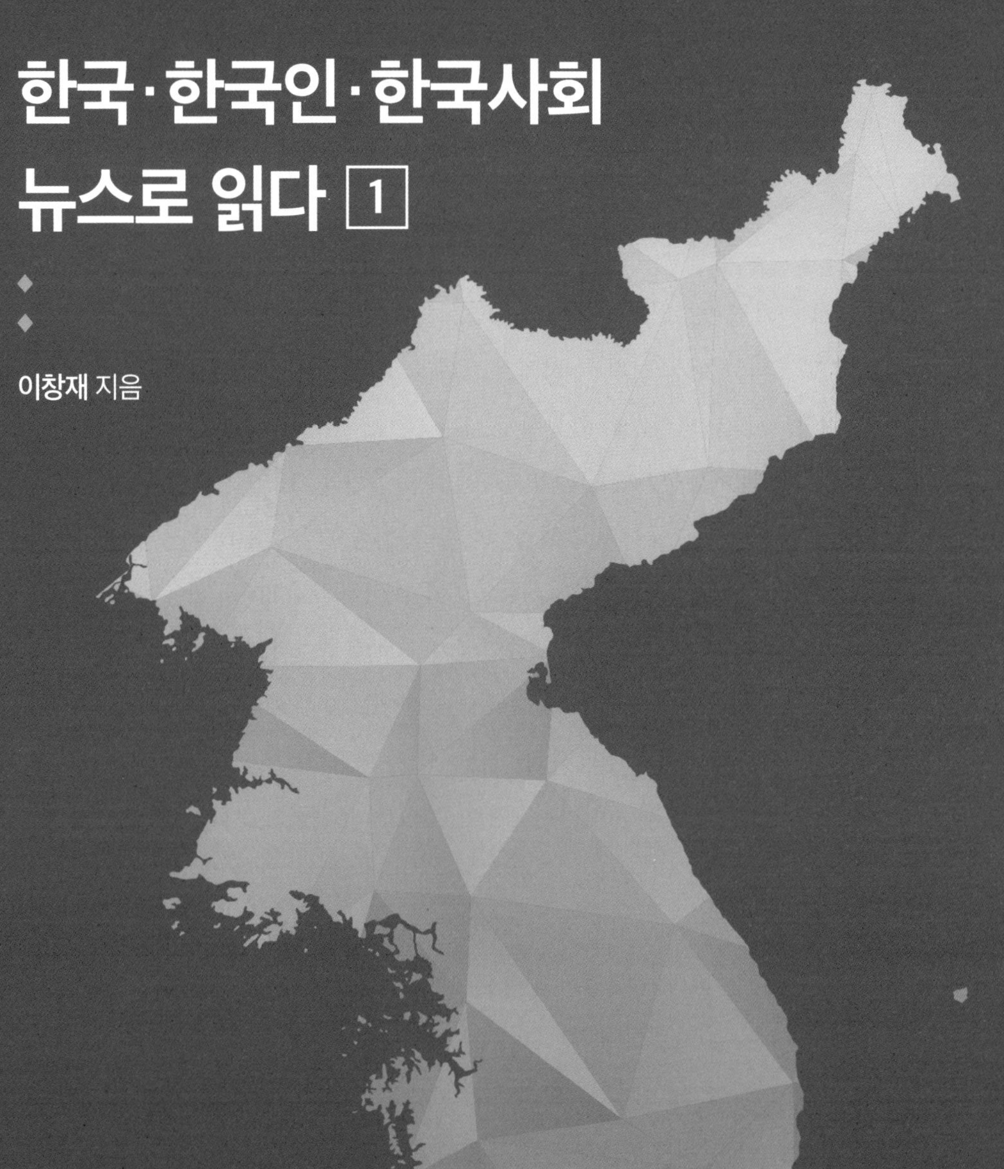

좋은땅

✦ 머리말

1960년대 중반부터 현재까지의 60년은 대한민국이 근대국가에서 선진국으로 도약한 핵심 시기로, 정치적 격변과 경제적 고도성장, 사회 구조의 변화, 문화적 다양성의 확산이 동시에 일어난 시기다. 1966년생인 필자와 그 주변 세대들은 60년대와 70년대에 아동기와 청소년기를 보내고, 80년대에는 청년으로서 민주화의 물결을 체험했으며, 90년대부터는 본격적인 직장 생활을 시작해 지금까지 30여 년간 한국사회에서 활동해 왔다. 이들이 지나온 시간은 곧 대한민국 현대사의 축소판이라 해도 과언이 아니다. 산업화의 거센 흐름 속에서 성장했고, 민주화의 현장에서 목소리를 냈으며, 외환위기와 사회 양극화의 충격을 온몸으로 겪었다. 그리고 한류가 세계로 뻗어 나가는 과정을 지켜보며, 한국의 문화적 위상을 함께 만들어 왔다. 이 세대는 단순한 연령 집단을 넘어, 한국사회의 변화를 온몸으로 경험한 '역사의 참여자'라 할 수 있다. 따라서 이들의 삶을 통해 한국이라는 나라가 어떻게 성장했고, 어떤 갈등을 겪었으며, 어떤 방향으로 나아가고 있는지를 보다 입체적으로 이해할 수 있다. 또한 산업화와 민주화, 양극화와 한류 확산이라는 시대적 변화를 겪어 온 경험은 한국인과 한국사회를 이해하는 데 도움이 될 것이다.

1960년대 한국사회 변화의 출발은 이미 그보다 반세기 이전에 시작되었다. 이는 우리 세대의 부모와 조부모 세대가 어떤 삶의 궤적을 밟아 왔는지 돌아보면 알 수 있다. 나의 아버지는 1934년생으로 일본 오사카에서 태어났다. 고향에 살고 계시던 할아버지께서 집안이 기울자 돈을 벌기 위해서 가족들과 함께 1929년쯤 일본으로 갔기 때문이다. 할아버지는 1901년생이었다. 당시 신문에는 농한기도 아닌데도 도일(渡日) 노동자가 매일 700여 명에 달한다고 했다. 2년 동안 계속된 가뭄은 삼남 지방의 평야를 거의 불모지로 만들었으며, 농민들이 땀으로 가꾼 전답을 버리고 직업을 찾아 일본에 건너가는 이가 이처럼 급증하고 있다고 했다. 또 일본의 노동시장에도 인력이 남아 일본인 중에서도 실업자가 증가하는 상황이어서 숙련되지 않은 조선인 노동자가 직업을 얻기 위해 건너가더라도 취업하기는 어려울 것이라고 분석하기도 했다. 당시 통계에 따르면 재일 조선인이 40여만 명에 달했다.

할아버지는 일본 오사카에서 제철 공장 노동자로 일을 했다고 하는데, 구 일본제철의 오사카 제철소에서 근무했던 것으로 보인다. 일제 말기에 강제 동원된 일본제철 피해자들과 비교해 보면 할아버지가 일할 당시는 일제 말기 비해서 강압적이지는 않았던 것 같다. 할아버지는 조선 말기(대한제국)에 태어나 일제 식민지(1910~1945), 태평양 전쟁(1941~1945), 해방(1945), 한국전쟁(1950~1953), 4·19혁명(1960)과 5·16 군사정변(1961) 등을 경험한 말 그대로 격동의 세대였다. 할아버지 슬하에 6남매가 있었고 차남이자 막내 아들인 아버지는 5살 때까지 일본에서 살다가 1939년 귀국했다. 할아버지는 고향으로 돌아와 일본에서 모은 돈으로 논밭을 사고 빚을 갚았다. 하지만 넉넉한 형편은 아니었다.

취학 전까지 증조할아버지로부터 한문을 배웠던 아버지는 해방 이후 만 11살이 되어서 뒤늦게 공민학교에 입학했다. 공민학교는 초등교육을 받지 못하거나 취학연령을 초과한 사람에게 국민생활에 필요한 교육을 하는 것을 목적으로 설립된 학교였다. 6·25전쟁이 발발한 1950년에 중학교(6년제)에 입학했고 형제 중 유일하게 대학에 진학했다. 아버지는 어려운 집안 형편에서 대학교를 다녔기 때문에 학비를 마련하는 데 고생이 많았다. 아버지에 따르면 쌀과 메밀 등을 경작해 판돈으로 학비를 충당했고 할머니는 막내아들 졸업 날짜를 고대하셨다고 한다.

할아버지와 아버지의 삶의 과정은 그 시기 대한민국에서 진행됐던 교육을 통한 계층 이동의 과정과 일치한다. 돌아가시기 전까지 갓과 한복을 입고 서울에 오실 정도로 보수적이셨던 할아버지는 소작과 도일(渡日) 노동자 생활 등을 통해 자영농이 되었다. 하지만 형편 때문에 자녀 중에 한 명만 대학에 보냈다. 제한된 자원을 가장 효과적으로 활용하기 위해 자원을 집중하는 '선택과 집중'의 전략이었다. 아버지도 졸업 후 상경해 친인척들의 취업과 서울 정착을 도왔다. 이를 통해서 부모세대는 산업화를 이루고 가난한 농가에서 중산층이 될 수 있었다. 이처럼 앞선 두 세대의 노력과 헌신이 있었기에 지금의 우리 세대가 있을 수 있었다.

경영학의 아버지로 불리는 피터 드러커는 이미 90년대 중반에 "한국은 33년이라는 짧은 기간, 황폐했던 제3세계 국가에서 충분히 개발된 세계 수준의 경제 국가로 자신을 변모시키는 데 성공했다."고 말했다. 외신들은 "한국 민주주의 '성공 신화'가 비상계엄 사태에 흔들렸다"고 했지만, 탄핵 과정을 통해 민주주의의 회복력을 보여 줬다고 평가했다. 이제 K-팝과 드라마, 푸드, 뷰티, 웹툰을 통해서 세계 5대 문화 강국을 넘보고 있다. 과연 단 두 세대 만에 이런 엄청난 성과를 낼 수 있는 동력은 무엇이었을까?

이 책은 이에 대한 답을 찾아 정리하고 이를 통해 한국, 한국인, 한국사회 즉 지난 60년간 개인과 사회, 국가 차원의 성장과 변화를 이해하는 데 목적이 있다. 이를 위해서 1966년부터 2025년까지 매년 10대 국내와 국제 뉴스 1200여 건을 분석하고 주요 기사들을 반영해 정리했다. 또 지난 60년간 한국사회 변화를 이해하기 위해서 SBS와 서울대 사회발전연구소가 5년간 시행한 '사회의 질' 연구 결과를 활용해 학술적 접근을 했다. 그리고 한국인 삶에 깊숙이 자리 잡은 유교적 가치를 경전(經典) 등을 통해 짚어 봤다.

1부 '도전의 시간'에서는 1966년부터 1979년까지를 경제 발전 중심으로 정리했다. 특히 박정희 시대의 명암과 '한강의 기적'을 이룰 수 있었던 요인으로서 민족주의와 평등주의, 능력주의 등을 살펴봤다. 이와 함께 역사적으로 조선 말 사회상과 일제 강점기, 민족 개념의 형성 등이 산업화 과정에 미친 영향을 분석했다. 2부 '성취의 시간'에서는 1980년부터 1996년까지를 민주화와 경제 발전을 중심으로 기술했다. 산업화에서 민주화까지 유교적 가치관과 한국의 교육열이 어떤 영향을 미쳤는지 보고, 광주 민주화 운동과 86세대, 언론의 역할, 올림픽 영향, 그리고 국제 정세 흐름을 정리했다. 3부 '불안과 희망의 시간'은 1997년부터 2025년까지 시기로 IMF 외환위기 이후 양극화 문제를 중심으로 신자유주의가 우리나라에 미친 영향과 개인주의의 명암을 살펴봤다. 그리고 같은 시기에 일기 시작한 한류의 배경을 짚어 봤다.

한류 열풍으로 외국인 방문객은 2,000만 명에 육박하고 국내 거주 외국인은 260만 명에 달하며, 외국인 유학생이 25만 명을 넘을 정도로 한국은 다문화 사회로 급변하고 있다. 하지만 이들이 한국사회를 쉽게 이해할 수 있는 마땅한 책은 부족한 실정이다. 따라서 이 책을 통해 국내에서뿐만 아니라 한국에 관심이 많은 외국인들에게도 대한민국에 대한 통찰력을 제공할 수 있는 자료가 되기를 기대한다. 끝으로 묵묵히 응원해 준 아내 정희승과 딸 미현에게 고마움을 전한다.

2026년 3월 이 창 재

1부

도전의 시간

◆ ◆ ◆

　1960년대 한국이 채택한 '수출지향적 공업화 전략'은 당시 세계 대부분의 개발도상국들이 선택한 '수입대체 공업화'와는 확연히 다른 길이었다. 많은 국가들이 자국 내 산업을 보호하고 외화를 절약하기 위해 수입을 줄이고 국내 생산을 확대하는 전략을 택했지만, 한국은 오히려 해외 시장을 겨냥한 수출 중심의 산업화를 추진했다. 이는 단순한 정책 선택이 아니라, 국제정세를 정확히 읽고 전략적으로 대응한 결과였다.[1] 제2차 세계대전 이후 미국은 소련과 중국의 사회주의 확산을 막기 위한 봉쇄 전략을 채택했고, 1947년 트루먼 독트린은 공산주의 위협에 직면한 국가를 적극적으로 지원하겠다는 원칙을 제시했다. 한국전쟁이 발발하자 미국은 일본을 극동의 병참기지로 삼아 경제 부흥을 적극 지원했고, 한국은 공산주의 확산을 저지하는 방어선이 되었다. 이러한 지정학적 배경 속에서 미국은 한국의 경제적 안정과 성장을 절실히 필요로 했고, 자국 시장을 한국에 개방하며 수출을 장려했다.

---

1)　박정희대통령기념재단. 『박정희, 그리고 사람』 미래_H. 2018. p30~31.

한국은 이러한 기회를 전략적으로 활용했다. 미국이라는 거대한 시장을 확보함으로써 수출 기반을 마련했고, 주한미군의 주둔으로 안보 부담을 덜 수 있어 경제개발에 집중할 수 있었다. 이처럼 수출 중심의 경제 성장 전략은 단순한 우연이 아니라, 전략적 사고에 기반한 선택이었다. 정부는 경제기획원을 중심으로 경제개발 5개년 계획을 수립하고, 섬유·신발·가발 등 노동집약적 경공업을 중심으로 수출산업을 육성했다. 수출기업에는 세금 혜택, 금융 지원, 환율 우대 등 다양한 인센티브가 제공되었고, 기업의 생산성과 경쟁력을 높이는 데 크게 기여했다.

1

수출 주도형 경제개발 본격화
(1966~1969)

이 시기는 한국이 산업화와 국제화의 길을 본격적으로 걷기 시작한 때이면서 세계가 정치적 격변과 과학기술의 진보 속에서 새로운 질서를 모색하던 시기였다. 기술입국을 위한 과학기술처가 신설되고 포항제철 공업단지 착공식에 이어 구로수출단지가 문을 열었고 경인고속도로가 개통했다. 세계적으로 중국에서 문화혁명이 시작되고 유럽에서는 68혁명이 일어났으며, 최초의 인터넷이 연결되면서 IT혁명을 위한 준비가 시작됐다.

1966년 한국은 산업화의 기틀을 다지며 국제사회로의 발돋움을 본격화했고, 세계는 냉전의 긴장 속에서 새로운 질서를 모색하고 있었다. 박정희 대통령은 이해를 '더 일하는 해'로 선포하며 제1차 경제개발 5개년 계획(1962~1966)의 마무리에 박차를 가했다. 이 계획은 산업구조의 근대화, 수출 증대, 식량 자급, 고용 창출 등을 목표로 했으며, 그 결과 한국은 1966년까지 연평균 8% 이상의 경제 성장을 달성했다. 한국 최초의 국산 텔레비전 개발도 이해에 이뤄졌다. 금성사(현 LG전자)는 8월 국내 최초로 텔레비전 수상기 500대를 생산했다. 이 제품의 모델명은 VD-191이었으며, 이는 진공관(Vacuum), 데스크 타입(Desk type), 19인치 화면, 그리고 첫 번째 생산품이라는 의미를 담고 있었다. 당시 텔레비전 한 대의 가격은 약 6만 원으로, 쌀 25가마에 해당하는 고가였음에도 불구하고 폭발적인 인기를 끌었고, 공개 추첨을 통해 당첨된 사람에게만 판매될 정도였다.[2]

3월에 국세청 설립됐다. 이승만 시대에는 재무부 소속이었던 시세국을 국세청으로 승격시켜 세정 업무를 대폭 강화해 국가 재정의 안정적 확보와 세정의 투명성 및 효율성 증대됐다. 또 1원, 5원, 10원 주화가 처음 발행되었다. 4월 19일 서울시는 도시의 교통 혼잡을 해소하고 보행자의 안전을 확보하기 위해 세종로와 명동 지역에 지하도 건설을 착공했다. 세종로 지하도는 광화문 사거리 인근에 위치하며, 이후 광화문역과 연결되는 중요한 보행 통로로 기능하게 되었다. 공사는 빠른 속도로 진행되어 같은 해 10월에 완공되었다. 명동 지하도는 당시 서울에서 가장 인구 밀집도가 높았던 명동 미도파 백화점 앞에 건설되었다. 명동은 상권이 활발하고 보행자 통행이 많은 지역이었기 때문에 지하도 건설을 통해 보행자 안전을 확보하고 상권 접근성을 높이는 데 큰 역할을 했다. 정치적으로는 존슨 미 대통령의 방한, 재일교포의 법적 지위 협정 발효, 신한당 창당, 서울시장 김현옥 임명, 장면 총리의 서거 등 굵직한 사건들이 이어졌다.

전국 군 단위 지역의 인구가 정점에 달하며 도시화의 전환점을 맞이했다. 1960~70년대 한국사회는 급격한 산업화와 도시화의 흐름 속에서 농촌과 도시 간의 구조적 재편이 이루어졌고, 이 과정에서 농산물 가격정책은 중요한 역할을 했다. 당시 정부는 도시 노동자의 임금 수준을 낮게 유지하기 위해 농산물 가격을 인위적으로 억제하는 정책을 펼쳤다. 도시의

---

2) 송성수. 『한국의 산업화와 기술발전』 들녘. 2021. p196.

산업화를 촉진하고 기업의 생산비를 절감하기 위한 전략이었지만, 농촌 경제에는 심각한 타격을 주었다.[3] 농산물 가격이 낮게 유지되면서 농민들의 소득은 줄어들었고, 농촌의 경제적 기반은 점차 붕괴되었다. 이에 따라 많은 농민들이 생계를 위해 도시로 이주하게 되었고, 이들은 대부분 낮은 임금과 열악한 주거 환경 속에서 살아가야 했다.

특히 1966년 말 기준으로 서울시 판자촌에 거주하는 인구는 약 127만 명에 달했으며, 당시 서울시 전체 인구의 약 3분의 1에 해당하는 수치였다. 1970년 이후에도 도시로 유입되는 농촌 인구는 계속 증가했고, 이들은 도시의 임금노동자로 편입되며 노동계급의 규모를 급격히 확대시켰다. 이에 따라 취업자 구성에서 농림어업이 차지하는 비중은 1960년 65.2%에서 1970년 51.7%로 급감했고, 도시 노동자의 비중은 빠르게 증가했다. 이러한 변화는 한국사회의 계급 구조를 재편하고, 산업 중심의 자본주의 사회로의 이행을 가속화하는 데 결정적인 역할을 했다.

출판계에서는 〈창작과비평〉이 1966년 겨울 1권으로 창간하여 1970년대 〈문학과지성〉과 함께 민주 문학운동의 선봉이 되었다. 1950~1960년대는 해방 이후 지식과 정보에 대한 열망이 고조된 시기로 젊은 세대와 지식인을 대상으로 한 교양 잡지들이 활발히 발행되었다. 이 시기의 대표적인 잡지로는 〈사상계〉(1953), 〈창작과비평〉, 〈문학과지성〉 등이 있으며, 이들은 문학과 사상, 사회 비평을 통해 지식 담론을 형성하고 시대적 문제의식을 공유하는 데 중요한 역할을 했다.

1970~1980년대는 경제 발전과 함께 권위주의적 정치 체제가 강화되던 시기였던 만큼, 기존의 주류 언론이 발행하는 주간지 외에도 독립적인 시

---

3) 박승호. 『한국 자본주의 역사 바로 알기』. 나름북스. 2020. p139.

각을 가진 잡지들이 등장하였다. 〈뿌리깊은 나무〉(1976)와 〈씨알의 소리〉(1970)는 이러한 흐름을 대표하며, 민족과 공동체적 가치, 저항적 지성을 담아내며 대중과 지식인 사이의 소통을 이끌었다. 이 시기의 잡지들은 억압적인 정치 환경 속에서도 비판적 사고와 대안적 시선을 제시하며 중요한 문화적 역할을 수행했다. 1987년 정치 민주화 이후에는 사회 전반의 자유와 다양성이 확대되면서 잡지의 영역도 크게 확장되었다. 소득과 교육 수준의 향상은 잡지 소비층을 넓히는 계기가 되었고, 시사 주간지뿐 아니라 영화, 패션, 성별 취향 등 다양한 분야를 아우르는 잡지들이 등장하였다. 이 시기의 잡지들은 전문성과 대중성을 동시에 추구하며, 독자의 관심과 취향을 반영한 콘텐츠로 빠르게 발전해 왔다.[4]

12월에 서울은 실론(현 스리랑카)을 제치고 아시아 경기 연맹 총회에서 제6회 대회 개최지로 선정되었다. 한국이 아시아의 중심 국가로 부상하려는 의지를 보여 주는 스포츠 외교의 일환이었다. 특히 북한과의 체제 경쟁이 격화되던 시기였기에 국제 스포츠 무대에서의 존재감을 강화하려는 목적도 있었다. 하지만 유치 확정 후 불과 1년 만에 상황은 급변했다. 가장 큰 문제는 재정적 부담이었다. 애초에 대회 개최 비용을 7억 5,000만 원 정도로 예상했지만, 실제로는 17억에서 35억 원까지 소요될 수 있다는 분석이 나오면서 정부는 부담을 느끼기 시작했다. 당시 박정희 정부는 경제개발 5개년 계획을 추진 중이었고, 국가 재정이 부족한 상황에서 대규모 국제 스포츠 행사를 치르는 것은 무리라는 판단이 내려졌다.

여기에 더해 1968년 1월 발생한 김신조 사건으로 안보 불안이 극도로 고조되었다. 북한 무장공비가 청와대를 기습하려 했던 사건은 국제대회

---

4) 서울역사편찬원. 『서울 2천년사 37』 현대 서울의 교육과 언론. 2016. p21.

안전을 보장하기 어렵다는 현실을 드러냈다. 또한 남북 대립 구도 속에서 사회주의 국가들이 정치적 이유로 불참할 가능성이 제기되면서, 대회의 국제적 의미가 크게 약화될 수 있다는 전망도 나왔다. 결국 대한올림픽위원회는 아시아 경기연맹에 20만 달러의 벌금을 내고 개최권을 반납했다.[5]

이해 출시된 〈샘표진간장〉은 개량간장 방식으로 제조되었음에도 조선간장이 지닌 진하고 구수한 맛을 되살려 내며 큰 인기를 끌었다. 이 제품은 다양한 요리에 두루 사용되면서 전국적으로 넘볼 수 없는 위상을 차지하게 되었고, 이후부터는 집에서 만드는 간장과 구분되는 공장 생산 간장을 '진간장'이라 부르게 되었다. 샘표는 진간장을 중심으로 다양한 시리즈 제품을 출시하며 꾸준한 인기를 얻었고, 이를 통해 우리나라 간장의 대표 브랜드로 자리매김하게 되었다.[6] 간장을 포함한 장류 상품은 전국적인 브랜드 외에도 지방에 기반을 둔 향토 기업들이 활발히 활동한 분야였다. 특히 경남 지역에는 오복간장(부산), 몽고간장(마산) 등 오랜 역사를 지닌 간장 공장들이 밀집해 있다. 이는 일제강점기 일본인들이 세운 양조장이 경남과 마산(현 창원)에 집중되었기 때문이며, 이 지역의 수질이 양조산업에 적합하다는 점도 중요한 배경이 된다.

몽고간장은 샘표와 대상에 이어 약 15%의 시장점유율을 기록하며 전국적인 브랜드로 성장했다. 흥미로운 점은 〈몽고간장〉이라는 브랜드가 마산에 위치한 '몽고정'이라는 우물에서 유래되었다는 것이다. 이 우물은 고려 충렬왕 때 여몽연합군이 일본 정벌을 준비하며 식수 공급을 위해 만든 것으로 수질이 양조공업에 적합하다는 평가를 받았다. 몽고간장은 이

---

5) 1970년 서울에서 아시안게임이 열릴 뻔했다고? [아하 항저우]. 한겨레. 2023. 9. 5.
6) 유승재. 『히트의 탄생』. 위즈덤하우스. 2021. p35~37.

우물의 물을 수원으로 사용하면서 브랜드를 〈몽고간장〉으로 정하게 된 것이다.

앙드레 김은 한국 패션을 세계 무대에 알린 대표적인 디자이너로, 파리 에펠탑 2층과 워싱턴 한국대사관에서 열린 국제 패션쇼를 통해 한국 전통복식을 응용한 드레스를 선보였다. 그는 고구려에서 조선시대에 이르는 다양한 전통 의복에서 영감을 받아 총 38점의 롱 드레스를 디자인했으며, 이를 통해 한국적 미감을 서양식 드레스에 자연스럽게 녹여냈다. 이러한 작업은 단순히 의상을 발표하는 수준을 넘어 한국의 문화와 미학을 예술적으로 표현한 시도로 평가되었다. 그의 작품은 프랑스 유력 일간지 〈르 피가로〉에 소개되며 큰 반향을 일으켰다. 기사에서는 그의 드레스를 "조용한 아침의 나라에서 온 최상의 옷"이라 칭하며, 그의 패션을 '선경(仙境)의 마술'이라고 표현했다. 이는 한국 패션이 단순한 소비재를 넘어 예술적 가치와 문화적 깊이를 지닌 분야로 인정받는 계기가 되었다. 또한 '앙드레'라는 이름은 당시 프랑스 대사관에서 근무하던 외교관이 해외 진출을 위해 외국인에게 친숙한 이름을 갖추는 것이 필요하다고 조언하면서 지어진 것이다.[7]

국제적으로는 중국에서 문화대혁명이 본격적으로 시작된 해였다. 1965년 4인방의 한 명인 요문원이 희곡 〈해서파관〉을 비판한 것이 도화선이 되었고, 1966년 5월 16일 중국 공산당 중앙위원회의 '5·16 통지' 발표를 기점으로 마오쩌둥은 홍위병을 동원해 대대적인 사상 정화 운동을 전개했다. 이는 수백만 명의 희생자를 낳은 10년간의 혼란의 서막이었다. 일본에서는 병오년(丙午年)이라는 이유로 출산율이 급감했다. '말띠

---

7) [월요 인터뷰] 앙드레 김은… 66년 파리서 패션쇼… 앙코르와트 쇼 계획. 한국경제. 2006. 10. 29.

여자는 팔자가 사납다'는 속설로 인해 많은 부부들이 출산을 기피했고, 그 결과 1966년 일본의 합계출산율은 1.58명으로 급락했다. 인도에서는 인디라 간디가 수상에 취임하며 여성 지도자의 시대를 열었고, 소련은 루나 9호를 달에 착륙시키며 우주개발 경쟁에서 우위를 점했다. 미국은 제미니 8호의 도킹 성공으로 우주 탐사에서 중요한 진전을 이루었으며, 프랑스는 남태평양에서 핵실험을 감행해 국제사회의 우려를 샀다. 베트남전쟁은 더욱 격화되며 세계 안보의 중심 이슈로 부상했다.

1967년 한국은 산업화의 발판을 다지고 있었고, 세계는 냉전의 소용돌이 속에서도 새로운 변화의 바람을 맞고 있었다. 국내에서는 박정희 대통령이 재선에 성공하며 장기 집권의 기반을 다졌다. 총선에서도 여당이 압승을 거두며 정권은 더욱 탄탄해졌다. 야당 역시 힘을 모았다. 민중당과 신한당이 손을 맞잡고 신민당이라는 이름으로 여당에 맞섰다. 정치만큼이나 외교도 바쁘게 돌아갔는데, 도쿄에서는 첫 한일각료회담이 열려 양국 간 경제 협력이 본격화되기 시작했다. 또한 과학기술처가 설립되며, '기술입국'의 기틀이 마련됐다. 이외에도 90여 명이 사망한 한일호 침몰 참사가 1월에 있었고, 곧이어 해군 56함이 북한 해안포에 의해 피격 침몰되어 39명이 전사했다. 한편, 북한 외교관 이수근은 판문점을 지나 자유를 찾아 내려오면서 온 국민을 놀라게 했다.

경제 분야는 말 그대로 날개를 달았다. 10월 3일, 포항의 바닷바람을 맞으며 열린 포항제철 기공식은 철강강국의 시작을 알렸다. 1967년 4월, 한국은 마침내 관세 및 무역에 관한 일반협정 GATT에 가입함으로써 세계 다자통상체제에 본격적으로 편입되었다. 한국 경제에 있어 매우 중요한 전환점이었다. GATT 가입을 통해 한국은 최혜국대우 원칙의 적용을 받게 되었는데, 다른 GATT 회원국들이 서로에게 제공하는 관세 혜택을 한국도 동일하게 받을 수 있다는 의미였다. 그 결과 한국은 선진국 시장에 보다 유리한 조건으로 수출할 수 있게 되었고, 국제 무역에서의 경쟁력을 확보하는 데 큰 도움이 되었다.

또한 GATT 가입은 단순한 관세 혜택을 넘어서, 각국의 통상 정보와 정책을 공유할 수 있는 기회를 제공했다. 이를 통해 한국은 세계 시장의 흐름을 보다 정확히 파악하고, 수출 전략을 세우는 데 필요한 정보를 확보할 수 있었다. GATT 가입은 한국의 수출 확대와 산업 성장의 기반이 되었으며, 이후 한국이 세계 경제에 적극적으로 참여하고, 무역 중심의 경제 구조를 강화하는 데 중요한 역할을 했다. 이는 1970년대 이후의 고도 성장과 수출주도형 산업화 전략의 토대를 마련한 결정적인 계기였다.

4월에는 수출 전진 기지인 구로수출산업단지가 본격 가동하며 경제 성장의 동력을 불어넣었다. 외환 업무를 전담하는 한국외환은행이 이해 문을 열었다. 외국은행의 국내 진출은 1967년을 기점으로 본격화되었으며, 한국 경제의 개방과 국제 금융 네트워크의 확대를 위한 중요한 전환점이었다.[8] 당시 정부는 경제개발 5개년 계획을 추진하며 외국 자본과 기술의 유입을 적극적으로 장려했고, 이에 따라 주요 외국계 은행들이 서울에 지점을 설치하기 시작했다. 이해는 미국계 은행인 '체이스맨하탄은행', '퍼스트내셔널시티은행'(현 씨티은행), '뱅크오브아메리카'가 서울에 지점을 개설했다. 이들은 주로 외환 거래, 국제 금융, 기업 대출 등을 중심으로 활동하며, 한국 기업의 해외 진출과 수출입 거래를 지원하는 역할을 했다. 같은 해 영국계 '차터드은행'(현 스탠다드차터드은행)도 진출했다. 일본계 은행들도 빠르게 뒤따랐는데, 도쿄은행과 미츠비시은행이 1967

---

8) 서울역사편찬원. 『서울 2천년사 34』-현대 서울의 경제와 산업. 2016. p329.

년에 서울에 지점을 열었고, 후지은행과 다이이치칸교은행은 1972년에 진출했다. 이들은 일본과의 무역 및 투자 확대에 중요한 금융 인프라를 제공했다.

지방은행의 설립은 1960년대 후반 지역 경제의 균형 발전과 지방 중소기업에 대한 금융 지원을 강화하기 위한 정부 정책의 일환으로 시작되었다. 당시 정부는 '1도 1은행' 원칙을 세워, 각 도(道)마다 하나의 지방은행을 설립하도록 유도했다. 수도권 중심의 금융 구조를 완화하고, 지역 경제의 자생력을 높이기 위한 전략적 조치였다. 1967년 대구은행이 첫 번째 지방은행으로 설립되면서 본격적인 지방은행 시대가 열렸다. 같은 해 부산은행도 설립되었고, 이후 1971년까지 충청은행(1968년), 광주은행(1968년), 제주은행(1969년), 경기은행(1969년), 전북은행(1969년), 강원은행(1970년), 경남은행(1970년), 충북은행(1971년)의 총 10개의 지방은행이 순차적으로 문을 열었다. 현대자동차가 설립되고, 롯데제과도 이때 세워졌다. 그해 1월에 어린이 종합 잡지 〈어깨동무〉가 창간되어 1987년 5월 폐간될 때까지 어린이들의 친구가 되었다.

여의도 개발 역사는 한강과 함께 변화해 온 서울의 도시 성장 과정을 압축적으로 보여 준다. 조선시대까지만 해도 여의도는 갈대만 무성한 모래섬에 불과했으며, 밤섬과 연결된 낮은 지형 때문에 홍수에 취약한 지역이었다. 사람들은 이곳을 가축을 방목하는 공간 정도로만 활용했고, 근대에 들어서서야 일제강점기 간이 비행장이 들어서며 제한적인 용도로 사용되기 시작했다. 여의도가 본격적으로 도시 공간으로 변모한 계기는 1967년 11월 발표된 개발계획이었다. 이어 1968년 정부는 홍수 문제를 해결하고 대규모 택지를 확보하기 위해 여의도 둘레에 거대한 제방인 윤중제를 축조했다. 이 과정에서 밤섬을 폭파해 나온 흙과 돌을 활용해 여의도의 지반을 높이고 안정화했는데, 여의도를 현대적 도시로 개발할 수 있는 기반을 마련한 결정적 시도였다. 이후 1970년 공군기지가 성남으로 이전하면서 비행장 기능이 사라지자, 여의도는 본격적인 도시 개발의 무대로 전환되었다.

여의도 개발이 본격화되면서 마포 일대에는 건설 인부들이 몰려들었고, 개발 붐과 맞물려 목재 산업이 활기를 띠게 되면서 이곳에는 노동자와 서민들이 자연스럽게 모여들었다. 그들의 일상 속에서 값싸고 푸짐하게 즐길 수 있는 돼지고기 요리가 자리 잡았고, 그 중심에 돼지갈비가 있었다. 1970년 마포대교가 개통되고 공덕동 일대가 정비되면서 돼지갈비를 전문으로 판매하는 음식점들이 생겨났고, 1970년대 후반부터는 돼지갈비 사이살인 갈매기살을 구워 판매하는 음식점들이 철로 주변에 우후죽순처럼 들어서게 되었다. 마포는 돼지갈비가 대중화된 최초의 지역으로 알려져 있으며, 갈매기살·주물럭·주먹고기 같은 독특한 돼지고기 부위 요리들도 이곳에서 처음 등장했다. 돼지껍질을 상업적으로 판매하기 시작한 곳 역시 마포였다. 이러한 흐름 속에서 '마포'라는 이름은 돼지고기 요리의 브랜드로 자리 잡아 전국적으로 확산되어, '마포갈비', '마포돼지갈비', '마포갈매기', '마포주먹고기', '마포주물럭', '마포껍데기'와 같은 이름들이 널리 쓰이게 되었다.[9]

서울시는 적자 운영으로 인해 민간 버스업체들이 기피하던 노선에 대해 직접 운영하는 시영버스를 도입하였다. 해방 이후 한국에서 최초로 시내버스를 공공이 운영한 사례로 도시 교통의 공공성을 강화한 획기적인 정책이었다. 당시 서울의 버스는 전체 교통수요의 56.4%를 담당할 정

---

9) 최원준의 음식 사람 〈24〉 서울 마포 돼지고기 요리. 국제신문. 2020. 12. 15.

도로 시민의 주요 이동 수단이었으며, 서울시는 이러한 현실을 인식하고 교통 소외 지역을 해소하기 위해 시영버스를 운행하게 되었다. 시영버스는 서울시가 직접 운영함으로써 수익성과 무관하게 필요한 노선을 유지할 수 있었고, 민간 버스와 구분하기 위해 200번대 노선 번호를 사용하였다. 초기에는 50대의 시영버스를 투입하여 운행을 시작했으며, 이후 다른 도시들도 서울의 사례를 참고하여 시영버스를 도입하게 되었다.

1960년대는 한국 택시 제도의 근간이 마련된 시기로, 제도적 정비와 기술적 도입을 통해 택시 산업이 본격적으로 성장하기 시작한 시기였다.[10] 1962년부터는 일본에서 수입된 미터기가 모든 택시에 부착되기 시작하면서 요금 산정의 객관성과 투명성이 확보되었다. 승객과 기사 간의 요금 시비를 줄이고, 택시 서비스의 신뢰도를 높이는 계기가 되었다. 1966년에는 서울시의 교통 혼잡 문제가 심각해지면서, 부족한 대중교통을 보완할 수단으로 택시가 주목받기 시작했다. 이에 따라 택시 수가 급격히 증가했고, 택시가 대중화되면서 모범운전기사제도가 도입되었다. 모범 기사에게는 포상의 개념으로 개인택시 면허가 부여되었고, 1967년에는 최초로 개인택시 면허가 공식적으로 발급되었다. 1968년에는 개인택시 면허 요건이 완화되면서 개인택시 소유자가 점차 늘어났고, 이는 택시 산업의 다양성과 경쟁력을 높이는 데 기여했다.

이태리 타올은 한국 목욕 문화의 상징적인 아이템 중 하나로, 그 기원은 1967년 부산 초읍동에 위치한 한일직물에서 시작되었다. 이 회사의 대표였던 김원조 씨가 처음으로 이 타올을 개발했으며, 당시 사용된 원료인 비스코스 레이온 실이 이탈리아에서 수입된 것이어서 '이태리 타올'이

---

10) 서울역사편찬원. 『서울 2천년사 36』-현대 서울의 교통과 통신. 2016. p104.

　한국·한국인·한국사회 뉴스로 읽다 ①

라는 이름이 붙게 되었다.

국제적으로는 그리스에서 군사 쿠데타가 발생했고, 중동에서는 이스라엘과 아랍 연합군이 충돌하며 6일 전쟁이 발발했다. 베트남에서는 미국이 고엽제 사용으로 국제적 비난을 받기 시작했다. 혁명가 체 게바라가 볼리비아에서 체포된 뒤 총살돼 역사 속으로 사라졌다. 같은 해에는 청나라의 마지막 황제인 푸이가 세상을 떠났다. 그해 8월 동남아시아의 태국, 인도네시아, 싱가포르, 말레이시아, 필리핀 다섯 나라가 아세안(ASEAN)을 창설했다. 또 세계 최초의 현금 자동 입출금기(ATM)가 1967년 6월 27일 영국 런던 북부 엔필드에 있는 바클레이스 은행 지점에 설치되어 기계로 돈을 인출하는 새로운 시대가 열렸다. 대한민국에서는 1979년 11월 조흥은행 명동지점에 처음으로 설치되었다.

1968년 서울의 풍경은 빠르게 바뀌고 있었다. 1899년부터 서울을 누비던 전차는 교통 혼잡과 도시 확장에 밀려 1968년 11월 30일 역사 속으로 사라졌다. 경제적으로도 대한민국은 도약을 준비하고 있었다. 9월 9일 서울 구로공단 부지에서 제1회 한국무역박람회가 개막되었다. 10개국 101개 기업이 참가한 이 박람회는 수출 2,100만 달러의 성과를 올렸다. 12월 개통한 경인고속도로는 수도권 물류의 대동맥으로 대한민국 고도성장의 견인차 역할을 했다. 이런 가운데 노동자 전태일은 평화시장의 열악한 노동환경을 개선하고자 '바보회'를 결성했다. 그는 "근로기준법을 지켜라"는 외침과 함께, 1970년 분신으로 한국 노동운동의 불씨가 되었다.

1968년에는 서울시 행정구역 내에 더 이상 도시빈민을 위한 대규모 정착지를 조성할 국·공유지가 남아 있지 않았다. 이에 따라 서울시는 5월 경기도 광주군 중부면 일대의 약 300만 평의 부지를 선정하여 새로운 도시를 조성하기로 결정하였다. 이 계획은 약 10만 가구, 55만 명을 수용할 수 있는 대규모 이주 정착지를 조성하는 것이었으며, 당시에는 '광주대단지'라는 이름으로 불렸다. 이곳은 사실상 서울 외곽에 조성된 최초의 계획도시로 도시 빈민을 체계적으로 수용하고 정착시키기 위한 국가 주도의 도시개발 프로젝트였다. [11]

　이해 지금과 유사한 형태의 슈퍼마켓이 처음 등장했다. 서울역 염천교 부근의 뉴서울 슈퍼마켓과 세운상가 근처의 삼풍 슈퍼마켓이 그 시초였다. 이후 미도파, 보광, 제일, 코스모스 등 다양한 슈퍼마켓들이 문을 열며 유통 시장에 새로운 흐름을 만들었다. 1971년 등장한 새마을 슈퍼체인은 슈퍼마켓의 체인화 시대를 열었으며, 정부는 이 체인에 자금을 지원하고 생산자와의 직거래를 장려하는 등 정책적 뒷받침을 했다. 이러한 정부의 지원과 유통 구조의 변화는 슈퍼마켓의 확산을 가속화시켰고, 서울뿐 아니라 지방의 읍내에도 슈퍼마켓이 속속 등장하게 되었다. 소비자에게 더 편리하고 다양한 상품을 제공하는 긍정적인 변화였지만, 동시에 재래시장의 경쟁력을 약화시키는 계기가 되었다. 우리나라의 경제와 유통 구조가 급변하던 1970~80년대, 재래시장은 변화의 중심에서 점차 주변으로 밀려나게 되었다. 서울 남대문, 동대문, 부산 국제시장뿐 아니라 대구 서문시장, 대전 중앙시장, 광주 양동시장, 인천 신포시장 등 전국의 대표적인 재래시장들은 오랜 시간 동안 지역 상권의 중심지로 기능해 왔지만, 슈퍼마켓과 편의점, 할인마트의 등장과 확산으로 과거의 명성을 점차 잃어 갔다.

　교육 제도에도 큰 변화가 있었다. 서울 중학교 입시가 폐지되고, 1969학년도부터는 무시험 추첨제가 도입되었다. 동시에 대학입학예비고

---

11)　오제연 외.『한국현대 생활문화사 1960년대』. 창비. 2016. p50.

사 제도가 발표되어, 대학입시의 새로운 시대가 열렸다. 12월 5일 정부는 교육의 이념과 목표를 담은 국민교육헌장을 제정해 선포하였다. 1960~1970년대 교육 방향은 국가주의적 이념을 중심으로 형성되었으며, 교육은 단순한 지식 전달을 넘어 체제 유지와 국가 정체성 강화를 위한 수단으로 활용되었다. 이 시기의 교육은 반공 이념과 한국적 민주주의의 우월성을 강조하며, 학생들에게 철저한 국가관을 주입하는 데 집중되었다. 1960년대 중반 이후, 정부는 교육을 통해 국민 통합과 체제 안정을 도모하고자 했으며, 특히 고등학교 교육에서 이러한 경향이 두드러졌다. 1969학년도부터 고등학교에 교련 과목이 필수로 도입되었는데, 군사적 훈련 요소를 포함한 교육을 통해 학생들에게 국가에 대한 충성심과 군사적 준비 태세를 갖추게 하려는 목적이었다.

1970년대 들어 이러한 국가주의적 교육은 더욱 강화되었다. 1972년 유신체제의 출범과 함께 '국적 있는 교육'이 강조되었고, 국민교육헌장의 정신을 구현하는 방향으로 교육 정책이 추진되었다. 고등학생들은 격전지 순례 대행진, 교련 합동사열, 교련 실기대회, 최전방 부대 견학, 1일 입대 훈련, 일선 장병 위문 등의 활동에 참여하게 되었으며, 단순한 체험학습을 넘어 국가에 대한 헌신과 군사적 의무를 내면화시키는 교육 방식이었다. 결국 이러한 흐름은 1975년 학도호국단의 부활로 이어졌으며, 교육은 국가의 이념을 내면화하는 도구로서 기능하게 되었다. 이 시기의 교육은 민주주의적 가치보다는 체제 옹호와 반공 이념, 국가 중심의 사고를 강조하였고, 학생들은 교육을 통해 국가의 일원으로서 역할과 책임을 강하게 인식하게 되었다.

국내 안보 위기도 고조되었다. 1월 21일, 북한 무장공비 31명이 청와대를 기습하려다 실패한 1·21 사태가 발생했고, 이틀 뒤에는 미 해군 푸에

블로호가 북한에 납치되며 한반도는 일촉즉발의 위기에 놓였다. 이에 대응해 정부는 예비군을 창설하고, 주민등록증 발급을 시작하며 국가 통제력을 강화했다. 이 사건은 단순한 군사적 도발을 넘어, 서울의 도시 구조와 공간 전략에도 직접적인 영향을 미쳤다. 당시 서울은 강북 지역을 중심으로 행정과 정치 기능이 집중되어 있었는데, 청와대 인근까지 침투한 무장공비의 사례는 강북 중심의 도시 운영이 안보상 매우 취약하다는 인식을 확산시켰다. 이에 따라 정부는 서울의 도시 구조를 재편할 필요성을 절감했고, 상대적으로 안전하다고 판단된 한강 이남, 즉 강남 지역에 대한 개발을 본격적으로 추진하게 된다.

이와 함께 1968년 9월 28일 서울시는 군사도로 역할을 겸한 북악 스카이웨이를 개통하였다. 이어 1969년에는 남산 제1·2터널을 굴착하면서 동시에 30만 명이 대피할 수 있는 대규모 지하 대피호를 조성하였다. 또한 1970년 7월 7일에 개통된 경부고속도로에는 비상시 군용비행장으로 활용할 수 있는 시설이 두 곳 설치되었다. 이러한 일련의 조치들은 모두 박정희 대통령의 안보 의지를 반영한 것이었다.[12] 10월 말에는 울진·삼척 지역에 120명의 무장공비가 침투해 2개월간의 게릴라전을 벌이며 또 한 번의 충격을 안겼다. 이런 가운데 "나는 공산당이 싫어요"라고 외친 이승복 어린이의 죽음은 반공 교육의 상징이 되었다. 한편, 베트남 전쟁에 파병된 한국군은 2월 12일, 퐁니·퐁녓 마을에서 민간인을 학살했다는 의혹에 휩싸였다. 이 사건은 한국과 베트남 양국 간의 아픈 기억으로 남게 된다.

김세중은 서울대학교 교수이자 조각가로서 그의 작품은 국가적 기념

---

12) 손정목. 『서울 도시계획 이야기 ②』. 한울. 2014. p69.

성과 정치적 상징성을 동시에 담고 있었다.[13] 대표작으로는 제2한강교(현 양화대교) 북단에 세워졌던 '유엔참전기념탑'(1964)이 있다. 이 탑은 콘크리트를 주재료로 하여 높이 55미터에 달하며, 아치형 기단 위에 V자형 추상 구조를 갖춘 대형 조형물로 당시로서는 새로운 형식의 기념비로 평가받았다. 이후에도 그는 '이순신 동상'(1968), '국립극장 분수대 조각'(1969), '유관순 동상'(1970, 장충단공원) 등 다수의 공공조각을 제작하며 국가적 인물과 사건을 형상화하는 작업을 이어갔다.

1968년에 육군 취타대를 창설하여 궁중 군례음악인 취타를 계승하고 대중적 접근성을 높였다. 앞서 1964년에는 중요무형문화재 제도를 도입하여 종묘제례악 등 전통예술을 문화재로 지정하고, 예능 보유자를 선정해 기술 전승을 지원했다. 이는 국악을 포함한 전통예술의 체계적인 보호와 계승을 위한 제도적 틀을 마련한 것이다. 또한, 1958년 시작되었던 전국민속예술경연대회를 1961년에 재개함으로써 소멸 위기에 놓인 민속공연예술을 발굴하고 무대에 올려 대중과의 접점을 확대했다. 또 국악의 전문성과 지속적인 발전을 위해 국립국악원을 1961년에 이전·증축하고, 1962년에는 국립창극단을 창단하여 판소리를 기반으로 한 창극을 전문적으로 공연할 수 있는 기반을 마련했다. 이어 1965년에는 서울시립국악관현악단을 창단하여 국악기 중심의 관현악 연주를 활성화했다.

그해 가을, 서울신문사는 새로운 주간지를 창간했다. 1968년 9월 22일, 대중 잡지라는 새로운 기치를 내걸고 등장한 〈선데이서울〉은 당시 언론계에서 하나의 파격이었다. 창간호는 "대중의 구미에 맞는 넘치는 멋과 풍부한 화제, 그리고 감미로운 내용"을 표방하며, 기존 잡지들이 다루지

---

13) 서울역사편찬원. 『서울 2천년사 39』 현대 서울의 문화와 예술. 2016. p250.

않던 자극적이고 대담한 소재를 과감히 실었다. 스트립 쇼걸 인터뷰인 '눈초리에 몸이 아파요', '퇴근 뒤의 애정관리' 같은 기사들은 당시 사회의 윤리적 관념으로는 낯뜨거운 주제였지만, 독자들의 호기심을 강하게 자극했다. 또한 세미 누드 화보를 통해 시각적 흥미를 더하며 대중의 시선을 사로잡았다. 그 결과, 6만 부를 찍은 창간호는 발매 두 시간 만에 모두 매진되는 기록을 세우며 큰 성공을 거두었다. 이러한 폭발적인 반응은 〈선데이서울〉을 단순한 잡지 이상의 사회적 현상으로 만들었고, 다른 언론사들 역시 앞다투어 유사한 대중 주간지를 창간하게 되는 계기가 되었다. 〈선데이서울〉은 대중문화와 언론의 경계에서 새로운 흐름을 만들어 낸 상징적인 잡지로 자리매김했다.[14] 곧이어 〈주간경향〉도 창간되어 대중주간지 시대의 막을 열었다. 같은 해, 중앙일보는 어린이들을 위한 교양지 〈소년중앙〉을 창간했다.

앞서 〈주간한국〉은 1964년 9월 27일 한국일보사가 창간한 대한민국 최초의 시사종합주간지로, 1960년대 중반 이후 경제개발과 함께 국민의 소득 수준이 향상되면서 잡지 시장이 활기를 띠던 시기에 등장했다. 기존의 딱딱한 뉴스 중심의 보도에서 벗어나, 〈주간한국〉은 연예계 소식, 스포츠, 가십성 기사 등 대중적이고 흥미로운 콘텐츠를 중심으로 구성되었으며, 누구나 부담 없이 읽을 수 있는 여가용 잡지로 자리매김했다.[15] 창간 당시 〈주간한국〉은 타블로이드판 32면으로 구성되었고, 가격은 1부당 10원으로 저렴했다. 창간호와 제2호가 완판되며 폭발적인 인기를 끌었고, 1965년 창간 1주년에는 10만 부를 넘는 발행 부수를 기록했다. 이후 인기는 계속 상승하여 1967년에는 21만 부, 1968년 2월에는 33만 1,000

---

14) 〈선데이서울〉 창간에서 폐간까지. 미디어오늘. 1995. 12. 6.
15) 나의 '주간한국' 창간 시절: 창간 50주년을 맞으며. 관훈저널 가을호. 2014. 9.

부를 발행했고, 같은 해 6월에는 41만 5,000부를 기록하며 당시 국내 정기간행물 중 최고 발행 부수를 달성했다. 당시 주요 일간지의 하루 평균 발행 부수가 20만 부 수준이었던 것을 고려하면, 〈주간한국〉의 기록은 매우 이례적이었다.

국제적으로 1968년은 불꽃처럼 타올랐다. 마틴 루터 킹 목사와 로버트 케네디 상원의원이 암살당했고, 프랑스에서는 68혁명이 일어나 학생과 노동자가 거리로 쏟아져 나왔다. 체코의 '프라하의 봄'은 소련의 탱크에 짓밟혔고, 멕시코 올림픽에서는 흑인 선수들의 인권 시위가 전 세계를 놀라게 했다. 미국에서는 리처드 닉슨이 대통령에 당선되었고, 베트콩의 구정 공세는 전쟁의 판도를 뒤흔들었다.

1969년 12월에 완공된 제3한강교(현 한남대교)는 서울의 구도심과 강남을 연결하는 핵심 인프라로서 본격적인 강남 개발의 출발점이 되었다. 당시 서울은 한강을 중심으로 북부 지역에 도시 기능이 집중되어 있었고, 남쪽 지역은 상대적으로 개발이 미미한 상태였다. 한남대교의 건설은 이러한 도시 구조를 변화시키는 계기가 되었으며, 이후 강남 지역의 급속한 도시화와 경제 발전을 촉진하는 데 결정적인 역할을 했다. 한남대교는 경부고속도로와의 연결을 통해 서울과 전국 주요 도시 간의 접근성을 획기적으로 개선하였고, 강남 지역을 새로운 주거 및 상업 중심지로 성장시키는 기반이 되었다. 특히 1970년 경부고속도로 개통과 맞물려 강남은 교통의 요충지로 부상하며, 정부의 강남 개발 정책과 맞물려 대규모 택지 개발, 교육기관 이전, 기업 유치 등이 활발히 이루어졌다.

한강맨션 아파트는 1969년 서울 동부이촌동에 건립된, 한국 최초의 중산층을 위한 아파트 단지로 평가받는다. 당시 대한주택공사는 기존의 서민용 아파트 정책에서 벗어나 생활 수준이 향상된 도시 중산층을 위한 새로운 주거 모델을 제시하고자 했다. 일본의 고급 아파트 광고에서 '맨션'이라는 이름을 차용해 고급화 전략을 구상했으며, 단순한 주거 공간을 넘어 현대적이고 안락한 생활을 가능하게 하는 공간으로 설계했다. 이 아파트는 국내 최초로 중앙 공급식 중온수 보일러를 도입해 온돌방이 없는 완전 입식 평면을 구현했다. 평형은 27~55평으로 넓게 구성되었고, 32평 이상에는 당시 중산층 가정의 생활 패턴을 반영해 식모방을 마련했다. 단지 외곽에는 담장과 초소, 경비원을 배치해 보안과 관리 체계를 갖추었으며, 대한주택공사가 직접 관리 업무를 맡았다. 외벽 색상은 미술계 자문을 받아 차별화했고, 주거 공간의 품격을 높였다.

분양 방식에서도 혁신을 보여 국내 최초로 견본주택을 선보이고 광고를 진행했으며, 국무총리가 기공식에 참석할 정도로 사회적 관심을 끌었다. 초기에는 서민 주택을 건설해야 할 주택공사가 중산층 아파트를 짓는다는 점에서 비판도 있었지만, 이후 반포·잠실·여의도·압구정 등 중산층 아파트 개발의 선구적 모델로 자리 잡았다. 한강맨션 아파트가 들어선 동부이촌동은 서울의 대표적인 부촌으로 성장했고, 영화배우·정치인·기업인 등 유명 인사들이 거주하는 상징적 공간이 되었다. 같은 해 발행된 주택복권은 서민들에게 내 집 마련의 꿈을 키워주며, 한강맨션은 한국 주거문화의 전환점이자 도시 구조 변화의 중요한 계기를 마련한 아파트로 기억된다.[16]

그 무렵, 서울에서는 중학교 무시험 추첨 입학제가 도입되며 교육의 평등이 새로운 전환점을 맞았다. 아이들은 더 이상 입시지옥에 시달리지 않고, 추첨이라는 방식으로 학교에 배정되었다. 이른바 '뺑뺑이 세대'의

---

16) [한국아파트 60년] ⑤ 32평형 부엌에는 식모 방도 딸려… 고급 아파트 원조격인 '이촌 한강맨션'. 조선일보. 2021. 7. 5.

시작이었다. 초등교육의 경우 당시 정부는 교육 보편화를 목표로 국민학교 완전 취학을 추진했으며, 교육 기회의 확대라는 긍정적인 성과를 낳았다. 그러나 동시에 학교 시설과 교사 수, 교재 등 교육 인프라가 이를 따라가지 못하면서 교육 환경은 급속히 악화되었다. 특히 1969년 서울시내 공립 국민학교의 학급당 평균 학생 수는 무려 82.5명에 달했는데, 교육의 질을 심각하게 저해하는 수준이었다.

1월 천안 열차 추돌 사고로 41명이 사망하고 102명이 중경상을 입어 철도 안전에 대한 경각심이 커졌다. 12월에는 KAL기 납북 사건이 발생했고, 앞서 3월에는 주문진에 무장공비가 침투했다. 또 간첩 이수근의 탈출은 당시 사회에 큰 충격을 안겼다. 박정희 대통령의 3선 연임을 위한 3선 개헌 파동은 정치적 격량을 예고했다. 그해 8월 MBC TV의 개국과 〈일간 스포츠〉의 창간으로 대중문화와 스포츠, 뉴스가 본격적으로 대중의 일상에 스며들기 시작했다.

하늘길에 변화가 찾아왔다. 대한항공은 이해에 민영화되며 새로운 도약을 준비했고, 세계는 보잉747의 첫 비행을 지켜봤다. 김포공항은 한국 경제의 성장과 함께 빠르게 발전했다. 1969년에는 동남아 노선이 개설되었고, 1972년에는 태평양을 횡단하는 미주 노선이 취항하면서 국제적 위상이 높아졌다. 1973년에는 대형 항공기인 보잉 747기가 등장하며 공항의 운항 능력도 크게 향상되었다. 1960년 하루 6편이던 항공편은 1970년에는 40여 편으로 증가했고, 이용객 수도 꾸준히 늘어났다. 김포공항은 원래 일제가 1942년 대륙 침략을 위한 군사적 목적에서 건설한 공항으로 시작되었지만, 이후 한국의 대표적인 국제공항으로 성장하며 국가 발전의 상징적인 공간으로 자리 잡게 되었다.

1963년에 동화백화점을 인수한 삼성그룹은 신세계백화점으로 상호를 변경하고, 1969년에는 본격적으로 직영 백화점을 출범시켰다. 신세계는 정찰제 엄수, 호객행위 금지, 고객 신용판매제 실시, 종업원 교육훈련 및 문화행사 개최 등 당시로서는 혁신적인 운영 방식을 도입하여 백화점의 현대화를 선도했다. 이러한 변화는 총판매액과 판매효율의 비약적인 향상으로 이어졌고, 서울시의 권고에 따라 다른 백화점들도 직영화를 추진하게 되었다. 미도파는 1973년 시대백화점 경영권을 인수하면서 완전 직영화를 이루었고, 이후 새로나 백화점(1976), 한양 쇼핑센터(1979) 등 대기업이 유통업에 본격적으로 진출하면서 백화점 산업은 경쟁 체제로 접어들었다. 1979년에는 롯데가 소공동에 기존 백화점의 2~3배 규모로 롯데쇼핑센터를 설립하며 업계에 본격적으로 뛰어들었다. 롯데백화점은 영업 첫해인 1980년에 기존 1위였던 신세계를 제치고 정상에 올랐으며, 1982년에는 단일 점포 최초로 매출 1,000억 원을 달성하는 등 백화점 산업의 새로운 시대를 열었다.

국립현대미술관은 1969년 경복궁에서 처음 개관하여 한국 현대미술의 보급과 발전을 위한 국가 기관으로 출발했다. 이후 1973년 덕수궁 석조전으로 이전하면서 근대미술 중심의 전시 공간으로 기능을 이어 갔다. 그러나 미술관의 규모와 기능이 확대되면서, 1986년에는 경기도 과천 청계산 자락에 국제적 규모의 시설과 야외조각장을 갖춘 과천관을 신설하여 본관으로 이전하였다. 이로써 국립현대미술관은 자연과 예술이 어우러지는 대규모 미술공간으로 자리 잡게 되었다. 하지만 과천이라는 지리적 특성으로 서울 시민들의 접근성이 떨어지는 문제가 제기되었고, 이를 해소하기 위해 1998년 덕수궁 석조전 서관에 분관인 덕수궁미술관을 개관하였다. 이 공간은 근대미술에 특화된 전시를 통해 도심 속 미술 향유의 기회를 제공하며, 관객과의 거리를 좁히는 역할을 수행했다. 이후

2009년에는 서울 도심에 새로운 미술관 건립 계획이 발표되었고, 공모와 건축 설계를 거쳐 경복궁 동쪽, 과거 국군기무사령부 자리에 2013년 서울관이 개관하였다.

　세계적으로는 미국 국방부 산하 고등연구계획국(DARPA)이 인터넷의 전신인 아파넷(ARPANET)을 연결해 인터넷의 핵심 기술인 패킷 교환 방식의 기반을 마련했으며 이후 TCP/IP 프로토콜로 발전했다. 아폴로 11호가 달에 착륙하며 인류의 우주 개척 시대를 열었고, 미국에서는 우드스탁 페스티벌이 열려 젊은이들의 자유와 평화의 열망이 음악으로 터져 나왔다. 같은 해 〈세서미 스트리트〉가 첫 방송을 시작하며 전 세계 어린이들의 친구가 되었다. 문학계에서는 새뮤얼 베케트가 노벨문학상을 수상하며 부조리극의 대가로서 세계적 인정을 받았다.

2

수출산업의 태동과 경제 발전

1960년대는 한국 경제가 본격적인 산업화와 수출 중심의 성장 전략을 통해 도약하기 시작한 시기였다. 정부는 경제개발 5개년 계획을 추진하며 수출을 중심으로 한 산업 구조를 구축했고, 이에 따라 다양한 산업이 태동하고 성장의 기반을 마련했다. 이 시기에는 광부와 간호사들이 독일로 파견되어 외화를 벌어들이며 국가 경제에 실질적인 도움을 주었다. 또한 베트남 전쟁을 계기로 한국 기업들이 군수 및 건설 분야에서 활약하며 '베트남 특수'를 누렸다. 또 서울 구로에 대규모 산업단지인 구로공단이 조성되어 노동집약적 제조업의 중심지로 자리 잡았고, 신발·섬유·의류 산업은 저렴한 노동력을 바탕으로 빠르게 성장하며 수출을 견인했다. 자동차 산업은 조립 중심에서 시작해 점차 기술력을 확보해 나갔으며, 전자 산업은 라디오와 TV 등 가전제품 생산을 통해 기술 기반 산업으로서 가능성을 보여 주었다. 반도체 산업은 아직 초기 단계였지만, 이후 세계적인 경쟁력을 갖추는 데 필요한 토대를 이 시기에 마련했다. 이처럼 1960년대는 한국이 농업 중심 사회에서 산업 중심 사회로 전환하며, 세계 시장에 진출하는 발판을 마련한 시기였다.

• 파독 광부와 간호사

　1960년대 대한민국은 극심한 경제난과 실업 문제에 직면해 있었다. 서방의 무상 원조가 줄어들면서 외화 확보가 절실해진 정부는 새로운 방안을 모색했고, 그 결과 서독에 한국인 광부와 간호사를 파견하는 정책을 추진했다. 1963년 박정희 정부는 독일 정부와 '한독근로자채용협정'을 체결하여 본격적으로 인력을 수출하기 시작했다. 당시 서독은 산업화로 인해 노동력, 특히 돌봄 인력이 부족한 상황이었고, 한국은 경제적 어려움 속에서 외화를 벌고 실업난을 해소해야 했다. 그러나 독일은 한국을 극빈국으로 인식하며 차관 상환 능력을 의심했다. 이에 한국 정부는 파견 근로자들의 급여를 독일 코메르츠방크(Commerzbank)에 3년간 예치하는 방식으로 담보를 설정해 차관을 확보하는 구조를 마련했다.

　1964년 12월, 박정희 대통령은 서독을 방문해 현지에서 일하는 광부와 간호사들을 직접 만나 위로했다. 그는 "조국이 가난해서…"라는 말을 남기며 눈물을 흘렸고, 이는 해외 노동자들의 헌신과 희생에 대한 국가적 감사의 상징적인 장면으로 기억되었다. 1960년대 초부터 1970년대 말까지 서독에 파견된 한국인 광부는 약 7,900명, 간호사는 1만~2만 명에 달했다. 간호사들은 한국에서 간호학교를 졸업하고 병원에서 일하다가 독일로 건너가 근무했으며, 1966년 1월 128명을 시작으로 꾸준히 파견되었다. 이들은 독일에서 번 돈의 대부분을 고국으로 송금했고, 1965년부터 1975년까지 파독 근로자들이 송금한 금액은 1억 달러가 넘는 것으로 추정된다. 이들의 희생과 헌신으로 마련된 외화는 당시 한국 경제의 종잣돈이 되었고, 산업화와 경제 발전의 초석을 놓는 데 크게 기여했다.[17]

---

17)　1960~70년대 독일 파견, 광부와 함께 외화벌이 주역… 고국에 1억달러 넘게 송금. 조선일보. 2025. 1. 25.

파독 광부들은 대부분 초보자가 선발되어 독일에서 교육을 받은 뒤 지하 1,000미터 이상 깊은 탄광에서 일했다. 뜨거운 지열과 땀에 시달리며 무거운 쇠기둥인 '슈템펠'을 하루 수십 개씩 세워야 했고, 석탄가루를 막기 위해 코담배까지 챙겨야 했다. 간호사들은 독일 병원에서 잡무와 시신 처리, 호스피스 병동 근무까지 맡으며 헌신적으로 환자를 돌봤다. 그들의 성실한 태도는 독일 사회에 감동을 주어 "한국 천사(Engel aus Korea)"라는 별칭으로 불리게 했다.[18] 이러한 긍정적인 인식은 단순한 노동력 제공을 넘어 한국에 대한 신뢰와 호감으로 이어졌고, 결국 서독으로부터 2차 경제원조를 이끌어내는 원동력이 되었다.

• 베트남 특수

1960년대 후반부터 1970년대 초까지 이어진 베트남전은 대한민국에게 단순한 외교·군사적 사건을 넘어, 경제적 전환점이자 해외 진출의 기폭제가 되는 계기가 되었다. 박정희 정부는 야당의 거센 반대에도 불구하고 1964년 9월부터 청룡·맹호·백마부대를 파병했고, 1973년까지 총 32만여 명의 병력을 베트남에 보냈다. 특히 1968년에는 5만여 명을 파병해 미군에 이어 두 번째로 많은 병력을 투입했다.

정치·외교적 평가를 떠나, 베트남 참전이 한국 경제 성장에 결정적인 기여를 했다는 사실은 널리 인정받고 있다.[19] 일본이 한국전쟁을 통해 경제적 기틀을 마련했듯, 한국은 베트남전을 통해 국제무대에 진출할 수 있는 경제적 역량을 축적하기 시작했다. 병력 파병 이후 국내 기업들의 베트남 진출은 해외시장 개척의 시발점이 되었고, 전쟁을 통해 벌어들인 외

---

18) 우리가 살았던 독일. 역사공감-대한민국역사박물관 소식지 Vol.37.
19) 손해용. 『다시 쓰는 경제교과서』. 중앙북스. 2011. p45~47, 49.

화는 국가 산업활동의 밑천이 되었다. 이때 쌓은 경험과 자본은 수출 중심의 경제로 나아가는 데 국민적 합의를 이끌어 내는 기반이 되었다. 베트남 특수는 파병된 한국군에게 한국 상품을 공급하는 데서 시작되었다. 초기에는 미군의 전투식량인 C-레이션(C-ration)을 보급받았지만, 한국인의 입맛에 맞지 않는 느끼한 음식이 문제였다. 이에 정부는 미국 측에 한국군에게 공급되는 전투식량을 한국이 직접 납품할 수 있도록 요청했고, 비록 당시 한국의 통조림 기술은 미군 기준에 미치지 못했지만, 김치·고추장·멸치조림 등 한국식 식품을 만들 수 있는 유일한 나라였기에 요청이 받아들여졌다. 이렇게 탄생한 것이 바로 K-레이션이다. '한국군을 위한 전투식량'이라는 의미로 깡통 표면에 C 대신 K자를 새겨 넣었다.

이후 한국은 군복, 담요, 전투화 등 군수품을 수출하기 시작했고, 점차 일반 물품과 용역으로 분야를 확대하며 베트남 진출에 속도를 냈다. 비록 제품 제조 기술은 초기에는 미흡했지만, 경험이 쌓이면서 품질과 기술이 빠르게 향상되었고, 훗날 한국이 공산품을 세계에 수출하는 데 귀중한 자산이 되었다. 베트남전의 장기화는 미국의 군수 수요를 증가시켰고, 값싼 한국의 노동력을 활용한 OEM(주문자 상표 부착 생산) 방식의 군수품 생산이 급증했다. 이에 따라 의류·전자제품 등의 대미 수출도 크게 늘었다. 한국의 수출 총액에서 미국이 차지하는 비중은 1960년대 초반 20%대에서 1969년에는 50.1%까지 증가했다. 수출 총액은 1964년 1억 2,000만 달러에서 1972년 16억 2천 4백만 달러로 급증했고, 외환보유고도 1964년 말 1억 2천 9백만 달러에서 1970년 5억 8천 4백만 달러로 늘어나며 외환위기설을 불식시켰다.

당시 베트남에서 활동한 국내 대기업들도 이 특수를 통해 성장의 발판을 마련했다. 특히 현대, 대우, 한진 같은 기업들이 두드러진 성장을 이루었다. 현대건설은 원래 중소 건설업체였지만, 파병 협상 과정에서 미국으로부터 항만·도로·토목 기술을 무상으로 전수받으며 기술적 기반을 확보했다. 이 기술은 훗날 현대가 중동 건설 시장에 진출해 세계적 건설기업으로 도약하는 데 핵심적인 밑거름이 되었다. 대우는 섬유 수출로 출발한 작은 기업이었지만, 베트남 전쟁과 관련된 조달·수출 기회를 통해 자본을 축적하고, 이를 바탕으로 건설·중공업·금융 등으로 사업을 빠르게 확장했다. 당시 정부의 수출 중심 경제 정책과 맞물리며 대우는 단기간에 대기업으로 성장할 수 있었다. 한진 역시 베트남 전쟁의 직접적인 수혜 기업이었다. 해운업 기반의 회사였던 한진은 파병 물자 수송을 맡으며 급격히 성장했고, 이러한 공로를 인정받아 국내 최초의 민간 항공사 운영 허가를 받았다. 이후 한진그룹이 항공·물류 중심의 대기업으로 발전하는 출발점이 되었다.[20]

　미국은 한국군의 전투수당으로 1965년부터 1973년까지 총 2억 3,500만 달러를 지급했는데, 그 가운데 1억 9,500만 달러가 국내로 송금되었다. 이는 전체 수당의 약 83%에 해당했다.[21] 전체적으로 1964년 9월부터 1973년 3월까지 약 8년 8개월의 참전을 통해 한국에 유입된 외화는 약 10억 3600만 달러에 달했다. 당시 한국의 외환보유고가 3억 달러에도 미치지 못했던 점을 고려하면, 엄청난 규모였다.

　이 외화는 1965년 한일협정을 통해 조달한 배상금과 함께 경부고속도로 건설, 중공업 육성 등 국가 경제기반시설을 구축하는 데 사용되었고, 결과적으로 한국 경제의 근대화를 이끄는 초기 자본이 되었다. 경

---

20)　베트남 30만 파병, 100억 달러 수입… 韓 산업화 발판 되다 [창간기획 대한민국 '트리거60']. 중앙일보. 2025. 8. 28.

21)　쏟아지는 외화에 입을 다물지 못하다 [토요판] 박태균의 베트남전쟁 (23) 전쟁 특수. 한겨레. 2014. 11. 14.

제 지표에서도 베트남전이 가져온 효과는 뚜렷하게 나타났다. 1960~64년 한국의 GNP 성장률은 5.5%였지만, 65~69년에는 11.8%, 70~75년에는 8.8%로 크게 높아졌다. 60~64년 9.4%였던 제조업 생산의 성장률도 65~69년 22.5%, 70~75년 18.3%로 크게 증가하며 산업화의 속도를 높였다. 이처럼 베트남전은 한국에게 단순한 전쟁 참여를 넘어, 산업화와 세계화의 기반을 마련해준 경제적 특수였다.

하지만 베트남전은 경제적 성과만큼이나 깊은 상처도 남겼다. 파병된 장병 중 5천여 명이 전사하고 1만 6천여 명이 부상하는 등 막대한 인명 피해가 발생했다. 이로 인해 베트남 파병은 젊은이들의 피를 대가로 경제적 이익을 얻은 '용병 거래'라는 비판을 받기도 했다. 특히 전쟁 중 미군이 살포한 고엽제로 인해 파병 장병과 그 후손 약 5만여 명이 지금까지도 후유증에 시달리고 있다.

• 구로공단 조성

구로공단은 대한민국 최초로 조성된 수출산업공단으로 제조업과 수출산업의 성장에 핵심적인 역할을 했다. 1963년 수출산업촉진위원회가 발족되고, 일본에 파견된 실태조사단이 재일교포 기업인들로부터 공단 설립 요청을 받으면서 본격적인 계획이 시작되었다. 구로공단은 서울 구로구에 조성된 1·2·3단지를 중심으로 형성되었으며, 1965년부터 분양이 시작되어 1973년까지 3단지의 분양이 완료되었다. 이곳에는 섬유, 봉제, 가발 등 경공업 중심의 업체들이 입주하여 수출을 견인했고, 1978년에는 210개 업체가 약 7만 5천 명의 근로자를 고용할 정도로 성장하였다. 이러한 노동집약적 산업은 농촌에서 도시로 유입된 여성 노동자들의 일자리를 제공하며 도시화와 산업화를 동시에 촉진했다.

구로공단의 업종 분포는 한국 산업화 초기의 수출 중심 제조업 구조를 잘 보여준다.[22] 1971년 제1·2단지의 입주가 완료된 시점에서 구로공단에는 총 74개 업체가 입주해 있었으며, 이 중 섬유봉제업체가 25개로 전체의 33.8%를 차지하며 가장 높은 비중을 보였다. 그 뒤를 이어 전기전자업과 가발 제조업이 주요 업종으로 자리 잡고 있었다. 1982년에는 제3단지까지 준공되어 전체 입주업체 수가 211개로 증가했으며, 섬유봉제업체는 64개로 전체의 30.3%를 차지하며 여전히 가장 높은 비중을 유지했다. 전기전자업체는 55개로 26.1%를 차지하며 두 번째로 많았고, 가발 제조업체는 3개로 크게 감소하였다. 입주 초기 구로공단에는 섬유봉제, 전기전자, 가발 등 노동집약적 수출 제조업체들이 주로 입지해 있었으며, 당시 국가 경제 전략과 맞물려 수출 중심 산업 육성의 일환이었다.

구로공단의 성공은 전국적으로 산업단지 개발 붐을 일으켰고, 광주·대전·전주·청주·대구·춘천 등 지방 도시에도 산업단지가 조성되면서 지역 균형 발전의 기반을 마련했다. 이 과정에서 제조업 중심의 산업 구조가 빠르게 자리 잡았고, 노동집약적 산업을 통해 수출을 확대하며 국가 경제 성장에 크게 기여했다. 또한 구로공단은 민간 기업이 산업단지 개발에 뛰어들게 하는 계기를 제공했다. 1970년대에는 영등포기계공단(현 서울온수산업단지) 등 민간 주도의 산업단지가 수도권에 잇달아 건설되며 산업 생태계가 확장되었다. 이를 통해 대규모 고용이 창출되고, 서울 서남권은 급격히 성장해 도시 발전의 중심지로 자리매김했다.[23]

영등포구는 일제강점기부터 공업지역으로 1960년대 공업화가 진전되

---

22) 서울역사편찬원. 『서울 2천년사 34』 현대 서울의 경제와 산업. 2016. p242~244.
23) 산업화 토대 구로공단의 성쇠… 퇴적된 '노동 희생' 등 명암 잊지 말고 되새겨 봤으면 [마강래의 함께 살아가는 땅]. 서울신문. 2023. 1. 12.

면서 준공업지역으로 지정되었고, 이에 따라 대규모 공장 신설이 활발히 이루어졌다. 특히 문래동과 영등포동 일대에는 기계공장이 도로변과 골목을 따라 밀집해 있었다. 하지만 1970년대 후반부터 영등포구는 도시정비 사업과 함께 대규모 상가 및 주택단지가 들어서면서 공업지역 성격이 점차 약화되었다. 여기에 정부의 수도권 과밀 억제 정책이 더해지면서, 영등포에 위치한 많은 공장들이 반월, 안양, 의정부, 성남, 부천, 인천 등 수도권 외곽 지역으로 이전하게 되었다. 이러한 변화로 영등포구의 제조업 비중은 점차 감소하게 되었으며, 서울 내 제조업 중심지로서의 위상도 약화되었다.

또한 구로공단은 1970~80년대 노동운동의 중심지로 부상하며 사회적 변화에도 큰 영향을 미쳤다. 열악한 노동환경 속에서 노동자들의 권리의식이 성장했고, 대학생들의 위장 취업을 통한 연대 활동도 활발히 이루어졌다. 이후 1990년대부터 경공업의 쇠퇴와 함께 구로공단은 첨단산업 중심으로 재편되었고, 2000년에는 '서울디지털산업단지'로 명칭이 변경되며 IT 기반 산업단지로 탈바꿈하였다.

• 신발산업

한국 신발산업은 6·25 전쟁 당시 군용 훈련화를 생산하면서 운동화 제작에 필요한 기술과 노하우를 축적할 수 있었고, 이후 산업 발전의 밑거름이 되었다.[24] 1965년 월남전에서는 미군용 정글화를 군납하면서 본격적인 수출산업으로 자리매김하게 되었으며, 같은 해 한·일 국교 정상화를 계기로 일본이 보유한 신발 제조기술과 생산설비가 한국으로 대거 이

---

24) 한국경제60년사 편찬위원회. 『한국경제 60년사: 총괄편』. 한국개발연구원. 2010. p147.

전되었다. 이로 인해 국내 신발업계의 생산기술과 품질 경쟁력이 크게 향상되었다. 또한 일본 경제가 급성장하면서 신발산업의 가격 경쟁력이 떨어지자 일본 신발업계는 한국, 특히 부산을 전략적 생산기지로 삼고 한국 업체와 기술 및 생산 제휴를 맺기 시작했다. 이러한 과정은 부산을 중심으로 신발산업이 발전하는 계기가 되었고, 한국 신발산업은 단순한 내수 중심의 생활산업을 넘어 세계 시장을 겨냥한 수출산업으로 도약할 수 있었다.

신발산업은 1960년대부터 1980년대까지 눈부신 발전을 이루며 국내 산업화의 중요한 축으로 자리 잡았다. 1960년대에 들어서면서 부산을 중심으로 한 몇몇 기업들이 내수 시장을 겨냥한 신발 브랜드를 형성하며 산업의 기초를 다졌다. 삼화고무(범표), 보생고무(타이어표), 태화고무공업(말표), 국제화학(왕자표), 동양고무공업(기차표), 진양화학공업(진양표) 등 6대 업체가 대표적인 기업으로 성장했고, 이들은 이후 대량생산 체제를 갖추며 부산을 세계적인 신발 생산기지로 발전시키는 데 기여했다.[25] 제품에서도 변화가 있었다. 1950년대까지 고무신이 주류였던 반면, 1960년대에는 포화(布靴)와 케미화(Chemi shoes)로 제품이 다각화되었다. 포화는 직물 갑피에 고무 밑창을 사용한 신발이며, 케미화는 PVC 등 화학 소재를 활용한 제품이었다. 이러한 변화는 기술적 진보와 소비자 수요의 다양화에 대응한 결과였다.

수출도 점차 확대되었다. 1962년 미국에 고무신을 수출한 것을 시작으로 베트남전에 군용 정글화를 납품하면서 수출이 본격화되었고, 1968년에는 수출액이 1,100만 달러에 달했다. 1970년대에는 신발산업이 설비

---

25) 송성수. 『한국의 산업화와 기술발전』. 들녘. 2021. p134~136.

확충, 고용 증가, 수출 확대 등 전방위적으로 성장했다. 선진국들이 신발 산업을 개발도상국으로 이전하면서 한국은 국제적 분업체제 속에서 핵심 생산기지로 부상했다. 특히 일본의 구조조정으로 한국은 생산설비와 기술을 비교적 쉽게 도입할 수 있었고, 산업 경쟁력을 높이는 계기가 되었다. 그 결과, 1972년에는 단일 품목으로는 처음으로 수출액 1억 달러를 달성했고, 1975년에는 수출 규모가 내수 시장을 넘어섰다. 1980년에는 신발 생산량이 3억 켤레에 이르렀으며, 수출액은 9억 달러를 돌파하는 등 세계 시장에서의 입지를 확고히 했다.

• 섬유·의류산업

1960년대 섬유 및 의류산업은 산업화 초기 단계에서 가장 빠르게 성장한 분야 중 하나였다. 특히 화학섬유의 국내 생산이 본격화되면서 섬유산업은 내수 확대뿐만 아니라 수출 중심 산업으로 자리 잡게 되었다.[26] 1963년 한국나일론(현 코오롱)이 국내 최초로 나일론을 생산하면서 시장의 수요는 폭발적으로 증가했고, 이에 따라 경쟁 업체들도 나일론 생산에 뛰어들었다. 이어서 1967년에는 아크릴, 1968년에는 폴리에스터 생산이 시작되며 섬유산업의 기반이 더욱 탄탄해졌다. 이러한 흐름 속에서 1979년에는 한국 면방직 공업이 세계 10위권에 진입하는 성과를 이루었다. 섬유산업의 성장과 함께 의류산업도 급속도로 발전했다. 풍부한 노동력과 화학섬유의 안정적인 공급을 바탕으로 1967년부터 1980년까지 의류산업은 연평균 30% 이상의 높은 성장률을 기록했다. 이 시기 한국은 주요 의류 수출국으로 부상했으며, 의류 수출은 전체 수출의 약 20%를 차

---

26) 서울역사편찬원. 『서울 2천년사 40』 현대 서울의 시민생활. 2016. p44.

지할 정도로 중요한 산업으로 자리매김했다.

1960년대 의복 문화 변화는 양복과 양장의 대중화였다. 남성들은 양복점에서 맞춤 양복을 주문했고, 여성들은 양장점에서 서구식 드레스를 맞춰 입으며 전통 한복 중심의 복식 문화가 점차 서구화되었다. 특히 명동은 문화예술인들의 공간이자 동시에 수많은 양복점과 양장점이 들어선 패션 중심지로 자리 잡았다. 당시에는 기성복이 아닌 맞춤복이 일반적이었고, 옷을 잘 입는다는 신사들은 골프웨어까지 맞춤 제작해 입을 정도로 패션에 대한 관심이 높았다. '몽블랑' 같은 브랜드는 고급 맞춤복의 대명사였으며, 잉글랜드·이용화·컨티낸탈 같은 유명 양복점이 성업했다.[27]

그럼에도 고도성장을 바탕으로 기성복 산업이 태동하게 되었다. 동대문과 남대문 시장에서는 저렴한 화학섬유를 활용한 기성복이 생산되었고, 명동에서는 고급 기성복에 대한 시도가 이루어졌다. 1960년에는 대한복식연우회가 미도파 백화점에 고급 기성복 매장을 열었으며, 1963년부터는 정기적인 기성복 발표회를 통해 대중의 관심을 끌었다. 디자이너 노라노는 〈노라노의 집〉을 열고 고급 기성복의 이미지를 구축하기 위해 정교한 바느질과 모델 서비스를 강조했다. 백화점들도 기성복 시장에 본격적으로 진출했으며, 1969년 신세계백화점은 의류 제조 공장을 확장하여 와이셔츠 등 기성복 생산을 시작했다. 1960년대는 한국 섬유·의류산업이 산업화의 중심축으로 자리 잡으며, 내수와 수출을 동시에 견인한 시기였고, 기성복 산업의 기반이 마련된 중요한 전환점이었다.

---

27) [광복70주년] 광복 후 시대별 '패션' 어떻게 변했나. CEO랭킹뉴스. 2015. 8. 13.

• 자동차산업

　한국 자동차산업은 1950년대 중반부터 시작되어, 정부의 산업 육성 정책과 외국 기업과의 기술 제휴를 통해 점차 성장해왔다. 시발자동차는 한국 최초의 국산 자동차로, 우리나라 자동차 산업의 상징적인 출발점이었다. 자원과 기술이 턱없이 부족했던 시기였지만 국제차량제작주식회사는 드럼통을 펴서 차체를 만들 정도의 열악한 환경 속에서도 국산 자동차 개발에 도전했다. 외형은 군용 지프를 본떠 제작되었고, 이름은 '첫 출발'을 뜻하는 한자어 '始發(시발)'에서 따왔다. 로고 '시-바ㄹ'은 이 한자어를 풀어 쓴 독특한 방식으로, 새로운 산업의 시작을 상징했다. 1955년 10월, 광복 10주년을 기념해 열린 산업박람회에 출품된 시발자동차는 최우수상품으로 선정되고 대통령상까지 수상하며 대중의 관심을 받기 시작했다. 초기 가격은 약 8만 환이었지만, 택시 회사들이 관심을 보이면서 가격은 30만 환대로 상승했다. 이후 시발자동차는 택시로 널리 사용되며 '시발택시'라는 이름으로 국민들에게 더욱 친숙해졌다. 그러나 시발자동차의 전성기는 오래가지 못했다. 1960년대 초 새나라자동차가 등장하면서 판매량이 급격히 줄었고, 1960년대 말 정부가 추진한 '관광 한국' 정책에 따른 도시 미화 작업 과정에서 대부분의 차량이 폐기되었다.[28]

　1962년 정부는 「자동차공업육성 5개년계획」을 발표하고 「자동차공업보호법」을 제정하면서 자동차 산업을 본격적으로 육성하기 시작했다. 같은 해 새나라자동차는 일본 닛산과 기술제휴를 맺고 KD(Knockdown)의 현지 조립방식으로 〈새나라〉 자동차를 생산했다. 이를 통해 한국에서 근대적 의미의 자동차 산업이 시작되었다고 평가된다. 이후 기아산업과 신

---

28) 최초의 국산 자동차인 '시발차'와 시민의 짐꾼 '삼륜차'. 문화 + 서울 4월호 서울문화재단. 2016. 4.

진공업이 자동차산업에 진출했고, 1965년에는 아세아자동차가 뒤를 이었다. 새나라자동차는 1965년에 신진공업에 흡수되어 신진자동차로 재탄생했다. 그러나 이 시기의 한국 자동차업계는 부품 생산은 물론 조립 기술까지도 외국에 의존할 수밖에 없었다. 정부는 1967년 자동차제조공장 허가 기준을 마련하면서, 선진국과 기술제휴를 맺고 제품 성능을 보장할 수 있는 업체만을 허가 대상으로 삼았다.

신진자동차는 우리나라 자동차 산업의 태동기인 1955년 부산에서 김제원·김창원 형제가 설립한 신진공업사에서 출발했다. 당시 미군의 폐차를 재생해 버스를 제작하면서 사업을 시작했으며, 이후 국내 자동차 산업의 초석을 다지는 기업으로 성장했다. 1965년에는 새나라자동차를 인수해 법인명을 신진자동차공업으로 바꾸고 본격적인 자동차 생산에 나섰다. 이어 1966년 일본 도요타와 기술 제휴를 맺어 '코로나', '크라운' 같은 모델을 생산하면서 한국 자동차 산업을 선도했다. 그러나 1970년 '한국과 거래하는 회사와 거래하지 않는다'는 중국 저우언라이의 '4원칙'에 따라 도요타가 한국 시장에서 철수하게 되자 신진은 새로운 파트너를 찾아야 했다.

1972년 신진은 미국 GM과 합작해 GM코리아로 개편하고 '시보레 1700', '카미나', '레코드' 등을 생산했지만, 도요타 시절의 인기를 이어가지 못해 경영난에 빠졌다. 결국 1976년 산업은행의 관리 아래 '새한자동차'로 사명을 변경했고, 1978년에는 대우그룹에 인수되면서 새로운 전환점을 맞았다. 이후 1983년 '대우자동차'로 이름을 바꾸며 대우그룹의 자동차 브랜드로 자리 잡았다. 신진자동차는 비록 독자적인 기업으로서는 1970년대 후반에 역사 속으로 사라졌지만, 한국 자동차 산업의 초기 발전을 이끈 중요한 기업이었다. 국산 자동차 대중화에 기여했을 뿐 아니라, '크라운'과 같은 고급 세단을 생산해 사회 상류층 시장에도 영향을 미쳤다. 나아가 신진자동차는 오늘날 한국GM과 대우자동차로 이어지는 뿌리로서, 한국 자동차 산업의 성장 과정에서 빼놓을 수 없는 역사적 의미를 지닌다.[29]

아세아자동차는 1965년 설립된 한국의 초기 자동차 제조사로, 국산 자동차 산업의 태동기를 이끈 기업이었다. 1968년 광주에 연간 8,000대 규모의 대형 공장을 준공하며 본격적인 생산 체제를 갖추었지만, 같은 해 말 경영권이 동국제강으로 넘어갔다.[30] 1970년부터는 이탈리아 피아트 사의 기술을 도입해 1,200cc급 소형 승용차인 〈피아트 124〉를 생산하며 국내 승용차 시장에 도전했다. 1976년에는 기아산업에 인수되어 기아그룹의 계열사로 편입되었고, 이후 광주 공장은 기아자동차의 주요 생산 거점으로 자리 잡았다. 결국 1999년 기아자동차에 완전히 합병되면서 아세아자동차라는 이름은 역사 속으로 사라졌다.

기아자동차는 1944년 기아산업으로 출발하여 자전거 생산으로 첫발을 내디뎠다.[31] 이후 1962년 일본 도요타공업과의 기술 제휴를 통해 삼륜차 K-360을 도입하면서 자동차 산업에 본격적으로 진출했다. 이 삼륜차는 이후 T-600, T-2000 시리즈로 발전하며 〈기아마스타〉라는 이름으로 생산되었고, 경제성과 운송능력을 갖춘 차량으로 자영업자와 소상공인들에게 큰 인기를 끌었다. 이 차량은 국내 자동차 기술사에서도 중요한 위치를 차지하며 2008년에는 등록문화재로 지정되었다. 1970년대에 들어서면서 기아는 4륜 화물트럭 〈복서〉와 〈타이탄〉을 출시하며 제품군을 확장

---

29) 1984년 사라진 신진그룹 흔적, 한국 자동차업계에 살아 있다. 이코노미스트. 2025. 5. 20.
30) 신진과 아세아의 자동차 생산. 국가기록포털(https://theme.archives.go.kr)
31) 유승재. 『히트의 탄생』. 위즈덤하우스. 2021. p310~311.

했고, 1973년에는 경기도 시흥에 종합 자동차 공장을 세워 승용차 생산 기반을 마련했다. 이 공장에서 1974년 국산 승용차 〈브리사〉를 출시하며 국내 승용차 시장에서 큰 성공을 거두었다. 하지만 1981년 군부정권의 자동차 공업 합리화 조치로 인해 승용차 생산이 금지되면서 〈브리사〉는 단종되고, 기아는 승용차 시장에서 철수해야 했다.

이러한 위기 속에서 기아는 〈봉고〉 승합차를 출시하며 새로운 돌파구를 마련했다. 봉고는 뛰어난 실용성과 경제성으로 큰 인기를 끌었고, '봉고신화'라는 말이 생길 정도로 시장을 장악했다. 이후 1987년 자동차 공업 통합조치가 해제되자 기아는 소형 승용차 〈프라이드〉를 출시하며 전 국민 마이카 시대를 열었고, 현대·대우와 함께 승용차 3강 체제를 구축했다. 1990년에는 사명을 '기아자동차'로 변경하며 브랜드 정체성을 강화했지만, 1997년 IMF 외환위기의 여파로 경영난에 빠졌고 결국 1998년 현대자동차에 인수되었다. 이후 기아는 현대차 그룹의 일원으로 재도약하며 글로벌 시장에서 경쟁력을 갖춘 자동차 브랜드로 성장하게 되었다.

1967년 12월 현대자동차가 설립되었고, 이듬해 미국 포드와 기술도입 계약을 체결하여 〈코티나〉 승용차를 조립 생산하기 시작했다. 당시 국산화율은 20%에 불과했으며, 국산 부품은 배터리, 타이어, 범퍼, 페달, 시트 등 단순한 부품에 국한되었다. 신진자동차 역시 생산량은 크게 증가했지만, 국산화율은 21%에서 38%로 소폭 상승하는 데 그쳤고, 부품 수입액은 오히려 13배나 증가했다. 이처럼 한국의 자동차산업은 초기에는 외국 기술에 의존하며 조립 중심으로 성장했지만, 정부의 정책적 지원과 기업들의 기술 제휴를 통해 점차 생산량을 늘려 갔다. 이후 1970년대에 들어서면서 독자 모델 개발과 국산화가 본격적으로 추진되며, 세계적인 자동차 제조국으로 도약하는 기반이 마련되었다.

　1970년대 이후 한국 자동차 산업은 단순 조립 중심의 산업 구조에서 벗어나 제조 중심의 기술 자립과 세계 시장 진출을 이루며 비약적인 발전을 거듭했다. 1970년대 초반, 정부는 「장기자동차공업진흥계획」을 통해 국내 자동차업체들이 단순 조립 단계에서 제조 단계로 이행할 수 있도록 유도했다. 단순 조립은 대부분의 부품을 수입해 조립만 하는 방식이었지만, 제조 단계는 차체와 엔진 등 핵심 부품을 직접 제작하는 방식으로 한국 자동차 산업의 기술력 향상과 생산기술 학습에 중요한 전환점이 되었다. 이러한 정책에 따라 기아, 현대, GM코리아는 정부 방침에 맞춰 사업계획서를 제출했고, 이에 실패한 아세아자동차는 1976년에 기아에 흡수되었다. 이 시기부터 자동차 업계는 기술 자립을 위한 기반을 다지기 시작했다.

　현대자동차는 고유모델 개발과 함께 울산에 종합 자동차 공장을 건설했다. 공장 설계는 미쓰비시자동차가 담당했고, 시공은 국내 기술진이 수행했다. 1975년 1월에 완공된 이 공장은 연간 8만 대의 생산능력을 갖추었으며, 울산은 석유화학과 조선소에 이어 자동차 공장까지 갖춘 중화학공업의 중심지로 부상했다. 현대는 1975년에 최초의 고유모델인 〈포니〉를 제작하면서 85%의 부품 국산화율을 달성했고, 1976년부터는 90% 이상을 유지했다. 포니의 개발로 한국은 일본에 이어 아시아에서 두 번째, 세계적으로는 아홉 번째로 고유모델을 보유한 국가가 되었으며, 1974년 이탈리아 토리노 세계자동차박람회에서 국제적 주목을 받았다.

　1975년 12월 출시된 〈포니〉는 한국 자동차 산업이 독자적인 기술력을 갖추기 시작한 첫 결실이었다.[32] 고유 모델 설계에서부터 완성차 공장 건

---

32) "49년 전 마이카 시대 연 포니⋯ 글로벌 현대차 원동력 됐다". 한국경제. 2023. 6. 8.

설, 그리고 양산 체제 구축까지 불과 3년이 채 걸리지 않았다는 점은 당시 한국 산업의 속도와 의지를 보여준다. 포니는 출시 직후 큰 반향을 일으켜 1976년 한 해에만 1만726대가 판매되었고, 국내 승용차 시장의 44%를 차지하며 단숨에 '국민차'로 자리 잡았다. 가격은 당시 중소형 아파트 값의 절반에 이를 정도로 부담스러웠지만, 국산 승용차에 대한 기대와 상징성이 소비자들의 선택을 이끌었다. 이후 1982년 〈포니2〉가 생산되면서 한국 자동차는 본격적으로 해외 시장에 진출했고, 60개국에 수출되며 글로벌 브랜드로 성장하는 기반을 마련했다. 포니는 한국 자동차 산업이 세계 시장으로 나아가는 출발점이자, 기술 자립의 상징으로 남게 되었다. 이처럼 1970년대는 한국 자동차산업이 기술 자립과 고유모델 개발, 생산설비 확충, 수출 확대를 통해 본격적인 산업화와 세계화의 기반을 마련한 시기였다.

한편 기아산업은 1962년 국내 최초의 국산 오토바이인 C-100 모델을 생산하며 한국 오토바이 산업의 첫걸음을 내디뎠다.[33] 이 오토바이는 신속한 이동수단으로서 '2분 오토바이'라는 이름으로 불렸으며, 당시로서는 획기적인 교통수단이었다. 이후 1970년대 초까지는 125cc, 250cc급 오토바이들이 시속 100㎞를 넘나드는 성능을 보였고, 당시 자동차의 평균 속도인 시속 80~90㎞보다 빠른 수준이었다. 이러한 성능 덕분에 오토바이는 고속도로나 자동차전용도로에서도 자연스럽게 이용되었으며, 교통수단으로서 위상을 갖추게 되었다. 그러나 1991년 오토바이가 고속도로 통행에 지장을 준다는 이유로 고속도로 진입이 금지되면서 오토바이의 활용 범위에 제약이 생겼다. 이 조치는 오토바이의 안전성과 교통 흐름을

---

33) 서울역사편찬원. 『서울 2천년사 36』-현대 서울의 교통과 통신. 2016. p121.

고려한 정책적 결정이었으며, 이후 오토바이는 주로 도심 내 이동 수단으로 자리 잡게 되었다. 1990년대 초부터는 스쿠터라는 소형 오토바이가 보급되기 시작했다. 이 시기에는 특히 중국음식점들이 '신속배달'을 내세우며 자전거에서 오토바이로 배달 수단을 전환했고, 국내에서 오토바이 배달 문화의 본격적인 시작을 알리는 계기가 되었다. 이후 오토바이 배달은 치킨, 피자, 편의점 등 다양한 업종으로 확산되며, 도시 생활의 핵심 물류 수단으로 자리 잡았다.

한국 자전거 산업의 본격적인 시작은 1952년 기아산업이 〈3000리호〉 자전거를 생산하면서부터였다. 일본에서 자전거 생산기술을 배운 기아산업 창립자인 김철호 회장은 해방 이후 한국으로 돌아와 1944년 경성정공을 설립한 뒤 1952년 회사명을 기아산업으로 변경하고 최초의 국산 자전거 〈3000리호〉를 출시했다. 기아라는 이름은 '기계공업을 발전시켜, 아시아에서 세계에 진출한다'라는 의미로 '일어날 기(起)'와 '버금 아(亞)'자를 합친 형태다. 사명변경과 함께 김철호 회장은 본격적인 자동차 개발에 착수한다. 이후 자전거와 자동차 사업은 다른 길을 가게 된다. 김철호 회장은 국내 최초 자전거브랜드인 '삼천리자전거'를 탄생시켰고 1979년 자전거사업 확대를 위해 자전거사업부를 분사시켜 '삼천리자공'을 설립했다. 이것이 현재의 삼천리자전거 주식회사다.[34]

〈3000리호〉는 한반도의 거리 3천리를 자유롭게 달릴 수 있다는 의미를 담고 있었고, 국내 최초의 자전거 브랜드로서 상징적인 의미를 지닌다. 1979년부터 자전거 사업은 자동차 산업과는 별개의 영역으로 성장하게 되었고, 이후 자전거의 기능성과 디자인, 수출 전략 등이 더욱 전문화

---

34) '기아차-삼천리자전거' 알고보니 형제기업. 조선일보. 2012. 11. 12.

되었다. 2004년에는 상호를 '삼천리자전거'로 변경하며 브랜드 정체성을 확립했다. 삼천리자전거는 이후에도 국내 자전거 시장을 선도하며 다양한 제품군을 출시하고, 레저·스포츠용 자전거 시장에서도 두각을 나타냈다. 특히 2000년대 이후 자전거 도로 인프라 확충과 건강·환경에 대한 관심이 높아지면서 자전거는 다시 대중적인 교통수단이자 여가 활동으로 자리 잡게 되었다.

• 전자산업

1950년대 후반 락희화학은 럭키크림과 럭키치약의 성공을 바탕으로 플라스틱 제품 생산을 통해 큰 수익을 올리며 성장했다. 이어 1957년부터는 새로운 산업으로의 확장을 모색하며 전자공업 진출을 검토하기 시작했다. 당시 한국은 전자산업의 기반이 거의 없는 황무지와 같은 상태였고, 회사 내부에서도 부정적인 의견이 지배적이었다. 특히 미군 PX와 밀수품을 통해 유통된 일본 및 미국산 라디오가 시장을 장악하고 있었기 때문에 기술력도 없는 락희화학이 국산 라디오 생산으로 경쟁력을 갖추는 것은 불가능하다는 회의론이 팽배했다.[35] 이러한 반대 분위기 속에서도 구인회 초대 사장은 과감한 결단을 내렸다. 그는 형제들을 불러모아 "우리가 하지 않으면 이 나라에 전자산업은 없다"는 취지의 말을 남기며 전자공업 진출을 선언했다. 그의 강한 의지와 리더십은 결국 1958년 금성사의 설립으로 이어졌고, 이듬해인 1959년에는 한국 최초의 국산 라디오인 A-501 모델이 출시되었다. 금성사 출범은 단순한 사업 확장을 넘어, 대한민국 전자산업의 씨앗을 뿌린 역사적 사건이었다.

---

35) 김동광. 『라디오 키즈의 탄생』 궁리. 2021. p19~20.

한국 전자산업은 1960년대 초 금성사(현 LG전자)가 미국에 라디오 62대를 수출하면서 본격적으로 시작되었다. 이 수출은 국내 전자제품 해외 진출의 첫 사례였고, 이를 계기로 삼양전기, 태양전기, 아이디알공업 등 여러 라디오 생산 업체들이 잇따라 등장하며 산업 기반이 넓어졌다. 당시 방송과 전기통신의 확충은 진공관, 건전지 재생, 히트코일 생산, 전화기 국산화 같은 기술 축적을 촉진했고, 스위치·트랜스·소켓·코드 등 기초 부품 생산도 함께 이루어지면서 전자공업의 토대가 마련되었다. 기술이 쌓이자 콘덴서, 저항기, 스피커, 축전지 등 부품 산업도 빠르게 확대되었다. 금성사 설립 이후 국내 전자업체 수는 1963년 27개사에서 1969년 145개사로, 1973년에는 351개사로 급증했다. 통신 분야에서도 국산화가 본격화되면서 동양정밀이 자동교환기 부품을 개발해 체신부에 납품하기 시작했고, 금성사는 독일 지멘스와 기술 제휴를 통해 자동교환기를 생산하며 사설교환기를 대만에 수출하는 성과를 거두었다.

전자산업의 확산은 생활가전의 등장으로 이어졌다. 1960년 선풍기가 처음 소개되고, 1961년 자동전화기가 생산되었으며, 1965년에는 국내 최초의 냉장고가 만들어졌다. 1966년 흑백TV 생산은 전자산업의 중흥기를 여는 결정적 사건이었다. 정부도 적극적으로 지원해 공보부는 TV 보급을 추진했고, 상공부는 국산화 계획을 세워 국내 업체들의 생산을 장려했다. 이 과정에서 미국 콜롬비아대 김완희 박사를 초빙하는 등 기술 인력 확보에도 힘을 쏟았다. 이러한 노력의 결과 금성사는 1962년 일본 히다치로부터 기술을 도입한 뒤 5년 만에 TV 생산에 성공했다. 이어 동남전기가 샤프와 제휴해 TV를 생산했고, 한국마벨은 미국 RCA의 기술을 받아 사업에 참여했다. 삼양전기, 천우사, 동신화학, 대한전선, 삼성산요 등도 잇따라 가세하며 TV 산업은 빠르게 성장했다. 1969년에는 오리온전기가 도시바와 제휴해 흑백 브라운관을 생산하기 시작했고, 삼성NEC도 브라운관 사업에 뛰어들면서 TV 국산화율은 불과 3년 만에 65%에 도달했다. [36]

1960년대 후반 한국 TV 시장은 금성사가 거의 독점하다시피 장악하고 있었다. 삼성은 1969년에 들어서야 전자사업 허가를 얻었고, 후발주자로서 금성을 따라잡기 위해 가장 성장 가능성이 큰 TV 분야에 역량을 집중했다. 당시 국내 TV 생산이 시작된 지 얼마 되지 않았다는 점은 삼성이 시장에 진입하기에 유리한 조건이었다. 삼성전자는 1969년 오리온전기와 총판 계약을 맺고 '프린스 코로넷'이라는 19인치 진공관 TV를 위탁 생산해 3,270대를 판매하며 첫발을 내디뎠다. 이후 1973년에는 미쓰비시의 기술 지원을 받아 자체 모델인 진공관식 'SW-V310'을 개발했고, 같은 해 트랜지스터 방식의 19인치 TV 'SW-T506L(마하)'를 선보였다. 금성에 비해 기술 도입 시점은 늦었지만, 〈마하〉 모델이 큰 인기를 얻으면서 삼성은 TV 시장에서 자신감을 갖기 시작했다.

삼성은 1970년부터 1974년까지 무려 48종의 TV 모델을 출시하며 공격적인 제품 전략을 펼쳤다. 이 시기만 놓고 보면 금성을 앞지를 정도로 활발한 움직임이었다. 또한 삼성전관, 삼성코닝 등 부품 계열사를 보유한 점은 삼성전자에게 큰 경쟁력이 되었고, 1978년에는 TV 총생산량 100만 대를 돌파하며 금성을 바짝 추격했다. 삼성이 금성을 넘어서는 결정적 계기는 〈이코노〉의 등장으로 찾아왔다. 1975년 출시된 〈이코노〉는 전원을 켜자마자 화면이 나오는 '순간수상' 기능을 갖춘 혁신적 제품이었다. 당시 대부분의 TV는 화면이 나오기까지 20초 이상 걸렸지만, 〈이코노〉는

---

36)　다큐멘터리 재계50년… 전자산업의 태동. 매일경제. 1995. 6. 7.

이를 5초 이내로 줄여 소비자들의 폭발적인 반응을 이끌어 냈다. 출시 다음 해에는 판매량이 전년 대비 500% 증가하는 기록적인 성장을 보였다. 결국 1978년 말, 〈이코노〉는 내수 시장 점유율 40.1%를 기록하며 34.2%에 머문 금성을 제치고 삼성에게 TV 시장 1위 자리를 안겨 주었다. 후발 주자였던 삼성은 기술 개발, 공격적 제품 전략, 혁신적 모델 출시를 통해 금성의 독주를 무너뜨리고 한국 TV 산업의 새로운 주역으로 자리 잡게 되었다.[37]

1970년대에 들어서면서 한국 전자산업은 수출 중심의 구조로 전환되었다. 1970년 마산수출자유지역이 지정되고, 1971년에는 구미전자공업단지가 착공되면서 산업 집적화와 수출 기반이 마련되었고 1973년에는 중화학공업화 정책이 추진되며 전자산업은 국가의 6대 전략산업 중 하나로 선정되었다. 이 시기를 통해 한국 전자산업은 기술 내재화와 글로벌 경쟁력을 갖춘 산업으로 성장할 수 있는 기반을 다지게 되었다. 이러한 발전 과정은 이후 삼성전자, LG전자 등 세계적인 전자기업의 탄생과 성장으로 이어졌으며, 한국은 전자산업 강국으로 자리매김하게 되었다.

• 반도체산업

한국 반도체산업의 역사는 1965년 미국 중소기업 '고미(Komy)'가 국내에 합작회사를 세워 간단한 트랜지스터를 생산하면서 시작되었다. 그러나 당시의 생산은 단순 조립 수준에 머물렀고, 완제품은 모두 외국 투자기업으로 수출되는 구조였다. 본격적인 제조업의 기반은 1966년 미국의 페어차일드가 한국에 투자하면서 마련되었고, 이후 모토롤라, 시그네

---

37) [전자산업50년, 새로운 50년] (25)TV경쟁시대. 전자신문. 2008. 7. 21.

틱스, AMI, 도시바 등 글로벌 기업들이 잇따라 한국에 진출했다. 그 결과 1966년 359만 6,000달러에 불과하던 수출액은 불과 2년 만인 1968년에 1,965만 달러로 5배 넘는 성장을 기록하였다. 이러한 성장은 단순히 기업의 투자만으로 이루어진 것이 아니라, 정부의 적극적인 정책적 지원 덕분이었다. 상공부는 「외자도입법」을 개선하여 외국 기업의 수출입 절차를 간소화하고, 국내 투자를 적극적으로 유인함으로써 반도체 산업의 성장을 촉진하였다. 하지만 이 시기 한국은 값싸고 숙련된 노동력을 활용한 조립기지 역할에 머물렀다.

1970년대에 들어 세계 전자산업이 급성장하자 한국 정부도 반도체 산업 육성에 적극 나섰다. 1969년 제정된 「전자공업진흥법」과 「전자공업 진흥 8개년 계획」은 반도체 개발, 수출 촉진, 자금 조성 등 산업 기반을 강화하는 데 중요한 역할을 했다. 이러한 정책적 지원 속에서 1970년 금성사와 아남산업이 국내 자본으로 처음 반도체 조립을 시작했고, 다른 기업들도 투자를 확대하기 시작했다. 1970년 당시 한국의 전자제품 생산 규모는 10억 달러에 불과했고 수출 비중도 6.6%였지만, 1979년에는 생산이 33억 달러로 증가하고 수출 비중도 12%로 확대되었다. 그럼에도 국산 반도체는 기술력과 생산량 모두에서 국내 전자산업의 수요를 충족하지 못했다.

반도체산업의 기술적 전환점은 1974년 한국반도체가 설립되면서 찾아왔다. 조 서더스와 강기동 박사가 각각 50만 달러를 투자해 설립한 이 회사는 대규모 집적회로(LSI)인 CMOS 기반 제품을 생산하고자 했으며, 전자시계용 칩 개발을 목표로 삼았다. 김포공장은 최첨단 3인치 웨이퍼 가공 설비를 갖추었다. 약 300명의 기술자와 기능공을 고용해 당시로서는 드물게 메모리와 비메모리 반도체를 모두 제조할 수 있는 능력을 갖추었다. 특히 미국 업체들보다도 앞선 최신 설비를 갖춘 점에서 큰 주목을 받았다. 강 박사는 이곳에서 전자 손목시계용 시계 칩 KS-5001을 개발했는데, 이는 1M D램에 해당하는 소자로 세계 최초로 C-MOS 공정으로 양산·상용화에 성공한 시스템 반도체였다. 또한 음성신호 복원을 위한 톤 디코더 ICII-1005도 생산하며 기술적 성과를 이어갔다. 이러한 제품들은 한국반도체가 단순 조립을 넘어 독자적인 설계와 제조 역량을 확보했음을 보여주는 사례였다.[38] 하지만 공장 준공 두 달 만에 자금난에 빠졌고, 당시 중앙일보 이사였던 이건희가 사재를 들여 회사를 인수했다. 이 인수가 훗날 삼성전자 부천 반도체 공장의 출발점이 되었다. 경쟁사인 금성도 가만히 있지 않았다. 금성은 1977년 대한전선이 설립한 대한반도체를 인수하고, 미국 AT&T와 합작해 금성반도체를 설립했다. 1979년에는 한국전자가 일본 도시바와 합작해 트랜지스터와 다이오드 등 개별 소자 완제품 생산을 시작하며 반도체 산업에 본격적으로 참여했다.

그러나 1970년대의 반도체산업은 여전히 전자산업의 부품 생산에 머물렀고, 독립된 산업으로서 위상은 갖추지 못했다. 한국 반도체 산업이 진정한 의미의 독자적 산업으로 자리 잡기 위해 과감한 연구개발과 대규모 투자가 본격적으로 이루어진 것은 1983년 이후였다. 이 시기를 기점으로 한국 반도체 산업은 조립 중심의 하청 구조를 벗어나 기술 중심의 고부가가치 산업으로 도약할 기반을 마련하게 된다.[39]

---

38) 황무지를 기술강국으로… 'K-반도체 아버지' 강기동 박사. 매일경제. 2024. 11. 10.
39) 반도체의 역사. 사이언스타임즈. 2004. 11. 25.

3

"10월 유신, 100억 불 수출, 1000불 소득"
(1970~1979)

　　1977년, 미국의 시사주간지 〈뉴스위크〉는 한국의 눈부신 경제 성장을 조명하며 커버 스토리로 "한국인들이 온다(The Koreans Are Coming)"라는 제목의 기사를 실었다. 이 기사는 당시 세계적으로 주목받기 시작한 한국의 산업화와 수출 성장, 그리고 국민들의 근면함을 집중적으로 다뤘다. 기사 속에서 〈뉴스위크〉는 한국인을 "미국이나 일본과 같은 공업 구조와 국민 생활을 위해 열심히 일하는 국민"으로 묘사하며, "일본인을 게으른 사람들로 보는 세계에서 유일한 국민"이라는 표현까지 사용했다. 해방 이후 세계에서 가장 가난했던 나라가 불과 수십 년 만에 산업화와 수출 중심의 경제 전략을 통해 눈부신 성장을 이룬 데 대한 놀라움과 찬사를 담고 있었다.

　　당시 〈뉴스위크〉는 한국인의 수출 품목을 상징적으로 표현하기 위해 라디오, 계산기, 철근, 셔츠, 생선, 선박, 타이어 등을 들고 행진하는 한국인의 모습을 커버 이미지로 사용했다. 한국이 단순한 저임금 노동국가를 넘어, 세계 시장에서 경쟁력을 갖춘 산업 국가로 부상하고 있음을 상징적으로 보여준 장면이었다. 이러한 보도는 '한강의 기적'이라 불리는 한국의 경제 발전을 세계에 알리는 계기가 되었고, 이후 한국은 자동차, 전자, 조선, 반도체 등 다양한 산업에서 글로벌 리더로 자리매김하게 되었다. 또한 이 시기의 성공은 훗날 K-방산, K-팝, K-푸드 등 다양한 'K-브랜드'의 기반이 되었다.

1970년 여름 서울과 부산을 잇는 428㎞ 경부고속도로가 완공돼 우리나라 산업화의 상징이 됐다. 이해 완공된 삼일빌딩(31빌딩)은 1970년대 서울의 고도성장기를 상징하는 대표적인 고층 건축물로 한국 현대건축의 거장 김중업이 설계한 작품이다. 이 건물은 당시로서는 획기적인 구조와 디자인을 갖추고 있었으며, 특히 사무공간의 기둥 간격을 4×2 베이 구조로 설정하고, 뒤쪽에 독립된 코어를 배치한 형태는 기존의 복도형 사무소에서 오픈플랜 사무소로의 전환을 보여 주는 중요한 사례로 평가된다. 삼일빌딩은 1970년대 서울에서 가장 높은 건물로 청계고가도로와 함께 산업화와 도시화의 상징으로 여겨졌다.

1970년 10월 중순, 한국사회는 연이어 발생한 두 건의 대형 수학여행 사고로 큰 충격에 빠졌다. 먼저 10월 14일 충남 아산군 모산건널목에서 경서중학교 학생들을 태운 버스가 철도 건널목을 지나던 중 통일호 열차와 충돌했다. 열차는 버스를 옆에서 들이받은 뒤 약 80미터를 더 끌고 갔고, 그 과정에서 버스 연료통에 불이 붙어 전소되었다. 이 사고로 학생 45명과 운전자가 숨지고 30여 명이 중상을 입는 참사가 벌어졌다. 사건 직후 문교부와 교통부 장관, 서울시 교육감이 도의적 책임을 지고 사퇴했으며, 정부는 버스 대신 열차를 이용하라는 지시를 내렸다. 그러나 불과 하루 뒤인 10월 17일, 중앙선 삼광터널에서 또 다른 비극이 이어졌다. 석탄과 목재를 실은 화물열차와 제천행 수학여행 여객열차가 충돌하면서 교사와 학생들이 희생된 것이다. 연속된 사고는 온 나라를 충격과 슬픔에 빠뜨렸고, 학생들의 안전에 대한 사회적 불안이 극도로 높아졌다. 결국 정부는 한동안 전국적으로 수학여행을 금지하는 조치를 내렸다.

서울 인구가 500만 명을 넘어섰다. 빠른 도시화 속에 4월 서울 마포에선 와우시민아파트가 무너져 33명이 숨지고 40명이 다쳤다. 11월 13일 전태일은 평화시장 거리 한복판에서 "우리는 기계가 아니다"를 외치며 자신의 몸에 불을 붙였다. 그의 분신 이후 보름 만에 청계피복노동조합이 결성되었고, 이어서 신진자동차, 원풍모방, 동일방직, 아세아자동차 등에서 노동조합이 잇따라 설립되었다. 노동자들의 조직화가 본격화되면서 노동운동은 전국적으로 확산되었고, 대학가에도 영향을 미쳐 학생들과 노동자들이 함께하는 노학 연대 투쟁이 1970년대 내내 이어졌다. 전태일의 죽음은 사회 전반에 걸쳐 노동자의 권리와 근로기준법 준수에 대한 각성을 불러일으켰으며, 1986년에는 최저임금법이 제정되기에 이르렀다.

"긴 밤 지새우고 풀잎마다 맺힌 진주보다 더 고운 아침 이슬처럼…" 김민기는 〈아침 이슬〉을 작사 작곡했고 양희은은 〈아침 이슬〉 음반을 그다음 해 발표했다. 그 노래에는 1970년대의 수많은 희망과 좌절, 질주와 저항이 멜로디 속에 고스란히 녹아 있었다. 재벌, 국회의원, 고급 공무원, 장성, 장차관 등을 풍자한 김지하의 〈오적〉은 정권을 비판했다는 이유로 이 시를 실었던 월간 〈사상계〉가 등록 취소되었다. 그리고 여성들의 삶과 문화에 초점을 맞춘 〈주간여성〉이 창간되었고, 김현, 김치수, 김병익, 김주연 등이 주축으로 창간한 〈문학과지성〉은 진보적 지성의 목소리를 내기 시작했다. 또한 장발 단속이 시행돼 머리카락 길이에도 자유가 제약되었다.

〈샘터〉는 1970년 4월, 발행인 김재순에 의해 창간된 대한민국의 대표적인 월간 교양지로 평범한 사람들의 행복을 위한 소통의 장을 목표로 출발했다. 창간 당시 김재순은 "어떻게 하면 행복과 번영과 통일을 이룩할 수 있을 것인가"라는 질문에 대해, 평범한 사람들이 가벼운 마음으로 의견을 나누며 먼저 행복의 길을 찾아보자는 취지를 밝혔다. 이러한 철학은 〈샘터〉의 전반적인 편집 방향과 콘텐츠 구성에 반영되었다. 잡지의 크기는 4×6판형으로 작고 손에 들기 쉬운 형태였으며, 분량은 약 120쪽 내외로 구성되어 누구나 부담 없이 읽을 수 있도록 제작되었다. 내용은 수필, 체험기, 시, 동화, 영화, 미술, 과학 등 다양한 분야를 아우르며, 쉬운 우리말을 사용해 독서의 문턱을 낮추는 데 힘썼다. 〈샘터〉는 서점뿐 아니라 거리 좌판에서도 판매되며 대중과의 접점을 넓혔고, 군부대에는 진중문고(陣中文庫)로 배포되어 장병들의 정서 함양에도 기여했다. 〈샘터〉는 법정, 이해인, 정채봉 등 한국을 대표하는 작가들의 글을 통해 독자들에게 따뜻한 위로와 공감을 전달했으며, 최인호의 장기 연재소설 『가족』은 큰 인기를 끌었다. 출판 불황과 재정난으로 2019년 무기한 휴간을 발표했지만, 독자들의 자발적인 후원과 기업의 지원으로 폐간 위기를 극복했고, 2020년에는 창간 50주년 기념호를 발행하며 재도약했다. 그러나 2026년 1월호(통권671호)를 끝으로 다시 무기한 휴간에 들어갔다.

　우리나라의 우편번호제는 1970년 7월 1일 처음 도입되었다. 당시 급격히 늘어난 우편 물량을 효율적으로 처리하기 위해 마련된 제도로, 아시아에서는 일본과 대만에 이어 세 번째, 세계적으로는 열다섯 번째 시행 사례였다. 이 제도의 도입으로 우편물 분류 속도가 크게 향상되었다. 숙련된 요원이 시간당 처리할 수 있는 우편물의 양이 1,500통에서 3,000통으로 두 배 가까이 증가했고, 분류 오류도 줄어들어 우편 서비스의 품질을 높이는 데 기여했다. 1988년에는 우편번호 체계가 행정구역 중심으로 개편되었다. 우편 물량이 폭증하고 관공서가 늘어나면서 행정구역을 기준으로 작업을 진행하는 것이 더 효율적이라고 판단했기 때문이다. 이때부터 여섯 자리 체계가 도입되었으며, 앞 세 자리는 시·도 지역 번호와 생활권·운송지역 번호, 시·군·구 번호를 의미했고, 뒤 세 자리는 읍·면·동 및 사서함 번호를 나타냈다. 2000년에는 다시 한 번 개편이 이루어졌다. 앞 세 자리는 그대로 두고 뒤 세 자리에 집배원별 번호를 부여하는 방식으로 바뀌어, 배송 효율성을 극대화하는 데 목적을 두었다. 2015년에는 도로명주소 체계 도입에 따라 우편번호제가 다시 개편되었다. 이는 단순한 효율성 개선이 아니라, 주소 체계의 변화에 따른 필연적인 조치였다. 우리나라 우편번호제는 1970년 도입 이후 시대적 변화와 행정 체계의 개편에 맞추어 세 차례 개편을 거쳤으며, 단순한 편의 제도를 넘어 우편 행정의 효율성과 정확성을 높이는 중요한 제도로 자리 잡았다.[40]

그해 4월 미국 전역에서는 '지구의 날' 행사가 처음 열려 환경문제에 눈을 떴고, 일본 오사카에선 엑스포'70이 개막되며 미래도시 같은 풍경이 펼쳐졌다. 멕시코 월드컵에선 브라질이 우승했고, 세계를 사로잡았던 비틀스는 해체 선언으로 한 시대를 마무리했다. 프랑스의 샤를 드골이 타계하며, 전후 유럽 정치사의 거대한 막을 내렸다. 칠레에선 아옌데가 좌파 대통령으로 당선되며 중남미에 충격을 던졌고, 빌리 브란트는 동독을 방문해 냉전 시대에 대화의 물꼬를 텄다. 테러리즘의 그림자는 일본에서도 드리워졌고, 일본항공 351편을 공중 납치한 요도호 납치 사건은 국제사회를 경악하게 했다. 일본 공산주의 조직 적군파 납치범들이 평양에 가기 위해 도쿄발 후쿠오카행 일본항공 비행기를 공중 납치한 뒤 김포공

---

40) 새 주소 따라 개편된 우편번호, 우리 집 번호는? 어린이 조선일보. 2015. 7. 30.

항에 착륙했고, 한일 정부와 협상을 벌인 끝에 승객들을 풀어 주고 평양으로 갔다. 달을 향해 발사된 아폴로 13호는 산소탱크가 터졌지만 기적처럼 우주비행사들이 살아 돌아왔다.

1971년 2월 이공계 대학 교육을 위한 한국과학원(KAIS)이 문을 열었고, 11월에는 고리 원자력 발전소가 첫 삽을 떴다. 과학 기술의 토대를 다지던 이 시기에 수출 10억 달러를 전년도에 달성하면서 제3차 경제개발계획은 본궤도에 올랐다. 반면에 정치권은 혼돈 그 자체였다. 4월 대선에선 박정희 대통령이 3선에 성공했지만, 신민당 김대중 후보는 전국적 인지도를 쌓으며 거센 바람을 일으켰다. 한 달 뒤 총선에선 야당이 약진하면서 정국은 팽팽하게 긴장됐다. 그 와중에 1차 사법파동이 발생했다. 현직 법관에 대한 구속 영장에 항의해 판사들이 헌정사상 처음으로 집단사표라는 저항이 벌어졌다.

언론계에선 기자들이 "진실을 말할 자유조차 잃는다면 기자가 아니다"라며 언론자유수호선언을 발표했고, 대학에선 교련 교육이 의무화되며 학생들도 군사훈련을 받아야 했다. 앞서 1월에 대한항공 여객기를 북한으로 납치하려던 시도가 승무원의 기지로 무산됐지만, 조종사 전명세 씨는 순직했다. 바다 너머에서는 동성호가 소련 해역에서 억류돼 선원들이 40일간 붙잡히는 일도 있었다.

그동안 잘 알지 못했던 섬인 실미도의 존재가 사람들에게 알려졌다. 북파 특수부대로 훈련받던 이들이 8월 서울을 향해 탈출해 군과 총격전을 벌이다 대부분 현장에서 사살됐다. 같은 시기, 서울 인근 광주대단지(현 성남시)에선 수만 명이 넘는 이주민들이 생존권을 외치며 들고일어났다. 고지대 허허벌판에 던져진 철거민들은 제대로 된 상하수도 시설과 학교도, 병원도 없이 버텨야 했기 때문이다. 이 사건은 도시 빈민운동의 출발점이 되었다. 12월 25일 크리스마스 아침 서울 명동 대연각 호텔에서 벌어진 화재는 순식간에 건물을 집어삼키고, 191명의 목숨을 앗아갔다. 앞서 7월에는 공주 송산리에서는 백제의 왕이 천 년 만에 잠에서 깨어났다. 무령왕과 그 왕비의 능이 발굴된 것이다. 완전한 형태로 발견된 이 고분은 고대사의 문을 여는 열쇠가 되었고, 백제의 유적이 세상 빛을 본 순간이기도 했다.

그린벨트는 도시의 무분별한 확장을 막고 자연환경을 보호하기 위해 설정된 개발제한구역으로, 한국에서는 1971년 박정희 대통령에 의해 처음 도입되었다. 1960년대만 해도 전국 산림의 절반 이상이 민둥산이었다. 이러한 상황에서 박 대통령은 산림녹화와 자연보호를 위한 국가적 전략으로 그린벨트 제도를 시행하게 된다. 1971년 7월, 서울 외곽지역에 최초의 그린벨트가 지정되었으며, 이듬해인 1972년 8월에는 수도권 그린벨트가 두 배로 확대되었다. 이후 1977년까지 전국토의 약 5.4%가 그린벨트로 편입되었다. 이 제도는 도시 주변의 개발을 제한함으로써 산림 훼손을 막고, 자연 생태계를 보호하는 데 큰 역할을 했다. 그 결과 헐벗은 산들은 점차 푸른 숲으로 변모했고, 해마다 반복되던 홍수나 가뭄 같은 재해도 점차 줄어들었다.

특히 서울의 개발제한구역 지정은 도시의 평면적 확산을 차단하는 효과를 가져왔다.[41] 그동안 저밀도 시가지 개발을 중심으로 진행되던 토지구획정리사업은 더 이상 확장될 수 없게 되었고, 이에 따라 서울은 수평적 개발에서 수직적 개발로 방향을 전환하게 되었다. 인구 증가와 주택 수요에 대응하기 위해 단독주택 중심의 주거 형태는 공동주택, 즉 아파트

---

41) 서울역사편찬원. 『서울 2천년사 35』 현대 서울의 도시건설. 2016. p38.

중심으로 변화하기 시작했다. 이러한 변화는 특히 한강변을 중심으로 나타났다. 강북 지역의 동부·서부 이촌동과 여의도, 강남 지역의 반포동과 잠원동 일대에는 5층 규모의 저층 아파트가 건설되기 시작하면서 서울의 도시 경관과 주거 구조에 큰 변화를 가져왔다.

1971년 준공된 여의도광장은 처음에는 '5·16광장'이라는 이름으로 불리며, 유사시 안보 목적에서 조성되었다. 이곳은 군사 퍼레이드와 대규모 종교 집회 등 국가적 행사 중심의 공간으로 활용되었다. 당시의 광장은 넓고 비어 있는 콘크리트 공간으로 시민의 일상적 이용보다는 정치적·군사적 상징성이 강조되었다. 이후 1980년대에 접어들면서 서울시가 시민을 위한 공간 조성에 나서며 여의도 한강시민공원이 생기고, 광장의 명칭도 '여의도광장'으로 변경되었다. 이 시기부터 광장은 군사적 목적에서 벗어나 시민들이 자전거를 타거나 산책을 즐기는 여가 공간으로 점차 변화하기 시작했다. 1999년에는 본격적인 재정비를 통해 잔디와 숲을 갖춘 '여의도공원'으로 재탄생하였다. 이로써 여의도광장은 과거의 군사적 상징에서 벗어나 자연과 시민이 어우러지는 도심 속 녹지 공간으로 자리매김하게 되었다.

브레튼우즈체제는 제2차 세계대전 이후 세계경제의 안정과 회복을 이끌어낸 중요한 국제 통화 체제였다. 미국 달러를 기축통화로 삼고 이를 금과 연결함으로써 각국 통화의 가치를 안정시키고 국제 무역과 투자를 촉진하는 데 큰 역할을 했다. 그러나 세계경제가 빠르게 성장하면서 이 체제의 구조적 모순이 드러나기 시작했다. 기축통화가 되기 위해서는 두 가지 조건이 필요했다. 첫째, 세계경제의 확대에 맞춰 충분한 양의 통화가 공급되어야 하고, 둘째, 그 통화가 국제적으로 신뢰를 유지해야 한다는 점이다. 문제는 달러 공급을 늘리려면 미국이 무역적자를 감수해야 하는데, 적자가 커질수록 달러의 신뢰가 약화된다는 점이었다. 이처럼 두 조건을 동시에 충족할 수 없는 상황을 트리핀 딜레마라고 부른다. 1960년대 후반에 이 딜레마가 현실화되면서 달러에 대한 신뢰가 흔들리고, 금과 달러의 교환 가능성에 대한 의문이 커졌다. 결국 브레튼우즈체제는 내부 모순으로 인해 흔들리기 시작했고, 마침내 1971년 8월 15일 미국 대통령 닉슨은 돌연 금 태환 정지를 선언해 이른바 브레튼우즈 체제가 붕괴됐다.[42] 이러한 변화는 국제 경제에 큰 충격을 주었으며, 달러의 가치가 불안정해지고 인플레이션이 확산되는 계기가 되었다.

동시에 미국은 닉슨독트린을 통해 아시아에서의 군사적 개입을 축소하고, 베트남전에서의 미군 철수를 단행하였다. 이는 미국의 패권 약화와 연결되며, 동아시아 각국의 정치적 대응에도 영향을 미쳤다. 한국의 경우, 주한미군의 감축과 미국의 남북화해 종용은 박정희 정권에게 체제 위기의식을 불러일으켰고, 1972년 '10월 유신'이라는 독재체제로 이어졌다.

또한, 중국은 국제사회에 정식 입성한다. 10월 25일, 유엔 총회에서 중국이 가입하고 대만이 탈퇴하면서, 세계 외교 지형이 대대적으로 재편되었다. 같은 해 미국과 중국 간 '핑퐁 외교'가 시작되며, 냉전 구도에 균열이 생기기 시작했다. 미국과 중국의 데탕트는 동아시아의 냉전체제를 이완시키며, 반공을 기반으로 한 독재정권들에게는 기존의 계급 간 세력관계를 위협하는 요소로 작용했다. 이에 따라 캄보디아, 태국, 남베트남, 인도네시아, 필리핀 등지에서 쿠데타와 계엄령을 통한 정권 강화가 이루어졌다. 한편, 소련은 우주정거장 살류트 1호와 소유즈 11호의 도킹에 성공하며 우주 개발 경쟁에서 새로운 지평을 열었다.

---

42) 브레튼우즈체제와 IMF. click 경제교육. 2009. 11.

1972년 7월 4일 서울과 평양에서 동시에 발표된 남북공동성명은 분단 이후 최초로 통일과 관련한 발표였다. "자주, 평화, 민족대단결"이라는 남북이 합의한 원칙은 수십 년간 단절된 남과 북을 잇는 희망의 끈이었다. 곧이어 남북 적십자 대표단이 왕래하며 이산가족 문제 해결을 위한 첫 발걸음을 내딛었다. 이런 가운데 10월 17일 박정희 대통령은 돌연 국회를 해산하고 비상조치를 선포했다. 이른바 '10월 유신'으로 대통령에게 입법·사법·행정의 전권을 부여하는 헌법 개정이 단행되었고, 대한민국은 제4공화국이라는 이름 아래 새로운 정치 체제로 진입했다. 북한은 사회주의 헌법을 제정하면서 주석제를 도입하여 김일성의 1인 지배 체제를 제도화했다.

8월 3일, 박정희 정부는 긴급명령 제15호를 발표하며 기업들이 의존하던 고금리 사채를 전면 동결했다. 당시 한국 경제는 기업 평균 부채비율이 400%에 달할 정도로 심각한 위기에 놓여 있었고, 명동 사채시장은 기업 자금 조달의 중심이었지만 과도한 이자 부담으로 기업 경영을 압박하고 있었다. 정부는 이러한 상황을 타개하기 위해 사채를 제도권 금융으로 흡수하는 강력한 조치를 단행했다. 이 조치로 기업들의 부채비율은 1년 만에 300% 이하로 낮아졌고, 기업 이익률도 1971년 8.4%에서 1973년 12.8%로 크게 상승했다. 국가 경제 전체에도 긍정적인 효과가 나타나 1973년 수출은 전년 대비 76% 증가했고, 석유 파동 속에서도 14.8%의 성장률을 기록했다. 이듬해에도 9.5% 성장률을 이어가며 중화학공업 투자와 육성이 본격적으로 진행되었다.

그러나 시장의 자율성과 법적 안정성을 훼손했다는 비판도 뒤따랐다. 그럼에도 불구하고 당시의 위기 상황에서는 불가피한 선택이었다는 평가가 존재한다. 동시에 이 조치는 단순한 위기 대응을 넘어 금융제도의 양성화를 촉발하는 계기가 되었다. 정부는 사채시장을 대체하기 위해 단자회사와 상호신용금고를 신설하고, 단기금융업법·상호신용금고법·신용협동조합법을 제정하여 제2금융권을 탄생시켰다. 이어 1973년에는 기업공개촉진법이 제정되었고, 1974년에는 '5·29 조치'를 통해 대기업의 기업공개가 촉구되면서 기업들이 직접금융시장을 통해 자금을 조달할 수 있는 길이 열렸다. 따라서 긴급명령 제15호, 즉 8·3 조치는 단기적으로는 경제 위기를 극복하고 기업 재무구조를 개선했으며, 장기적으로는 한국 금융제도의 발전과 재벌 중심 경제 구조 형성에 중요한 전환점이 된 사건으로 평가된다. [43]

서울 인구가 600만 명을 돌파하며 도시화는 가속화됐고, 그만큼 도시 문제도 복잡해졌다. 여름엔 중부지방 대홍수가 수많은 수재민을 낳았다. 12월 2일, 서울시민회관(현 세종문화회관 부지) 화재로 51명이 사망하는 참사가 발생하며 공공시설 안전에 대한 경각심이 커졌다. 7·4 남북공동성명 이후 남북 간 대화가 본격화될 것으로 예상되던 시점에, 서울에는 평양의 평양대극장이나 인민문화궁전에 견줄 만한 문화시설이 없었다. 이에 따라 서울에도 국가를 대표할 수 있는 상징적 문화공간이 필요하다는 인식이 확산되었고, 이는 세종문화회관 건립으로 이어졌다. 서울시는 1973년 현상설계를 공모했고, 건축가 엄덕문의 설계안이 채택되었다. 이후 대림산업이 시공을 맡아 1974년 착공, 1978년 준공에 이르기까지 4년간의 건축 기간을 거쳤다.

이 과정에서 엄덕문은 단순히 평양의 전통건축을 모방하는 방식이 아닌, 한국적 전통을 현대적으로 재해석하는 방향을 선택했다. 세종문화

---

43) 박정희도 빗속 뚫고 달려왔다… K주식 키운 '자본주의 테러' 역설. 중앙일보. 2025. 11. 17.

회관의 건축은 전통건축의 배흘림 기둥과 처마의 무게를 받치는 '포(包)'를 현대화했고, 지붕은 추상적으로 경사 처리하여 기와지붕의 인상을 은유적으로 표현했다. 또한 대극장과 소극장의 배치는 마치 한옥의 안채와 사랑채 관계처럼 구성되어, 공간 배치에서도 전통적 정서를 현대적으로 번안했다. 이러한 설계는 박정희 대통령의 '기와집으로 하라'는 요구와 충돌했지만, 엄덕문은 전통의 본질을 현대적 감각으로 풀어내는 방식으로 설득에 성공했다. 결과적으로 세종문화회관은 단순한 공연장이 아니라, 남북 체제 경쟁 속에서 서울이 민족문화의 정통성을 계승하고 있다는 상징적 메시지를 담은 건축물로 완성되었다. 이 건물은 1980년대 이후 전국적으로 건립된 문화회관들의 모델이 되었으며, 한국 현대건축사에서 전통과 현대의 조화를 이룬 대표적인 사례로 평가받는다. [44]

1972년 국립국악고등학교의 설립은 일제강점기와 해방 이후의 격변 속에서도 우리 전통 음악을 계승·발전시키려는 노력에서 비롯되었다. 우리 전통음악은 오랜 세월 궁중과 민간에서 이어져 왔지만, 일제강점기에 큰 시련을 맞았다. 1910년 이후 궁중이 폐쇄되면서 궁중 음악을 담당한 장악원의 규모가 급격히 축소되었고, 한때 천 명에 달하던 궁중 음악인들은 몇십 명 수준으로 줄어들었다. 전통음악의 맥이 끊길 위기에 처한 것이다. 그러나 1920년 '아악대원 양성소'가 설립되면서 상황은 달라졌다. 이곳은 아악대원을 모집해 궁중음악의 전통을 보존하고 전승하는 역할을 맡았고, 1925년에는 '이왕직아악부'로 개편되어 악서 편찬과 악보 제작, 오선보 작업, 음반 제작 등 체계적인 기록과 보존 작업을 진행했다. 이 시기의 노력은 일제강점기라는 어려운 환경 속에서도 우리 음악이 명

---

44) 서울역사편찬원. 『서울 2천년사 35』-현대 서울의 도시건설. 2016. p232.

맥을 유지할 수 있었던 결정적 기반이 되었다.

해방 이후 '국립국악원'이 개원하면서 전통음악 전승은 새로운 전기를 맞았다. 국립국악원은 국내외 국가행사에서 한국 음악의 위상을 드높이는 한편, 전통음악의 보존·연구·교육을 담당하는 중심 기관으로 자리 잡았다. 국악 교육기관의 체계적 육성은 이와 함께 본격화되었다. 1951년 국회가 국립국악원의 개원을 승인했고, 1955년에는 국립국악원 부설 국악사 양성소를 설립하여 국악 전문 교육을 시작하였다. 이어 1958년에는 서울중앙방송국에서 여성 국악인을 위한 교육과정이 개설되었으며, 1959년에는 서울대학교 음악대학에 국악과가 설립되었다.

1960년에는 국악예술학교가 세워졌고, 1971년에 한국국악예술학교로 명칭이 변경되었다가 2008년 '국립전통예술중고등학교'로 재탄생해 전통예술 전반을 교육하는 기관으로 발전했다. 1972년에는 대통령령에 따라 국립국악고등학교가 설립되었다. 현재 국립국악중고등학교와 국립전통예술중고등학교 두 곳이 국립 국악 교육기관으로 운영되고 있으며, 두 학교 모두 전교생이 국비 장학생으로서 국가의 지원 아래 안정적이고 체계적인 교육을 받고 있다. 같은 해에 한양대학교에도 국악과가 개설되었고, 1974년에는 이화여자대학교가 그 뒤를 이었다

1972년 3월 말부터 시행된 공중전화 통화 시간 제한은 당시 사회적 필요에 의해 도입된 제도였다. 초기에는 공중전화 사용에 시간 제한이 없었기 때문에, 한 사람이 장시간 통화를 하면서 다음 차례를 기다리는 사람들과 갈등이 빈번하게 발생했다. 이러한 불편을 해소하고 공중전화의 공공성을 강화하기 위해 정부는 통화시간을 3분으로 제한하는 제도를 도입했다. 이 조치에 따라 공중전화에서 통화를 시작하면 3분이 경과한 시점에 자동으로 통화가 종료되도록 기계가 설정되었고, 이는 공중전화 이

용의 회전율을 높이는 데 큰 효과를 발휘했다.

지구촌은 요동쳤다. 2월 21일, 미국 대통령 리처드 닉슨이 중국을 방문하며 세계는 충격에 빠졌다. 냉전의 양대 축이던 미국과 중국이 손을 맞잡은 이른바 '핑퐁외교'는 국제 질서의 지각변동을 예고했다. 8월 26일, 서독 뮌헨에서는 제20회 하계올림픽이 개막됐다. 하지만 평화의 제전은 9월 5일, 팔레스타인 무장단체의 테러로 얼룩졌다. 이스라엘 선수단 11명이 희생된 이 사건은 올림픽 역사상 가장 어두운 장면으로 남았다. 같은 해 6월, 미국 워싱턴의 워터게이트 호텔에서는 민주당 전국위원회 사무실에 침입한 괴한들이 체포되었다. 이로부터 시작된 워터게이트 사건은 훗날 닉슨 대통령의 사임으로 이어지는 미국 정치사의 대격변이 되었다. 그리고 11월 29일, 미국의 한 게임 회사 아타리(Atari)는 세상에 새로운 장난감을 선보였다. 그 이름은 〈퐁(Pong)〉이었다. 단순한 탁구 게임이었지만, 이 작은 픽셀의 움직임은 훗날 전 세계를 뒤흔들 비디오 게임 산업의 대중화를 이끌었다.

1973년 대한민국은 거대한 전환점에 서 있었다. 산업화의 물결은 거침없이 밀려왔고, 사회 곳곳에서 변화의 바람이 불었다. 1월 박정희 대통령은 연두 기자회견에서 중화학공업 육성을 공식적으로 선언했다. 이 선언은 한국 경제 발전 전략의 중요한 전환점을 의미하며, 철강, 조선, 기계, 전자, 비철금속, 화학 등을 6대 전략 산업으로 선정하고 집중 육성하는 계획을 담고 있었다. 그러나 세계 경제는 순탄치 않았다. 1차 오일쇼크가 전 세계를 강타하며 한국 경제에도 큰 충격을 안겼다. 이에 대응하기 위해 정부는 에너지 효율을 높이고 산업 기반을 다지는 데 집중했다. 그 상징이 바로 소양강댐의 준공이었다. 국내 최대의 다목적댐으로, 수도권 물 공급과 전력 생산의 중추가 되었다.

　1970년대 초, 수도권 지역의 기존 취수장에서 원수 오염 문제가 발생하면서 안정적인 상수원 확보가 시급한 과제로 떠올랐다. 이에 따라 정부는 수도권 광역상수도시설을 구축하기로 결정하고, 1973년 팔당댐에 취수탑을 건설하였다. 같은 해, 서울·성남·부천·인천 등 4개 도시에 하루 120만㎥의 용수를 공급하기 위한 수도권 광역상수도 1단계 사업이 착공되었으며, 총 441억 원의 사업비가 투입되었다. 이 사업을 통해 수도권의 만성적인 물 부족 문제가 해소되었고, 안정적인 생활용수 공급 기반이 마련되었다. 이후 1977년부터는 수도권 광역상수도 2단계 사업이 이어서 착공되었으며, 점차적으로 공급 대상 도시와 취수량이 확대되었다. 팔당댐의 취수장은 이후에도 지속적으로 확장되었으며, 현재는 수도권 100여 개 지자체에 하루 수백만㎥의 용수를 공급하는 대규모 상수도 시스템의 핵심 시설로 운영되고 있다.

　전력 효율을 높이기 위한 220V 승압사업도 본격화되었다. 가정용 전압을 110V에서 220V로 바꾸는 이 사업은 30년 넘게 이어져 2005년 마무리됐다. 이를 통해 전력 손실을 줄이며 산업화의 기반을 다졌다. 같은 해, 포항제철이 준공되며 '제철보국'의 꿈이 현실이 되었다. 이는 한국 중화학공업의 상징이자, 수출 산업의 견인차가 되었다. 남해고속도로가 개통되며 영남과 호남을 잇는 물류의 대동맥이 완성되었고, 아침 방송 중지 조치로 국민의 생활 리듬에도 변화가 생겼다. 화폐 개혁의 일환으로 1만 원권 지폐가 발행되며 고액권 시대가 열렸다.

　주거 환경도 변화를 맞았다. 반포지구 개발은 1970년대 초 서울 강남 지역의 도시 확장을 위한 대규모 매립 사업으로 시작되었다. 당시 삼부토건, 현대건설, 대림산업 등 주요 건설사들이 건설부에 공유수면 매립 허가를 신청하였고, 1972년 7월에 공사를 마쳤다. 총 매립 면적은 약 18

만 9,000평에 달했으며, 이 중 제방 및 도로용지 약 2만 9,000평은 정부와 서울시에 귀속되었고, 나머지 약 16만 평은 매립자에게 귀속되었다. 이후 1973년 매립자들은 해당 토지를 주택공사에 일괄 매각하였고, 이를 기반으로 반포 주공 1단지가 조성되었다. 이 단지는 서울 강남권의 대표적인 주거지로 자리 잡게 되었으며, 당시로서는 획기적인 대단지 아파트 공급 사례로 평가받는다.

해방 당시 서울의 면적은 133.9㎢에 불과했으나, 1949년 경기도 고양군과 시흥군의 일부 지역이 서울에 편입되면서 면적은 268.353㎢로 거의 두 배 가까이 확대되었다. 이후 1963년 도시화가 진행된 경기 5개 군 84개 리가 편입되면서 서울의 면적은 무려 2.3배(약 613㎢)로 늘어났다. 이 시기의 확장이 오늘날 서울의 지리적 틀을 대부분 형성한 것으로 평가된다. 1973년 3월 12일에는 경기도 시흥군과 고양군의 일부 지역이 서울에 편입되면서 14.02㎢가 추가되었고, 서울의 총 면적은 627.06㎢로 늘어났다. 이후 세부적인 조정 과정을 거쳐 서울은 25개의 자치구로 구성된 현재의 행정 체계를 갖추게 되었다.

5월 발생한 김대중 납치 사건은 국내외에 큰 충격을 주었고, 유신정우회의 등장으로 정치적 긴장감이 고조되었다. 그럼에도 불구하고 평화를 향한 움직임도 있었다. 6·23 평화통일 선언은 남북 간 대화를 위한 새로운 시도로 평가받았다. 북한은 평양 지하철을 개통하며 체제의 자립성을 과시했다. 1973년부터 전국적인 기상관측이 본격적으로 시작되었다. 이는 단순한 날씨 예보를 넘어, 농업과 산업, 국민 생활 전반에 영향을 미치는 중요한 전환점이었다. 서울 광진구 능동에는 아이들을 위한 장소가 등장했다. 서울컨트리클럽 골프장을 기증받아서 서울어린이대공원이 문을 열며, 도심 속 자연과 놀이가 어우러진 공간이 탄생한 것이다.

　1970년대부터 1980년대에 걸쳐 국내에서는 다양한 테마파크가 등장하며 관광 산업이 본격적으로 활성화되었고, 특히 중산층의 여가 문화가 크게 확장되는 계기가 되었다. 어린이대공원 개장에 이어 1974년에는 전통문화를 체험할 수 있는 한국민속촌이 경기도 용인에 조성되었다. 1976년에는 자연과 동물을 테마로 한 용인자연농원(현 에버랜드)이 문을 열면서 자연 친화적 관광지가 등장하였다. 1980년대에 들어서면서 테마파크의 성격은 더욱 다양해졌다. 1987년에는 놀이시설 중심의 드림랜드가 개장되었고, 1988년에는 과천에 서울랜드가 문을 열어 수도권 시민들의 대표적인 레저 공간으로 자리 잡았다. 1989년에는 실내형 테마파크인 롯데월드가 서울 잠실에 개장되며, 날씨와 계절에 구애받지 않는 새로운 형태의 관광 공간이 등장하였다. 이러한 테마파크의 연이은 개장은 단순한 놀이공간을 넘어, 가족 중심의 여가문화 형성과 도시민의 삶의 질 향상에 기여했으며, 중산층 이상의 소비 여력을 기반으로 한 관광 산업의 성장과 함께 한국형 레저문화의 기반을 마련하는 데 중요한 역할을 했다.

　같은 해 5월 8일은 '어머니날'에서 '어버이날'로 개칭되며 부모 모두를 기리는 날로 자리 잡았다. 천년 고도 경주에서는 천마총이 발굴되며 신라의 찬란한 문화가 세상에 드러났다. 교육계에서는 고교 평준화를 위한 고교입시 개혁이 단행되어, 입시 중심의 교육에서 벗어나려는 첫걸음을 내디뎠다. 복지 측면에서도 큰 변화가 있었다. 국민복지연금법이 제정되며, 노후를 대비한 제도적 기반이 마련되었다. 다만 법 제정 이후 시행이 유보되다가, 1986년에 「국민연금법」으로 전면 개정되어 1988년부터 시행되었다.

　국립극장은 한국 공연예술의 중심 기관으로 1950년에 설립된 아시아 최초의 국립극장이다. 초기에는 서울 명동에 위치했지만, 1973년 남산 장충동으로 이전하면서 본격적인 대형 문화공간으로 재탄생했다. 당시 새로 건립된 극장은 대극장과 소극장을 포함해 총 1,800석 규모였으며, 국내에서 유일하게 연습장을 갖춘 시설로 주목받았다. 이전 배경에는 북한과의 문화 경쟁이 작용했다. 평양의 만수대예술극장과 같은 대형 문화 시설에 자극을 받아, 한국 정부는 자체적으로 대형 문화센터를 건립할 필요성을 느꼈고, 그 결과로 국립극장이 남산에 자리 잡게 되었다. 이 과정에서 극장 직제가 개편되고 국립가무단, 합창단 등 다양한 예술단체가 발족되면서 공연예술의 체계적 운영이 가능해졌다.

세계는 피노체트의 칠레 쿠데타와 페론의 아르헨티나 대통령 당선, 4차 중동전 등으로 격동의 시기를 겪었다. 한편, 베트남 파리평화협정이 체결되며 미국의 베트남전 개입이 종식되었고, 뉴욕에서는 세계무역센터가 완공되어 세계 경제의 상징으로 떠올랐다.

1974년 세계 경제는 충격에 빠졌다. 1차 오일쇼크가 본격화되며 원유 가격이 치솟았고, 이로 인해 제2차 세계대전 이후 자본주의 황금기라 불리던 시기가 막을 내렸다. 전 세계는 불황과 인플레이션에 끌려가기 시작했다. 1973년 말, 국제 유가가 급등하면서 대한민국 경제는 심각한 위기에 직면했다. 1973년 9월 말 기준으로 1배럴당 3.07달러였던 기름값은 불과 몇 달 만인 1974년 1월 말에는 11.65달러로 급등하며 약 4배 가까이 폭등했다. 이른바 제1차 오일쇼크였다. 당시 산업 기반이 약하고 에너지 의존도가 높았던 한국 경제는 큰 타격을 입었고, 국가 부도 위기까지 거론될 정도로 상황은 절박했다. 수입 원유값이 폭등하자 경제성장률은 급락하고, 물가는 치솟았다. 전년도 400원을 밑돌던 환율은 1달러당 480원, 유류는 31.3%, 전기요금은 42.4%, 철도 요금은 38%나 인상되었다. 무역 수지는 악화되고, 외환 보유고는 바닥을 향해 갔다.

이때 정부는 달러를 벌기 위해 중동 건설시장에 눈을 돌렸다. 중동은 오일쇼크로 인해 막대한 오일 달러를 확보한 상태였고, 이를 기반으로 대규모 인프라 건설 수요가 폭발적으로 증가하고 있었다. 하지만 한국은 중동에 대한 정보도 부족했고, 인맥이나 경험도 거의 없었다. 그럼에도 불구하고 현대건설, 삼환기업, 한양건설 등 당시 중견 건설업체들이 앞장서서 중동 시장 개척에 나섰다. 이들은 현지의 혹독한 환경과 외국 경쟁 업체들의 견제를 뚫고, 직접 발로 뛰며 계약을 따내고 공사를 수행했다. 기술력과 근면성, 그리고 무엇보다도 도전 정신으로 무장한 이들은 결국 중동 건설 시장에 성공적으로 진출했다. 그리하여 수천 명의 근로자들이 사막 한복판으로 향한 '중동 진출'의 신화가 이해에 시작됐다.

정부는 기업의 체질 개선과 내자 동원을 위한 정책의 일환으로 「우리사주조합제도」를 도입하였다. 종업원 지주제도의 형태로 종업원이 자신이 근무하는 회사의 주식을 직접 보유할 수 있도록 장려하는 제도였다. 종업원이 자사 주식을 취득하거나 보유할 수 있도록 편의를 제공함으로써 종업원이 기업 경영과 이윤 분배에 참여하게 하고, 기업에 대한 애착심을 높이며 동시에 종업원의 재산 증식도 도모할 수 있다는 점에서 제도 도입의 필요성이 제기되었다. 또한 정부 입장에서는 주식 투자 활성화를 통해 내자 동원을 기대할 수 있었다. 5월 29일 발표된 대통령 특별조치에서 우리사주조합 결성이 촉구되었고, 같은 해 7월 13일 재무부 장관이 종업원 지주제 확대 방안을 발표하면서 제도 시행이 본격화되었다. 이 제도의 명칭인 '우리사주'는 당시 재무부 장관이었던 남덕우가 직접 만든 것으로 알려져 있으며, 그는 제도 도입과 확산에 적극적으로 관여하였다. 제도에 따르면 법인이 주식을 상장할 때 총발행 주식의 10분의 1까지 종업원에게 우선 배정할 수 있도록 하였고, 정부는 세제 혜택과 금융 지원 등 다양한 방식으로 우리사주조합 결성을 장려하였다.

그해 8월 15일 광복절 경축 행사장에서 영부인 육영수 여사가 총탄에 맞아 숨졌다. 국민장으로 치러진 장례엔 수많은 시민이 길거리로 나와 눈물을 흘렸다. 같은 날 청량리역과 서울역을 잇는 서울지하철 1호선이 개통되면서 지하철 시대의 문을 열었다. 정치적으로는 긴급조치의 연속으로 유신체제가 더욱 공고해졌고, 민청학련 사건은 유신 체제에 반대하는 학생 운동권 세력을 억압하기 위한 조치였다. 창비사에서는 리영희의 『전환시대의 논리』가 출간되었다. 유신체제를 반성하고, 냉전 체제와 권위주의를 비판하는 사상의 전환이 퍼지기 시작했다.

오윤은 1970~80년대 한국 민중미술의 대표적 작가로 예술을 통해 사회적 현실을 직시하고 민중의 삶과 정서를 강렬하게 표현한 판화가이자 조각가였다. 그는 중국의 혁명적 판화운동과 멕시코의 벽화운동에서 영향을 받았으며, 이를 한국적 정서와 결합해 독자적인 시각 언어를 구축했다. 특히 목판화라는 매체를 통해 강렬한 선과 단순한 형태로 민중의 삶과 고통, 저항의 의지를 표현했다. 그의 판화는 해학과 신명, 한과 분노가 뒤섞인 감정의 밀도를 지니며, 민화·풍속화·불화·탈춤·굿 등 한국 전통 민중문화의 요소를 적극적으로 수용했다. 1974년 종로4가 구 상업은행 건물에 설치된 전돌벽화는 그의 공공미술 작업 중 하나로, 민중적 서사를 건축 공간에 녹여낸 중요한 사례다. 이후에도 그는 〈칼노래〉, 〈노동의 새벽〉, 〈북춤〉, 〈앵적가〉, 〈도깨비〉 등에서 노동자와 서민의 삶을 흑백 목판화로 포착하며, 현실 참여적 미술의 상징적 존재로 자리매김했다.

국민과자 오리온 〈초코파이〉, 커피엔 빠질 수 없는 동서 〈프리마〉, 달콤한 유혹 빙그레 〈바나나맛 우유〉도 이해에 처음 등장했다. 또한 경기도 용인 한국민속촌이 개장하면서 전통문화 테마파크로 자리 잡았다.

국제 정치는 격동의 시기였다. 전 세계 G5 국가들의 지도자가 한 해에 전원 물러나는 유례없는 사태가 벌어졌다. 미국의 닉슨은 워터게이트 사건으로 탄핵 위기에 몰려 사임했고, 서독의 빌리 브란트는 동독 간첩 귄터 기욤 사건으로 자리에서 내려왔다. 프랑스 퐁피두 대통령은 재임 중 서거했고, 일본의 다나카 가쿠에이는 내각 총사퇴로 사임했으며, 영국의 에드워드 히스 총리는 총선에서 과반을 얻지 못한 채 물러났다. 유엔은 이해를 '세계 인구의 해'로 지정했으며, 세계 인구는 40억 명 돌파했다. 일본에서는 〈헬로키티〉가 처음 태어난 해이다. 공식 생일은 11월 1일로 리본 단 하얀 고양이는 곧 전 세계 소녀들의 친구가 됐다. 포르투갈에선 총구 대신 카네이션으로 민주화 혁명을 이뤄 낸 '카네이션 혁명'이 일어나며 유럽에서 군사독재가 무너지는 신호탄이 울렸고, 중국에서는 우연히 발견된 진시황 병마용이 고대사의 문을 열었다.

1975년 4월 30일 북베트남의 사이공 함락으로 남베트남(월남)이 패망했다. 이 사건은 당시 냉전 시대의 중요한 전환점이었으며, 국제 사회에 큰 충격을 안겨 주었다. 특히 한국은 미국과 함께 남베트남을 지원했었기 때문에, 한국사회에도 큰 영향을 미쳤다. 정부는 방위세를 신설해 국민에게 국방비를 걷기 시작했고, 국가 안보를 위해 민방위대가 창설되었다. 그해 5월 긴급조치 9호가 발동되며, 유신헌법을 비판하는 모든 행위가 금지되고 수많은 이들이 체포되었다. 앞서 4월 9일 인혁당 사건의 8명에게 사형이 집행됐다. 대법원 판결 18시간 만의 일이었다. 이 사건은 '사법살인'이라는 비난을 받았다.

1974년 10월, 동아일보 기자들은 박정희 정권의 언론 통제에 맞서 '자유언론실천선언'을 발표했다. 이 선언은 외부 간섭을 배제하고, 기관원의 출입을 금지하며, 불법 연행을 거부하는 등 언론의 독립성을 지키겠다는 강한 의지를 담고 있었다. 그러나 정부는 곧바로 동아일보의 주요 광고주들에게 압력을 가해 광고 계약을 해약하도록 강요했고, 그 결과 동아일보는 광고 지면을 채우지 못해 백지 광고를 내보내는 사태에 직면했다. 이 광고 탄압은 동아방송에도 영향을 미쳐 방송 광고가 무더기로 해약되고 일부 프로그램이 폐지되거나 방송 시간이 단축되는 등 심각한 경영난을 불러왔다.

정부의 탄압에 시민들은 자발적으로 동아일보를 지지하는 의견광고를 게재하기 시작했다. 1974년 12월 30일, 한 독자가 "강제해약은 권력의 자해행위"라는 문구를 담은 광고를 실은 것을 계기로 초등학생부터 대학생, 자영업자, 종교단체, 사회단체 등 다양한 계층의 시민들이 참여했다. 1975년 5월까지 총 1만 352건의 격려 광고가 실렸으며, 이는 세계적으로도 유례없는 시민 중심의 언론 자유 지지 운동으로 기록되었다.

그러나 정부의 탄압은 더욱 거세졌다. 1975년 3월부터 4월 사이 동아일보는 기자 18명을 해고했고, 동아방송에서는 복직을 요구하던 아나운서와 PD 등 134명을 해고했다. 정권은 폭력배를 동원해 농성 중이던 언론인들을 강제로 퇴거시키는 등 물리적 탄압도 서슴지 않았다. 결국 동아일보 경영진은 정부의 압력에 굴복했고, 자유언론 실천 운동은 좌절되었다. 해고된 언론인들은 이후 '동아자유언론수호투쟁위원회(동아투위)'를 결성해 민주화 운동에 참여하며 언론 자유의 상징으로 남았다.[45] 그리고 50년이 지난 2025년 3월 17일, 동아투위는 오랜 투쟁의 여정을 마무리한다고 선언하며 역사적 의미를 되새겼다.

그해 여름 김대두 연쇄살인 사건으로 전국이 충격에 빠졌다. 55일 동

---

45) "50년 전 동아 사태… 나의 삶을 짓눌러온 트라우마". 한국기자협회. 2024. 3. 22.

안 17명을 살해한 그는 세탁소에 맡긴 피 묻은 청바지로 덜미가 잡혔다. 사람들은 공포에 떨었고, 언론은 연일 그의 범행을 보도했다. 연말 연예계는 큰 파문에 휩싸였다. 대마초 파동으로 신중현, 김추자, 윤형주 등 당대 최고의 스타들이 줄줄이 구속되며, 한국 대중음악에 큰 파장을 일으켰다. 포크와 록의 황금기는 그렇게 막을 내렸다.

1970년대에 들어 한국 정부는 일본의 경제 성장 모델을 면밀히 연구했고, 일본이 수출대국으로 도약하는 데 핵심적 역할을 한 것이 바로 '수출 종합상사'라는 결론에 도달했다. 일본의 종합상사는 해외 정보 수집, 금융 조달, 물류, 마케팅을 통합적으로 수행하며 국가 수출을 견인하는 역할을 했고, 한국도 이와 같은 조직이 필요하다는 인식이 확산되었다. 특히 1차 석유위기로 한국 수출이 큰 타격을 받자 삼성, 대우 등 주요 수출 기업들은 일본에 대응하기 위해 한국형 대형 종합상사 육성을 정부에 건의했다. 당시 수출 위기 상황에 위기의식을 느끼고 있던 상공부는 이 제안을 받아들여 한국 실정에 맞는 종합상사 제도를 도입하기로 결정했다.

일부 대기업 특혜라는 반대 여론도 있었지만, 상공부는 1975년 대통령 연두순시에서 '1978년까지 수출 100억 달러 달성'을 목표로 종합무역상사 제도를 공식 건의했다. 수출 확대를 최우선 과제로 삼았던 박정희 대통령은 이를 받아들였고, 1975년 3월 '종합무역상사 육성방안'이 확정되었다. 같은 해 4월 상공부는 종합무역상사의 지정 요건과 제도 내용을 고시하며 제도를 공식화했다. 종합무역상사 제도는 수출 전문 대기업을 지정하고, 지정된 기업에게 정부가 가능한 모든 지원을 제공하는 방식이었다. 1975년 5월 삼성물산이 국내 1호 종합무역상사로 등록되었고, 이어 대우와 쌍용이 지정되었다. 그해 말 국제상사와 한일합섬이 추가되었고, 1976년에는 효성물산, 반도상사(럭키금성), 선경, 삼화, 금호실업이,

1978년에는 현대종합상사와 율산실업이 지정되면서 총 13개의 종합상사가 탄생했다. 이 가운데 중소기업 수출창구 역할을 맡은 곳은 고려무역한 곳뿐이었다. 이후 일부 상사가 수출을 중단하면서 1979년부터는 10개로 줄었다.

종합상사 제도는 수출 확대에 기여했지만, 동시에 대기업집단의 혼합결합을 촉진하는 명분이 되기도 했다. 종합상사 지정 이후 4~5년간 삼성, 대우, 럭키, 현대 등 주요 그룹은 각각 20여 개 기업을 인수·합병하거나신설했고, 100여 개 중소기업이 이들 대기업에 종속되었다. 국제, 효성, 쌍용, 금호, 선경 등 다른 종합상사들도 석유위기로 어려움을 겪던 중소기업들을 대거 인수하며 몸집을 키웠다. 그럼에도 종합무역상사는 한국수출 확대에 결정적 역할을 했다는 평가를 받는다. 2006년 무역협회가선정한 '한국 무역역사 10대 뉴스'에서도 1975년 종합무역상사 설립이 네번째로 꼽힐 만큼 그 영향력은 컸다. [46]

1975년 영동고속도로가 전 구간 개통되면서, 수도권과 강원도를 잇는대동맥이 완성됐다. 현대 〈포니〉가 출시되며, 한국은 자국 고유 모델 자동차를 가진 9번째 나라가 되었다. '조랑말'이라는 이름처럼, 〈포니〉는 한국인의 꿈을 싣고 달리기 시작했다. 서울 강남에는 새로운 행정구역인강남구가 신설되었다. 아직은 논밭이 많았지만, 머지않아 대한민국의 중심이 될 땅이었다. 어린이날이 공휴일로 지정됐다. 5월 5일 이제는 학교에 가지 않아도 되는 날이 된 것이다. 어린이 잡지 〈소년생활〉이 12월에창간됐다. 이 잡지는 동화, 만화, 시사까지 담아내며, 어린이들의 상상력을 자극했고 '철인 캉타우' 같은 만화는 어린이들 사이에서 단연 인기였

---

46) 종합무역상사제도(1975). 국가기록원(https://www.archives.go.kr).

다. 〈소년생활〉은 〈새소년〉, 〈소년중앙〉, 〈소년세계〉, 〈어깨동무〉와 함께 5대 아동종합지로 불렸다. 같은 해 부처님오신날도 법정 공휴일로 지정되며, 연등이 거리를 수놓고, 사찰마다 향내가 가득했다.

여의도에는 국회의사당이 준공되며, 거대한 돔 아래에서 국정이 논의되기 시작했다. 국회의사당이 여의도에 건립될 당시, 고증 자문위원이었던 소설가 박종화는 국회의사당의 화재 예방과 상징적 의미를 고려해 해태상 설치를 제안했다. 그는 경복궁이 화재로 전소된 뒤 해태상을 세운 사례를 언급하며, 국회의사당에도 해태상을 세워 재앙을 막고 정의를 수호하는 상징으로 삼자고 제안했다. 이에 해태제과가 약 2,000만 원에 달하는 건립 비용을 지원하며 해태상 제작이 이루어졌다. 또한 해태상 아래에는 해태제과가 기증한 백포도주 '노블와인' 72병이 묻혀 있으며, 국회의사당 100주년이 되는 2075년에 개봉될 예정이다.

1975년 종묘제례가 국가무형문화재로 지정되었다. 종묘제례는 종묘에서 거행되는 국가적인 제향의식으로 조선시대 가장 격식 있고 규모가 큰 왕실 제사였다. 이 제례는 유교의 '효' 사상을 국가 차원에서 실천하는 의례로 민족 공동체의 유대감과 질서를 형성하는 데 중요한 역할을 했다. 이 제례에서 연행(演行)되는 음악인 종묘제례악은 기악, 노래, 춤이 결합된 형식으로, 보태평과 정대업 등 11곡이 전통 악기로 연주된다. 그 독창성과 예술성은 세계적으로도 인정받아, 2001년 유네스코유산(인류 구전 및 무형유산 걸작)으로 선정되었고, 2008년에는 세계무형유산 대표 목록에 통합 등재되었다. 종묘제례악은 1964년 국가무형문화재로 지정되었다. 종묘는 조선 왕조의 역대 국왕과 왕비의 신위를 모신 유교 사당으로 1395년 조선 태조 이성계에 의해 건립되었다. 이곳은 단순한 건축물이 아니라, 왕실의례가 집행되는 장엄한 공간으로서 유교적 예법과 건축미가 결합된 동양적 종합예술의 결정체로 평가받는다. 이러한 역사적·예술적 가치로 인해 종묘는 1995년 유네스코 세계문화유산으로 등재되었다.

세계는 '여성의 해'를 맞아 변화의 바람이 불고 있었다. 유엔이 3월 8일을 공식적으로 '세계 여성의 날'로 지정하며, 여성의 권리와 평등에 대한 목소리가 높아졌다. 한국에서도 여성운동이 조금씩 움트기 시작했다. 그 시기, 신기술이 등장했다. 소니 비디오카세트 레코더가 출시되며, 사람들은 방송을 녹화해 다시 보는 신세계를 경험하게 되었다. 미국에서는 두 청년, 빌 게이츠와 폴 앨런이 마이크로소프트를 설립하며 컴퓨터 시대의 서막을 열었다 이 밖에도 조총련계 재일동포들의 모국방문, 장개석과 프랑코의 사망, 폴 포트의 집권, 아폴로-소유즈 도킹, 그리고 동티모르의 독립선언까지 세계는 냉전과 해방, 독재와 저항이 뒤섞인 혼돈의 시기였다.

1976년은 유신체제가 공고화되는 가운데, 한국사회는 산업화의 속도를 높이며 도시화와 경제 성장을 동시에 추구했다. 세계는 냉전의 긴장 속에서 정치적 충돌과 과학기술의 진보가 교차한 해였다. 수출은 80억 달러에 육박하며 경제 성장의 엔진이 힘차게 돌아갔다. 현대자동차가 개발한 국산 고유모델 자동차 〈포니〉는 에콰도르로 첫 수출되며 한국 자동차산업이 세계 시장의 문을 두드렸다. 반월신도시에는 공장이 들어서고, 용인자연농원은 가족 나들이의 명소로 문을 열었다. 10월 영산강과 안동에 대형 댐이 준공되었다. 안동댐은 낙동강 상류의 물길을 다스리며 농업용수와 전력을 공급했고, 영산강 유역의 치수 사업은 전남 지역의 농업 기반을 튼튼히 했다. 그해 벼농사는 대풍이었다. 황금빛 들판은 풍요의 상징이 되었고, 쌀가마니는 창고를 가득 채웠다.

정치권은 격랑 속에 있었다. 신민당 전당대회에서는 조직폭력배가 난입해 각목을 휘두른 초유의 사태가 벌어졌고, 미국에서는 '코리아게이트'

가 터지며 한국 정부의 로비 의혹이 국제적 이슈가 됐다. 3·1민주구국선언은 1976년 3월 1일, 서울 명동성당에서 열린 3·1절 기념미사 자리에서 발표된 유신체제 반대 선언문으로, 당시 박정희 정권에 대한 공개적인 저항의 상징적 사건이었다. 이 선언은 야당 정치인과 진보적 성향의 기독교계 인사들이 중심이 되어 발표되었으며, 유신헌법과 긴급조치에 의해 억압된 민주주의 회복과 인권 보장을 요구하는 내용을 담고 있었다.

8월 판문점에서는 도끼 만행 사건이 발생했다. 미루나무 가지치기 작업 중 북한군이 도끼를 휘둘러 미군 장교 2명을 살해했고, 이에 대한 보복으로 '폴 버니언 작전'이 전개되면서 한반도는 일촉즉발의 위기로 치달았다. 폴 버니언은 미국 전설에 나오는 나무꾼의 이름이었고, 작전은 도끼 만행 사건의 발단인 미루나무를 베는 것이었다. 그러나 이 작전의 숨은 의도는 나무를 자를 때 북한군이 공격하면 북한군 막사를 포격하겠다는 의도였다. 이어 북한의 반격을 유도해 이후 화력을 총동원해서 북으로 밀고 올라갈 계획이었다.

그해 여름 몬트리올 올림픽에서 레슬링 자유형 62kg급에서 양정모 선수가 1위를 차지하면서 대한민국에 첫 금메달을 안겼다. 전라남도 신안 앞바다에서는 수백 년을 잠들어 있던 보물이 세상 밖으로 모습을 드러냈다. 어부의 그물에 걸려 올라온 청자 한 점이 시작이었다. 이후 8년간의 수중 발굴 끝에 2만 점이 넘는 고려·원나라 시대의 유물이 인양되었다. 한국 수중고고학의 시작이자, 해양 실크로드의 흔적이었다. 극장가에는 거대한 로봇이 등장했다. 〈로보트 태권V〉는 태권도를 무기로 악당을 물리치는 국산 슈퍼로봇으로, 어린이들의 우상이 되었다. 이순신 장군 동상에서 영감을 받은 디자인, 태권도 동작을 그대로 따라하는 조종 시스템은 당시로선 혁신이었다.

남산에 있던 KBS는 여의도 시대를 열며 방송의 중심을 옮겼다. 1974년 4월 한국방송공사(KBS)는 여의도에 방송센터 건립을 시작했고, 1976년 11월에 준공하였다. 박춘명의 설계로 지어진 이 건물은 현대 건축임에도 불구하고 기단 위에 전면 기둥을 배치하는 고전주의적 구성을 지녀 건축적으로도 상징적인 의미를 지닌다. 이어 1978년에는 동양방송(TBC)이 여의도에 스튜디오를 설립했다. 이 스튜디오는 송민구의 설계로 지어졌으며, 1980년 11월 30일 언론통폐합 정책에 따라 TBC가 KBS에 흡수되면서 여의도 내 방송 인프라가 더욱 집중되었다. 1982년에는 문화방송(MBC)이 김정식의 설계로 여의도에 사옥을 완공하며 본격적인 방송 활동을 시작했다. 1991년에는 민영방송인 SBS가 여의도에 개국하면서 방송의 다양성과 경쟁이 본격화되었다.

조선시대에는 권문세가들이 북촌에 모여 살며 이 지역은 정치적·사회적 중심지로 자리 잡았다. 해방 이후에도 북촌, 특히 가회동은 오랫동안 부유층의 상징적인 주거지로 유지되었지만, 1970년대 이후 강남 개발이 본격화되면서 중산층 이상의 도시민들이 아파트를 선호하게 되었고, 이에 따라 한옥에 대한 사회적 수요는 급격히 줄어들었다. 이러한 변화 속에서 한옥의 급속한 소멸을 막기 위한 첫 공식적인 보존 조치는 1976년에 이루어졌다.[47] 서울시는 9월 28일, 옛 정서가 담긴 문화유산을 전승하기 위해 4대문 안의 한옥 밀집 지역을 민속경관지역으로 지정하겠다고 발표했다. 이후 1980년 1월 10일에는 종로구 가회동, 옥인동, 사직동, 필운동 등 일대를 한옥보존지구로 공식 지정하며 보다 구체적인 보존 정책이 시행되었다. 하지만 시간이 지나면서 보존지구 지정으로 인해 재산권

---

47) 서울역사편찬원. 『서울 2천년사 35』 현대 서울의 도시건설. 2016. p254.

행사에 제약을 받는다는 민원이 증가했고, 이에 따라 한옥보존지구의 유지 여부를 둘러싼 논란이 커졌다. 결국 1991년, 서울시는 한옥보존지구를 해제하게 됐다. 보존지구 해제 이후에는 다세대주택의 건설로 역사경관이 빠르게 훼손될 우려가 제기되었고, 이를 방지하기 위해 북촌마을 건축기준안이 마련되어 최소한의 경관 보호가 시도되었다.

법정 스님은 한국 현대 불교를 대표하는 인물로, 청빈하고 고요한 삶을 실천하며 많은 이들에게 깊은 울림을 준 수필가이자 사상가이다. 그의 대표작『무소유』는 1976년에 출간되어 2010년 절판될 때까지 34년간 꾸준히 사랑받은 스테디셀러로, 300만 부 이상 판매되며 한국 출판 역사에 큰 획을 그었다. 이 책은 1969년부터 1975년까지 일간신문과 잡지에 발표한 35편의 글을 모은 것으로, 물질적 소유를 내려놓고 마음의 자유를 추구하는 삶의 철학을 담고 있다.[48]『무소유』에 이어 1978년에 출간된 『서 있는 사람들』은 1975년부터 1977년까지 발표한 글들과『무소유』에 실리지 못한 초기 글 몇 편을 포함해 총 65편의 짧은 글로 구성되어 있다. 이 책은 묵묵히 자기 자리를 지키며 살아가는 사람들에 대한 존경과 인간 존재의 존엄성에 대한 성찰을 담고 있다. 이후 출간된『산방한담』은 조계산 불일암에서 홀로 지내며 신문과 잡지에 연재한 칼럼들을 모은 것으로, 자연과 고독 속에서 수행하며 얻은 맑고 깊은 사유가 담겨 있다. 그의 책들은 모두 베스트셀러에 오르며 세대를 초월해 독자들에게 사랑받았고, 물질 중심의 현대 사회에서 정신적 가치를 되새기게 하는 지침서로 자리매김했다.

문고판 서적은 저렴한 가격과 휴대하기 좋은 작은 판형, 그리고 동서고

---

48) 한기호.『베스트셀러 30년』. 교보문고. 2011. p48.

금의 다양한 작품을 담아낼 수 있다는 장점 덕분에 많은 독자들의 사랑을 받았다. 우리나라 문고판의 역사는 1948년 을유문화사가 창립 2주년을 맞아 '국민대중의 계몽과 지적 요청에 응한다'는 취지로 발간한 '을유문고'에서 시작되었다. 150쪽 안팎의 분량에 가격은 약 200원으로, 당시로서는 누구나 접근할 수 있는 대중적 책이었다. 6·25전쟁으로 중단되었지만 1969년 문일평의『한국의 문화』를 시작으로 재간행되었고, 이후『명심보감신석』,『논어』,『노자도덕경』,『사회심리학』,『생활의 발견』등 다양한 분야의 책 260여 권이 출간되며 꾸준한 인기를 얻었다. 문고본 출판은 1972년에만 6종의 새로운 시리즈가 출시되었고, 1976년에는 30여 개 출판사에서 약 1,000종의 문고본을 발행할 정도로 활기를 띠었다. 특히 〈전파 과학신서〉, 〈미술문고〉 등 전문 분야에 특화된 문고본이 성공 사례로 떠오르며, 기존의 고전 중심 문고본에서 벗어나 신속한 지식 전달과 저렴한 가격을 강조하는 새로운 문고본들이 주류를 이루게 되었다.

1970년대에는 범우사의 '범우에세이문고'가 문고판 열풍을 이끌었다. 1976년『명사십리』를 시작으로 1986년까지 120권이 발간되었으며, 특히 법정 스님의 수필집『무소유』는 한국 문고판 역사에서 빼놓을 수 없는 베스트셀러가 되었다. 초판 16쇄, 재판 63쇄를 기록한 이 책은 문고판의 대중적 영향력을 상징하는 대표적 사례다.[49] 이 밖에도 삼중당문고, 정음문고, 서문문고, 삼성문화문고 등 다양한 문고판 시리즈가 등장해 독서 문화를 넓혔다. 당시 젊은이들은 문고판을 통해 황순원의『나무들 비탈에 서다』, 박은식의『한국독립운동지혈사』, 막스 뮐러의『독일인의 사랑』, 앙드레 지드의『좁은 문』등 국내외 명작을 손쉽게 접할 수 있었다.

---

49) 문고판 시리즈 부활을 꿈꾼다. 경향신문. 2004. 8. 8.

지구 반대편, 미국 캘리포니아의 차고에서는 세 명의 청년이 '애플'을 창립했다. 스티브 잡스, 스티브 워즈니악, 론 웨인은 나무 상자에 회로를 얹어 '애플 I'을 만들었고, 이 작은 시작은 훗날 세계를 바꾸는 기술 혁명의 서막이 되었다. 우주에서는 바이킹 1호가 인류 최초로 화성에 착륙했다. 붉은 행성의 표면을 촬영한 사진이 지구로 전송되었고, 인류는 또 한 걸음 우주로 나아갔다. 중국은 격동의 한 해를 보냈다. 1월, 저우언라이 총리가 사망했고, 9월에는 마오쩌둥 주석이 세상을 떠났다. 부주석 주더(朱德)도 그해에 사망했다. 10월 '4인방'이 체포되며 문화대혁명의 10년 광기가 막을 내렸다. 같은 해 7월 탕산 대지진이 발생해 수십만 명이 목숨을 잃었다. 폐허 속에서 덩샤오핑은 조용히 복귀의 발판을 마련하고 있었다.

세계는 테러와 구출 작전으로 긴장했다. 우간다 엔테베 공항에서는 이스라엘 특수부대가 인질을 구출하는 전격 작전을 펼쳤다. 일본에서는 '록히드 사건'이 터져 전직 총리가 구속되는 등 정치권이 요동쳤다. 그리고 남쪽 바다, 작은 섬나라 동티모르는 역사의 또 다른 소용돌이에 휩싸였다. 포르투갈의 식민지에서 독립을 선언했지만 곧 인도네시아에 병합되었고, 그 뒤로 수십 년의 게릴라전과 저항이 시작됐다. 그해 가을, 미국에서는 민주당 소속의 한 농부 출신 정치인이 대통령에 당선됐다. 지미 카터가 워터게이트 스캔들 이후 미국 제39대 대통령 자리에 올랐다.

아시아의 캄보디아에서는 공포 정치가 시작되고 있었다. 폴 포트 정권의 크메르루주가 집권하자, 지식인과 도시민 수십만 명이 학살되었다. 안경을 썼다는 이유로 외국어를 했다는 이유만으로도 희생되어야 했다. 이후 캄보디아 내전을 취재하고 나중에 퓰리처상을 수상한 뉴욕 타임스 기자 시드니 쉔버그(Sydney Schanberg)의 체험에 근거한 실화를 영화화한 〈킬링필드〉가 1984년 개봉했다. 이 영화는 1984년 아카데미 시상식에서 남우조연상, 편집상, 촬영상 3개 부문을 수상하였다. 그리고 음악계에서는 이글스가 발표한 〈호텔 캘리포니아〉가 수많은 해석과 전설을 불러일으키며 록의 명곡으로 자리 잡았다.

1977년 마침내 수출 100억 달러를 돌파하며, 한국은 무역 강국의 반열에 한 발짝 더 다가갔다. 의류, 철강, 전자제품 등이 부산항 등을 거쳐 전 세계로 나아갔고, 이런 노력의 결실로 국민소득 1천 달러를 돌파하며 한국은 본격적인 중진국의 길로 접어들었다. 이 수치는 단순한 경제 지표를 넘어, 국민들에게 '우리도 할 수 있다'는 자신감을 심어 주었다. 남해화학 여수공장은 세계 최대 비료 생산기지로 가동을 시작했고, 금산 제2위성통신지구국이 완공되어 인도양 위성을 이용해 서유럽, 아프리카 등과 통신을 가능하게 했다. 아시아국가 중 최초로 7월 1일 부가가치세를 부과하기 시작하면서 경제 시스템도 한 단계 더 공고해졌다. 복지 측면에서도 큰 변화가 있었다. 의료보험제도가 처음 도입되어 500인 이상 사업장 근로자들을 대상으로 직장의료보험이 시작되었고, 이후 점차 적용 범위를 확대해 나갔다. 공무원과 대기업 직장인을 대상으로 시작된 의료보험 제도는 의료비 부담을 줄이고 삶의 질을 높이는 희망의 불씨가 되었다.

하지만 그해의 뉴스가 모두 희망적이지만은 않았다. 11월 11일 밤 전북 이리역에서 폭발사고가 발생했다. 이리시(현 익산시) 이리역(현 익산역)에 있는 화물열차에 실려 있던 약 40톤의 다이너마이트가 폭발하여 이리역이 파괴되었다. 이 사고로 인명피해는 사망자 59명, 중상자 185명, 경상자 1,158명 등으로 총 1,402명에 달했고 이재민 수만도 1,674세대 7,873명이나 되었다. 미국 워싱턴에서는 충격적인 장면이 펼쳐졌다. 김형욱 전 중앙정보부장이 미 의회 프레이저 청문회에 출석해 박정희 정권의 민감한 내막을 폭로한 것이다. 그의 증언은 국내외에 큰 파장을 일으켰고, 이후 그의 행방은 미스터리로 남았다. 이와 맞물려 주한미군 철수 논의도 수면 위로 떠올랐다. 미국 내에서 방위비 분담과 전략적 유연성을 둘러싼 논쟁이 일며, 한반도의 안보 지형에도 긴장감이 감돌았다.

"여기가 정상이다. 더 오를 곳이 없다!" 1977년 9월 15일 네팔 현지 시각 낮 12시 50분 에베레스트(해발 8,848m) 정상에서 전해진 고상돈 대원의 가슴 벅찬 음성이다. 한국은 세계 8번째로 세계 최고봉 에베레스트에 오른 국가가 됐다. 당시 국민적 자긍심을 갖게 한 대사건이었다. 이후 고상돈은 1979년 북미의 최고봉 매킨리산(6,194m) 원정대 대장으로 참가하여, 우리나라 최초로 정상을 정복하였으나 하산하다 빙벽에서 추락하여 숨졌다. 이해는 쌀막걸리 제조가 14년 만에 다시 허용된 해이기도 하다. 쌀 생산량이 증가하여 쌀 소비 억제 정책이 완화되었기 때문이다.

1977년 「혼인법」 개정은 한국사회의 결혼 문화가 중대한 전환점을 맞이한 사건이었다. 이전까지는 결혼이 가족, 특히 부모의 결정에 의존하는 중매혼 중심의 구조였다면, 1970년대에 들어서면서 연애혼이 점차 확산되며 개인의 선택이 강조되기 시작했다. 이러한 사회적 흐름을 반영하듯, 개정된 혼인법은 성년(20세)이 된 남녀가 부모의 허락 없이도 당사자 간의 합의만으로 혼인이 가능하도록 규정하였다. 이 개정은 결혼을 개인의 자유로운 결정으로 인정한 법적 근거가 되었으며, 연애혼의 성행을 제도적으로 뒷받침하는 역할을 했다. 또한 단순히 결혼 방식의 변화에 그치지 않고, 개인의 권리와 자율성을 존중하는 방향으로 가족법 전반이 변화하는 계기가 되었다. 결혼이라는 제도가 더 이상 집안의 결합이나 사회적 계약이 아닌, 사랑과 선택에 기반한 개인의 삶의 결정으로 자리 잡게 된 것이다.

TV에서는 장미희·정윤희·유지인이 활약한 드라마들이 인기를 끌며 '2세대 트로이카 시대'가 열렸고, 장미희는 영화 〈겨울여자〉로 한 해 흥행 정상을 달렸다. 이 영화는 〈별들의 고향〉(1974)을 제치고 한국 영화사에 새 기록을 남겼다. 라디오에서는 록 밴드 '산울림'의 기타 소리가 울려 퍼졌다. 이들은 이해 발표한 1집 앨범으로 파격적이고 실험적인 음악을 선보이며 큰 인기를 얻었다. 특히, 김창완, 김창훈, 김창익 세 형제로 구성된 독특한 조합과 다양한 음악적 시도로 한국 대중음악계에 큰 영향을 미쳤다.

연초 수도권 집중 문제를 해결하고 국토 균형 발전을 위해 임시행정수도 건설 계획이 발표되었다. 여러 가지 사정으로 인해 최종적으로는 백지화되었지만, 이후 세종시로 이어지는 초석이 되었다. 1960년대 산업화와 도시화가 급속히 진행되면서 서울을 중심으로 인구가 집중되자, 정부는 1964년 '대도시 인구집중 방지대책'을 수립하며 수도권 규제의 필요성을 처음으로 제기했다. 1977년에는 '수도권 인구 재배치 계획'을 통해 인구 분산을 위한 구체적인 정책이 마련되었고, 1978년에는 「공업배치법」이 제정되어 수도권 내 공업시설의 입지를 제한하고, 이전촉진지역·제한정비지역·유도지역 등으로 구분하여 산업의 공간적 재배치를 시도했다. 1982년에는 수도권 규제의 핵심 법률인 「수도권정비계획법」이 제정되면서 제도적 기반이 본격적으로 마련되었다. 이 법에 따라 수도권은 5개 권역으로 나뉘어 관리되었으며, 각 권역별로 개발과 입지에 대한 제한이 달리 적용되었다. 1994년에는 해당 법이 개정되면서 수도권은 과밀억제권역, 성장관리권역, 자연보전권역의 3개 권역으로 재편되었고, 이 체계는 현재까지 유지되고 있다.

서울의 버스 토큰제는 여차장 제도의 문제를 해결하고 요금 지불을 효율화하기 위해 도입된 제도였다. 초기에는 버스에 '여차장'이라 불리는 여성 안내원이 탑승해 승객에게서 직접 현금을 받아 요금을 수금했는데, 일부 버스회사가 여차장이 요금을 빼돌린다고 의심하며 신체 수색을 강행하면서 심각한 인권 침해 논란이 발생했다. 이를 계기로 정부는 안내원의 인권을 보호하고 요금 수납을 간소화하기 위해 토큰제를 도입했다.

버스 토큰은 금속으로 제작된 작은 동전 형태였으며, 일반 승객용은 황동, 학생용은 백동으로 구분되었다. 가운데 구멍이 뚫려 있어 실제 화폐와 쉽게 구별할 수 있었고, 요금 인상 시에는 새로운 색상의 토큰을 발행해 사재기를 방지하는 장치로 활용되었다. 승객은 미리 토큰을 구매해 승차 시 요금함에 넣는 방식으로 사용했으며, 현금보다 빠르고 간편한 지불 수단이었다.

그러나 1996년 서울 시내버스에 교통 카드가 도입되면서 토큰제는 점차 자리를 잃었고, 1999년 10월 공식적으로 폐지되었다. 교통 카드는 승차 도구를 따로 구입할 필요가 없고 현금을 소지하지 않아도 되는 편리함 덕분에 대중적인 운임 지불 방식으로 자리 잡았다. 이후 티머니를 비롯해 신용카드, 스마트폰 결제 방식으로까지 발전하며 교통 결제 시스템은 현대화되었다. 한편 안내원 제도는 토큰제보다 먼저 쇠퇴하기 시작했다. 1980년대부터 요금함, 정류장 안내 방송, 출입문 자동 개폐 설비가 도입되면서 점차 줄어들었고, 1989년 법 개정과 함께 완전히 사라졌다.[50]

1970년대 세계경제는 오일쇼크로 큰 위기를 맞았고, 한국 역시 심각한 에너지 부족과 경제적 불안에 직면했다. 이 시기 중동의 오일머니는 한국 경제를 회복시키는 데 중요한 역할을 했으며, 특히 팔레비 왕조 시절의 이란은 한국 건설업체들에게 주요 해외 시장으로 부상했다. 이란과의 경

---

50) 영자의 전성시대와 버스 토큰(3. 19). 한국일보. 2020. 3. 19.

제 협력은 단순한 무역을 넘어 정치적·문화적 유대 강화로 이어졌고, 이를 상징적으로 표현하기 위해 1977년 서울시와 테헤란시는 자국 수도의 거리 이름에 서로의 도시명을 붙이기로 합의했다. 이에 따라 서울에서는 강남역에서 삼성동까지 이어지는 도로를 '테헤란로'로 명명했고, 테헤란시에는 '서울로(Seoul Street)'와 '서울공원(Seoul Park)'이 조성되었다.

미국과 파나마는 파나마 운하 조약을 체결하며 운하의 통제권을 파나마에 이양하기로 합의했다. 이는 제국주의적 질서의 해체와 자주권 회복이라는 흐름의 일환이었다. 1977년 3월, 카나리아 제도의 테네리페 공항에서 두 대의 보잉 747기가 충돌했다. 583명이 숨진 이 사고는 항공사고 역사상 최악의 참사였다. 9월엔 일본 적군파가 JAL기를 납치했고, 일본 정부는 적군파 요구를 받아들여 수감자들을 석방하고 몸값을 지불했다. 납치범들은 인질들을 풀어 주고 석방된 동료들과 함께 항공기를 타고 리비아를 거쳐 최종 목적지인 북한으로 도주했다. 10월엔 서독 루프트한자 여객기가 테러단에게 장악됐다. 하지만 소말리아 모가디슈 공항에서 펼쳐진 독일 특공대의 전격 구출작전으로 승객들은 무사히 구출됐다.

이집트 사다트 대통령의 이스라엘 방문은 중동 평화의 물꼬를 튼 역사적 사건이었다. 중국에서는 등소평이 복권되며 곧 '개혁개방'이라는 거인의 걸음을 시작했다. 그리고 8월 16일, 로큰롤의 황제 엘비스 프레슬리가 사망하면서, 한 시대가 막을 내렸다. 그 무렵, 쌍둥이 우주선이 지구를 떠났다. 나사(NASA)는 보이저 1·2호를 발사, 8트랙 골든 레코드에 지구의 소리를 담아 우주를 향해 띄웠다. 외우주 탐사선이자 인류 역사상 가장 먼 거리를 비행한 우주선이다. 5월에는 영화 〈스타워즈〉가 미국에서 개봉했다.

1978년 부산에서 열린 제24회 국제기능올림픽(8월 31일~9월 14일)은 한국이 기술 강국으로 도약하고 있다는 것을 세계에 알린 무대였다. 한국은 금메달 22개를 포함해 전 종목 입상이라는 쾌거를 이루며 종합우승을 차지했다. 서울 태릉에서 개최된 제42회 세계사격선수권대회(9월 24일~10월 5일)는 아시아 최초로 개최된 대회로서 스포츠 외교의 지평을 넓혔다. 이해는 국산 유도탄 개발이 본격화된 시점이다. 9월 26일 한국형 지대지 유도탄인 백곰 미사일(NHK-1)이 시험발사에 성공했다. 자주 국방의 꿈이 현실로 다가오며, 한국은 무기체계의 독립을 향한 첫걸음을 내딛었다.

압구정 현대아파트 특혜분양 사건은 고도성장의 이면을 드러냈다. 정계와 재계 고위층에 대한 특혜 분양이 드러나며 사회적 공분을 샀고, 부동산 개발과 권력 유착을 상징하는 사건으로 남았다. 결과적으로 압구정 현대아파트는 특혜 분양 사건으로 인해 부정적인 이미지가 있었지만, 동시에 고급 아파트 이미지를 구축하게 된 계기가 되기도 했다. 홍성 지진(10월 7일)은 규모 5.0 강진으로 충남 일대를 뒤흔들며, 대한민국이 더 이상 지진 안전지대가 아님을 일깨워주었다. KAL 902편 사건은 냉전의 긴장을 실감하게 했다. 파리에서 서울로 향하던 대한항공 여객기가 소련 영공을 침범해 전투기의 요격을 받고 얼어붙은 호수 위에 비상착륙했다. 이 사건으로 탑승객 2명이 사망하고 13명이 부상당했다. 이 사건은 1983년 발생한 KAL 007편 격추 사건과 함께 대한항공의 피격과 관련된 중요한 사건으로 기록됐다.

내무부에 자연보호전담기구가 설치되었고, 자연보호헌장 선포(10월 5일)는 산업화로 훼손된 자연에 대한 반성과 회복의 의지를 담은 선언이었다. "인간은 자연에서 태어나 자연의 혜택 속에서 살고 자연으로 돌아간다."는 「자연보호헌장」 전문의 첫 구절이다. 소설 『난쟁이가 쏘아올린 작은 공』은 1976년 〈문학과지성〉 겨울호에 발표되었다. 연작 형식으로 발표한 모두 열두 편의 중·단편을 모아 1978년 문학과지성사에서 같은 제목의 장편소설로 출간하였다. 조세희 작가가 산업화의 그늘 속에서 소외된 도시 빈민의 삶을 그린 이 작품은 한국 문학사에 깊은 울림을 남겼다. 또 제주 출신 소설가 현기영은 창작과비평에 제주 4·3사건을 소재로 한 소설『순이 삼촌』을 이해 발표했다.

세종문화회관 개관(4월 14일)은 문화예술의 르네상스를 알리는 신호탄이었다. 서울시민회관 자리에 건립한 종합 문화예술 공간으로 남북 통일 때 회의장으로 사용될 수 있도록 설계되었다. 세종문화회관은 서울의 중심인 광화문에 위치한 대표적인 종합 문화예술 공간으로 서울시민의 문화 향유를 위해 설립되었다. 그 시작은 1961년 개관한 '우남회관'에서 비롯되며, 이후 '서울시민회관'으로 명칭이 바뀌어 다양한 공연과 강연이 열리는 시민 문화의 중심지 역할을 했다. 그러나 1972년 대형 화재로 전소되면서 새로운 공연장 건립이 추진되었고, 1974년 착공하여 4년간의 공사를 거쳐 1978년 '세종문화회관'으로 재탄생하게 되었다. 세종문화회관은 당시로서는 파격적인 규모와 시설을 갖춘 복합 문화예술 공간이었다. 대강당은 4,200석 규모로 국내 최대 공연장이었으며, 소강당은 532석으로 음악뿐 아니라 연극, 무용 등 다양한 장르의 공연이 가능하도록 설계되었다. 개관 당시에는 국립국악원의 정악 합주로 문을 열며, 전통과 현대가 만나는 예술 공간으로서 상징성을 강조했다.

플라자 호텔의 건립 과정은 서울시 도심 재개발 정책의 첫 번째 사례로, 도시 이미지 개선과 낙후 지역 정비라는 목적 아래 추진된 상징적인 프로젝트였다.[51] 서울시청 맞은편 소공동 지역은 과거 화교들의 집단 거

---

51)   서울역사편찬원.『서울 2천년사 35』현대 서울의 도시건설. 2016. p114.

주지로 오랫동안 서울의 대표적인 불량주거지역으로 남아 있었다. 특히 외국 정상의 방한 시 도시 이미지에 부정적인 영향을 준다는 지적이 제기되면서, 서울시는 이 지역에 대한 시급한 정비 필요성을 인식하게 되었다. 이에 따라 서울시는 화교들에게 도심재개발을 유도했지만, 실질적인 사업 추진은 이 지역에 일부 토지를 소유하고 있던 한화그룹에 의해 이루어졌다. 한화그룹은 화교들로부터 토지를 일괄 매수한 뒤, 1974년 서울시로부터 사업 시행 인가를 받아 본격적인 재개발에 착수했다. 이 사업은 서울시 도심재개발 정책의 첫 번째 결과물로 평가되며, 선도적인 도시 정비 사례였다. 이후 1978년, 지하 3층·지상 22층 규모의 플라자 호텔이 완공되었고, 서울 도심의 새로운 랜드마크로 자리 잡게 되었다. 건물 외관은 북창동 등 주변 빈민가를 시각적으로 차단하기 위해 가로가 길고 세로가 짧은 병풍형으로 설계되었다.

1978년은 세계 최초의 시험관 아기가 태어난 해이기도 하다. 영국에서 태어난 루이스 브라운은 생명공학의 새로운 장을 열었고, 난임 부부들에게 희망의 빛이 되었다. 9월 캠프 데이비드 협정은 이집트와 이스라엘이 미국의 중재로 평화협정을 체결한 역사적 사건이었다. 중동의 오랜 분쟁이 대화로 전환된 순간이었다. 미국과 중국의 수교 발표도 이해 말에 이뤄졌다. 미국은 타이베이 대신 베이징을 중국의 공식 정부로 인정하게 되었다. 이로써 냉전의 축이 흔들리기 시작했고, 중국은 개혁개방의 길로 들어서게 됐다.

10월 교황 요한 바오로 2세가 선출됐다. 그는 공산주의 국가 출신 최초의 교황으로 냉전 종식과 동유럽 민주화에 지대한 영향을 미치게 되었다. 한편, 일본 비디오 게임 제작사인 타이토에서 출시된 〈스페이스 인베이더〉는 전 세계 오락실을 점령하며 게임 산업의 서막을 열었다. 외계인이 적으로 등장하는 첫 번째 게임이자 원시적인 형태의 간단한 초기 아케이드 슈팅 게임이었다. 인베이더들은 각각 문어, 게, 오징어들이다. 한국에서도 이 게임은 '오락실 문화'의 상징이 되었다.

1979년 8월 가발수출업체인 와이에이치(YH) 무역의 여성 생산직 노동자들이 회사 폐업 조치에 항의하여 야당인 신민당 당사에서 농성을 벌였다. 경찰의 강제 진압 과정에서 노동자 김경숙이 사망했고 이후 신민당 총재인 김영삼은 국회에서 제명되었다. 김영삼의 제명은 부마 항쟁을 촉발했고, 유신 정권 종식의 계기가 되었다. 부마민주항쟁은 10월 16일 부산과 마산 지역에서 일어났다. "유신 철폐하라", "독재 타도"의 함성이 거리를 채웠고, 박정희 정권은 비상계엄령으로 맞섰다. 부마민주항쟁은 1970년대 유신체제 하에서 쌓였던 정치·사회·경제·문화·종교 등 각 부문에 걸친 여러 모순의 폭발이었다.

열흘 뒤인 10월 26일 청와대 인근 궁정동 안가에서 박정희 대통령이 피살됐다. 범인은 다름 아닌 박 대통령의 최측근인 중앙정보부장 김재규였다. 김재규는 이후 공판에서 야수의 마음으로 유신의 심장을 쏘았다고 증언했다. 하지만 거기서 끝이 아니었다. 12월 12일 밤, 전두환을 비롯한 하나회 중심 신군부가 12·12 군사반란을 일으켰다. 결국 신군부 세력은 1980년 5·17쿠데타까지 주도해 제5공화국의 중심세력으로 등장하였다.

대한민국의 인구는 3,753만 명, 도시화율은 55%에 달했다. 서울 인구는 800만 명을 넘어섰다. 성수대교가 개통되며 강북과 강남은 더 가깝게 연결되었고, 여의도 증권거래소로의 이전은 '명동의 주식시대'를 공식적으로 마감했다. 그 해 롯데호텔이 화려하게 문을 열었다. 지하 3층, 지상 38층 규모에 1,020개 객실을 갖춘 당시 동양 최대의 특급호텔이었다. 한국 최초의 패스트푸드점인 롯데리아가 10월 25일 서울 중구 소공동에 1

호점을 개점했다.

　서울 강남엔 잠실 실내체육관이 우뚝 섰고 스포츠 영웅들은 국민에게 희망이 되어 주었다. 서울시는 1970년대 잠실지구 토지구획정리사업을 통해 신천동 일대 12만 평의 부지를 확보하였고, 1974년 2월 박정희 대통령의 지시에 따라 국제경기를 치를 수 있는 종합운동장을 건설하기로 결정하였다.[52] 이 지시는 1988년 서울올림픽 유치 논의 이전에 내려진 것으로, 아시아경기대회를 염두에 둔 것이었다. 잠실종합운동장의 설계는 건축가 김수근의 안을 바탕으로 진행되었으며, 1977년부터 본격적인 건설이 시작되었다. 이후 실내체육관이 먼저 준공되었고, 이어서 실내 수영장과 야구장이 차례로 건설되었다. 1984년에는 잠실종합운동장의 핵심 시설인 주경기장이 완공되면서 전체 종합운동장이 모습을 갖추게 되었다. 이 프로젝트에는 서울시비 219억 원을 포함해 총 1,025억 원의 막대한 예산이 투입되었으며, 국내 최대 규모의 스포츠 시설 단지였다. 잠실종합운동장은 이후 1986년 아시안게임과 1988년 서울올림픽의 주요 경기장으로 활용되며, 대한민국 스포츠 역사에 중요한 이정표를 남기게 되었다. 스피드스케이팅의 이영하는 세계선수권에서 동메달을 따내며 한국 빙상의 기틀을 다졌고, 차범근은 독일 분데스리가 프랑크푸르트에 입단하여 유럽 무대에서 빛났다.

　이해 개장한 경주 보문관광단지는 당시 동양 최대 규모의 종합 레저 타운이었으며, 보문호수를 중심으로 관광휴양지와 문화레저시설 등을 갖춘 명실상부한 국제관광휴양단지로 성장했다. 7월에는 한국종합전시장(KOEX)이 문을 열며 전시산업이 태동했다. 그 무렵, 서울 종로구 부암동

---

52)　서울역사편찬원. 『서울 2천년사 35』현대 서울의 도시건설. 2016. p89.

에서는 충격적인 사건이 벌어졌다. 골동품상 '금당'의 부부와 운전기사가 납치되어 살해된 것이다. 범인은 피해자와 일면식도 없던 박철웅이었다. 박은 사업 실패로 인한 자금난에 시달리고 있었다. 이 사건은 당시 사회에 큰 충격을 안겼고, 초동 수사에서 허점을 드러냈지만 경찰은 끈질기고 집요한 추적 끝에 범인을 검거했다.

1979년 2차 유류파동은 국제 유가를 두 배로 끌어올렸고, 한국 경제는 비틀거리기 시작했다. 율산그룹의 부도로 14개 계열사와 8천여 명의 일자리가 사라졌다. 도시는 취업난과 물가상승에 신음했다. 버스 요금은 80원, 택시 기본요금은 500원이었지만, 하루하루가 팍팍한 삶이었다. 국내 정치는 절벽 위를 걷는 중이었다. 6월, 미국 대통령 지미 카터가 방한했다. 박정희 대통령은 그를 극진히 맞이했지만, 주한미군 철수 문제를 두고 두 정상의 회담은 냉랭했다. 카터 대통령의 마음을 되돌리기 위해 청와대 만찬 때는 카터 대통령의 고향 노래인 〈그리운 조지아〉를 연주하기도 했다. 그러나 카터 대통령과의 만찬 회동에서 박 전 대통령이 40여 분간 주한미군 철수의 부당함을 지적하자 회담 분위기는 더욱 냉각됐고, 방한 일정 내내 영향을 미쳤다는 사실이 나중에 한국 외교부 문서를 통해 공개되기도 했다.

1979년 세계는 흔들리고 있었다. 이란 혁명으로 팔레비 왕조가 무너지고, 호메이니가 귀국한다. 그 여파로 미국 대사관 인질사건이 벌어졌고, 미국은 444일간 충격 속에 빠진다. 중국과 베트남이 국경 전쟁에 들어가며 갈등의 골이 더 깊어졌다. 미국 스리마일 원전사고는 원자력에 대한 믿음을 깨뜨렸다. 당시 냉각수 공급 시스템에 오류가 발생하면서 2호기 원자로의 노심이 녹아내렸다. 사고 이후 건물 내 방사능 수치가 정상 수치의 1,000배까지 치솟았지만, 다행히 주민 10만여 명이 긴급 대피하면서 사상자는 발생하지 않았다. 영국에서는 마거릿 대처가 첫 여성 총리로 취임했다. 그녀는 '철의 여인'으로 불리며 공기업 민영화와 복지 지출 삭감 등을 골자로 한 신자유주의 경제개혁을 단행했고, 이는 '대처리즘'으로 일컬어졌다.

천연두 예방 접종이 폐지되며 인류는 또 하나의 질병과의 전쟁에서 승리하게 된다. 그 해 음악을 듣는 방식의 혁신을 가져온 휴대용 오디오 플레이어가 등장했다. 소니 워크맨은 7월 1일, 일본에서 최초로 출시되었다. "미국 출장 가는 비행기에서 음악을 듣고 싶다"는 소니 창립자인 이부카 마사루(井深大)의 말에 4개월 만에 개발했다. 당시 가격은 소니 창립 33주년을 기념해 33,000엔으로 책정했다. 출시 초기에는 녹음 기능이 없어 우려도 있었지만, 곧 휴대용 음악 감상의 대명사가 되었다. 워크맨은 출시 10년 만에 전 세계적으로 5,000만 대를 판매하며 큰 성공을 거두었다.

4

중화학공업 육성과 일상의 변화

1970년대 전략적 변화 중 핵심은 중화학공업화였다. 박 대통령은 중화학 산업 육성을 선진국 조건으로 인식하고, 포항제철 등의 대형 국가 프로젝트를 통해 산업 구조 재편을 추진했다. 이에 앞서 1965년 한국과 일본 간의 국교 정상화를 이룬 한일협정은 평가는 엇갈리지만 협정의 결과로 한국은 일본으로부터 대일청구권 자금과 경제협력 자금을 받을 수 있었다. 1966년부터 1975년까지 제공된 약 8억 달러에 달한 이 자금은 한국의 경제발전과 산업 기반 구축에 결정적인 역할을 했다.[53] 특히 박정희 정권은 개인 청구권 포기라는 국민적 아픔을 감수하면서도 이 자금을 효율적으로 집행했다는 평가를 받는다. 포항제철, 경부고속도로 등 국가 기간산업과 인프라 건설에 이 자금이 투입되었고, 한국의 근대화와 산업화에 큰 기여를 했다. 실제로 인도네시아와 비교하면 한국의 선택이 얼마나 전략적이었는지를 보여 준다. 인도네시아는 일본과의 협상을 통해 순배상금과 차관 등 총 8억 달러를 받아 냈지만, 이 자금은 자카르타의

---

53) 손해용. 『다시 쓰는 경제교과서』 중앙북스. 2011. p74~75.

사리나 백화점, 고급 호텔 등 부유층을 위한 시설에 사용되었다. 특히 외딴 해안에 건설된 샘무드라 비치 호텔은 당시 대통령의 개인 별장으로 알려져 있어, 국민 경제와는 거리가 멀었다. 중화학공업 육성 과정에서 한국은 빠르게 상위권 중진국으로 도약했으며, 1980년대 선진국 진입이라는 목표가 실현 가능한 과제로 제시되었다.

• 산업화와 과학기술 발전[54]

6·25전쟁 이후 대한민국은 과학기술을 국가 재건과 산업화의 핵심 동력으로 인식하며 인력 양성과 제도 정비에 나섰다. 초기에는 국내 고등교육기관을 정비하고 확충하여 과학기술 인재를 양성하는 한편, 해외 유학을 통해 우수한 인력을 확보하고자 했다. 1950년대 후반부터 귀국한 유학생들은 새로운 과학기술 세대를 형성하며 연구 활동을 본격화했고, 1959년 원자력연구소의 설립은 과학기술 진흥의 상징적인 변화였다. 이 시기에는 기존 학회들이 운영을 재개하고 새로운 학회들이 설립되면서 과학기술계가 점차 조직화되었다.

박정희 정부는 국가의 산업화와 근대화를 추진하는 과정에서 교육과 과학기술을 핵심 전략 분야로 설정하고, 다양한 정책을 통해 체계적인 기반을 마련했다. 이 시기의 교육정책은 교육 기회의 확대와 입시 경쟁 완화를 중심으로 이루어졌으며, 과학기술정책은 연구개발 인프라 구축과 기술 자립을 위한 제도적 정비에 집중되었다. 또 1960년대 후반부터 본격적인 산업화를 추진하면서, 숙련된 기능공 확보를 핵심 과제로 삼았다. 이에 따라 제2차 경제개발 5개년 계획(1967~1971)부터 기능공 양성

---

54) 서울역사편찬원. 『서울 2천년사 1: 총설』. 2016. p443~444.

정책이 본격적으로 시행되었으며, 단순한 교육정책을 넘어 산업정책이자 사회정책으로서 성격을 지녔다.[55]

　당시 정부는 공업고등학교와 직업훈련소의 대폭적인 확대를 통해 기능공을 체계적으로 양성하고자 했다. 1966년 기준 46개였던 공업고등학교는 1979년까지 96개로 증가하였고, 이 중 19개는 박정희 대통령의 특별 지시로 설립된 기계공업고등학교였다. 이들 학교는 정밀 가공사를 양성하는데 목적을 두었으며, 학생들에게는 장학금, 기숙사 제공, 병역 면제 등의 혜택이 주어졌다. 졸업생들은 2급 기능사 자격증을 취득하고 중공업 분야의 대기업에 취업함으로써 산업 현장의 핵심 인력으로 자리매김했다.

　또한 1967년에는 「직업훈련법」이 제정되어, 중학교 졸업자를 주요 대상으로 하는 직업훈련소가 운영되기 시작했다. 당시 저학력·저소득층 청년들에게 실질적인 교육 기회를 제공함으로써, 계층 상승의 사다리를 마련해 주는 역할을 했다. 특히 농어촌 출신 청년들에게는 안정적인 직업과 사회적 이동의 기회를 제공해 산업화의 수혜를 직접적으로 체감할 수 있게 했다. 박정희 정부의 기능공 양성정책은 단기적으로 산업에 필요한 숙련노동력을 공급하는 데 성공했을 뿐만 아니라, 사회적으로는 중하층 계층에게 새로운 진로와 희망을 제시하는 역동적인 교육정책으로 평가받는다. 실제로 제2차부터 제5차 경제개발 5개년 계획이 진행된 1986년까지 직업훈련기관에서 배출된 기능공은 총 118만 명에 달하며, 이들에게 계층 상승의 기회를 제공했다는 의미이기도 했다. 이러한 정책은 한국의 산업화 과정에서 기능공이 단순한 노동자가 아닌, 기술과 숙련

---

55)　최병천. 『좋은 불평등』. 메디치. 2022. p349~350.

을 바탕으로 한 중산층 형성의 주역으로 자리 잡게 되는 계기를 마련했다. 산업 발전과 사회 구조 변화의 이면에는 교육과 훈련을 통한 인력 양성이라는 전략적 접근이 있었던 것이다.

교육 분야에서는 1969년 중학교 무시험입학제를 도입하여 과도한 입시 경쟁을 완화하고 교육의 평등성을 높였다. 같은 해 대학예비고사를 도입함으로써 대학입시의 공정성과 효율성을 제고하고자 했다. 중학교 무시험제의 도입으로 중학교 입시 경쟁은 완화되었지만, 그 여파로 고등학교 입시 경쟁이 심화되었다. 이에 따라 학생들은 다시 과도한 입시 부담과 사교육에 시달리게 되었고, 교육의 본질이 입시 중심으로 왜곡되는 문제가 발생했다. 이러한 상황을 해결하기 위해 정부는 1974년부터 고교 평준화 제도를 도입하였다. 고교 평준화는 학생들이 특정 명문고에 몰리는 현상을 막고, 교육 기회의 균등을 실현하기 위한 정책이었다. 문교부는 1972년 입시 제도 연구협의회를 구성하여 제도 개선을 위한 연구를 진행했고, 그 결과를 바탕으로 1973년 시안과 최종안을 발표하였다. 1974년에는 서울과 부산에서 시범적으로 시행되었고, 1975년에는 대구, 인천, 광주 등으로 확대되었다.

이 제도의 핵심은 도시 내에 학군을 설정하고, 학생이 재학 중인 중학교가 속한 학군 내에서 고등학교를 추첨으로 배정받는 방식이다. 서울의 경우 중학교는 8개 학군으로 나뉘었고, 고등학교는 일반학군 5개와 공동학군으로 구성되어 있었다. 이로 인해 학교 간 격차를 줄이고, 학생들이 보다 균등한 교육 환경에서 학습할 수 있도록 하였다. 고교 평준화는 중학교 교육의 정상화, 고등학교 간 격차 해소, 사교육비 절감 등 긍정적인 효과를 가져왔지만, 동시에 학교 선택권 제한, 학습집단의 이질화, 사학의 자율성 위축 등 여러 비판도 존재했다. 그럼에도 불구하고 이 제도는 한국 교육 정책의 중요한 전환점으로 평가되며, 교육의 평등과 경쟁 사이에서 균형을 모색하는 시도였다. 이러한 정책들은 교육의 대중화와 형평성을 높이는 데 기여했다.

경제개발 과정에서 대학교육은 중요한 역할을 담당하였다. 정부는 인재 양성, 특히 이공계 인재의 확대에 교육정책의 중점을 두었다.[56] 1965년에 공포된 「대학생정원령」은 이공계 학과에 더 많은 정원을 배정하여 기술 인력의 공급을 강화하는 데 목적을 두었다. 그 결과 1963년부터 1973년까지 문과계 졸업생의 비중은 51.9%에서 35.1%로 감소한 반면, 이공계 졸업생의 비중은 38.9%에서 42.0%로 증가하였다. 이러한 변화는 산업화 과정에서 필요한 기술 인력을 확보하는 데 크게 기여하였다. 또한 정부는 1978년에 전문학교를 전문대학으로 승격시켜 대학교육 기회를 확대하였다. 전문대학은 사회 각 분야에서 요구되는 전문 지식과 이론을 교육하여 국가와 사회 발전에 필요한 중견 직업인을 양성하는 데 중요한 역할을 하였다. 이처럼 대학교육 정책은 경제개발 계획과 긴밀히 연계되어 산업화와 근대화를 뒷받침하였으며, 교육을 통한 인적 자원 개발이 한국 경제 성장의 핵심 동력이 되었음을 보여 준다.

1960년대에 들어서면서 과학기술계는 본격적인 세대교체를 맞이했다. 해외 유학을 다녀온 인재들이 중심이 되어 새로운 연구 활동을 추진하였고, 이는 제1차 경제개발 5개년계획(1962~1966)의 수립과 산업 구조의 근대화를 위한 정부 정책의 뒷받침 속에서 이루어졌다. 1966년에는 한국과학기술연구원(KIST)이 설립되어 산업기술 개발의 중심 기관으로 자리잡았다. KIST는 대한민국의 산업 발전과 기술 자립을 위한 국가적 필요

---

56) 한국경제60년사 편찬위원회. 『한국경제 60년사: 총괄편』. 한국개발연구원. 2010. p278.

속에서 탄생한 종합연구기관이다.

그 설립의 계기는 1965년 박정희 대통령의 미국 방문이었다. 당시 한국은 제1차 경제개발 5개년 계획을 추진 중이었고, 제조업과 수출이 활기를 띠며 수출상품의 품질 개선과 경쟁력 강화가 절실한 과제로 떠올랐다. 이에 정부는 국가 공업기술연구소 설립을 추진했다. 박 대통령은 백악관 과학기술 고문이 공과대학 설립을 제안하자, 이를 거절하고 미국 존슨 대통령과의 정상회담에서 연구소 설립 지원을 요청했다. 미국은 한국의 베트남 파병에 대한 대가로 종합연구기관 설립을 지원하기로 약속했다. 당시 박정희 대통령은 단순한 노동력 중심의 산업화가 아닌, 원천 기술을 확보하고 자립적인 기술력을 갖추는 것이야말로 선진국으로 도약할 수 있는 핵심 전략이라고 확신했다.[57]

이후 KIST 설립은 빠르게 추진되어, 1966년 2월 서울 종로 5가의 임시 사무실에서 공식 발족했고, 1969년 홍릉에 연구소가 완공되었다. KIST는 설립 이후 국가 연구개발(R&D)을 주도하는 종합연구소로 자리매김하며, 1970년대 중화학공업 육성의 기반을 마련했다. 1967년에는 과학기술처를 발족하고 과학기술진흥법을 제정하여 과학기술 행정의 독립성과 체계성을 확보했다. 1971년에는 고급 과학기술 인재 양성을 위한 한국과학원(KAIS)을 설립하였고, 1973년에는 국가과학기술자문회의를 설치하고 기술용역진흥법을 제정하여 민간 기술 산업의 육성을 도모했다.

1973년 대덕연구단지 개발에 착수하면서 과학기술집적지 조성을 본격화했다. 이후 대덕연구단지는 대한민국 과학기술의 발전을 이끌어온 산실로 국가의 기술 자립과 산업 경쟁력 강화를 위한 핵심 거점으로 정착했

---

57) 오원철, 김형주. 『청소년을 위한 공학 이야기』 한국경제신문. 2015. p150

다. '대덕연구학원도시' 개발 계획으로 시작된 이 단지는 1992년 완공 이후 지속적인 확장을 거듭하며, 현재는 대덕테크노밸리와 대덕연구개발특구를 포함하는 첨단 과학기술 복합지구로 발전했다. 대전광역시 유성구에 위치한 대덕연구단지는 국토 중심부에 위치하고 있어 전국 어디서든 접근이 용이하며, 갑천과 주변 산지로 둘러싸인 분지 형태의 지형은 연구 환경에 적합한 자연적 조건을 제공한다. 이곳에는 정부출연연구기관, 기업부설연구소, 그리고 충남대학교와 한국과학기술원(KAIST) 같은 고등교육기관이 밀집해 있어 산·학·연 협력의 이상적인 모델을 구현하고 있다.

2023년 기준으로 2,900개가 넘는 기관이 입주해 있어서 국내 최대 규모의 과학 산업단지이다. 특히 2011년 국제과학비즈니스벨트의 거점지구로 지정되면서, 대덕연구단지는 단순한 연구 중심지를 넘어 글로벌 과학기술 허브로 도약하고 있고 국가 경쟁력 강화를 위한 연구개발 활동을 활발히 수행하며, 첨단 기술 개발과 혁신을 주도하고 있다. CDMA, 와이브로, DMB 등 세계 최초 기술 상용화를 통해 정보통신 분야에서 눈부신 성과를 거두었고, 우주 발사체 및 인공위성 개발에서도 세계 수준의 기술력을 확보하며 국가 경쟁력을 크게 강화해왔다. 이러한 기술적 성취는 단순한 산업 발전을 넘어, 대한민국이 기술 주도국으로 도약하는 데 결정적인 역할을 했다. 또한 우수 연구 인력을 양성하는 교육 기능을 통해 고급 과학기술 인력의 산실 역할을 하고 있으며, 연구 성과의 기술 사업화를 통해 신산업 창출과 국가 경제 발전에도 크게 기여하고 있다. 지역적으로는 대전의 경제 활성화와 일자리 창출에 기여하며, 지역 사회 발전에도 중요한 역할을 하고 있다.

정부는 1976년부터 선박, 자원, 화학, 표준, 전자, 통신 등 다양한 분야의 전문 연구기관을 설립하여 기술 자립과 산업 고도화를 도모했다. 1977년에는 한국과학재단을 설립하여 기초과학과 연구개발을 지원하는 제도적 기반을 마련했다. 앞서 1세대 유치 과학자들은 철강, 조선, 화학 산업의 필요성을 인식하고 대형 제철소와 조선소 건립 계획을 세웠으며, 포항제철과 현대조선소의 탄생으로 이어졌다.

현대 조선소 설립은 한국 산업사에서 가장 극적인 도전으로 평가된다. 정주영 현대그룹 회장은 세계 조선산업에 진출하려는 야심찬 계획을 세웠지만, 가장 큰 난관은 자금 확보였다. 1971년 9월, 그는 영국 런던의 바클레이스 은행을 찾아가 차관을 요청했으나 조선소 설립 경험도 없고 선주도 없는 상황에서 은행은 부정적인 반응을 보였다. 이에 정 회장은 당시 500원 지폐에 그려진 거북선 그림을 꺼내 보이며, 한국은 이미 1500년대에 철갑선을 만든 경험이 있다고 강조했다. 그의 집념과 기지 덕분에 결국 차관을 얻는 데 성공했고, 조선소 건립과 동시에 세계 최대 규모의 초대형 유조선(VLCC) 두 척을 진수하는 기록을 세웠다. 이는 세계 조선사에서도 유례없는 사례로 남았다. 현대중공업은 조선소 기공식을 가진 지 불과 11년 만인 1983년, 건조량 기준으로 세계 조선부문 1위 기업으로 성장했다.[58]

박정희 대통령은 대형 조선소 건설을 국가 근대화의 상징적 사업으로 여기며 '조선입국(造船立國)'이라는 휘호를 보내 격려하였다. 또한 첫 선박 건조 과정에도 깊은 관심을 보였다. 당시 박 대통령은 미국의 미래학자 허먼 칸 박사에게 거대한 선박이 실제로 물에 뜰 수 있는지 질문했는데, 칸 박사는 부력 원리를 설명하며 배의 40%가 물 위에, 60%가 수면 아

---

58) 박정희의 '비전', 정주영의 '거북선'… 트럼프가 탐낼 K조선 만들었다. 조선일보. 2025. 3. 30.

래에 잠길 것이라고 답했다. 그러나 대통령은 이를 '물 위에 뜰 확률이 40%'로 오해했음에도, 그 정도 가능성만으로도 안심하며 감사의 뜻을 여러 차례 전했다고 한다.[59]

당시 미포만은 허허벌판에 불과했고, 조선소의 흔적은 어디에도 없었다. 그럼에도 불구하고 정주영 회장은 선박 두 척을 수주해 세계 조선업계에 화제가 되었으며, 한국 조선산업의 첫걸음이 되었다. 특히 조선소 건설과 선박 제작이 동시에 이루어진 점은 매우 이례적인 일이었다. 일반적으로는 선박 건조 시설인 도크(Dock)를 완성한 후 선박을 건조하는 것이 순서지만, 정주영 회장은 시간과 자원의 제약 속에서 두 작업을 병행했다. 드디어 그리스 리바노스사가 발주한 26만 톤급 초대형 원유 운반선인 '아틀란틱 배런호'가 완성되어, 1974년 2월 15일, 아틀란틱 배런호의 진수식이 열렸다. 배의 크기는 당시 대한민국 최고층 건물인 삼일빌딩의 3배에 달할 정도로 엄청났으며, 우렁찬 뱃고동 소리와 함께 배는 보란 듯이 물 위에 떠올랐다. 이로써 아틀란틱 배런호는 한국 기술의 가능성과 자부심을 세계에 알리는 상징이 되었다. 여기에는 정주영 회장의 불굴의 의지와 비전, 그리고 강력한 실행력이 있었다.

조선공업은 당시 경제 성장의 돌파구로써 정부가 추진한 중화학공업 육성정책의 핵심산업이었다. 현대중공업 울산조선소의 탄생은 기계·금속·전기·전자 등 후방산업에 커다란 파급효과를 일으켰다. 조선소는 포항제철이 생산하는 철강의 주요 소비처가 되었으며, 수출 및 고용에 크게 기여해 한국 경제가 더 높이 도약할 수 있게 만들었다. 한국의 조선산

---

59) 한국경제60년사 편찬위원회. 『한국경제 60년사: 총괄편』 한국개발연구원. 2010. p165~166.

업은 성장을 거듭해 2000년대 이후 세계 1, 2위를 다투고 있다.[60]

1960~1970년대 한국의 기술 습득과 발전 과정은 대규모 투자와 성숙기 기술의 수용을 중심으로 이루어졌으며, 산업별 특성과 기업의 노력에 따라 다양한 형태로 전개되었다.[61] 우선, 한국의 주요 산업은 정부와 민간의 지속적인 대규모 투자를 통해 급속히 성장했다. 이러한 투자는 단순히 생산설비를 확충하는 데 그치지 않고, 기술 역량을 발전시키는 중요한 원천으로 작용했다. 신규 설비를 가동하면서 발생하는 기술적 문제를 해결하기 위한 노력과, 설비를 최대한 활용하기 위한 다양한 대안 모색은 자연스럽게 연구개발 투자의 증가로 이어졌다. 이는 경제학자 로젠버그(Nathan Rosenberg)가 말한 기술적 불균형을 해소하기 위한 기술혁신의 가속화 과정으로 볼 수 있으며, 한국은 선진국과 달리 기술을 먼저 확보한 후 투자한 것이 아니라, 투자를 선행하고 그에 따른 기술적 문제를 해결하는 방식으로 기술능력을 발전시켜 나갔다. 당시 한국 기업은 지식기반이 부족한 상태였기 때문에 선진국의 기술을 도입하고 이를 습득하기 위해 막대한 노력을 기울여야 했다. 이 과정에서 기업들은 시행착오를 겪으며 경험과 지식을 축적했고, 이러한 기술 습득 능력은 '흡수능력'이라는 개념으로 설명된다.

금성사의 기술 습득 과정은 1960년대 중반 한국 기업들이 선진국의 성숙기 기술을 도입하고 내재화하는 방식의 전형적인 사례로 평가된다. 1965년 9월, 금성사는 일본 히타치와 텔레비전 생산을 위한 기술 도입 계약을 체결했다. 이 계약은 기술 자료 제공, 기술 지도 및 훈련, 기술자 파

---

60) 5. 1974년 현대중공업 1호선 진수. 한국경제인협회 디지털 기업인 박물관(https://www.fki-emuseum.or.kr).

61) 송성수.『한국의 산업화와 기술발전』. 들녘. 2021. p210~212.

건 등을 포함하며 10년간 지속되는 장기 협력 형태였다. 계약 체결 이후 금성사는 7명의 숙련 기술자를 히타치에 파견하여 집중적인 기술 연수를 실시했다. 이들은 일본에서 공동 거주하며 매일 저녁 수집한 정보와 교육 내용을 토론하고 복습하는 집단 학습 방식을 통해 빠르게 기술을 습득해 나갔다. 이러한 협력적이고 체계적인 학습은 기술 내재화의 속도를 높이는 데 크게 기여했다.

현대자동차 포니의 개발 과정은 한국 자동차 산업이 독자적인 설계 기술을 확보하는 데 있어 중요한 전환점이었다. 당시 현대차는 이탈리아의 카로체리아 업체인 이탈디자인(Italdesign)에 기술진을 파견했다. 이탈디자인은 창업자 조르제토 주지아로가 이끌던 세계적인 디자인 전문 회사로, 그는 이미 폭스바겐 골프와 이스즈 117 쿠페 등을 디자인하며 국제적으로 명성을 얻은 상태였다. 현대차 직원 10명은 약 1년간 이탈디자인에 머물며 포니의 디자인 개발과 설계 작업에 직접 참여했다. 이들은 낮에는 현지 기술자들의 작업 과정을 관찰하고, 밤에는 이를 기록하고 토론하는 과정을 반복하며 선진 설계 개념과 도면 제작 방법을 체득했다. 이러한 학습 과정은 단순한 연수가 아니라 체계적인 기술 내재화의 과정이었다. 특히 '5인의 특공대'라 불린 현대 기술자들은 현지에서 집중적으로 훈련을 받으며 차체 설계 기술을 습득했다. 이 과정에서 매일의 관찰과 토론 내용을 정리하고 기록한 인물이 현대차 사장까지 오른 당시 대리였던 이충구였다. 그의 꼼꼼한 기록은 '이대리 노트'라 불리며 현대차가 고유 모델을 개발하는 데 핵심 자료로 활용되었다.[62]

기술 습득의 방식은 산업별로 차이가 있는데, 신발, 섬유, 석유화학, 철

---

62) [현대자동차 기술 내재화 일대기 1부] 포니에서 시작된 독자 기술 확보의 길. 현대자동차 (www.hyundaimotorgroup.com). 2023. 9. 20.

강 산업은 '실행에 의한 학습'을 통해 기술을 익혔고, 조선과 자동차 산업은 여러 기술을 조합하는 '짜깁기 기술조합' 방식으로 접근했다. 현대차는 독자 모델을 만들기 위해 세계 각국의 기술과 인력을 결집했다. 엔진과 파워트레인은 일본 미쓰비시의 소형차 〈랜서〉를 기반으로 삼았고, 디자인은 이탈리아의 거장 조르제토 주지아로가 맡아 세련된 외형을 완성했다. 차체 구조와 엔지니어링은 영국의 기술 자문을 통해 보강되었다. 하지만 단순히 외국 기술을 조립하는 데 그치지 않았다. 현대차는 서스펜션, 스티어링, 브레이크, 엔진 마운트, 배기 시스템 등 주요 부품을 직접 분해하여 모든 요소를 도면화했다. 이를 통해 기술을 빠르게 내재화하고 국산화할 수 있는 기반을 마련했다. 결국 포니는 한국, 일본, 이탈리아, 영국의 협업으로 태어난 모델이었지만, 그 과정에서 현대차는 단순한 조립업체가 아닌 기술을 학습하고 흡수하는 제조업체로 성장했다.

전자산업은 선진국 제품을 분해하고 분석하는 '역행 엔지니어링(Reverse engineering)'을 통해 기술을 습득했다. 이러한 다양성에도 불구하고, 당시 기술 활동의 공통된 특징은 성숙기 기술의 수용과 재현에 있었다. 삼성은 전자산업에 진출하면서 해외 기술을 도입하는 데 그치지 않고, 독자적인 기술개발을 병행했다. 이는 훗날 기술도입이 어려워졌을 때도 자체적으로 제품을 개발할 수 있는 기반이 되었는데, 바로 1969년 전자산업 진출이 대표적인 사례다. 당시 삼성전자는 국내 경쟁업체들과 달리 완제품과 부품을 동시에 생산하는 전략을 택했다. 이를 위해 여러 전자 계열사를 설립했는데, TV·라디오·테이프 레코더·스테레오 같은 완제품을 생산하는 삼성산요전기(1969년), 진공관과 브라운관을 생산하는 삼성NEC(1970년, 현재 삼성SDI), 튜너·편향코일·고압트랜스·전압콘덴서 등 부품을 생산하는 삼성산요파츠(1973년, 현재 삼성전기), 그리고 브라운관 유리를 생산하는 삼성코닝(1973년)이 그것이다. [63] 이러한 계열사들의 역할을 통해 삼성은 브라운관 유리 → 튜너와 편향코일 → 브라운관 → TV세트로 이어지는 완전한 수직계열화 체제를 구축할 수 있었다. 이는 단순 조립 수준을 넘어 부품부터 완제품까지 아우르는 생산 구조를 갖춘 것으로, 삼성의 전자산업 경쟁력을 크게 높였고 이후 글로벌 전자기업으로 성장하는 토대가 되었다.

공업화가 본격적으로 진행되면서 그 속도에 맞추어 필요한 기술을 확보하는 것이 국가 발전의 핵심 과제로 떠올랐다. 초기에는 해외 기술을 도입하여 공장을 건설하는 이른바 턴키 방식에 의존함으로써 산업화에 필요한 기술을 충당하였다. 그러나 1970년대에 들어서면서 단순한 외국 기술 도입만으로는 한계가 있다는 인식이 확산되었고, 이에 따라 자체적인 기술 개발의 필요성이 점차 커졌다. 정부와 사회는 기능·기술 인력의 양성에 힘을 기울였으며, 동시에 국내 연구 역량을 확충하기 위해 다양한 노력을 기울였다. 이러한 과정에서 연구·개발을 전담하는 정부 출연연구기관들이 설립되었고, 이 기관들은 우리나라 공업화의 중요한 기반을 마련하는 역할을 담당하였다. [64]

1967년 과학기술처의 설치는 정부가 과학기술을 정책적으로 후원하기 시작한 획기적인 전환점이었으며 정부출연연구기관들의 설립을 주도하게 되었다. 앞서 1966년에는 과학기술자들의 연합 조직인 한국과학기술단체총연합회가 발족되어 연구자 간 협력과 활동을 활성화하는 데 기여하였다. 이와 함께 1970년 국방과학연구소가 창설되어 군사 분야의 기술 개발을 담당하게 되었으며, 이후 한국 과학기술계를 이끄는 한 축으로 성장하였다. 1970년대에는 제3차 경제개발계획을 통해 중화학공업 육성이

---

63) 김영욱. 이병철의 일본 모방과 추월에 관한 시론. S-Space(s-space.snu.ac.kr). 2010.
64) 한국경제60년사 편찬위원회. 『한국경제 60년사: 총괄편』. 한국개발연구원. 2010. p134.

국가 전략으로 부상하면서 과학기술의 역할이 더욱 중요해졌다. 기계, 철강, 화학, 조선, 전자 등 5대 전략산업을 효과적으로 지원할 수 있는 전문 기술 개발이 요구되었고, 이에 따라 정부는 1973년 특정연구기관육성법을 제정하여 정부 출연 연구소 설립의 법적 근거를 마련하였다. 이후 설립된 정부 출연 연구기관들은 1970년대 연구개발 활동의 중추적 역할을 담당하며 산업과 기술의 고도화를 이끌었다.

앞서 보았듯이 1966년 '한국과학기술연구소'로 설립된 한국과학기술연구원(KIST)은 대한민국 정부출연 연구기관의 대표 주자로서 중심적인 역할을 해왔다. 한국전자통신연구원(ETRI), 한국생명공학연구원, 한국에너지연구원, 한국화학연구원, 한국해양연구원 등 수많은 국가 연구기관들이 KIST를 모태로 탄생했다. KIST는 단순한 연구기관을 넘어, 대한민국 산업의 성장 엔진이자 과학기술 발전의 방향타 역할을 해온 핵심 기관으로 평가받는다. 1960~1970년대는 대한민국 과학기술의 제도적 기반이 마련되고, 연구기관과 인재 양성 체계가 구축되며, 산업화와 국방을 뒷받침하는 실질적인 기술 개발이 이루어진 시기로 평가된다.

1970년대 중반 이후에는 일부 기업들이 축적된 경험을 바탕으로 자체 기술 개발에 나서기 시작했다. 선경합섬은 KIST 및 한국과학원과의 공동 연구를 통해 새로운 폴리에스터 섬유와 필름을 개발했고, 포스코는 냉연강판과 전기강판 등 고급강 제품의 기술을 확보하며 기술 추격의 단계로 진입했다. 이들 사례는 기술 습득을 넘어 기술혁신으로 나아간 대표적인 예다. 1960~1970년대 한국의 기술발전은 대규모 투자와 성숙기 기술의 수용, 산업별 특화된 기술 습득 방식, 그리고 일부 기업의 기술 추격 시도로 구성된 복합적인 과정이었다. 이 때는 한국 산업화의 기술적 기반을 형성한 중요한 시기로 평가된다.

　이후 1980년대에는 선진국의 핵심 산업기술을 모방하고 개량하는데 집중했고, 1990년대부터는 첨단 원천기술 개발을 선도했다. 기술이전도 활발히 이루어졌다. SKC의 폴리에스터 필름, 대우전자의 VTR 헤드드럼 다이아몬드 코팅기술, 울산화학의 CFC 대체물질, 경보화학의 항생제 세파클러, LG 휘센 에어컨의 플라스마 표면 개질 기술 등은 모두 KIST의 연구 성과였다. 또한 KIST의 컬러TV 국산화 기술 덕분에 1980년 KBS가 최초로 컬러TV 방송을 시작할 수 있었다. 트랜지스터, 반도체 웨이퍼, 광섬유, 리모컨TV 등 핵심 전자부품의 국산화에도 기여했다.

　1990년대 이후에도 KIST는 반도체 기술 등 다양한 분야에서 2세대, 3세대 과학자들을 지속적으로 영입하며 기술 강국으로서 한국의 입지를 다졌다. 2000년대 들어서는 소재, 로봇 시스템, 바이오, 에너지, 환경 등으로 연구 분야를 재편하고 본격적인 성과를 내기 시작했다. 자이툰 부대 파견 시 선보인 위험 작업 로봇 '롭헤즈(ROBHAZ)'는 폭발물 탐지와 제거, 야간 투시 기능을 갖춘 대표적인 성과물이며, 가정용 로봇 '아이작', 무공해 수소연료전지 자동차, 먹는 항암제, 리눅스 클러스터 기반 슈퍼컴퓨터 개발 등도 주목할 만한 성과다.

　우리나라 주요 산업의 기술 발전 궤적은 몇 가지 뚜렷한 특징을 가지고 있다. 먼저 기업과 정부가 꾸준히 대규모 투자를 단행하여 기술 학습의 기반을 마련했고, 이를 통해 독자적인 역량을 축적할 수 있었다. 또한 선진국의 기술을 빠르게 따라잡기 위해 인력을 해외에 파견해 연수를 진행하며 최신 기술을 습득하고 이를 국내 산업 현장에 적용했다. 기술 발전 과정은 진입장벽이 낮은 분야부터 시작해 점차 고난도의 첨단 기술로 확장하는 단계적 방식으로 이루어졌다. 동시에 여러 기술을 병렬적으로 개발하는 시스템을 활용해 속도를 높였고, 세계 기술 발전의 흐름을 과감히 수용하여 주류에 빠르게 합류했다. 이러한 추격형 발전이 일정 수준에 도달한 이후에는 단순 모방을 넘어 독자적인 기술 경로를 개척하며 혁신을 주도하는 단계로 나아갔다.[65]

• 핵심 에너지원 '원자력'

6·25 전쟁 이후 폐허가 된 한국은 산업화를 추진하기 위해 무엇보다 전력난을 해결해야 했다. 이러한 상황에서 1956년 미국의 전기 기술 전문가 시슬리 박사가 한국을 방문해 이승만 대통령을 만나면서 원자력 개발의 서막이 열렸다. 시슬리는 "석탄은 땅에서 캐는 에너지지만 원자력은 사람의 머리에서 캐내는 에너지"라며 원자력의 잠재력을 강조했고, 이승만 대통령이 "지금 시작하면 몇 년 뒤에 쓸 수 있겠느냐"고 묻자 그는 "약 20년"이라고 답했다. 이 말을 들은 당시 81세의 이승만 대통령은 원자력의 미래성을 확신하고 즉각 투자를 시작했다. 그는 국가 재정이 극도로 어려운 상황에서도 우수한 과학 인재들을 선발해 1인당 6,000달러라는 거금을 들여 미국과 영국으로 국비 유학을 보냈다.

전쟁 직후 세계 최빈국이었던 한국이 최첨단 미래 에너지 기술인 원자력에 도전한 것은 매우 이례적인 일이었다. 정부는 연구용 원자로 건설을 위해 당시 기준으로 막대한 금액인 35만 달러를 투입했고, 1959년 7월 연구용 원자로 설치공사 기공식에는 이승만 대통령이 직접 참석해 원자력 개발 의지를 드러냈다. 1958년에는 원자력법을 제정하고, 원자력원과 원자력연구소가 설립되었으며, 한양대와 서울대에 원자력 관련 학과가 생겨 전문 인력 양성이 시작되었다. 1962년에는 미국으로부터 도입한 연

---

65) 최영락 등. 한국 과학기술 발전의 형태와 방식 분석. 과학기술정책연구원. 2010. 12. p45.

구용 원자로 '트리가 마크-II'가 가동되며 기초 실험과 교육 훈련이 본격화되었다.[66]

특히 1970년대 원유 파동 이후, 한국 정부는 에너지 자립과 안정적인 전력 공급을 위한 전략적 대안으로 원자력 발전에 본격적으로 박차를 가했다.[67] 당시 급등한 석유 가격은 원자력 발전의 경제성을 부각시키는 계기가 되었고, 국가 에너지 정책의 대전환을 이끌었다. 원자력 발전은 우라늄과 같은 핵연료의 핵분열 반응을 통해 막대한 열에너지를 얻고, 이를 이용해 물을 끓여 수증기를 발생시켜 터빈을 돌려 전기를 생산하는 방식이다. 이 과정은 화력 발전과 유사하지만, 연료가 석탄이나 석유가 아닌 핵물질이라는 점에서 차이가 있다. 에너지 효율의 경우 우라늄 1그램의 핵분열로 얻는 에너지는 석유 9드럼 또는 석탄 3톤을 태울 때 나오는 에너지와 맞먹는다. 특히 석유 가격이 급등한 상황에서 원자력 발전은 상대적으로 저렴하고 안정적인 에너지원으로 평가되었다.

박 대통령은 석유 의존에서 벗어나기 위한 국가 전략으로 원자력 발전을 선택했다. 1978년 4월 미국 웨스팅하우스의 기술 지원을 받은 국내 최초의 원자력 발전소인 고리 1호기가 부산 기장군에 준공되었고, 이로써 한국은 세계에서 21번째, 동아시아에서 일본에 이어 두 번째 원전 보유국이 되었다. 이후 고리2호기, 월성1~4호기, 영광(한빛)1~2호기, 울진(한울)1~2호기 등 원자력 발전소가 전국적으로 건설되며 원자력 발전은 국가 전력 공급의 핵심 축으로 자리 잡게 됐다.

1980년대에는 독일 원자력 기업 KWU로부터 기술을 전수받기 위해 연구원들을 파견했고, 국내에서도 핵연료 국산화를 위한 연구가 시작되었

---

66) 자원 없는 폐허의 나라에서 무한한 에너지원을 찾다. 이승만기념관(http://이승만기념관.com).
67) 오원철, 김형주. 『청소년을 위한 공학 이야기』 한국경제신문. 2015. p114~115.

다. 연구원들은 밤을 새워 일하며 기술을 익혔고, 마침내 중수로와 경수로 핵연료의 국산화에 성공하게 됐다. 1995년 영광 3·4호기를 시작으로 한국형 원전 OPR1000이 개발되었고, 2005년 울진 5·6호기에서는 설계까지 국내 기술진이 도맡으며 기술 자립이 본격화되었다. 2009년에는 APR1400이라는 차세대 원전 모델을 개발해 아랍에미리트(UAE)에 47조 원 규모의 원전 건설을 수주하는 쾌거를 이뤘다. 이는 한국이 미국·프랑스·일본 등 기존 강국들과 어깨를 나란히 하며 세계 원전 시장에 진입한 역사적 전환점이었다.

2011년 동일본 대지진과 후쿠시마 원전 사고는 전 세계에 원자력의 잠재적 위험성을 알렸고, 한국 역시 원전 확대 정책에 급제동이 걸렸다. 원전 중심의 에너지 정책을 재편하자는 목소리가 커졌지만, 동시에 석탄·석유의 고갈과 기후변화 문제로 인해 원자력의 필요성은 여전히 유효하다는 인식도 존재한다. 2017년에는 고리 1호기가 영구 정지되며, 원자력의 새로운 전환기를 맞이했다. 이후 한국은 소형 모듈 원자로(SMR) 개발, 수소 생산 기술 등 미래형 원자력 기술에 집중하며 지속 가능한 에너지 전략을 모색하고 있다. 현재 한국은 24기의 원자로를 가동 중이며, 전체 전력 생산의 약 30%를 원자력이 담당하고 있다. 한국수력원자력은 세계 2위의 원자력 발전 회사로 평가받고 있으며, 이집트 엘다바 원전과 체코 원전 수주 등 해외 진출도 활발히 진행 중이다. 탄소중립 시대를 맞아 원자력은 여전히 중요한 에너지원으로 자리하고 있으며, 기술 자립과 안전성 확보를 통해 미래 에너지 시장에서의 경쟁력을 강화하고 있다.

• '통일벼'로 식량자급

녹색혁명으로 불리는 농업 생산성 향상은 우리나라 중화학 공업화에 중요한 간접적 기반을 제공했다. 벼농사에서 인력 절감과 생산량 증대를 가능케 하는 새로운 품종이 개발되면서 쌀의 식량 자급이 달성되었고, 그 결과 농촌 인력이 제조업으로 이동할 수 있는 여력이 생겼다. 동시에 값싼 식량 공급은 근로자의 생활비를 낮추어 산업 현장의 생산성 향상에도 기여했다.[68]

1960년대 중반 한국은 식량 부족 문제를 해결하기 위해 새로운 벼 품종 개발이 절실했다. 이러한 상황에서 서울대학교 농과대학 교수 허문회는 1964년 여름 국제미작연구소(IRRI)를 찾아가 벼 육종 연구에 참여했다. 그는 미국 벼 육종의 권위자인 헨리 비첼에게 직접 배움을 받으며 IRRI의 품종 개량 연구에 2년간 참여했고, 이 과정에서 한국 기후에 맞는 다수확 품종 개발 가능성을 모색했다. 허문회는 IRRI에서 개발된 키 작은 다수확 인디카 품종을 한국에 도입하기 위해 인디카와 자포니카를 먼저 교배한 뒤, 다시 인디카 품종과 교배해 안정된 품종을 만드는 전략을 시도했다. 인디카와 자포니카의 교배종은 대부분 불임이었지만, 그중 일부 번식 가능한 개체를 다시 교배해 번식력을 회복하는 방식이었다. 이러한 시도 끝에 1966년 봄, 키는 작고 이삭이 크면서도 온대 기후에서도 잘 자라는 새로운 품종 개발에 성공했는데, 이것이 바로 훗날 '통일벼'의 원형이었다.

식량난 해결을 위해 개발한 품종인 '희농 1호'의 실패를 겪은 박정희 정부는 허문회의 연구 성과를 반가운 돌파구로 받아들였다. 농촌진흥청장 김인환은 이 품종을 적극 육성하도록 지시했고, 1970년 말 유망 개체들이 선발되어 '통일'이라는 이름으로 농가 보급이 시작되었다. 통일벼는 기존 자포니카 품종보다 평균 30% 이상 높은 수확량을 기록해 정부의 큰

---

68) 한국경제60년사 편찬위원회. 『한국경제 60년사: 총괄편』. 한국개발연구원. 2010. p133.

기대를 모았다. 찰기가 부족하다는 비판도 있었지만, 박정희 대통령은 국무위원 시식회에서 직접 자신의 이름을 적어 맛이 좋다고 평가하며 보급을 독려했다. 정부의 강력한 지원 아래 통일벼는 1973년부터 재배 면적이 급속히 확대되었다. 1970년대 중반에는 통일벼를 기반으로 한 후계 품종들이 잇따라 개발되었는데, '유신', '조생통일', '통일찰', '밀양21호', '밀양23호' 등이 다양한 지역과 기후에 맞춰 보급되었다. 1977년 무렵에는 전국 논 대부분이 통일형 품종으로 채워졌고, 정부는 이를 '녹색혁명 성취'로 선언하며 쌀 생산량이 국내 수요를 넘어 해외 수출까지 가능해졌다고 대대적으로 홍보했다.[69]

통일벼의 단점인 밥맛 문제는 품종개량을 통해 개선되었고, 오늘날 헥타르당 8톤에 이르는 다수확 품종이나 기능성 쌀의 개발로 이어졌다. 이러한 성과 덕분에 통일벼는 2009년 국가 연구개발 50년 10대 성과 중 첫 번째로 선정되었으며, 수원 농촌진흥청 앞마당에는 '녹색혁명성취'라는 박정희 대통령의 휘호가 새겨진 비석이 세워져 있다. 따라서 통일벼는 단순한 농업 기술의 성과를 넘어, 반만년 동안 이어진 한민족의 굶주림을 끝낸 녹색혁명으로 평가받는다. 과학기술과 농업이 결합해 국민의 삶을 실질적으로 변화시킨 대표적인 사례이며, 한국 농업의 자립과 발전을 이끈 결정적 계기였다.

• 세계 최초 한타 바이러스 발견

6·25전쟁 당시 강원도 철원과 경기도 포천 일대에서는 미군 장병 3,000여 명이 원인을 알 수 없는 괴질에 걸려 피를 토하고 쓰러지는 일이

---

69) 그 시절 통일벼의 녹색혁명, 박정희의 농업정책. 한겨레. 2010. 12. 7.

발생했다. 수백 명이 목숨을 잃었고, 북한군과 중공군도 큰 피해를 입었지만 정확한 사망자 수는 알려지지 않았다. 당시 양측 모두 상대가 생물학 무기를 사용한 것이 아니냐며 세균전을 의심할 정도로 상황은 심각했다. 그러나 이 괴질의 정체는 20여 년이 지난 1976년에 이르러서야 비로소 밝혀졌다. 그 중심에는 한국인 미생물학자 이호왕 교수가 있었다.[70]

1928년 함경남도 신흥에서 태어난 이호왕은 함흥의대를 다니다 월남해 1954년 서울대학교 의대를 졸업했다. 이후 육군 중위로 복무한 뒤 정부 지원을 받아 미국으로 유학을 떠나 1959년 미네소타주립대에서 미생물학 박사 학위를 받았다. 당시 한국에서 가장 무서운 질병은 일본뇌염이었고, 그는 "사회가 필요로 하는 연구를 하겠다"는 신념으로 귀국 후에도 일본뇌염 연구에 매진했다. 하지만 1969년 일본뇌염 백신이 개발되면서 그는 연구 방향을 유행성 출혈열로 전환했다. 이 질병은 1930~40년대 만주와 러시아에서도 대규모로 발생해 일본군과 러시아군에서 1만 명 이상의 환자가 나왔고, 일본 731부대와 러시아 연구진이 인체 실험까지 진행했지만 원인을 밝히지 못한 난제였다. 미국도 노벨상 수상자를 포함한 230여 명의 연구진을 한국에 보내 연구했지만 성과를 내지 못한 상태였다.

이호왕은 1969년 미 육군부의 지원을 받아 본격적으로 유행성 출혈열 연구에 뛰어들었다. 그는 한탄강 유역 군부대 주변에서 들쥐를 잡아 분석하는 과정에서 무장간첩으로 오인돼 경고사격을 받는 등 위험한 상황을 겪었고, 동료 연구원이 감염돼 생명을 잃을 뻔하는 일도 있었다. 그럼에도 연구를 이어 간 끝에 1976년, 한국 들쥐에서 새로운 바이러스를 발견하는 데 성공했다.[71] 그는 이 바이러스를 최초로 규명한 한국인 과학자

---

70) 그레고리 포코니 등. 『세계가 놀란 한국의 과학기술』. ㈜자음과 모음. 2016. p104~111.
71) '한탄 바이러스' 첫 발견 이호왕 교수 별세. 조선일보. 2022. 7. 6.

로 기록되었고, 발견 지역의 이름을 따 '한탄 바이러스(Hantaan Virus)'라고 명명했다. 한국인이 발견한 최초의 병원성 미생물로 현재 전 세계 의학·생물학 교과서에 실려 있다.

이호왕 교수의 연구는 여기서 멈추지 않았다. 1981년에는 서울 마포구의 한 건물에서 잡은 집쥐에서 한탄 바이러스와 유사한 '서울 바이러스'를 발견했고, 1989년에는 녹십자의 지원을 받아 한탄 바이러스 예방 백신 '한타박스'를 개발하는 데 성공했다. 이러한 업적으로 그는 생전에 노벨 생리의학상 후보로 거론되기도 했다. 이호왕 박사의 연구는 유행성 출혈열의 병원체 규명, 진단법 확립, 백신 개발을 모두 갖춘 세계적으로 드문 사례다. 그의 연구는 세계보건기구(WHO)로부터 국제연구협력센터로 지정받은 고려대학교 바이러스병연구소를 통해 이어졌으며, 유행성 출혈열의 치사율은 과거 10%에서 현재 2~3% 수준으로 크게 낮아졌다.

• 1·2차 오일 파동과 중동 특수

1970년대 세계 경제를 뒤흔든 가장 큰 사건은 두 차례에 걸친 석유파동이었다. 1973년 10월과 1974년 1월, 석유수출국기구(OPEC)가 원유 가격을 약 4배 가까이 인상하면서 제1차 석유파동이 발생했다. 이로 인해 세계 경제는 급격한 침체에 빠졌고, 1975년에는 서방 선진국들까지 마이너스 성장을 기록했다. 인플레이션은 가속화되었으며 국제수지는 대규모 적자로 돌아섰다. 반면 OPEC 국가들은 1974년 한 해에만 600억 달러의 흑자를 기록하며 국제 경제 질서의 중심으로 떠올랐다. 1978년 말부터 1980년 중반까지 이어진 제2차 석유파동은 상황을 더욱 악화시켰다. 원유 가격은 배럴당 12.9달러에서 31.5달러로 약 2.4배 상승했고, 세계 경제는 다시 큰 혼란에 빠졌다. 생산비 상승으로 인플레이션이 심화되었고, 각국의 성장률은 둔화되었으며 무역수지와 국제금융 질서도 크게 흔들렸다.

해외 의존도가 높은 한국 경제는 석유파동의 충격을 고스란히 받았다. 제1차 석유파동 이후 한국은 불황 속 물가 상승이라는 스태그플레이션을 겪었고, 1975년 소비자 물가는 전년 대비 24.7%나 상승했다. 국제수지는 18억 9,000만 달러 적자를 기록하며 경제개발 5개년 계획 수행에도 큰 차질이 생겼다. 이에 정부는 1974년 1월 '국민생활 안정을 위한 대통령 긴급조치'를 발표해 자금 수요 억제와 통화·금융 정책 강화를 추진했다. 같은 해 5월에는 장기 에너지 종합대책을 마련했고, 중화학공업 육성을 통해 산업구조 고도화를 시도했다. 이를 위해 1974년 국민투자기금, 1976년 한국수출입은행을 설립해 금융 지원도 강화했다.

그러나 제1차 석유파동 이후에도 석유 의존도를 낮추는 등 경제 체질 개선은 충분히 이루어지지 않았고, 중화학공업 중심의 양적 확대에만 집중한 결과 제2차 석유파동의 충격을 더욱 크게 받게 되었다. 정부는 1979년 3월 국내 유가를 9.5% 인상한 것을 시작으로 1981년까지 일곱 차례에 걸쳐 총 337%나 유가를 올려야 했다. 그 결과 도매물가는 1980년 38.9%, 1981년 22.5% 상승하는 등 물가 불안이 극심해졌다. 경제성장률도 급격히 떨어져 1979년 6.5%에 그쳤고, 1980년에는 -5.2%라는 사상 초유의 마이너스 성장을 기록했다. 경상수지 적자도 1979년 42억 달러, 1980년 53억 2,000만 달러로 급증했다. 제1차 석유파동 이후 100억 달러를 넘었던 외채는 제2차 석유파동의 충격으로 200억 달러를 돌파하며 외채 문제가 심각한 경제 위기로 떠올랐다.[72]

---

72) 석유파동(石油波動)-한국민족문화대백과사전(https://encykorea.aks.ac.kr).

이러한 위기를 계기로 정부는 에너지 자립을 위한 전략을 본격적으로 추진했다. 원유 공급 감축으로 인해 매달 6일분의 원유가 부족하다는 계산이 나오자, 우선 정부는 대대적인 비축 기지 건설에 나섰다. 그 결과 2005년에는 정부가 55.3일, 민간이 54.9일분의 원유를 비축하게 되어 총 110.2일분의 비축 능력을 갖추게 되었다. 특히 제1차 석유파동 이후 한국은 에너지 자립과 효율성 강화를 위한 다양한 대응책을 마련하게 됐다. 석유 공급의 불안정성과 국제 석유 재벌에 대한 의존을 줄이기 위해, 한국은 산유국과 직접 협력하는 방안을 모색했다. 그 결과 1975년 10월 13일 이란 국영 석유회사와 50:50 합작으로 석유 회사를 설립했다. 이는 단순한 수입국에서 벗어나 석유 정제 및 유통에 직접 참여하는 전략적 전환점이었다.

전기 에너지의 효율적 사용을 위해 1973년부터 정부는 '승압 사업'을 추진했다. 당시 100볼트로 공급되던 전기를 220볼트로 바꾸는 작업은 전국적으로 시행되었고, 이 사업은 무려 32년에 걸쳐 완성되었다. 총 1조 4천억 원의 자금과 연간 700만 명 이상의 인력이 투입된 대규모 프로젝트였다. 그 결과 전력 손실률이 29.35%에서 7.5%로 감소하고 가정과 산업체의 전력 사용 능력이 두 배로 증가했다. 한국은 세계에서 가장 낮은 송배전 손실률을 기록하는 국가가 되었고, 220볼트 사용국으로서 국제 표준에 합류했다. 또 석유 의존도를 줄이기 위해 정부는 동력자원부를 신설하고 석탄 연료 사용을 확대했다. 또한, 석유 위기 재발에 대비해 양수발전소를 건설하고, 공해가 거의 없는 천연가스 도입도 적극 추진했다.[73]

석유파동으로 중동 산유국들은 막대한 석유 수입을 얻게 되자, 이를 바

---

73) 오원철, 김형주. 『청소년을 위한 공학 이야기』 한국경제신문. 2015. p106~113.

탕으로 대규모 인프라 건설사업을 추진했다. 이 시기 한국 기업들과 근로자들은 중동 건설시장에 적극 진출하며 새로운 기회를 잡았다. 1980년대 초반까지 이어진 이른바 '중동 건설 특수'는 석유파동으로 침체된 한국 경제를 다시 일으켜 세우는 결정적 계기가 되었고, 만성적인 국제수지 적자로 국가부도 위기에 몰렸던 한국이 외환 부족 사태에서 벗어나는 탈출구가 되었다.[74]

중동 특수의 첫 문을 연 기업은 삼환기업이었다. 1966년 월남에 진출했던 삼환은 전황 악화로 중동으로 방향을 틀었고, 끈질긴 노력 끝에 1973년 12월 사우디아라비아의 카이바-알 울라 간 164㎞ 고속도로 공사를 2,427만 달러에 수주했다. 한국 건설사가 중동에서 따낸 첫 대형 공사로, 이후 이어질 중동 특수의 신호탄이었다. 그러나 사막에서의 공사는 고난의 연속이었다. 라마단 기간의 공사 중단, 현지 노동력의 낮은 숙련도, 자재비 폭등, 식수와 생활용수 부족 등 수많은 문제가 기업들을 괴롭혔다. 삼환기업은 첫 공사에서 지하수 확보에 실패해 4년 동안 100㎞ 떨어진 지역에서 트럭으로 물을 실어 날랐고, 물값만 92만 달러가 들었다. 섭씨 50도를 넘나드는 사막의 혹독한 기후와 모래폭풍 속에서 일하는 것은 근로자들에게 극한의 노동이었다. 그럼에도 한국 기업과 근로자들은 포기하지 않았다. 1973년부터 본격화된 중동 건설경기는 한국인의 근면성과 기술력을 세계에 보여 주는 무대가 되었다.

도로 공사에서 성공을 거둔 한국 기업들은 항만 공사로 진출했다. 1975년 3월, 신원개발은 이란에서 코탐사항 확장 공사를 수주했고, 같은 해 10월에는 현대건설이 바레인에서 아스리 조선소 건설 공사를 따냈다.

---

74)　[한국 50년] 경제 큰길뚫은 "골드러시"… 월남·중동 특수. 조선비즈. 1998. 8. 21.

이 공사는 당시 국내 건설업체가 중동에서 수주한 최대 규모로, 총 1억 3,700만 달러에 달했다. 바레인의 매립지에 드라이독(Dry dock)과 각종 건물, 공장을 건설하는 이 프로젝트에는 연간 90만 명 이상의 인력이 투입되었고, 토목, 건축, 기계, 전기 등 다양한 분야가 참여했다.

아스리 조선소 공사 이후, 현대건설은 사우디아라비아의 해군 기지 확장 공사를 수주했다. 걸프 연안의 안전 확보와 선박 운항을 위한 이 공사는 처음에는 1억 8,150만 달러 규모였으나, 설계 변경으로 2억 2,000만 달러로 확대되었다. 이어 1976년에는 주베일 항만공사를 수주했는데, 이 공사는 무려 9억 4,000만 달러 규모로 한국 해외 건설 역사상 획기적인 사례로 기록되었다. 주베일 산업항 건설은 호안 공사, 방파제 공사, 부두용 암벽 공사 등으로 구성되었으며, 특히 30만 톤급 유조선이 정박할 수 있는 해상 정박 시설을 바다 한가운데에 건설하는 작업은 기술적으로 매우 도전적인 프로젝트였다. 총 길이 3.48㎞에 달하는 이 시설은 마치 해상 활주로를 연상케 했고, 이를 위해 400톤짜리 자켓(가로 18m, 세로 20m, 높이 36m) 구조물 89개가 필요했다.

하지만 사우디아라비아 현지에서 철근 구조물을 제작하려면 새 공장을 세워야 했고, 막대한 비용과 시간을 요구하는 일이었다. 현대건설은 이러한 제약을 극복하기 위해 과감한 결정을 내렸다. 바로 울산 현대조선소에서 모든 철구조물을 제작한 뒤, 무려 12,000㎞ 떨어진 사우디 현장까지 해상 운송하는 방법을 택했다. 이를 운송하기 위해 현대건설은 15,800톤급 바지선과 5,500톤급 바지선을 연결하고, 1만 마력의 예인선으로 수송하는 전례 없는 방식을 시도했다. 총 19항차에 걸쳐 태평양과 인도양의 거센 파도를 헤치며 나아간 수송선단은 1회 평균 6,000톤의 물량을 실어 날랐고, 편도 한 차례 운송에만 35일 이상이 소요되었다. 당시 많은 이들이 고개를 저을 정도로 무모한 도전이라 여겼지만, 현대건설은 이를 끝내 성공으로 이끌었다.

이처럼 중동 특수는 한국 건설업체들이 세계 시장에서 경쟁력을 갖추는 계기가 되었고, 한국 경제에 막대한 외화를 유입시키며 산업 발전의 기반을 마련했다. 1976년과 1977년 사이, 수출은 77억 달러에서 100억 달러를 돌파했고, 중동 건설 수주는 25억 달러에서 35억 달러로 급증했다. 이 시기 한국의 경제성장률은 각각 13%와 14%를 기록하며 고도성장을 이어 갔다. 중동 건설붐은 단순한 수출 호황을 넘어서 국내 산업과 사회 전반에 깊은 영향을 미쳤다.[75] 해외 건설 수주로 벌어들인 외화는 경상수지 개선에 기여했고, 국민소득의 증가로 냉장고, 텔레비전, 자동차 등 내구재 소비가 폭발적으로 늘어났다. 냉장고 판매 증가율은 89%에서 148%로, 흑백 텔레비전은 31%에서 46%로, 자동차는 65%에서 111%로 각각 상승했다.

이에 1977년 4월 국제 금융 전문지인 〈유로머니〉(Euromoney)는 한국의 경제적 성과를 집중 조명하며『한국: 한강의 기적』이라는 별책을 발간했다.[76] 이 보고서에서 〈유로머니〉는 한국의 눈부신 경제 성장의 원인을 세 가지로 분석했다. 첫째, 한국 정부는 체계적이고 실현 가능한 경제 계획을 수립했으며, 국민들은 이를 적극적으로 수용하고 성실하게 실행에 옮겼다. 이러한 계획과 국민의 근면성이 맞물려 경제 발전의 기반이 마련되었다. 둘째, 한국은 지리적으로 가까운 일본으로부터 기술을 효과적으로 수용할 수 있었고, 이를 바탕으로 한국 기업들은 일본과 유사한 품질의 제품을 더 낮은 비용으로 생산해 경쟁력을 확보했다. 이는 기술 이

---

75) 이장규.『대한민국 대통령들의 한국경제 이야기1』. 살림. 2014. p120.
76) 송성수.『한국의 산업화와 기술발전』. 들녘. 2021. p117.

전과 생산 효율성의 결합이 가져온 성과였다. 셋째, 한국은 높은 저축률을 바탕으로 국내 자본을 효율적으로 동원했으며, 동시에 해외로부터 필요한 자금을 적절한 시기에 차입함으로써 산업화에 필요한 재원을 안정적으로 확보했다. 이러한 요인들은 한국이 단기간에 산업화를 이루고 세계 경제 무대에서 존재감을 드러내는 데 결정적인 역할을 했으며, 당시 국제 사회에서도 '한강의 기적'이라는 표현으로 그 성취를 인정받았다.

경제 호황을 반영하듯 시중에 자금이 넘쳐났고, 서울을 비롯한 도시 곳곳에 고층 빌딩과 공장이 들어섰다. 부동산 투기라는 개념이 본격적으로 등장한 것도 이 시기였다. 서울의 주택 부족률이 45%에 달했지만, 많은 건설업체들은 국내보다 중동 진출에 집중하고 있어 국내 건설 수급 불균형을 초래했다. 하지만 한국 근로자들의 성실성과 기술력은 중동 현지에서 크게 인정받았고, '코리아 넘버 원'이라는 찬사를 받으며 국가 이미지까지 높이는 데 기여했다.

• 불도저식 건설과 강남개발

1960년대와 1970년대에 걸쳐 서울은 급격한 산업화와 도시화 흐름 속에서 눈부신 변화를 겪었다.[77] 이 시기는 농촌 인구의 대규모 도시 유입이 활발히 진행된 시기로, 특히 1960년대에는 서울로, 1970년대에는 서울과 부산 등 대도시로의 인구 이동이 두드러졌다. 이에 따라 서울 곳곳에는 달동네와 판자촌 형태의 무허가 주택이 대거 형성되었으며, 1966년 서울 인구가 약 380만 명에 달했을 때 무주택자 비율은 무려 50%에 달했다. 인구는 1959년 200만 명대를 시작으로 1963년에는 300만 명대, 1970

---

77) 서울역사편찬원. 『서울 2천년사 1: 총설』. 2016. p262~265.

년에는 500만 명대를 돌파하며 시급한 도시 정비가 요구되었다.

이러한 변화의 중심에는 '불도저 시장'으로 불린 김현옥 서울시장이 있
었다. 1966년 임명된 김현옥 시장 당시 수립된 서울시 도시 기본계획은
1966년부터 1985년까지 20년을 계획 기간으로 설정하고, 목표 인구를
500만 명으로 잡았다. 당시 1963년 서울의 인구가 347만 명이었으므로
20년 동안 약 150만 명이 증가할 것으로 추정한 것이다. 서울시의 총면
적, 토지 이용 추세, 전국 인구 증가 추세 등 여러 요인을 종합적으로 검
토한 결과, 1985년의 적정 인구는 450만~500만 명으로 산정되었다. 또한
이 계획은 단순한 인구 예측에 그치지 않고, 계획 수립의 기본 원칙으로
전국성, 지역성, 종합성, 능률성, 과학성 등 다섯 가지 방향을 제시하였
다. 도시 발전을 국가적 차원과 지역적 특성을 동시에 고려하면서, 효율
적이고 과학적인 방법으로 추진하겠다는 의지를 담은 것이었다.[78]

김 시장은 무허가 주택 문제 해결을 최우선 과제로 삼았고, 대단지 조
성 계획, 불량 주택 개량, 시민 아파트 건립 등을 추진했다. 1969년에는
시민아파트 406동을 건립했지만, 이 중 상당수가 부실공사로 문제가 되
었고, 결국 1970년 와우시민아파트 붕괴 사고로 33명이 사망하며 사업은
백지화되었다. 김현옥은 이에 대한 책임으로 해임되고 양택식이 뒤를 이
었다. 대단지 조성계획을 통해 철거민 등 도시 빈민을 광주 대단지 등 외
곽 지역으로 이주시키는 사업도 진행되었다. 그러나 열악한 주거 조건으
로 주민 불만이 고조되었고, 1971년 8월 10일에는 광주 대단지 사건이 발
생했다. 당시 양택식 시장을 기다리던 수만 명의 군중은 약속된 시간이
지나도 시장이 나타나지 않자 격분했고, 일부는 관공서를 방화하고 차량

---

78) 손정목. 『서울 도시계획 이야기①』. 한울. 2014. p223.

을 탈취하는 등 격렬한 시위를 벌였다.

이러한 사건들은 국내외적으로 정치·사회적으로 불안정한 시기에 발생했으며, 결과적으로 시민 아파트 건설은 즉각 중단되었다. 이후 서울시는 서민 아파트 공급 정책에서 방향을 틀어, 새롭게 등장한 중산층을 위한 아파트 건설로 전환하게 된다. 대표적인 사례로는 여의도 시범아파트, 한강맨션, 반포 주공아파트 등이 있으며, 서울시와 대한주택공사에 의해 개발되었다.[79] 정책 변화는 단순한 건축 방식의 차이를 넘어, 아파트가 더 이상 도시 서민의 주거 공간으로 인식되지 않게 되었다. 즉, 아파트는 중산층을 위한 고급 주택으로 인식되기 시작한 것이다. 이후 강남 개발과 영동지구의 대단위 도시개발과 맞물려, 중산층 중심의 주택 공급 정책이 본격화되는 계기가 되었다.

김현옥 시장은 불도저식 개발 방식으로 청계고가도로, 남산 터널, 한강 개발, 세운상가 아파트 건립 등 도시의 외형을 대대적으로 바꾸었다. 그러나 이들 사업은 치밀한 도시계획 없이 졸속 추진되는 경우가 많았고, 때로는 부실공사와 행정적 무리수로 이어지기도 했다. 그럼에도 불구하고, 이 시기 서울은 극적인 도시 변화를 겪으며 한국의 수도이자 경제·정치의 중심지로 자리매김하게 되었다.

세운상가는 1966년 서울시장 김현옥의 주도로 시작된 서울 도심 재개발 사업의 상징적인 건축물이다. 당시 폭 50미터, 길이 1,180미터에 달하는 판자촌이었던 이 지역은 도시 미관과 위생 문제 해결을 위해 대대적인 정비가 필요했다. 김현옥은 기공식에서 '세운상가(世運商街)'라는 이름을 직접 써 내려가며 "세계의 기운이 이곳으로 모이라"는 뜻을 부여했고,

---

79) 서울역사편찬원. 『서울 2천년사 40』현대 서울의 시민생활. 2016. p168.

단순한 상가 건축을 넘어 도시의 미래를 상징하는 야심찬 계획이었다. 1968년 완공된 세운상가는 국내 최초로 엘리베이터가 설치된 상가 아파트로 사회 저명인사들이 앞다퉈 입주하며 서울의 랜드마크로 자리 잡았다. 이곳은 1970~80년대에 한국 전자산업의 중심지로 성장했으며, 라디오, TV, 오디오 등 가전제품의 조립과 수리, 유통이 활발히 이루어졌다. '탱크와 미사일도 만들 수 있다'는 말이 나올 정도로 기술자들의 실력이 뛰어났고, 대기업들도 이곳에서 기술을 배우며 성장했다.

또한 세운상가는 미국 문화에 목말라 있던 젊은이들이 즐겨 찾는 문화적 성지 역할을 했다. 이들은 〈리더스 다이제스트〉 같은 미국 잡지로 영어를 공부하고, 해적판 레코드에서 금지곡을 찾아 듣는 등 세운상가를 문화적 해방구로 삼았다. 특히 미군 PX에서 흘러나온 원판 음반이 고가에 거래되던 시절, 세운상가에서는 300~500원에 불법 복제 음반(빽판)을 구할 수 있었고, 음악 마니아들에게 외국 대중음악을 접할 수 있는 거의 유일한 수단이었다.[80] 그러나 1990년대 이후 용산전자상가의 등장과 디지털 유통의 발달로 세운상가는 점차 쇠퇴하였고, 노후화된 건물은 도시 미관과 안전 문제로 철거 논의가 이어졌다. 이에 따라 2010년대에는 도시 재생 정책의 일환으로 '다시·세운 프로젝트'가 추진되었고, 향후에는 고층 업무용 빌딩, 주거 단지, 문화 시설 등이 포함된 대규모 복합개발을 계획하고 있다.

서울의 상업시설은 1960년대 후반부터 급격한 변화를 겪으며 입체적이고 다양화된 공간으로 성장했다.[81] 1966년 김현옥 시장의 부임 이후, 서울시는 지하 공간 개발에 본격적으로 나서며 새로운 상업 공간을 창출

---

80) 강준만. 『한류의 역사』 인물과 사상. 2020. p35.
81) 서울역사편찬원. 『서울 2천년사 40』 현대 서울의 시민생활. 2016. p456, 462.

하기 시작했다. 서울 최초의 지하상가 건설 계획은 1963년에 입안되었지만 곧 백지화되었고, 실제로 지하상가가 모습을 드러낸 것은 1967년이었다. 서울시는 서소문 입구에서 시청 앞, 신세계백화점에 이르는 지하 공간에 주차장, 상가, 휴게시설 등을 포함한 지하도시 건설계획을 발표하고 공사에 착수했으며, 같은 해 12월 시청 앞 지하상가가 준공되었다. 총면적 550평에 3평짜리 점포 70여 개가 분양되었고, 공사비는 상가 분양 수입으로 대부분 충당되었다. 이 사업은 공공자금을 투입하지 않고도 지하 공간을 개발할 수 있다는 점에서 혁신적인 사례로 평가받았다. 1970년 9월에는 인현지하상가가, 1971년 9월에는 성동구 왕십리중앙시장 지하상가가 건설되었다.

이후 강남 개발과 함께 지하상가가 여러 곳에 건설되었고, 1974년 지하철 1호선 개통을 계기로 서울 전역의 지하철 역사에 지하상가가 들어서며 유동인구를 기반으로 한 상업 공간이 확산되었다. 지하상가뿐 아니라 아케이드, 상가아파트, 전문상가 등 다양한 형태의 상업 시설이 등장하면서 서울의 상업 공간은 입체적으로 재편되었다. 이러한 변화는 기존의 백화점에도 큰 영향을 미쳤다. 해방 이후 1960년대 말까지 서울의 백화점들은 사실상 점포 임대업에 가까웠고, 시장과 큰 차이가 없었다. 그러나 1970년대에 접어들며 백화점들은 임대 체제에서 벗어나 직영화에 나섰다. 신세계백화점이 1969년 전관 직영제를 실시했고, 미도파 백화점이 1973년에 뒤를 이었다. 반면 자본 부족으로 직영화에 미온적이었던 화신, 코스모스, 새로나백화점 등은 쇠락의 길을 걸었다.

1970년대 중반 이후 직영 백화점들은 아케이드 등에 빼앗겼던 고급 제품 상권을 탈환하며 새로운 경영기법과 공간 구성, 고객 서비스 향상을 통해 경쟁력을 강화했다. 이 시기 국민소득 증가와 중산층의 확대는 백화점 성장의 중요한 배경이 되었다. 1979년 구 반도호텔 자리에 롯데호텔과 롯데백화점이 들어서면서 명동과 을지로 일대는 서울의 최고급 상권으로 부상했다. 롯데백화점 설립 과정에서 '백화점' 대신 '쇼핑센터'라는 명칭을 사용한 데는 사정이 있었다.

1970년대 후반, 서울시는 강북 지역의 과밀화를 억제하기 위해 도심부에 대형 백화점 설립을 강력히 규제하고 있었다. 그러나 롯데가 추진하던 사업은 사실상 백화점이었음에도 불구하고, 규제를 피하기 위해 '백화점 허가 신청'을 '쇼핑센터 허가 신청'으로 바꾸는 방식으로 명분을 마련하였다. 궁색한 논리였지만, 당시 규제 대상이 '백화점'에 한정되어 있었기 때문에 '쇼핑센터'라는 이름을 붙이면 형식적으로는 허가가 가능했다. 하지만 도심부에 대형 유통시설을 세우는 문제는 서울시장 단독으로 결정할 수 있는 사안이 아니었다. 결국 시장은 청와대를 찾아가 대통령의 재가를 받아야 했고, 대통령의 승인 이후 곧바로 허가가 내려졌다. 이 소식은 즉시 롯데 측에 전달되었으며, 그 날짜는 박 대통령이 서거한 1979년 10월 26일이었다.[82] 이후 1980년대에는 반포 뉴코아백화점(1980), 여의도백화점(1981), 신세계 영등포점(1984), 압구정 현대백화점(1985), 신촌 그랜드백화점(1986) 등이 중산층 이상의 주거지 중심으로 속속 건립되며 서울의 상업시설은 지역적 다양성과 고급화를 동시에 이루게 되었다.

1970년대 서울시는 급증하는 인구에 대응하기 위해 대대적인 도시 개발을 단행했고, 그 중심에는 강남 개발이 있었다. 1960년대 중반부터 시작된 강남개발은 서울의 도시 구조를 획기적으로 변화시킨 대규모 토지구획정리사업이었다.[83] 기존의 강북 중심 도시 구조에서 벗어나 한강 이

---

82) 손정목.『서울 도시계획 이야기②』. 한울. 2014. p278.
83) 서울역사편찬원.『서울 2천년사 35』-현대 서울의 도시건설. 2016. p81~82.

남 지역을 새로운 도시 공간으로 개발하려는 정책적 의지가 반영된 사업으로, 오늘날의 강남구와 서초구를 포함하는 영동1지구와 영동2지구가 그 핵심이었다. 강남개발은 결과적으로 서울을 '강북'과 '강남'이라는 이분법적 공간으로 인식하게 만든 계기가 되었다.

개발 구상은 5·16 군사정변 이후 국가재건최고회의 시절 기업가 박흥식에 의해 처음 제안되었고, 1966년 1월 윤치영 서울시장이 이를 바탕으로 '강남개발구상'을 발표하였다. 그러나 실질적인 개발은 같은 해 4월 부임한 김현옥 시장에 의해 본격화되었다. 1966년 12월, 강남은 영동1지구(서초구)와 영동2지구(강남구)로 나뉘어 토지구획정리사업지구로 지정되었다. 영동1지구는 제3한강교(현 한남대교) 남단에서 시작하는 경부고속도로 서울구간의 도로용지 확보를 위해 우선적으로 사업이 진행되었다.

영동 1지구는 1968년, 영동 2지구는 1971년에 착수해 두 사업 모두 1985년에 종료되었다. 이 사업은 기존 강북에서 진행된 토지구획정리사업과는 목적부터 달랐다. 강북은 이미 형성된 시가지를 재정비하는 성격이 강했지만, 강남은 미개발지를 대상으로 도심 기능과 인구를 분산하기 위한 신도시 건설을 목표로 했다. 1963년 서울시 재정비 계획에서 말죽거리 일대가 부도심으로 설정되었고, 1965년 도시기본계획에서 강남이 4대 부도심 세력권 중 하나로 지정되면서 본격적인 개발이 추진되었다. 강남 개발은 주거지 조성을 중심으로 진행되었지만, 강북과 달리 기반시설이 전혀 없는 상태였기 때문에 도로와 녹지 등 공공용지 비율을 높게 책정했다. 반면 택지 비율은 전국 평균보다 낮게 설정되었다.[84]

영동1지구는 1971년까지 세 차례에 걸쳐 총 512만 평으로 확장되었다.

---

84) 강남개발계획. 서울정책아카이브(https://seoulsolution.kr).

이후 미뤄졌던 영동2지구 개발은 1971년 양택식 시장 부임 이후 시작되었으며, 강남대로 동측 대부분을 포함하는 지역이었다. 영동2지구에서는 상공부의 청사 및 산하기관 부지 확보 요청이 삼성동 지역 형성에 결정적 영향을 미쳤다. 서울시는 토지가격 상승 이전에 부지를 확보하기 위해 봉은사로부터 토지를 대신 매입해 주었고, 이후 상공부는 과천으로 이전했지만 무역협회와 한국전력은 삼성동에 부지를 확보하여 코엑스, 무역회관, 한국전력 사옥을 건립하였다. 이로 인해 삼성동은 강남개발의 중심지로 자리 잡았으며, 영동대로는 폭 70m의 강남 최대 도로로 조성되었다.

개발이 본격화되기 전 강남은 허허벌판의 늪지대와 모래밭에 가까웠으며, 인구도 적고 전기도 공급되지 않던 낙후지역이었다. 그러나 반포, 압구정, 잠실 일대를 중심으로 대규모 아파트 단지가 조성되며 도시의 지도가 바뀌기 시작했다. 잠실의 경우 원래 한강 한가운데 떠 있는 섬이었다. 신천동과 잠실동은 서울에 편입되기 전까지 경기도 양주군에 속해 있었고, 지리적으로도 자양동과 가까워 지금의 광진구 생활권에 더 가까웠다. 즉, 잠실은 행정적으로나 생활권적으로나 강북에 가까운 외딴 섬이었다.

그러나 1970년대에 접어들면서 잠실은 더 이상 홍수 소식에만 등장하는 변두리 섬이 아니었다. 1970년 6월 경향신문의 '영동·잠실지구 개발' 기사 등 여러 보도에서 잠실의 육지화, 즉 섬을 육지로 만드는 계획이 본격적으로 소개되기 시작했다. 1971년 2월부터는 잠실섬 물막이 공사와 구획 정리, 택지조성 공사 소식이 연이어 보도되며 개발이 현실화되었다. 잠실섬을 육지로 만드는 핵심은 공유수면 매립공사였다. 현대건설, 대림건설, 동아건설, 극동건설, 삼부토건 등 5개 민간 건설사가 공사를 맡았다. 공사 과정에서 신천강이 흐르던 섬의 북쪽과 북동쪽 물길을 잘라내고, 섬 남쪽으로 흐르던 송파강을 흙으로 메워 송파 지역과 연결했다. 그 결과 한강의 물길은 굽이치던 형태에서 넓고 직선적인 형태로 바뀌었다.

1971년 2월 18일 시작된 물막이 공사는 불과 두 달 만인 4월 17일에 완료되었다. 이때 막힌 강물의 흔적이 바로 오늘날의 석촌호수다. 석촌호수는 인공 호수가 아니라, 한강의 옛 물길이 막히며 남은 자연적 흔적이었다. 공사 과정은 순탄치 않았다. 매립에 필요한 흙이 부족해 근처 산등성이, 즉 당시에는 백제 토성으로 알려지지 않았던 몽촌토성을 허물자는 의견까지 나왔다. 그러나 서울시의 한 공무원이 몽촌토성의 역사적 가치를 인지하고 이를 보존해야 한다고 주장하면서 다행히 이 계획은 실행되지 않았다. 대신 서울 시내에서 처리 곤란이던 연탄재와 건설 폐기물을 가져와 매립 재료로 사용해 공사를 마무리할 수 있었다. 육지가 된 잠실은 이후 빠르게 도시화되었다. 구획정리와 택지조성이 속도를 내면서 1974년부터 잠실시영아파트와 잠실주공아파트가 잇달아 들어섰다. 강남개발이전 1950년대까지 서울 인구의 약 70%가 강북에 집중되었지만, 1981년에는 강남 인구가 360만 명에 달하며 전체의 41.52%를 차지했고, 이후에는 강북을 넘어서게 되었다.[85]

• 아파트 투기 열풍과 복부인

1960년대만 하더라도 기업에서 사내보를 발간하는 경우는 드물었으나, 국내 최대 기업체였던 현대건설은 제3한강교 공사를 맡으면서 〈현대〉라는 이름의 사내보를 발간하였다. 1967년 9월호에는 공사 상황과 강

---

85) 50여년 전 잠실, 이 정도일 줄 상상도 못했다. 오마이뉴스. 2022. 10. 9.

남 지역의 실정을 전하는 글이 실렸는데, 이에 따르면 교량 공사 이전에는 압구정·신사·잠원 일대의 땅값이 평당 200원 정도에 불과했으나, 공사 착공 이후 급격히 상승하여 1년 만에 평당 3천 원을 호가하게 되었다고 했다. 제3한강교 착공 후 강남의 땅값은 꾸준히 오르다가 공사 지연으로 1968년쯤 잠시 하락세를 보였으나, 1969년 말 다리가 준공되면서 다시 크게 뛰어올랐다. 1960년대 말에서 1970년대 초에는 앞으로 대규모 개발이 이루어질 것이라는 소문이 돌면서 말죽거리(양재동) 일대의 땅값은 평당 4천~5천 원에 거래되었다. 반면 신사동과 압구정동은 홍수 때마다 침수가 되는 지역이었기 때문에 상대적으로 낮은 평당 2천~3천 원 수준에서 거래되었다.[86]

1976년 「도시계획법」 개정을 통해 도입된 아파트 지구 지정 제도는 서울의 도시 구조와 주거 형태에 중대한 변화를 가져온 정책적 전환점이었다. 이 제도는 아파트 건설을 위한 집단 택지를 확보하고, 계획적인 도시 개발을 가능하게 하는 법적 기반을 마련함으로써 이후 강남 개발을 본격적으로 견인하는 역할을 했다. 가장 큰 효과는 대규모 아파트 단지 개발을 위한 토지 확보가 제도적으로 가능해졌다는 점이다. 이전까지는 집단 택지를 확보할 수 있는 법적 장치가 미비했기 때문에 대규모 아파트 건설은 제한적이었다. 하지만 아파트지구로 지정된 지역은 통상 2년 이내에 개발 사업에 착수해야 했기 때문에, 빠른 시일 내에 주거 공급이 이루어졌고, 도시의 주택난 해소에도 기여했다.

1976년 8월, 서울시는 여의도·잠실·반포·압구정 등 강남 지역 대부분을 포함한 11개 지구, 총 372만 평(약 1,229헥타르)을 아파트지구로 지

---

86) 손정목. 『서울 도시계획 이야기③』. 한울. 2014. p97~98.

정했다. 이 조치는 강남을 새로운 주거 중심지로 탈바꿈시키는 계기가 되었으며, 이후 강남은 중산층 이상의 주거지로 자리 잡으며 서울의 경제·문화 중심지로 성장했다. 특히 영동1·2지구는 이 제도의 대표적인 성공 사례로 강남 개발의 선도적 역할을 했다. 흥미로운 점은 강남 개발이 진행되면서, 기존의 서울 중심부였던 종로·중구 등과 대비되는 개념으로 '강북'이라는 지역 명칭이 새롭게 등장했다는 것이다.[87]

1975년 서울시 행정 구역 개편은 강북 지역의 인구 집중을 완화하고, 강남 지역의 개발을 촉진하기 위한 전략적 행정 재편이었다. 당시 성동구는 서울시 전체 면적의 약 30%를 차지하며 인구가 100만 명을 넘는 거대한 구였는데, 한강 이남 지역의 도시화가 진행되면서 행정 효율성과 주민 서비스 향상을 위해 구의 분리가 필요해졌다. 이에 따라 1975년 10월 1일 성동구에서 강남구가 분리되어 신설되었다. 신설된 강남구는 단순히 성동구의 일부를 떼어 낸 것이 아니라, 영동출장소와 천호출장소 관할 지역을 포함한 대규모 구역으로 구성되었으며, 당시 서울시 전체 면적의 약 23%에 해당하는 139.2㎢에 달했다. 이 지역은 오늘날의 강남구뿐 아니라 서초구, 송파구, 강동구까지 포함하는 광범위한 지역이었다.

서울특별시의 행정 구역 개편을 보면 1945년부터 1970년까지 서울은 총 9개의 구로 구성되어 있었다. 이 시기 행정 구역은 종로구, 중구, 서대문구, 동대문구, 마포구, 영등포구, 용산구, 성동구, 성북구로 서울의 중심부와 주요 외곽 지역을 포괄하는 형태였다. 1970년대에 들어서면서 서울의 도시 확장이 본격화되어 1973년에는 관악구와 도봉구가 신설되었고, 1975년에는 강남구가, 1977년에는 강서구가 추가되었다. 이어 1979

---

87) 서울역사편찬원. 『서울 2천년사 35』-현대 서울의 도시건설. 2016. p366.

년에는 은평구와 강동구가, 1980년에는 구로구와 동작구가 각각 신설되면서 서울은 총 17개 구로 확대되었다. 1980년대 중반부터 송파구, 중랑구, 노원구, 서초구, 양천구가 신설되며 서울의 행정구역은 22개 구로 확대되었다. 1990년부터 2010년 사이에는 마지막으로 강북구, 금천구, 광진구가 신설되면서 서울시는 현재의 25개 구 체계를 갖추게 되었다.

강남구는 이후 본격적인 도시 개발이 이루어지면서 서울의 새로운 중심지로 부상했다. 초기에는 서울의 구도심에 위치했던 명문 고등학교들이 강남으로 이전하면서 교육 중심지로서의 위상을 확보했다. 또한 서울대학교는 1975년 기존에 서울 곳곳에 흩어져 있던 단과대학들을 통합하여 관악산 기슭에 종합 캠퍼스를 조성하고 본격적인 이전을 시작했다. 박정희 정부의 국가적 지원 아래 추진된 '서울대학교 종합화 10개년 계획'의 일환으로 교육과 연구의 내실화를 도모하고 세계적 수준의 대학으로 도약하기 위한 전략적 조치였다. 관악캠퍼스는 한강 남쪽에 위치하면서도 서울 중심부와 가까운 지리적 이점과 넓은 부지, 자연환경 등을 갖추고 있어 종합대학으로서 기능을 강화하는 데 적합한 장소로 평가되었다. 서울교육대학교 역시 1977년 강북의 종로에서 강남의 서초구로 이전하면서, 교원 양성기관의 중심축을 남쪽으로 옮겼다. 이 시점부터 강남은 단순한 신도시 개발지를 넘어, 고등교육의 중심지로 부상하기 시작했다.

여기에 1980년 학군제 개편으로 강남 지역에 이른바 '8학군'이 형성되면서, 이곳은 곧 '교육특구'로 자리 잡게 되었다. 기존의 명문고들이 강남으로 이전해 오면서 아파트를 중심으로 한 중산층 이상의 계층과 결합하였고, 이는 곧 강남 학군의 위상을 높이는 계기가 되었다. 1980년대 내내 강남의 학교들은 치열한 입시 경쟁을 통해 명문대에 많은 합격자를 배출하였고, 그 결과 "좋은 대학에 가려면 8학군에서 학교를 다녀야 한다"는 믿음이 사회 전반에 확산되었다. 이러한 분위기 속에서 교육을 위해 강남으로 이주하는 사람들이 급격히 늘어나면서 '8학군 신드롬'은 1980년대 말 정점에 달했다. 그러나 1990년대 중반 이후 특목고가 등장하면서 우수한 학생들이 강남 일반고 대신 특목고로 몰리게 되었고, 이에 따라 신드롬은 다소 진정되었다. 그럼에도 불구하고 강남은 여전히 사교육의 중심지로서, 가장 많은 학생을 특목고에 진학시키며 교육특구로서의 특권을 유지하고 있다.[88]

상업적으로도 강남은 구도심의 전유물이었던 백화점과 대형 유통업체들이 문을 열면서 서울뿐만 아니라 전국의 소비자들을 끌어들이는 상업지구로 성장하였다. 테헤란로 일대는 금융, 무역, 벤처 산업이 집중된 업무지구로 발전했고, 압구정·청담동은 패션과 예술, 유통의 중심지로 자리 잡았다. 이러한 발전 과정에서 강남과 강북 간의 사회경제적 격차는 점차 심화되었다. 강남은 고소득층이 밀집된 지역으로, 교육·주거·소비 등 다양한 분야에서 우위를 점하게 되었고, 서울 시민들 사이에서도 강남과 강북의 계층적 구분이 뚜렷해지는 현상이 나타났다. 강남은 오늘날 서울의 대표적인 부촌이자 교육, 상업, 문화의 중심지로 자리매김하고 있다.

박정희 정부가 당시 아파트 건설에 박차를 가하게 된 배경에는 북한과의 경쟁 의식이 있었다. 북한은 이미 아파트 보급이 시작된 상태였고, 이에 자극받은 남한은 1962년 마포아파트를 시작으로 세운상가 아파트, 대림상가 아파트 등을 건설하며 도시 주거 형태의 변화를 꾀했다. 이후 외국인 전용 힐탑아파트, 공무원 아파트 등 다양한 형태의 아파트가 등장하

---

88) 오제연. 1976년 경기고등학교 이전과 강남 '8학군'의 탄생. 역사비평. 2015, vol., no.113, p198~233.

면서 점차 인기를 얻었다. 1970년대 한국의 아파트 투기는 단순한 부동산 거래를 넘어 사회적, 경제적, 정치적 변화를 이끈 중요한 현상이었다. 이 시기 아파트는 주거 공간을 넘어 재산 증식의 수단으로 인식되기 시작했고, 그 중심에는 강남 개발과 '복부인'이라는 투기 세력이 있었다.[89]

아파트가 본격적으로 투기의 대상으로 떠오른 시점은 1970년대 초반이었다. 여의도 시범아파트는 중앙난방과 엘리베이터를 갖춘 고급 아파트로 당시로서는 획기적인 설계와 시공으로 주목받았다. 이 아파트는 '시범'이라는 이름 그대로 향후 아파트 건설의 기준을 제시했고, 이후 목화아파트와 화랑아파트는 최고 70대 1의 분양 경쟁률을 기록하며 아파트에 대한 투자 열기를 보여주었다. 1973년에는 서울 서초구 반포동에 반포주공아파트가 완공되었는데, 부유층을 겨냥한 대단지 아파트로 부동산 투기의 원조 격으로 평가된다. 반포아파트 단지는 대한민국 최초의 자족형 대단위 아파트 단지로 평가받는다.

반포아파트는 단지 내에 공원, 놀이터, 상가, 학교 등 주민 생활에 필요한 모든 시설을 갖추어 도시 속에서 독립적인 생활이 가능하도록 설계되었다. 특히 강변도로의 소음을 줄이기 위해 주거동을 도로에서 30m 이상 떨어뜨려 배치하고, 가로변 상가를 도입해 거리의 활력을 높이는 등 당시로서는 혁신적인 도시 설계가 적용되었다. 가장 큰 특징은 모든 주거동을 남향의 일자형으로 배치한 점으로, 기존의 ㄱ자·ㄷ자형 구조를 배제하고 격자형 도로와 대응하는 관상형 배치를 통해 토지 이용 효율을 극대화했다. 이는 이후 국내 아파트 단지 설계의 표준이 되었다.

반포아파트는 경인개발이 한강 매립지를 활용해 조성한 것으로, 총

---

89) 손해용. 『다시 쓰는 경제교과서』 중앙북스. 2011. p179~180.

3,786세대 규모에 달해 한강맨션(700세대), 여의도시범아파트(1,850세대)를 크게 상회하는 대규모 단지였다. 평형은 22평형부터 62평형까지 다양하게 구성되었으며, 단지 내에서 생활에 필요한 대부분을 해결할 수 있도록 상가점포 238개, 유치원, 동사무소, 전화국, 은행, 학교 등이 모두 도보 10분 거리에 위치했다. 또한 단지 내부로 노선버스가 통과해 교통 편의성도 높였다. 이러한 점에서 반포아파트는 기존 마포·한강아파트와 확실히 차별화되었으며, 한국 아파트 단지의 새로운 모델을 제시한 상징적인 주거 공간으로 평가된다.[90]

뒤이어 1975년 송파구 잠실동 일대에 1만 5천 가구 규모의 아파트 단지가 조성되면서 강남 개발이 본격화되었다. 잠실 5단지는 대규모 단지, 고층화, 대형 평형, 현대적 설비라는 요소를 갖춘 대표적 사례로서 이후 한국 아파트 건축의 방향을 결정짓는 중요한 전환점이 되었다고 할 수 있다. 잠실 1~4단지 건설 이후, 주택공사는 새로운 주거 경향에 맞추어 건축 방식을 전환할 수밖에 없었다. 당시 한국인의 생활양식은 점차 '넓은 평형, 12층 이상의 고층 아파트, 지역난방과 도시가스'로 변화하고 있었기 때문이다. 이러한 흐름 속에서 잠실 5단지는 이전 단지들과는 비교할 수 없을 정도로 대규모로 계획되었다. 3단지가 5만 3천여 평, 4단지가 4만 2천여 평 규모였던 것에 비해, 5단지는 약 10만 평에 달하는 대지 위에 건설되었다. 입지 또한 뛰어났다. 대교를 건너 잠실에 들어서면 바로 오른쪽에 위치한 넓은 부지가 5단지였으며, 주택공사는 이곳에 높이 15층짜리 대형 아파트 30동을 건립하기로 결정하였다. 당시 민간업체들이 지어 온 최고층 아파트가 12층이었던 것과 비교해 3층이나 더 높은 규모였

---

90) [아파트 이야기] 반포아파트. 매일경제. 2009. 7. 20.

다. 아파트의 층수가 높아진 만큼 각 가구의 평형도 확대되었는데, 34평형과 36평형(실사용 면적 약 23평)의 두 가지 평형으로 통일하여 공급하였다.[91]

1970년대 이후 강남 개발과 함께 토지 가격이 폭등하면서 투기 열풍이 본격화되었다. 1년 사이에 토지 가격이 10배 이상 오르는 경우도 있었고, 이를 통해 일확천금을 거머쥔 '땅 부자'들이 속출했다. 특히 경제적·시간적 여유가 있던 일부 가정주부들까지 투기에 뛰어들면서 투기 열기와 인플레이션은 더욱 심화되었다. 이 투기 열풍은 토지에만 국한되지 않고 아파트로 번져갔다. 대표적인 사례가 1975년 분양된 압구정동 현대아파트로, 이 아파트는 투기의 상징적 대상이 되었고 '복부인'이라는 신조어가 본격적으로 사용되는 계기가 되었다. '복부인'은 언론에 의해 "투기를 위해 복덕방을 수시로 출입하는 상류층 부인"으로 규정되었으며, 부동산 투기의 대명사로 자리 잡아 국어사전에도 등재되었다. 이들은 대량 청약을 통해 경쟁률을 높이고, 당첨된 아파트를 프리미엄을 붙여 되파는 방식으로 막대한 차익을 챙겼다. 여의도 목화아파트 분양 당시에는 한 사람이 5~10가구를 신청하는 사례가 있었고, 서초동 우성아파트는 분양가 1,711만 원에 한 달 만에 웃돈 1,000만 원이 붙는 등 투기 열풍은 극심했다.

압구정 현대아파트는 고위 공직자와 사회 저명 인사들이 특혜 분양을 받으며 고급 아파트의 상징으로 자리 잡았다. 이 아파트는 당시로서는 엄청난 규모의 프리미엄이 붙었고, 일반인들도 아파트 투기에 눈을 뜨는 계기가 되었다. 1970년대 아파트 투기는 단순한 부동산 현상이 아니라, 정부의 개발 정책, 사회적 계층 이동, 그리고 정경유착 의혹까지 얽힌 복

---

91) 손정목. 『서울 도시계획 이야기③』 한울. 2014. p227.

합적인 사회 현상이었다. 이 시기를 통해 아파트는 단순한 주거 공간을 넘어 부의 상징이 되었고, 부동산 불패 신화가 자리 잡게 되었다.

급격한 강남 개발로 부동산 투기 열풍이 불자, 박정희 대통령은 1977년 2월 연두 순시에서 '임시 행정수도를 다른 곳으로 옮겨야겠다'는 발언을 했다. 이에 충청도 일대의 땅값은 급등했고, 서울뿐만 아니라 전국적인 투기 붐이 일었다. 통계청 자료에 따르면 1975~76년 사이 지가 상승률은 약 27~28%였는데, 1977년에는 33%, 1978년에는 무려 49%에 달해 투기의 시대가 도래했음을 보여 준다. 이로 인해 부동산 투기는 건전한 사회생활과 경제 운영에 악영향을 주는 요인으로 작용했다. 행정수도 건설은 이후에도 지속적인 정치적 논의 대상이 되었고, 결국 2002년 노무현 대통령 후보의 공약으로 다시 수면 위에 올랐다. 이후 이명박 정부와 박근혜 정부에 걸쳐 세종시 건설로 구체화되었지만, 당초 의도했던 서울 집중인구의 분산에는 큰 효과를 주지 못했다.

• 일상생활 변화

서울에 아파트라는 새로운 주거 형태가 등장하면서, 전통적인 식문화의 상징이었던 장독대는 도시 생활과의 충돌을 겪게 되었다. 과거에는 마당이 있는 주택에서 간장, 된장, 김치를 직접 담가 장독대에 보관하는 것이 자연스러운 일이었지만, 아파트에는 이러한 공간이 부족했다. 이에 따라 베란다 외벽에 선반을 설치해 소량의 장을 보관하는 방식이 등장했지만, 미관과 안전 문제로 논란이 되었다. 서울시장 김현옥은 이러한 문제를 해결하기 위해 간장·된장·김치를 공장에서 생산해 판매하는 방안을 제시했다. 실제로 일본식 양조간장이 서울 시민의 부엌에 자리 잡기 시작하면서, 간장과 된장을 직접 만들지 않아도 되는 환경이 조성되었다. 그러나 양조간장의 단맛 부족으로 인해 일부 가정에서는 여전히 재래식 조선간장을 선호하며 이중적인 식생활을 유지했다.

김치의 경우는 더욱 복잡했다. 공장제 김치는 경비 절감에는 도움이 되었지만, 집집마다 다른 맛의 취향과 위생에 대한 불신으로 인해 가정 내 보급이 어려웠다. 결국 아파트 가정에서는 매년 김장을 직접 담가야 했고, 저장 공간 부족으로 인해 주부들에게 큰 부담이 되었다. 장독대 문제는 단순한 공간의 제약을 넘어, 산업화와 도시화 속에서 전통 식문화가 어떻게 변화하고 적응했는지를 보여 주는 상징적인 사례로 평가된다.[92]

1970년대 아파트 실태조사에 따르면 당시 서울의 대표적인 아파트 세대들은 평균적으로 9개 이상의 장독을 보유하고 있었으며, 특히 공무원 아파트는 세대당 12개 이상으로 가장 많았다. 크기별로는 작은 독이 공무원 아파트에서 가장 많이 사용되었고, 중간 크기는 맨션아파트, 큰 독은 시민아파트에서 두드러졌다. 철거민이 주로 입주한 시민 아파트에서는 저장 용기의 필요성이 컸기 때문이다. 장독의 위치는 대부분 발코니였지만, 부엌이나 마루에 두는 경우도 있었고, 일부는 침실에까지 장독을 두고 사용했다. 또 친척집 마당에 김장독을 묻거나 공동 창고를 만들어 반장이 열쇠를 관리하는 방식도 있었다. 이는 아파트라는 새로운 주거 형식과 전통적인 생활 방식 사이의 불일치를 보여주는 예이다. 단독주택에서는 마당이나 광에 장독대를 두는 것이 자연스러웠지만, 위로 쌓이는 구조의 아파트에서는 그 조건이 전혀 달라 입주자와 설계자 모두 고민이 많았다. 세탁물 건조 문제 역시 발코니가 중심이었다. 1970년 조사에서 응답자의 80%가 발코니를 빨래 건조 장소로 꼽았고, 옥상을 이용하는 경

---

92)　서울역사편찬원.『서울 2천년사 40』-현대 서울의 시민생활. 2016. p119.

우도 7%에 달했다. 결국 장독대와 빨래 건조 모두 발코니에 의존하는 생활이 일반적이었다. [93]

1960~70년대 전기와 전화의 보급이 국가적 사업으로 추진되며 농어촌 지역의 생활에 큰 변화를 가져왔다. [94] 1968년 5월, 정부는 석유류세로 걷은 세입 전액을 농어촌 전화 사업에 사용하도록 법을 제정했다. 이로 인해 석유 판매액의 30%에 해당하는 약 100억 원이라는 막대한 자금이 농어촌 전기 가설 사업에 투입되었고, 전국적으로 전기 보급이 빠르게 진행되기 시작했다. 이와 함께 농어촌 전화 사업 확산에는 농촌 출신 여성 기능공들의 활약도 큰 역할을 했다. 이들은 도시의 공장에 취직해 열심히 일하며 번 돈으로 고향 집에 전기를 설치하고, 휴가 때마다 라디오 같은 생활 가전제품을 선물로 가져갔다. 이러한 변화는 농촌 주민들에게 새로운 생활 방식과 기술에 대한 관심을 불러일으켰고, 자연스럽게 전화 설치에 대한 수요도 높아졌다. 그 결과, 정부가 계획했던 1979년까지의 전화 설치 목표는 예상보다 3년이나 앞당겨져 1976년에 조기 완료되었다. 특히, 초기 계획에 포함되지 않았던 도서 지역까지도 1978년에는 모두 전화가 설치되면서 전국적인 통신망이 갖춰지게 되었다.

당시에는 새마을운동이 활발히 펼쳐지고 있었는데, 많은 농가들이 소득 증대 사업에 성공하면서 다른 농가들도 새마을 사업에 참여하고자 했다. 하지만 새마을 사업은 전기가 없으면 추진이 어려웠기 때문에, 전기가 없는 마을에서는 옥내 전기 가설비를 전액 부담하겠다는 조건으로 하루라도 빨리 전기를 설치해달라고 요구했다. 전기가 각 농가에 보급되면서 농촌은 큰 변화를 겪었다. 그동안 문화 혜택을 거의 누리지 못했던 농

---

93) 박철수.『박철수의 거주 박물지』. 도서출판 집. 2017. p97~100.
94) 오원철, 김형주.『청소년을 위한 공학 이야기』. 한국경제신문. 2015. p97~99.

촌 지역은 라디오와 TV로 외부 세계와 연결되었다. 교육, 사회, 문화, 복지 등 여러 분야에서 전기는 혁명적인 변화를 가져왔다. 전기가 들어오자 노동 시간이 늘어나고 생산성이 높아졌고, 학생들은 밤 늦게까지 공부할 수 있게 되었다. 또한 다리미, 전기밥솥, 냉장고, 세탁기 같은 가전제품이 확산되면서 주부들의 가사 노동 시간도 크게 줄었다. 예전에는 숯을 넣어 사용하는 무거운 주철 다리미를 썼지만, 전기 다리미가 등장하면서 간편하고 신속하게 다림질할 수 있게 되었다.

1970년대 식생활은 급격한 도시화와 산업화, 그리고 가전제품의 보급에 따라 큰 변화를 겪었다. 이 시기에는 석유 풍로와 전기 밥솥이 가정에 보급되면서 전통적인 조리 방식이 바뀌었고, 이에 따라 음식의 종류와 맛, 식탁의 형태까지 변화가 일어났다.[95] 전기밥솥의 사용으로 인해 무쇠솥에서 밥을 지으며 자연스럽게 생기던 숭늉이 점차 사라졌고, 그 자리를 보리차가 대신하게 되었다. 숭늉이 사라지던 시기와 맞물려 인스턴트 커피가 유행하기 시작했다. 1970년 12월 한국 최초의 인스턴트 커피가 생산되었고, 설탕 가격이 하락하면서 크림과 설탕을 넣은 '다방커피'가 서울 가정의 필수 음료로 자리 잡았다. 손님 접대 시 과일과 함께 인스턴트 커피를 대접하는 문화가 형성되었으며, 전기밥솥의 보급과 함께 커피가 일상적인 음료로 정착하는 데 영향을 주었다.

또한 석유 풍로가 주요 조리 도구로 자리 잡으면서, 가정의 요리 방식과 식생활에 큰 변화가 일어났다. 석유 풍로는 숯이나 연탄에 비해 화력이 강해 조리 시간이 단축되었고, 이에 따라 전통적인 무쇠솥 대신 가볍고 열전도율이 높은 양은 냄비가 널리 사용되기 시작했다. 강한 화력에

---

95) 서울역사편찬원. 『서울 2천년사 40』-현대 서울의 시민생활. 2016. p125~128.

맞춰 식용유를 활용한 지짐이나 튀김 요리가 가정 식탁에 자주 오르게 되었으며, 요리의 다양성과 간편함을 높였다. 1960년대 초반까지만 해도 참기름이나 들기름 같은 전통 식용유는 가격이 비싸 일반 가정에서 사용하기 어려웠다. 그러나 석유 풍로 보급으로 식용유 수요가 급증하면서, 미국에서 빈곤층 구제를 위해 무상으로 제공한 대두유가 국내에 유입되었고, 일부는 불법적으로 일반인에게 판매되기도 했다. 또한 공업용으로 수입된 미국산 쇠기름이 식용유로 전용되는 사례도 발생했다.

1967년부터는 미국산 콩을 저렴하게 수입해 국내 기업이 대두유를 대량 생산하면서 식용유의 보급이 본격화되었다. 석유풍로, 식용유, 프라이팬의 조합은 가정 요리의 패러다임을 바꾸었고, 명절에만 먹던 전이나 튀김 요리가 일상화되었으며, 볶음 요리와 계란프라이 같은 간편식도 일상적인 메뉴로 자리 잡았다. 이러한 변화는 단순한 조리 도구의 변화에 그치지 않고, 한국 가정의 식문화가 산업화와 도시화에 따라 어떻게 적응하고 재편되었는지를 보여 주는 중요한 사례로 평가된다.

이와 함께 전기냉장고, 전기믹서 등 다양한 전기 제품이 가정에 보급되면서 부엌의 구조와 사용 방식도 변화했다. 아파트와 단독주택을 중심으로 입식 부엌이 설치되기 시작했고, 교자상에서 식사하던 전통적인 방식에서 벗어나 테이블형 식탁을 사용하는 가정이 점차 늘어났다. 1970년대 중반 이후 서울의 부유층 가정에서는 거실에 소파를 놓고 입식 부엌에서 요리한 음식을 서양식 식탁에서 먹는 생활 방식이 확산되었다.

한국농촌경제연구원의 '2019 식품수급표'에 따르면 한국인의 식생활은 지난 40년간 크게 변화했다. 육류·우유류·설탕·지방 섭취가 늘어난 반면, 양곡 소비는 크게 줄었다. 경제 성장으로 소득 수준이 높아지고 식습관이 서구화되면서 식단에서 육류의 비중이 커진 데 따른 결과로, 외식산업의 발달과 육류 음식점 증가도 주요 요인으로 꼽힌다. 이러한 변화는 영양소별 에너지 구성에도 영향을 미쳤다. 국민 1인당 하루 에너지 공급량은 1980년 2485kcal에서 2019년 3098kcal로 24.7% 증가했으며, 같은 기간 탄수화물 비중은 75%에서 50.7%로 줄고 단백질은 11.8%에서 14.7%로, 지방은 13.1%에서 34.6%로 크게 늘어났다.[96] 비록 '밥과 국, 반찬'이라는 전통적인 식탁 구성은 유지되었지만, 조리 방식과 부엌 환경의 변화에 따라 서양식 양념 사용이 증가하고, 간이 점차 싱거워지며 단맛이 강화되는 경향이 나타났다. 이러한 변화는 단순한 조리 도구의 발전을 넘어, 한국인의 식생활이 점차 서구화되고 현대화되는 흐름 속에서 전통과 새로운 문화가 공존하는 모습을 보여 준다.

1960년대 중반부터 스테인리스 그릇은 한국 가정과 음식점에서 빠르게 확산되며 식생활의 중요한 변화를 이끌었다. 기존의 놋그릇은 사용 전 얼룩을 제거하고 광을 내야 하는 번거로움이 있었지만, 스테인리스 그릇은 세척 후 마른 천으로 닦기만 해도 광택이 유지되어 관리가 훨씬 간편했다. 특히 연탄 화로가 가정의 주요 취사 연료로 자리 잡으면서, 연탄가스에 쉽게 변색되는 놋그릇보다 내구성이 강한 스테인리스 그릇이 선호되었다. 이러한 이유로 1967년은 '스테인리스 그릇의 전성시대'로 불릴 만큼 많은 신혼부부들이 이를 식기로 선택했다.

가정뿐만 아니라 음식점에서도 스테인리스 그릇은 큰 인기를 끌었다. 특히 수저와 밥공기로 널리 사용되었으며, 정부의 양곡관리 정책과도 연결되었다. 박정희 정부는 음식점에서 쌀밥의 양을 통제하기 위해 스테인리스 밥공기의 규격을 정했고, 서울시는 1973년 표준식단을 제시하며 밥

---

96) [그래픽텔링]육류↑ 곡류↓ … 40년새 확 바뀐 한국인 '밥상'. 중앙일보. 2021. 8. 17.

을 반드시 규격화된 공기에 담도록 권장했다. 그러나 밥 양이 줄어든 것에 대한 시민들의 불만이 커지면서 음식점 업주들과 갈등이 발생했고, 일부 음식점은 돌솥밥을 제공하며 규제를 회피했다.[97]

이에 중앙정부는 1974년 돌솥밥 판매를 금지하고 공깃밥만 제공하도록 행정명령을 내렸지만, 실질적인 규제는 약했다. 이후 1976년 서울시는 공깃밥 의무화 규정을 요식업계에 시달하며 강력한 조치를 취했다. 새로 정해진 밥공기 규격은 내면 지름 10.5cm, 높이 6cm였고, 밥은 그릇의 4/5 이상 담도록 했다. 이를 위반할 경우 영업 정지나 허가 취소 등의 처벌이 따랐다. 초기에는 밥 양에 대한 불만이 있었지만, 다양한 반찬과 먹을거리가 풍부해지면서 점차 불만은 사라졌고, 이때 정해진 밥공기 규격은 1980년대 초반에 더 작아져 오늘날까지 유지되고 있다.

한국의 제과 산업은 고려시대에 등장한 유밀과에서 그 기원을 찾을 수 있다. 유밀과는 기름과 꿀을 넣어 만든 과자로 당시 기록에 남아 중세 한국에서 널리 유행했던 것으로 보인다. 근대적 의미의 제과 산업은 1945년 해태제과가 미군의 지원을 받아 과자를 생산하면서 시작되었으며, 첫 제품으로 〈연양갱〉이 출시되었다. 이후 1970~80년대 한국 경제의 고도성장과 함께 제과 산업도 빠르게 발전했고, 이 시기에 등장한 다양한 제품들은 오늘날까지도 꾸준히 사랑받으며 한국 제과 산업의 토대를 이루고 있다.[98]

1970년대는 지금까지도 사랑받는 브랜드들이 줄줄이 탄생한 제과업계의 황금기로 평가받는다.[99] 1970년 해태제과는 우리나라 최초의 소프트

---

97) 주영하. 『한국인은 왜 이렇게 먹을까?』 휴머니스트. 2018. p197~199.
98) 정명교. 『우리나라 제과 산업의 역사』 식품과학과 산업 2020. vol. 53, no. 3, p295~306.
99) 유승재. 『히트의 탄생』 위즈덤하우스. 2021. p170~172.

아이스크림인 〈부라보콘〉을 출시하며 제과업계의 황금기를 알렸다. 이후 〈누가바〉, 〈에이스〉, 〈맛동산〉, 〈바밤바〉 등 연속적인 히트 상품을 내놓으며 국민 브랜드로 자리매김했다. 특히 〈맛동산〉은 중독성 있는 광고 음악과 함께 전 세대를 아우르는 인기를 얻으며 장수 제품으로 자리 잡았다. 1981년에는 프로야구 출범에 맞춰 〈홈런볼〉을 출시하고, ‘해태타이거즈’ 야구단을 창단하는 등 사회적 흐름에 민감하게 반응하는 기업 이미지를 구축했다. 그러나 IMF 외환위기 당시 사업 다각화 실패로 부도를 맞았고, 이후 크라운제과에 인수되어 ‘크라운해태’라는 이름으로 재탄생했다. 인수 이후에도 해태 브랜드는 유지되었으며, 2014년에는 〈허니버터칩〉이라는 신제품으로 품귀현상을 일으키며 다시 한 번 시장을 뒤흔들었다.

크라운은 1956년 국내 최초 샌드형 비스킷인 〈크라운산도〉를 출시하며 제과업계에 발을 들였다. 이후 〈죠리퐁〉이라는 대표 스낵을 통해 꾸준한 인기를 얻었고, 2019년에는 누적 판매량 20억 봉지를 돌파하며 국민 스낵의 반열에 올랐다. 2005년에는 해태제과를 인수했다.

오리온은 1974년 〈초코파이〉를 출시하며 국민 간식의 상징이 되었다. 그 기원은 미국 대공황 시기 노동자들이 식사 대용으로 즐겼던 ‘문파이’에서 비롯되었다. 1970년대 미국 출장 중 오리온 직원들이 문파이를 접한 뒤, 이를 한국 시장에 맞게 개발하기 위해 2년간 연구를 거듭했고, 마침내 초코파이가 탄생했다. 당시 국내 소비자들은 크림빵에 익숙했는데, 초코파이는 부드러운 마시멜로와 달콤한 초콜릿을 결합한 새로운 형태의 과자로 큰 충격을 주었다. 출시 직후 폭발적인 인기를 얻으며, 출고일마다 도매상들이 공장 앞에 줄을 서는 진풍경이 벌어질 정도였다.[100] 특

---

100) [기업Hi스토리] 오리온, 초코파이 대혁명. 파이낸셜리뷰. 2024. 5. 20.

히 '정(情)' 마케팅을 통해 감성적 브랜드 이미지를 구축했고, 〈초코파이〉
는 국내를 넘어 세계 60여 개국에서 판매되는 글로벌 브랜드로 성장했
다. 이후에도 〈고래밥〉, 〈촉촉한 초코칩〉, 〈후레쉬베리〉 등 다양한 제품
을 통해 꾸준한 인기를 이어갔다.

1971년에 출시된 〈새우깡〉은 한국 스낵 역사에서 획기적인 제품이었
다. 당시 대부분의 과자가 기름에 튀겨 만들어졌던 것과 달리, 〈새우깡〉
은 가열된 소금 위에서 굽는 '파칭' 공법을 활용해 제조되었다. 이 독특한
제조 방식 덕분에 바삭하면서도 담백한 맛을 낼 수 있었고, 기존 과자들
과 차별화된 제품으로 자리 잡았다. 1988년에는 '손이 가요 손이 가/새우
깡에 손이 가요/아이 손/어른 손/자꾸만 손이 가'라는 CM송이 발표되어
큰 인기를 끌었는데, 이 노래는 이만재가 작사하고 윤형주가 작곡한 것으
로, 〈새우깡〉을 국민 스낵으로 만드는 데 큰 역할을 했다.

〈새우깡〉의 진짜 비밀은 이름에 있었다. 농심 창업주 신춘호 회장의 어
린 딸이 '아리랑'을 '아리깡~ 아리깡~ 아라리요'라고 잘못 부른 데서 착안
해 〈새우깡〉이라는 이름이 탄생한 것이다. 한번 들으면 쉽게 잊히지 않
는 이름 덕분에 소비자들에게 강렬한 인상을 남겼다. 이후 농심은 1973년
〈고구마깡〉, 〈양파깡〉 등 '깡' 시리즈를 잇달아 출시하며 스낵 시장에서
확고한 입지를 다졌다. 라면과 함께 '깡' 시리즈는 농심을 오늘날까지 한
국의 대표적인 식품 기업으로 자리매김하게 한 핵심 브랜드가 되었다.[101]

롯데는 1967년 〈쿨민트껌〉, 〈바브민트껌〉 등 껌 제품을 출시하며 껌 시
장을 주도했고, 1975년에는 〈가나초콜릿〉을 출시해 초콜릿 시장의 대표
브랜드로 자리 잡았다. 이후 〈꼬깔콘〉, 〈빠다코코낫〉, 〈마가렛트〉, 〈카스

---

101) '아는 맛이 무섭다'… 국민 입맛 홀린 토종과자 열전. 한국일보. 2022. 11. 5.

타드〉 등 다양한 제품을 통해 제과업계의 중심축으로 성장했다. 삼립은 1971년 〈삼립호빵〉을 출시하며 겨울철 간식 시장을 개척했다. '호호 불어 먹는 빵'이라는 이름처럼 따뜻한 이미지와 함께, 출시 이후 누적 판매량 수십억 개를 기록하며 겨울철 국민 간식으로 자리매김했다. 이처럼 한국 제과업계는 각 기업의 독창적인 제품 개발과 시대 흐름에 맞춘 마케팅 전략을 통해 국민의 일상 속에 깊이 자리 잡았다.

한국 제과점의 역사는 해방 직후부터 시작된다. 1945년 태극당, 영일당 제과(현 크라운베이커리), 고려당, 뉴욕제과, 군산의 이성당, 상미당 등이 문을 열며 근대적 제과점의 출발을 알렸다. 이들 대부분은 일본 제과점을 모태로 한 판매 방식을 따르며 초기 프랜차이즈 형태를 띠었다. 1950년대에 들어서면서 제과점 근대화가 본격화되었다. 1952년 독일빵집이 등장했고, 1956년에는 대전의 성심당이 문을 열어 지역 명물로 자리 잡았다. 이어 1970년 가나안제과, 1972년 샤니케익이 등장하면서 전국적으로 다양한 제과점이 확산되는 기반이 마련되었다.

1974년에는 서울 강남과 종로에 뉴욕제과와 뉴고려당이 출점하면서 제과점의 현대화가 시작되었다. 이들은 대도시 중심으로 현대적 매장 운영 방식을 도입하며 새로운 소비 문화를 만들어냈다. 1980년대에 들어서면서 한국형 프랜차이즈 제과점이 본격적으로 성장했다. 뉴욕제과와 뉴고려당은 교두보 역할을 하며 전국 확산을 이끌었고, 이후 파리바게뜨와 뚜레쥬르 같은 대형 브랜드로 이어지는 토대를 마련했다.[102]

1960년대에는 명절 선물로 생활 필수 공산품과 가공식품이 각광을 받았다. 비누, 설탕, 조미료, 통조림 같은 생필품은 당시 사람들에게 실질적

---

102) 나 잘난 박사의 "그 때를 아십니까?" (제2부 1970년대 도입기 하). 한국법률경제신문. 2022. 12. 21.

인 도움이 되었기 때문에 명절 선물로 큰 인기를 끌었다. 〈럭키치약〉은 1955년 출시 이후 1970년대 후반까지 시장 점유율 95%를 기록하며 사실상 독점 시장을 형성했다. 당시 대부분의 국민이 소금으로 양치하던 시절, 〈럭키치약〉은 외제 치약보다 저렴하면서도 품질이 뛰어나 대중화에 성공했고, 치약이라는 제품 자체를 국민 생활 속에 정착시켰다.[103] 럭키화학의 성공은 단순히 치약 판매에 그치지 않고 치약의 핵심 원료인 글리세린을 직접 생산하기로 결정하였다. 이 선택은 기업의 방향성을 근본적으로 바꾸는 계기가 되었다.

글리세린은 치약뿐 아니라 비누, 샴푸 등 다양한 생활용품에 쓰이는 성분이며, 비누 제조 과정에서 부산물로 얻을 수 있다는 점에서 비누 및 세제 시장 진출의 발판이 되었다. 1960년부터 글리세린을 생산한 락희는 곧 세탁 비누와 미용 비누를 출시했고, 이어 국내 최초의 합성세제 〈하이타이〉, 주방세제 〈에이퐁〉, 헤어샴푸 〈크림샴푸〉 등을 개발하며 연속적인 히트 상품을 만들어냈다. 이 과정에서 락희는 원료 생산부터 제품 제조, 유통까지 아우르는 생활용품 분야의 수직 계열화를 구축하게 되었고, 이는 곧 대한민국을 대표하는 종합 화학기업으로 성장하는 기반이 되었다.

1970년대에 들어서면서 산업화가 본격화되고 생활 수준이 조금씩 향상되자 선물의 흐름도 생필품에서 기호품으로 옮겨갔다. 특히 다방 문화의 확산과 함께 커피가 대표적인 기호품으로 떠올랐고, 커피세트는 명절 선물 시장에서 설탕, 조미료 세트에 이어 높은 매출을 기록하며 새로운 선물 트렌드를 만들어 냈다. 이후 1980년대에는 경제 성장이 본격적으로 이루어지면서 선물의 종류가 더욱 다양해졌다. 양말, 넥타이, 스카프 같

---

103) 유승재. 『히트의 탄생』 위즈덤하우스. 2021. p53.

은 잡화류가 보편적인 명절 선물로 자리 잡았고, 동시에 생활 수준 향상에 따라 정육, 고급 과일, 참치·통조림 같은 식품 선물도 인기를 얻었다. 이 시기에는 실용성과 품격을 동시에 갖춘 선물이 선호되며 명절 선물 문화가 한층 풍요로워졌다.[104]

• 결혼과 장례 문화 변화

‘혼(婚)’은 남자가 장가가는 것을, ‘인(姻)’은 여자가 시집가는 것을 뜻한다. 이 두 글자가 합쳐져 ‘혼인(婚姻)’이라는 말이 되며, 남녀가 사회적으로 인정받는 절차를 통해 부부로 결합하는 것을 의미한다. 우리나라 헌법과 민법에서는 법률 용어로 ‘결혼’이 아닌 ‘혼인’을 사용하며, 전통적 의미와 법적 정합성을 반영한 표현이다. 그런데 일제강점기부터 일본어의 영향을 받아 ‘결혼’이라는 표현이 사용되기 시작했다. ‘피로연’ 역시 일제강점기부터 ‘잔치’ 대신 사용된 용어로 오늘날에는 결혼식 후 하객에게 감사 인사를 전하는 자리로 정착되었다. 하지만 그 형식은 일본식 피로연의 영향을 받아 상업적 요소가 강하게 반영되어 있다.

한국 결혼식의 변화 과정은 사회적·문화적 변화와 맞물려 전통에서 현대까지 단계적으로 발전해왔다. 전통 혼례는 상징성과 의례적 요소가 강한 의식이었다. 신랑이 청사초롱을 밝히며 혼례 장소로 향하는 것은 새로운 출발을 의미했고, 신부는 처음으로 비녀를 꽂고 혼례복을 입으며 얼굴에 연지와 곤지를 발라 귀신을 물리치는 상징적 행위를 했다. 청·홍색 복식은 음양의 조화를 상징했으며, 혼례는 가족과 공동체 중심으로 진행되었다. 이후 종교적 의례가 도입되었다. 천주교와 개신교의 영향으

---

104) 비누 → 커피 → 넥타이 → 건강식품… 명절선물의 시대별 진화(종합). 연합뉴스. 2017. 1. 24.

로 교회나 성당에서 결혼식을 올리는 사례가 생겼지만, 한국사회의 종교적 다양성 때문에 하객과 혼주 간의 종교적 일치가 어려워 널리 확산되지는 못했다. 대신 웨딩홀이나 호텔 예식이 등장해 새로운 형태의 결혼식이 자리 잡았다. 폐백 문화도 변화했다. 과거에는 예식과 폐백을 따로 진행해 폐백은 시댁에서 치르는 것이 일반적이었다. 그러나 1960년대 후반 산업화로 공간과 시간의 제약이 커지면서 예식장에서 폐백까지 함께 진행하는 방식으로 바뀌었다.[105]

1960년대 후반부터 한국사회에서는 예식장에서 결혼식을 올리는 풍습이 점차 확산되었다. 당시 결혼식은 시골과 도시를 막론하고 온 동네가 함께하는 잔치와 같았고, 하객들은 형편에 맞게 축의금을 내고 혼주로부터 찹쌀떡이나 카스텔라 같은 답례품을 받았다. 이 답례품을 받기 위해 가족 단위로 줄을 서는 풍경도 흔했다. 그러나 1973년 6월 1일 정부가 가정의례준칙을 발표하면서 결혼식은 점차 간소화되어 이전의 성대한 잔치 분위기에서 벗어나게 되었다.[106] 신식 혼례는 전통 혼례의 여러 요소를 차용하면서 서구식 혼례와 절충된 형태로 발전했다. 전통 혼례복 대신 흰 웨딩드레스와 양복이 혼례복으로 보편화되었고, 폐백, 밤과 대추 던지기, 피로연, 답례품 등의 절차는 유지되거나 변형되었다.

한국의 장례 문화는 일제강점기를 기점으로 제도적 변화와 사회 인식의 전환을 겪으며 오늘날까지 크게 변화해왔다.[107] 1912년 조선총독부가 제정한 「묘지·화장장·매장 및 화장취체 규칙」은 조선 성종 이후 500여 년간 유지되어 온 화장 금지령을 폐지하고, 화장을 권장하며 공동묘지 사

---

105) '결혼식 변천사'… 전통혼례서 하우스웨딩까지. 연합뉴스. 2014. 3. 5.
106) [광복70년 한국인 의식주 변천새 ⑭. 대한민국 정책브리핑(www.korea.kr). 결혼 풍속. 2015. 11. 4.
107) 서울역사편찬원. 『서울 2천년사 40』-현대 서울의 시민생활. 2016. p263~275.

용을 장려하는 내용을 담고 있었다. 이후 한국의 매장 및 묘지 관련 법률의 기초가 되었고, 장례 문화의 제도화를 촉진했다. 또한 이 시기에 만들어진 「의례준칙」은 박정희 정부 시절 제정된 「가정의례준칙」의 틀을 제공하며 장례의 형식화에 영향을 주었다.

1960년대 이후 산업화와 도시화, 국토개발로 인해 묘지 확보가 어려워지면서 화장률이 급격히 증가했다. 핵가족화와 지가 상승도 이러한 변화에 영향을 미쳤으며, 사회 전반적으로 묘지 문제에 대한 인식이 높아졌다. 서울시는 화장장 부족 문제를 해결하기 위해 강서구 오곡동에 제2화장장 건설을 시도했으나 주민 반발로 무산되었고, 이후 서초구 원지동에 추모공원을 조성하여 2012년부터 운영을 시작했다.

장례 장소 또한 변화하였다. 전통적으로 집에서 임종과 장례가 이루어졌던 한국사회는 1990년대 중반 이후 병원에서의 임종이 급증하면서 병원 장례식장 이용률도 함께 증가했다. 2013년 기준으로 병원에서 사망한 비율은 71.6%에 달했으며, 서울에서는 거의 모든 장례가 병원 장례식장에서 치러지고 있다. 단순한 편의성의 문제를 넘어 죽음에 대한 인식 변화, 즉 병원에서의 죽음을 더 이상 객사로 보지 않는 사회적 태도 전환을 반영한다. 이러한 변화는 장례의 산업화를 촉진했다. 장례식장 수의 증가, 상조회사의 확산, 봉안당 시설의 확대, 화장장 증설 등이 이어졌으며, 상조회사에는 공제회나 리조트 회사까지 참여하게 되었다. 동시에 삶의 공간과 죽음의 공간이 분리되는 경향이 강해졌는데, 국가의 장묘 정책이 죽음의 공간을 혐오시설로 규정하고 도시계획상 외곽으로 배치하려는 의도에서 비롯된 것이다.

최근 장례문화는 전통적인 대규모·엄숙한 형식에서 벗어나 간소화, 맞춤화, 친환경화, 디지털화라는 흐름으로 빠르게 변화하고 있다. 과거에는 3일장을 치르며 많은 조문객을 맞이하는 것이 일반적이었지만, 오늘날에는 비용 부담과 사회적 분위기의 변화로 인해 빈소를 생략하거나 가족 중심의 작은 장례를 치르는 경우가 늘고 있다. 또한 획일적인 절차 대신 고인의 개성을 존중하는 맞춤형 장례가 확산되고 있다. 고인이 생전에 즐겨 입던 옷을 수의로 사용하거나, 좋아하던 음악을 틀고 사진과 영상을 통해 추억을 나누는 방식이 대표적이다. 이러한 변화는 고인을 단순히 애도하는 것을 넘어, 그 사람의 삶과 취향을 존중하는 문화로 자리 잡고 있다. 아울러 디지털 기술의 도입은 장례문화의 새로운 국면을 열었다. 온라인 조문, 비대면 추모, 디지털 영정 사진 등은 물리적 제약을 넘어 고인을 기릴 수 있는 방법을 제공하며, 특히 코로나19 이후 빠르게 확산되었다.

환경적 가치도 중요한 요소로 떠오르고 있다. 화장 후 자연에 유골을 돌려보내는 자연장이나 나무와 함께 묻는 수목장 같은 친환경적 장례 방식이 보편화되고 있으며, 이는 웰다잉(Well-dying) 문화와도 연결된다. 웰다잉은 죽음을 능동적으로 준비하고 받아들이는 행위로, 삶의 질을 높이기 위한 중요한 요소로 인식되고 있다. 2009년 국내 첫 존엄사가 시행된 이후, 2016년에는 「호스피스·완화의료 및 임종과정에 있는 환자의 연명의료 결정에 관한 법률」이 국회를 통과하여 2018년부터 시행되었다. 이 법은 말기 환자가 무의미한 생명 연장을 거부하고 존엄한 죽음을 선택할 수 있도록 하는 내용을 담고 있다.

• 의료보험제도 실시

한국의 산업화 초기에는 자본과 기술이 부족했지만, 풍부한 저임금 노동력이 수출품의 가격경쟁력을 뒷받침했다. 특히 1960년대에는 농촌에서 지속적으로 노동력이 공급되었고, 임금 수준이 일정하게 유지되었기 때문에 별도의 임금 조정기제가 필요하지 않았다. 그러나 중화학공업화가 본격화되면서 숙련노동자의 부족으로 임금 인상이 발생했고, 이에 따라 1970년대 초부터 국가는 수출경쟁력을 유지하기 위해 임금 인상 억제에 적극적으로 개입하기 시작했다. 이 과정에서 노동운동에 대한 억압과 배제가 강화되었으며, 특히 수출 대기업을 중심으로 임금 억제가 이루어졌다. 그 결과 대기업과 중소기업 간의 임금 격차가 오히려 줄어드는 현상이 나타났는데, 생산직 노동자의 경우 1973년에 500인 이상 대기업 노동자의 임금을 100으로 할 때, 10~29인 규모의 중소기업 노동자 임금이 66.8이었던 것이 1980년에는 89.8까지 좁혀졌다. 이는 서유럽의 노동운동이 주도한 연대 임금제와 유사한 구조가 한국에서는 국가 주도로 실현된 사례였다.[108]

반면 노동비용 상승을 초래할 수 있는 사회보장제도의 도입은 최대한 지연되었다. 1974년에 도입하기로 했던 국민연금은 1973년 1차 오일쇼크로 인한 세계 경제 침체로 인해 무기한 연기되었다. 급여 수준은 낮았고, 공공 부조 역시 근로연령대인 18세에서 64세까지는 수급 대상에서 제외되었다. 이들에게는 생계유지를 위한 공공근로 일자리가 제공되었을 뿐이다. 복지급여가 미미하고 저임금이 일반적이던 시절, 국가는 소득세를 부과하기 어려웠다. 대신 감세 정책을 통해 근로자의 가처분소득을 높이고 기업의 투자의욕을 자극했다.

1971년 세제개편을 통해 감세정책이 공식화되었고, 1974년에는 긴급조치 3호를 통해 대대적인 감세가 단행되었다. 당시 조세 정책은 민간 부

---

108) 양재진. 『복지의 원리』. 한겨레출판. 2020. p80~83.

문의 자본 축적을 지원하는 방향으로 크게 전환되었다. 소득세 면세 기준을 월 1만 8,000원에서 5만 원으로 대폭 상향하면서 전체 소득세 납세자의 약 85%가 세금을 내지 않아도 되는 구조가 만들어졌다. 긴급조치의 목적은 단순한 세금 감면을 넘어, 저소득층의 생활 안정과 사치성 소비 억제, 자원 절약, 노사 협력 강화 등 국민경제의 위기를 극복하기 위한 다방면의 정책을 포함하고 있었다. 특히 세계 경제의 격동 속에서 국내 소비를 안정시키고, 국민의 총화적 참여를 유도하려는 의도가 강하게 반영되어 있었다. 이 조치는 이후 재형저축 제도 도입 등 서민 경제를 지원하는 다양한 정책과 함께 시행되며, 박정희 정권의 경제정책이 단순한 산업 육성뿐 아니라 국민 생활 안정에도 일정한 관심을 기울였음을 보여 주는 상징적인 사례로 평가된다.[109] 같은 해 박 대통령은 연두 기자회견에서 저소득층 감세, 고소득층 소비 절약, 긴축예산 편성을 강조하며 정책 방향을 분명히 했다.

1977년 부가가치세(VAT)가 도입되면서 조세 저항이 거셌지만, 실제 조세 부담률은 1976년 16.1%에서 1979년 16.7%로 소폭 상승하는 데 그쳤다. 이는 부가세 도입과 동시에 각종 공제를 확대하고 비과세 소득 범위를 넓혀 실질적인 세금 부담을 크게 늘리지 않았기 때문이다. 즉, 박정희 정부의 조세 정책은 직접세를 줄이고 간접세를 강화하는 방향으로 재편되었으며, 이는 당시 정치적 상황과 경제 성장 전략을 반영한 결과였다.[110] 이 기조는 1970년대 내내 유지되었으며, 소득세 실효 세율은 전 계층에서 낮아졌고, 최고소득계층조차 5.2% 수준에 불과했다. 이러한 감세 정책은 서구에서 1980년대 레이건 정부에 의해 본격화된 '레이거노믹스'

---

109) 이장규. 『대한민국 대통령들의 한국경제 이야기1』 살림. 2014. p124.
110) [커버스토리] 모순에 빠진 60~70년대 박정희 정부. 서울신문. 2017. 11. 3.

보다 10년 앞서 시행된 것이었다. 이 과정에서 임금과 복지를 억제하고, 세금을 낮춰 근로와 투자를 장려하는 '저부담 조세 체계'가 자리 잡았으며, 오늘날까지도 한국 복지국가의 구조적 유산으로 이어지고 있다.

제4차 경제개발 5개년 계획(1977~1981년)은 경제 성장 중심의 이전 단계와 달리 성장·형평·능률이라는 세 가지 이념을 동시에 실현하려는 점에서 특징적이다. 이 계획은 외부 의존도를 줄이고 국내 산업 기반을 강화하여 자립적인 성장 구조를 확립하는 것을 목표로 했으며, 사회 개발을 통해 국민 생활의 질을 높이고 경제적 형평성을 증진하려 했다. 따라서 제4차 계획에서는 교육, 의료, 주택, 환경 등 사회 개발 부문이 처음으로 포함되었고, 추진 목표에 '형평'이라는 개념이 도입되었다. 이는 경제 성장 과정에서 소외된 계층이나 지역에 대한 배려가 정책적으로 반영되기 시작했다는 점에서 중요한 변화였다.

가장 상징적인 변화 중 하나는 1977년 의료보험 제도의 도입이다. 이는 국민의 건강권을 제도적으로 보장하기 위한 첫걸음이었으며, 이후 한국 복지제도의 기초가 되었다. 또한 농어촌 지역의 생활환경 개선을 위한 전기 공급, 급수 시설 확충, 지붕 개량 등도 이 시기에 본격적으로 추진되었다. 이러한 정책들은 단순한 경제적 성과를 넘어서 국민의 삶의 질을 높이는 데 기여했다. 건강보험제도는 1977년 7월 1일 '의료보험'이라는 이름으로 시행되었고 초기에는 직장인만을 대상으로 했지만, 1989년에는 자영업자와 지역가입자 등으로 확대되어 전 국민을 대상으로 하는 건강보험 체계가 구축되었다. 이후 2000년에는 직장과 지역 의료보험의 재정을 통합하면서 현재의 국민건강보험 제도로 정착하게 되었다.

국민건강보험 제도는 도입 이후 전 국민에게 의료서비스를 제공하며 국민 건강 수준을 크게 향상시켰다. 제도 시행 이전 기대수명이 65세에 불과했으나, 2017년 82.2세로 OECD 평균을 웃돌고 있다. 영아 사망률 역시 1990년 1천명당 6.1명에서 3.0명으로 절반 이상 줄어 OECD 평균보다 낮은 수준을 기록하고 있다. 또한 의료 접근성은 다른 나라에 비해 월등히 높다. 2014년 기준 한국인의 외래 진료 횟수는 1인당 14.9회로 OECD 평균의 두 배 이상이며, 입원 일수도 16.5일로 OECD 평균보다 두 배 이상 길다. 과잉 진료와 의료비 남용 문제가 지적되기도 하지만, 국민 누구나 쉽게 의료서비스를 이용할 수 있다는 점은 분명한 장점이다. 비용 대비 효과성 또한 두드러진다. 독일, 프랑스, 일본의 건강보험료율이 각각 15.5%, 13.6%, 10.0%인 데 비해 한국은 6.12%에 불과하다. 낮은 비용에도 불구하고 기대수명, 영아사망률, 의료 접근성 등 주요 지표에서 OECD 평균 이상을 달성했다. 이러한 성과 덕분에 한국은 OECD 국가 중 국민 건강 수준 5위로 평가되며, 유엔 등 국제사회는 한국을 모든 국민에게 양질의 의료서비스를 제공하는 '보편적 건강 보장'의 모범 사례로 주목하고 있다. [111]

이 제도의 가장 큰 특징은 모든 국민이 의무적으로 가입해야 한다는 점이다. 가입자는 월 소득의 약 4%를 보험료로 납부하며, 소득이 많을수록 더 많은 보험료를 내고, 소득이 적을수록 적게 낸다. 사회적 분배 구조를 반영한 것으로 일부 불만이 있을 수 있지만, 전체적으로는 효율적인 사회보장 정책으로 평가받는다. 건강보험은 질병, 부상, 출산, 사망 등 생활상의 다양한 의료적 위험에 대비해 보험 급여를 제공함으로써 국민의 건강을 증진시키고 삶의 안정을 도모하는 사회보험이다. 사보험과 달리 국가가 운영하며, 국민 전체의 의료비 부담을 분산시키는 구조를 갖고 있다.

---

111) [건강보험 40년] 선진국도 부러워하는 '한국형 의료복지' 세우다. 연합뉴스. 2017. 7. 4.

건강보험 적용 인구는 1977년 당시 320만 명에 불과했지만, 지금은 대부분의 국민이 혜택을 받고 있다. 이러한 포괄적 보장체계는 한국 의료 시스템의 강점으로 평가받고 있으며, 지속적인 제도 개선과 보장성 확대를 통해 국민의 삶의 질 향상에 기여하고 있다.

• 부가가치세 도입

박정희 정부에서 부가가치세가 도입된 배경은 당시 경제 전략과 정치적 상황을 반영한 결과였다. 무엇보다 수출 경쟁력을 높이는 데 큰 매력이 있었다. 부가가치세는 대부분의 국가에서 수출품에 대해서는 과세하지 않는 구조였기 때문에, 한국 제품의 가격 경쟁력을 강화하고 수출을 촉진하는 효과가 있었다. 이는 수출 확대와 동시에 수입대체 산업을 육성하려던 박정희 정부의 목표와 정확히 맞아떨어졌다. 또한 유신체제의 정치적 취약성 속에서 직접세를 확대하기는 어려웠다. 국민의 세 부담을 직접적으로 늘리면 저항이 커질 수 있었기 때문에, 소비 단계에서 광범위하게 거두는 간접세 중심의 조세 구조로 전환할 필요가 있었다. 부가가치세는 최종 소비자가 부담하는 구조라서 세수 확보에 유리하면서도 정치적 부담이 상대적으로 적었다. 여기에 국제적 흐름도 영향을 미쳤다. 당시 유럽을 비롯한 여러 나라에서 이미 부가가치세 제도를 운영하고 있었고, 탈세 방지와 세원 확보에 효과적이라는 점이 강조되었다. 한국은 아시아 최초로 이를 도입하면서 경제개발 전략과 국제적 제도 흐름을 동시에 반영하게 되었다.[112]

부가가치세의 도입은 한국 세제사에서 가장 치밀하고 체계적인 개혁

---

112) [세금과 정치 ⑪] 박정희 정권이 부가가치세를 도입한 배경. 복지국가소사이어티. 2009. 6. 30.

사례로 평가된다. 정부는 1971년부터 부가가치세 도입을 중장기 정책 과제로 설정했다. 1974년에는 유럽, 일본, 대만 등으로 조사단을 파견해 각국의 부가가치세 제도를 분석했고, 이를 바탕으로 소비형 부가가치세 방식 채택, 단순한 세율 구조, 최소한의 면세·영세율 적용 등의 정책 방향이 설정되었다. 역진성 문제를 보완하기 위해 소득세와 법인세의 부담 조정도 함께 검토되었다. 1976년에는 최종 도입 시안이 확정되어 국회에 제출되었고, 국회 심의를 거쳐 기본세율은 13%, 탄력세율은 3%로 결정되었다. 그러나 시행령 제정 과정에서 최종 세율은 10%로 조정되었으며, 1976년 12월 22일 부가가치세법이 공포되었다. 이처럼 약 6년에 걸쳐 국제 자문, 제도 설계, 국내 의견 수렴 등 다방면의 준비를 거쳐 1977년 7월 1일 공식 시행에 이르렀다. [113]

당시 한국의 간접세 체계는 영업세 등 13개 세목과 50여 개의 복잡한 세율 구조로 구성되어 있었으며, 조세 행정의 비효율성과 자원 배분의 왜곡을 초래했다. 이에 따라 정부는 국제통화기금(IMF)과 유엔의 조세 전문가들로부터 두 차례 자문을 받았고, 부가가치세가 한국의 경제 여건에 가장 적합한 세금이라는 결론을 도출했다. 특히 부가가치세는 거래 단계마다 소액의 세금을 납부하게 되어 조세 포탈 가능성이 낮고, 세금계산서를 통한 자체 검증 기능이 있어 투명한 과세가 가능하다는 점에서 높은 평가를 받았다. 또한 중복 과세를 해소하고, 투자재에 대한 과세를 배제함으로써 투자와 수출을 촉진하는 효과도 기대되었다. 그리고 첫해부터 세수 확보에 성공하며 제도는 안정적으로 정착되었다. 이처럼 부가가치세는 단순한 세목 변경이 아니라, 조세 행정의 효율성과 경제 구조의 합

---

113) 김낙회. 『세금의 모든것』. 21세기 북스. 2019. p253~255.

리화를 동시에 달성한 개혁이었다. 정부의 사전 조사와 국제 자문, 제도 설계, 의견 수렴 등 전 과정은 이후 조세 제도 개편의 모범 사례로 남게 되었다.

도입 초기에는 국민의 반발이 심했고, 상인들은 영업 위축을 우려했다. 실제로 1978년 총선에서는 공화당이 유신 체제 하에서도 신민당보다 낮은 득표율을 기록하며 참패했고, 부가가치세 도입에 대한 국민의 불신을 반영한 결과로 평가되었다. 이후 부가가치세는 몇 차례의 개정을 거쳐 1980년대에 정착되었으며, 현재는 전체 세수의 약 25%를 차지하는 주요 세목으로 자리 잡고 있다. 우리나라의 부가가치세율은 10%로 OECD 평균인 17.7%보다 낮은 수준이다. 하지만 세율이 낮다고 해서 세금 부담이 적다고 보기는 어렵다. 특히 생필품이나 의료·교육 서비스 등 일부 항목은 면세 대상이지만, 대부분의 소비 활동에는 부가가치세가 포함되어 있어 국민 생활에 광범위한 영향을 미친다. 부가가치세는 오늘날에도 조세 정책의 핵심 요소로 작용하며, 경제 상황과 사회적 요구에 따라 지속적으로 조정되고 있다.

• 스포츠의 성장

1960~70년대 한국 스포츠 발전은 국가 주도의 체육 진흥 정책과 엘리트 체육 중심의 전략을 통해 급속한 성장을 이룬 시기였다. 이 시기는 처음으로 스포츠를 국가적 차원에서 정책적으로 육성한 시대로 제도와 법률을 마련하고 체육학교와 선수촌을 세웠으며 국제대회 성적을 연금과 연계해 금전적 보상까지 제도화했다. 제도화 계기에는 올림픽이었고 그 성과는 곧바로 나타났다. 1974년 테헤란 아시안게임, 1976년 몬트리올 올림픽, 1978년 방콕 아시안게임에서 한국은 북한을 제치며 국제무대에서

두각을 드러내기 시작했다. 특히 1976년 몬트리올 올림픽에서 레슬링의 양정모가 건국 이후 최초의 금메달을 획득하며 국민의 염원을 실현했다.

몬트리올 올림픽 직후 청와대에서 열린 자리에서 박정희 대통령은 "동독 같은 작은 나라가 금메달을 많이 따는데 왜 대한민국은 못 따느냐"라고 물었고, 이에 정동구 레슬링 코치는 "그들은 국립체육대학이 있어 과학적인 훈련을 한다"고 답했다. 사실 양정모는 1972년 뮌헨 올림픽에 출전하지 못해 은퇴를 결심했으나, 정동구 코치가 "4년 후에는 내가 집을 팔아서라도 올림픽에 보내겠다"라며 설득해 다시 훈련에 나서게 된 것이다. 결국 정동구의 헌신이 없었다면 양정모의 금메달도 없었을 것이며, 그는 대통령 앞에서 당당히 소신을 밝힐 수 있었다.

이 일화를 계기로 박정희 대통령은 국립체육대학 설립을 지시했고, 1976년 12월 30일 대통령령 제8322호에 따라 한국체육대학교가 탄생했다. 1977년 3월 19일 개교한 한체대는 14개 종목 120명을 체육특기자로 선발하며 출발했다. 설립 목적은 '심신의 조화를 이루는 전문 체육인과 국위 선양을 위한 우수 선수 양성'이었다. 이후 한국체대는 수많은 국제 대회에서 금메달리스트를 배출하며 한국 스포츠의 위상을 세계적으로 끌어올리는 중심축이 되었다.[114]

이 시기의 핵심 인물은 민관식으로 체육 행정의 중심에서 체육의 제도화, 국제화, 과학화를 이끌었다. 박정희 정부는 스포츠를 국위 선양과 국민 통합의 수단으로 적극 활용했으며, 전국체육대회를 비롯한 대규모 행사를 통해 민족주의적이고 전체주의적인 성격의 체육 문화를 형성했다.[115] 민관식은 대한체육회와 한국올림픽위원회를 통합하고, 올림픽위

---

114) 스포츠로 보는 전후 70년-'서민의 청량제' 프로 레슬링, '향토 축제' 고교 야구. 월간조선. 2023. 7.
115) 한석정. 『만주 모던』. 문학과지성사. 2016. p386~387, 391~392.

원장을 겸직하며 체육 행정의 중심을 잡았다. 그는 체육회관을 완공하고, 경제 개발 5개년 계획을 모방한 체육 진흥 1·2차 5개년 계획을 수립하여 체력 측정, 우수 선수 발굴, 태릉선수촌 건립, 코치 강습, 스포츠 과학 육성, 체육진흥기금 조성 등 체계적인 체육 정책을 추진했다. 또한 학교보건법(1967)을 제정해 학생들의 체격·체질·체능 검사를 실시하고, 체육학교와 대학 체육학과를 대거 신설했다. 종합체육진흥심의위원회 설치, 박스컵 창설, 체육 특기자 보충역 편입, 경기인 연금재단 설립, 메달리스트 종신연금제, 한국체육대학 신설 등 다양한 제도적 기반도 마련되었다.

박 대통령은 일본의 스포츠 과학과 국가 지원 체계를 보고 깊은 인상을 받아, 엘리트 체육을 통해 국위 선양과 체제 우월성, 국민 통합을 실현하고자 했다. 이 과정에서 전국체육대회는 민족주의적이고 전체주의적 성격의 행사로 재편되었으며, 카드 섹션, 성화 봉송, 매스 게임 등 동구권의 예술 형식이 도입되었다. "굳센 체력, 알찬 단결, 빛나는 전진"이라는 구호는 전국체전의 모토로 자리 잡았고, 박 대통령은 이를 "민족의 단합된 힘을 과시하는 제전"이라며 "고도 국방국가"의 요청에 응하는 축전으로 규정했다. 이후 김택수, 박종규 등 공화당 실력자들이 체육협회장을 맡아 민관식의 유산을 계승했다. 이처럼 1960~70년대의 스포츠 발전은 단순한 경기력 향상을 넘어, 국가주의적 이념과 체제 정당화, 국민 동원의 수단으로도 기능했다.

특히 한국 복싱은 단순한 스포츠를 넘어, 산업화 시대의 내셔널리즘을 상징하는 문화적 아이콘이자 국가적 자존심의 표현이었다. 복싱 선수들은 고난을 뚫고 전진하는 민족의 표상으로 여겨졌다. 복싱은 이 시기 거의 국기(國技) 수준의 위상을 지녔으며, TV 보급과 함께 대중적 열광의 중심에 자리했다. 복싱은 불평등한 세계체제 속에서 한국이 상향 이동을 꾀하던 시기의 전략적 상징이었고, 권위주의 체제 아래 복싱은 국민 통합과 국력 과시의 수단이었다.

1960년대 초 미국 복싱은 외국 뉴스의 전령사로서 한국에 영향을 미쳤고, 무하마드 알리의 등장과 함께 복싱은 세계적 관심을 끌었다. 알리의 연습과 시합은 한국 언론에 대대적으로 보도되었고, 1976년 그의 방한은 45만 명의 환영 인파를 몰고 올 정도로 폭발적인 인기를 끌었다. 일본 복싱의 영향도 컸다. 한일 라이벌전은 한국에서 가장 인기 있는 시합이었고, 일본 선수들의 세계 타이틀전 상대는 한국 선수가 대부분이었다. 1975년 유제두와 와지마 고이치의 타이틀전은 42.5%의 시청률을 기록하며 국민적 관심을 증명했다. 한국 복서들은 일본 원정에서 높은 대전료를 받고 경기를 치렀고, 때로는 일본 복서들을 KO시키며 영웅으로 귀환했다.

김기수는 1965년 일본 챔피언 가이즈 후미오를 KO로 꺾고 산업화의 상징이 되었으며, 그의 승리는 광고와 대중문화 속에서 '국력은 체력'이라는 메시지로 재현되었다. 1966년 6월 25일, 김기수가 세계 챔피언에 도전한 날 박정희 대통령이 직접 관전했다. 장충체육관에서 열린 WBA 주니어페더급 세계 타이틀전에서 김기수는 니노 벤베누티(이탈리아)를 꺾고 대한민국 최초의 세계 챔피언이 됐다. 당시 대전료가 5만 5,000달러였는데, 1인당 소득이 200달러 수준이던 시절이라 정부가 지급 보증을 해줘야 성사된 경기였다. 김기수는 치고 빠지며 클린치를 활용하는 지능적인 전술로 2-1 판정승을 거뒀다.[116] 김기수가 타이틀을 상실한 뒤에도 복

---

116) 1966년 김기수 첫 세계복싱챔피언… 정부가 대전료 지불 [역사 속의 This week], 문화일보, 2024. 6. 24.

싱은 홍수환, 유제두 등 "4전 5기의 파이터", "제2의 일본인 킬러" 같은 전사들을 통해 계속해서 민족적 자긍심을 고취시켰다. 복싱은 단순한 경기이상의 의미를 지녔으며, 한국이 세계로 나아가는 과정에서 국민의 열망과 정체성을 담아낸 상징적 무대였다.

5

"우리도 할 수 있다" 한강의 기적

대런 애쓰모글루는 2012년 국내서 출간한 『국가는 왜 실패하는가』의 서문에서 무엇이 남북한의 운명을 갈랐는지 이렇게 설명했다.[117] 남한과 북한은 같은 민족, 같은 땅에서 출발했지만, 오늘날에는 경제력과 국민의 삶의 질에서 엄청난 차이를 보이고 있다. 남한은 세계 유수의 경제 강국으로 성장하며 OECD 회원국이 되었고, 삼성, 현대, LG 등 글로벌 기업을 보유한 반면, 북한은 여전히 빈곤과 고립 속에 머물며 국민은 기아와 열악한 생활환경에 시달리고 있다.

이러한 운명의 갈림길은 제2차 세계대전 직후 한반도의 분단과 각기 다른 체제 선택에서 비롯되었다. 미국의 영향 아래 있던 남한은 사유재산을 인정하고 시장경제를 기반으로 한 자유민주주의 체제를 채택했고, 소련의 영향을 받은 북한은 사유재산과 시장 제도를 철폐하는 사회주의 경제체제를 수립하였다. 이후 남한은 개인과 기업의 노력과 창의성을 보상하는 포용적 제도를 통해 저축과 투자, 기술 혁신을 촉진하며 고속 경

---

117) 대런 애쓰모글루. 『국가는 왜 실패하는가』. 시공사. 2012. p14~16.

제 성장을 이뤄 냈다. 반면, 북한은 극소수 엘리트 계층에게 정치권력이 집중된 착취적 제도 하에서 국민의 인센티브와 자유를 억압하였고, 결과적으로 생산성과 창의성이 억제된 경제 구조가 고착되었다. 이로 인해 남한은 이른바 '경제 기적'을 이뤘고, 북한은 '경제 재앙'을 겪게 되었다.

북한의 경제는 전쟁 직후인 1954년부터 본격적인 개발이 시작되었다.[118] 당시 중공업 중심의 3년 계획을 통해 전쟁으로 파괴된 기반시설을 복구하고, 농촌을 집단농장화하는 등 사회주의 체제의 기초를 다졌다. 이후 5개년 경제계획이 추진되면서 1960년까지 연평균 20%에 달하는 초고속 성장을 이루었고, 이로 인해 1961년에는 전 국민을 대상으로 무상의료제도를 도입할 수 있었다. 1960년대는 북한 경제의 황금기로 평가되었다. 이 시기 북한은 7개년 경제계획을 통해 성장률이 다소 둔화되었음에도 불구하고 연평균 10%의 높은 성장률을 유지했다. 이러한 경제적 성과를 바탕으로 북한은 사회주의 사회로의 진입을 선언하며 체제의 정당성을 강화했다.

그러나 1970년대에 들어서면서 북한 경제는 점차 쇠퇴하기 시작했다. 남한의 1인당 국민소득이 북한을 추월한 것도 이 시기였으며, 1975년부터 1985년까지 북한의 연평균 성장률은 4% 안팎으로 떨어졌고, 1980년대 후반에는 2% 수준까지 하락했다. 중앙집권적 계획경제의 구조적 한계를 드러낸 결과였다. 북한은 노동력을 강제로 동원해 단기적인 성장을 이루었지만, 신규 노동력의 고갈과 생산성 정체로 인해 지속적인 성장이 어려워졌다.

북한은 한국경제 발전에 있어 복합적이고 상반된 영향을 미쳤다.[119] 한

---

118) 손해용. 『다시 쓰는 경제교과서』 중앙북스. 2011. p88~90.
119) 이장규. 『대한민국 대통령들의 한국경제 이야기1』 살림. 2014. p105~106.

국은 분단국가로서 북한이라는 잠재적 위협을 상시적으로 감당해야 했
다. 이로 인해 국방비 지출은 경제개발 초기부터 큰 부담이 되었고, 개발
자금의 제약으로 이어졌다. 특히 1960~70년대 박정희 정부 시절, 경제개
발 5개년 계획을 추진하면서도 상당한 예산이 군사력 증강에 투입되어야
했다. 미국의 주한미군 감축 결정(1971년 제7사단 철수)은 박 대통령에
게 큰 충격을 주었고, 이에 대응해 250만 명 규모의 향토예비군을 창설하
고, 주민등록번호 제도를 도입하는 등 국가적 대응체계를 강화했다. 경
부고속도로의 서울-수원 구간을 전투기 활주로로 활용할 수 있도록 설계
한 사례는 북한의 위협이 경제 인프라 설계에까지 영향을 미쳤음을 보여
주는 사례다.

이러한 군사적 긴장 속에서도 박정희 정부는 북한의 위협을 산업화의
동력으로 전환시키는 전략을 구사했다. 중화학공업 육성 정책은 단순한
산업구조 조정이 아니라, 무기 생산을 위한 기반 산업을 강화하는 목적
이 컸다. 다시 말해, 중화학공업의 본격적인 추진은 경제적 필요보다도
안보적 필요에서 비롯된 것이며, 한국경제의 산업 기반을 강화하는 결과
로 이어졌다. 역설적으로 북한의 위협이 한국의 산업 역량을 끌어올리는
계기가 된 셈이다. 또한, 지속적인 안보 위협은 정부와 국민에게 긴장감
과 목표의식을 부여했다. 이는 경제개발에 있어 '생존을 위한 성장'이라
는 강력한 동기를 제공했고, 국가적 총동원 체제를 가능하게 했다. 박정
희 정부의 강력한 리더십과 집중적 의사결정 구조는 이러한 환경에서 더
욱 효과적으로 작동할 수 있었다.

1990년대에 들어서면서 북한 경제는 더욱 심각한 위기에 직면했다. 사
회주의 국가들의 몰락과 미국의 경제 봉쇄로 인해 기술과 자금의 유입이
차단되었고, 자연재해까지 겹치면서 북한은 '고난의 행군'이라 불리는 극

심한 경제난을 겪게 되었다. 1995년의 대홍수와 겨울 냉해는 배급 시스템을 붕괴시켰고, 이로 인해 수백만 명의 주민이 굶주림으로 사망했다. 대량 탈북이 이어졌고, 이를 막기 위해 국경에 전례 없는 병력이 배치되기도 했다.

2023년 기준 북한의 명목 국내총생산(GDP)은 약 36조 2천억 원으로 추정되며, 남한 GDP의 약 1.7%, 즉 60분의 1 수준에 불과하다. 북한의 1인당 GNI는 약 143만 원으로 추정되며, 남한의 30분의 1 수준이다. 북한의 대외교역 규모는 27억 7,000만 달러로 증가했지만, 대북 제재 이전인 2016년과 비교하면 여전히 낮은 수준이었다. 남한은 1조 2천억 달러가 넘었다.

이러한 경제 격차는 중앙집권적 계획경제와 시장 중심의 수출주도형 전략 간의 차이를 극명하게 보여 준다. 북한은 기업과 협동농장에 자율권이 없고 노동자에 대한 인센티브도 부족했으며, 모든 경제 활동이 당의 계획에 따라 움직였다. 반면 남한은 박정희 정부 시절부터 수출 중심의 경제 전략을 채택하고 민간기업을 육성했으며, 생산성과 기술 개발을 통해 세계 시장에서 경쟁력을 확보했다. 결국 북한은 자력갱생을 고집하며 체제 경쟁에서 뒤처졌고, 경제력 격차가 수십 배에 달해 더 이상 남북 간의 체제 경쟁이 의미를 잃게 되었다.

북한은 폐쇄적이고 비경쟁적인 경제구조, 시민 위에 군림하는 정치 엘리트 계층의 지배로 인해 변화와 개혁은 거의 불가능한 구조다. 반면 남한은 지속적인 교육 투자와 기술 발전, 민주주의의 정착을 통해 산업화와 민주화를 동시에 이뤄 내며 선진국 반열에 올랐다. 물론 남한도 과거 권위주의 정권 시기를 겪었다. 특히 박정희 정권 시절에는 정치적 권력이 집중되었다. 다만, 경제 부문에서는 비교적 포용적 요소가 유지되었고,

수출 주도형 산업화 정책이 강하게 추진되었다. 그러나 이러한 정치적 집중이 장기적으로 경제 성장에 한계를 가져왔고, 결국 1980년대에 접어들며 한국은 민주화를 이뤄내고 정치 체제 역시 포용적으로 변모하게 되었다.

결론적으로 남북한의 차이는 단순히 자원이나 지리적 요인 때문이 아니라, 정치·경제 제도의 성격 차이에서 기인한다. 국민에게 자유와 인센티브를 제공하고 정치 권력을 분산시키는 포용적 제도야말로 지속 가능한 번영의 열쇠라는 점을 남한과 북한의 사례가 잘 보여 준다고 하겠다.

1) 과거 유산과 민족주의 형성

대한민국은 두 세대 만에 산업화와 민주화, 선진국 진입을 성취했는데, 1960년대 산업화가 시작되기 두 세대 전의 한반도는 어떠했을까? 신분제 폐지는 근대 사회로 나아가는 중요한 발걸음이었으며, 1894년 갑오개혁을 통해 공식적으로 폐지되었다. 사회 전반의 변화를 가져왔지만, 신분제에 대한 인식은 쉽게 사라지지 않았다. 19세기 말~20세기 초 조선에 살았던 선교사에 따르면[120] 지방에 거주하는 양반은 아무리 가난해도 절대 육체노동은 하지 않으려 했다. 하루 먹을 것도 없고 남에게 의지할 만큼 형편이 어려워도 일을 해서 돈을 벌겠다는 생각은 전혀 하지 않았다. 양반에게는 노동이 부끄러운 일이 아니라, 신분을 더럽히고 장래를 망칠 일이기 때문이었다. 오직 선비로서 공부하고 과거 시험을 통해 출세하는 것이 삶의 유일한 길이라고 믿었다. 이 선비가 양반이라는 사실은 그가

---

120)　제이콥 로버트 무스. 『1900, 조선에 살다』. 푸른역사. 2008. p137~138, 73.

잘났기 때문이 아니라, 그저 태생이 양반이라는 것만으로 마을 사람들은 일종의 존경심을 가지고 대한다. 하지만 그 존경은 꼭 찬양만은 아니었다. 현실과 동떨어진 삶을 고집하는 그의 모습은 때때로 사람들의 비웃음이나 심지어 증오의 대상이 되기도 했다.

서울에 대한 인상도 비슷했다. 서울은 서양의 대도시들과 달리 마치 모두가 쉬는 날처럼 조용하고 느긋한 분위기를 가진 도시와 같았다. 이곳에는 직업이 없고 특별히 하는 일도 없는 수천 명의 사람이 살고 있는데, 이들은 마치 옛날 선비처럼 거리를 산책하고 긴 담뱃대를 문 채 대화를 나누며 시간을 보냈다. 바로 '양반' 또는 '사대부'라 불리는 이들로 서울에는 이렇게 한가한 사람들이 많았다. 이들은 양반이기 때문에 육체노동이나 장사 같은 일은 자신과 어울리지 않는다고 여기고 심지어 관청 일이 아니라면 책상 앞에서 하는 사무 일도 하지 않았다. 양반의 역할은 관직을 맡아 백성을 다스리는 것이라 생각하기 때문이었다. 하지만 현실에서는 대부분의 양반들이 평생을 관직을 기다리며 보냈지만, 돈이 없어 그 자리를 얻지 못했다.

19세기 말 개신교 선교사들이 목격한 조선은 '생지옥'이라 불릴 만큼 혼란과 타락이 만연한 사회였다.[121] 경제는 완전히 무너졌고, 조선 정부는 근면성과 성실성을 파괴하는 착취와 부패의 온상으로 묘사되었다. 국가는 백성을 보호하기는커녕 관리·밀수꾼·군인과 결탁해 수탈에 앞장섰고, 백성들은 도적들에게까지 상납을 하며 삶을 연명해야 했다. 정직한 관리가 거의 없을 정도로 행정과 사법 체계는 부패했고, 모든 결정은 뇌물로 이루어졌다. 관직과 재판은 돈으로 사고팔 수 있는 상품에 불과했

---

121) 함재봉. 『한국 사람 만들기 III. 친미기독교파 1』 2021. p80, 95, 102.

으며, 조선 정부는 '도둑질을 위한 장치'로 전락한 상태였다. 공정한 노동의 대가를 기대할 수 없는 사회 속에서 사람들은 술과 도박에 빠지고, 사유 재산권의 불안정은 자포자기를 유도해 생산성마저 마비되었다.

1893년 조선에 온 무스 선교사는 성문화된 법률체계 없이 한 사람의 권력자가 마을을 지배하는 구조가 얼마나 많은 사회적 해악을 초래하는지를 지적했다. 그중 대표적인 문제는 신분 차별과 사법권 남용이다. 재판은 법 지식을 갖춘 판사가 아닌, 돈이 많은 유력 인물이 담당하며 정해진 절차도, 변호사나 배심원도 없이 이뤄졌다. 그 권력자는 보통 "사또"라 불리며, 법적 판결은 물론 행정과 세금 징수까지 전권을 행사했다. 사또는 지역 출신보다 중앙, 특히 서울 출신 양반이 많았는데, 이들은 해당 지역의 실상을 제대로 알지 못한 채 최고급 관청 건물과 저택에 거주하며 백성들을 다스렸다. 이들이 세금을 거두는 방식은 자의적이며 탐욕스러웠다. 중앙정부의 세금 요구는 도 단위를 거쳐 각 고을로 내려오며, 실제 국민에게는 부풀려진 금액이 과세됐다. 징수 과정에서 세금이 얼마나 덧붙여지는지는 불투명하며, 징수인들의 수고비 명목으로 중간 갈취가 이루어졌다.[122]

그럼에도 백성들은 종교에서도 위로 받기 어려운 고단한 삶의 연속이었다. 불교는 오랜 탄압으로 인해 몰락했고, 승려들은 천민으로 취급되며 도성 출입조차 금지되었다. 유교는 지배 이념으로서 국가 질서를 유지하는데 집중했지만, 백성들의 개인적 고통이나 정신적 위안을 제공하는 데는 한계가 있었다. 이러한 상황 속에서 조선의 백성들은 제도권 종교가 아닌 민간신앙과 무속에 의지했다. 그들은 자연과 질병, 재앙을 신

---

122) 제이콥 로버트 무스. 『1900, 조선에 살다』. 푸른역사. 2008. p244~246.

격화한 다양한 신과 귀신들을 믿었으며, 땅과 공기, 바다에 깃든 병마의 신들, 조상신, 산신, 칠성신 등 수많은 존재들이 삶의 불안과 고통을 해석하는 대상이 되었다. 이들은 기도와 제물, 북과 방울, 굿 등의 의식을 통해 신을 달래고 재앙을 막으려 했다.

당시 마을의 의료 수준은 매우 낮았고, 의사라 해도 효과적인 치료법을 갖추지 못했다. 보건 환경은 열악했으며, 위생 개념도 부족했다. 이런 상황 속에서 절반 이상의 어린아이들이 성인이 되기 전에 사망하는 것은 놀라운 일이 아니었다. 천연두는 단순한 질병을 넘어 공동체 전체가 감내해야 했던 공포의 상징이었고, 그에 대한 대응은 과학보다는 신앙과 미신에 의존하는 경우가 많았다. 천연두는 과거 한국사회에서 가장 두려운 질병 중 하나였다. 특히 어린아이들에게 치명적이었기 때문에, 사람들은 이 병을 단순한 의학적 질환이 아니라 초자연적인 존재인 '마마 귀신'의 저주로 인식했다.[123] 이에 따라 천연두로 아이가 사망하면, 가족은 또 다른 아이가 같은 병에 걸렸을 경우 그 아이가 회복될 때까지 죽은 아이를 묻지 않는 풍습을 따랐다. 이는 마마 귀신이 무덤을 파는 행위를 모욕으로 받아들여, 살아 있는 아이의 얼굴을 긁어 병을 악화시킨다고 믿었기 때문이다.

이러한 미신적 믿음은 장례 방식에도 영향을 미쳤다. 죽은 아이의 시신은 땅에 묻지 않고 거적에 싸서 나무에 묶거나, 개들이 접근하지 못하도록 높은 단에 올려놓았다. 귀신을 자극하지 않기 위한 조치였다. 실제로 도성 안 백성들의 시신을 성 밖으로 운구할 때 사용되는 시구문(屍軀門) 역할을 했던 광희문과 소의문 근처에서는 성벽 틈에 꽂은 막대기 위에 올

---

123) 이준석. 『일제강점기 사회와 문화』. 역사비평사. 2014. p213.

려진 어린아이의 시신이 30여 구나 되는 광경이 목격되기도 했다. 병이 창궐하는 시기에는 이러한 모습이 흔한 일이었고, 사람들은 이를 특별히 이상하게 여기지 않았다.

실질적으로 신분제가 폐지된 사회에서는 개인이 더 나은 삶을 살기 위해, 또는 사회적으로 더 높은 지위를 얻기 위해 노력하는 계층 상승 욕구가 자연스럽게 발생한다. 갑오개혁은 조선 사회의 신분제를 법적으로 폐지하고 계층 상승의 가능성을 열었지만, 현실적으로는 혼란과 부패로 계층 이동은 기대조차 할 수 없었다. 따라서 신분제는 사라졌지만, 새로운 사회적 질서가 형성되는 과정에서 사회적 불평등과 갈등은 지속되었다.

사정이 이렇다 보니 도덕과 사회 기강이 완전히 무너졌다. 곳곳에서 술에 취한 이들의 주정과 폭력, 거짓말과 사기, 일상화된 도둑질이 벌어졌다. 차를 마시는 문화나 사교적 기회조차 부족해 조선의 백성들은 과실주나 가정에서 제조한 독한 술에 의존했다. 도박은 극심한 중독으로 이어졌으며, 심지어 가족조차 내기 대상으로 전락할 만큼 윤리는 붕괴되었다. 결국, 신뢰와 온정은 사라지고 사회 전반에 깊은 불신과 불안이 자리 잡았으며, 서양인들의 시선에서 조선은 차마 눈 뜨고 보기 어려운 도덕적·사회적 파탄 상태에 놓여 있었다. 그리고 끝내 망국의 길을 걷게 됐다.

• 일제의 식민지 차별

대한제국은 1897년 10월 12일, 고종이 황제에 즉위하며 성립되었다. 고종은 국호를 '대한제국'이라 선포하고 덕수궁을 황궁으로 승격시켰으며, 궁 안에는 석조전과 중명전 같은 서양식 건물이 들어서기 시작했다. 이로써 궁궐은 전통 양식과 서양 건축이 공존하는 공간으로 변화하였고, 궁궐을 중심으로 방사형 도로망을 갖춘 도시계획이 추진되었다. 미국의 워싱턴 D.C., 프랑스의 파리, 영국의 런던을 모방한 것으로 오늘날의 시청광장 일대를 형성하는 초석이 되었다.

당시 한성에는 근대적 시설들이 속속 들어서기 시작했다. 학교, 병원, 언론기관, 통신망, 은행, 회사 등이 문을 열었으며, 경인철도와 한강철교가 1900년에 건설되어 교통 인프라의 획기적인 발전을 이루었다. 인력거와 자전거, 전차, 자동차가 순차적으로 도입되었고, 1896년쯤에는 최초의 공원인 파고다공원이 문을 열었다. 대한제국의 광무개혁이 지향한 옛 규범을 근본으로 삼고 새로운 것을 참고한다는 '구본신참(舊本新參)' 정신이 도시 공간에 구현된 결과였다. 그러나 대한제국의 근대화는 오래가지 못했다. 1905년 을사늑약 체결 이후 일본은 통감부를 설치하였고, 1910년 강제병합과 함께 한성은 조선총독부가 위치한 식민지 수도로 전락했다. 도시 명칭은 '경성'으로 변경되었고, 고종과 순종은 각각 덕수궁과 창덕궁에 격리되어 생활하게 되었다. 이는 일본이 두 왕을 이간시키기 위한 정치적 조치였다.[124]

일제는 강제병합 이후 궁궐들을 계획적으로 훼손하였다. 창덕궁 인정전에는 마루를 깔아 파티장으로 사용하였고, 규장각과 부속 건물들은 파괴하거나 용도를 변경해 양잠소로 만들었다. 창경궁은 동물원과 식물원, 시민공원으로 조성되어 1911년 '창경원'으로 이름을 바꾸었고, 일본 국화인 벚꽃이 곳곳에 심어졌다. 자경전은 철거되고, 그 자리에는 장서각이라는 일본식 건물을 지어 박물관 겸 왕실도서관으로 활용하였다. 서울의 상징이었던 숭례문 주변 도성은 1908년에 철거되어 숭례문은 외딴 섬처럼 남게 되었고, 일본인들은 충무로·퇴계로·용산·영등포 등지에 대거

---

124) 서울역사편찬원, 『서울 2천년사 1: 총설』, 2016, p54~56.

정착하였다. 남산에는 신사가 세워져 일본공원으로 탈바꿈되었으며, 경복궁은 앞부분 전각이 철거되어 조선총독부 건물이 들어섰고 후원에는 총독관저가 건설되어 궁 전체가 심각하게 훼손되었다. 경희궁에는 일본인을 위한 경성중학교가 설립되었다.

또한, 대한제국 황권의 상징이었던 환구단은 1913년 철거되어 그 자리에 조선철도호텔이 들어섰고, 명성황후를 추모하기 위해 조성된 장충단에는 이토 히로부미(이등박문) 기념 사찰인 박문사가 세워졌다. 장충단 공원 또한 벚꽃으로 장식되어 원래의 애국적 의미가 흐려졌다. 왕의 어진을 모셨던 영희전 자리는 경찰서로 개조되어 왕실의 상징은 사라졌다. 이처럼 대한제국의 수도 한성은 짧은 시간 동안 근대화를 이루었지만, 일제의 침략과 식민 통치에 따라 도시의 정체성과 역사적 자산이 철저히 훼손되고 말았다.

500여 년간 '조선의 수도'라는 지위를 누려온 서울은 경기도청 소재지인 경성(京城)으로 격하됐다. 하지만 일제는 서울을 단순한 지방 도시로 취급하지는 않았다. 염복규 교수에 따르면 한반도 통치를 위한 행정기관을 집중시키고 서구식 도시계획을 실험하는 공간으로 삼았던 것이다. 1910년대에는 격자형 공간구조를 정비하며 사대문 안 주요 도로망을 새로 조성했고, 이는 오늘날 서울의 도심 구조에도 큰 영향을 남겼다. 또한 일본 전통 양식보다는 서구 건축 양식을 적극적으로 도입해 서울역과 한국은행 본관 같은 건물이 세워졌다. 경성은 다른 식민지 도시와 달리 식민지민과 식민자가 공간적으로 분리되지 않아 잡거와 혼종이 나타났고, 독특한 도시적 성격을 형성했다. 1930년대 만주사변 이후에는 경성을 병참기지로 활용하기 위해 영등포를 공장지대로 육성했고, 방직·피혁·염색·제분 등 다양한 공장이 들어섰다. 일제의 도시계획은 서울의 근대적

발전에 일정한 영향을 끼쳤지만, 그 본질은 식민지 지배와 수탈을 위한 것이었다.[125]

일제는 서울을 일본의 신개척지로 만들기 위한 도시 개조에 착수했다. 서울의 정치·경제 중심지를 청계천 이북의 북촌에서 이남의 남촌으로 옮기며, 도시의 권력 구조와 공간 질서를 근본적으로 뒤흔들었다. 일제는 남촌을 집중적으로 개발하여 일본인 거주지로 만들었다. 이 과정에서 남촌은 서양식 일본 건물과 신작로로 채워졌고, 명동과 혼마치(현 충무로)를 중심으로 일본인 상권이 형성되었다. 남촌은 일본인들에게는 근대 문화를 향유할 수 있는 특별한 공간이었다. 백화점, 전시회, 공연장 등 일본에서나 볼 수 있었던 시설들이 들어서면서, 서울의 남촌은 마치 일본의 한 지방 도시처럼 변모했다. 이러한 도시 환경은 일본인들의 서울 유입을 가속화했고, 점차 더 많은 일본인이 남촌에 정착하게 되었다. 1930년대에 이르러 서울 인구의 약 20%가 일본인이었으며, 이들은 행정·경제·문화의 중심을 장악하며 서울을 식민 통치의 거점으로 만들었다.

한편 중국인의 조선 정착은 1882년 임오군란을 계기로 본격화되었다. 당시 조선에서 군란이 발생하자 청나라는 이를 진압하기 위해 군대와 함께 상인을 파견하였다. 청군은 진압 이후에도 조선에 장기 주둔하며 일본의 세력 확장을 견제하려 했고, 이와 함께 파견된 상인들은 군수 지원뿐 아니라 조선인과의 교역을 통해 경제적 기반을 다지기 시작했다. 청나라는 병상통일주의(兵商統一主義)라는 이례적인 정책을 통해 군인과 상인을 함께 파견하고, 상인의 활동을 적극적으로 보호하였다. 당시 청나라가 자국민의 해외 이주를 엄격히 제한하던 정책 기조와는 상반되는

---

125) 일제의 도시계획이 서울에 미친 영향은. 한겨레. 2016. 12. 7.

전략적 조치였다. 조선에서의 영향력을 강화하기 위해 청나라는 상인을 보호하고, 그들의 거주와 영업을 제도적으로 보장하였다.

1882년 청군 주둔 직후 조선과 청나라는 「조청상민수륙무역장정(朝淸商民水陸貿易章程)」을 체결하였다. 이 협정은 청국인에게 조선인과 동등한 거주·영업·여행의 자유를 보장하였고, 한성 내부에서 토지와 가옥을 소유할 수 있는 권리까지 부여하였다. 이에 따라 중국인 상인들은 서울의 중심지인 수표교 남북 지역에 거주지를 형성하였고, 이후 남대문로 일대에도 점포를 확장하였다. 1883년에는 서울, 인천, 부산에 중국인 상인과 관리들이 주재하기 시작했고, 인천에는 청나라 영사관이 설립되면서 북성동과 선린동 일대에 화교 거주지가 형성되었다. 이 지역은 점차 '중화거리'로 불리며 중국인의 주요 집결지가 되었다. 1884년에는 서울과 인천의 중국인 인구가 각각 350명, 235명으로 증가하였고, 이들은 식료품과 잡화를 판매하고 조선에서 사금을 수출하는 등 활발한 상업 활동을 펼쳤다.

중국인의 인구 증가에 따라 1884년 인천, 1887년 부산, 1889년 원산에 화상 조계지가 설치되었다. 1898년 의화단 운동으로 산둥성 일대가 전란에 휘말리자, 많은 중국인이 피난을 위해 조선으로 건너왔고, 인천은 서울과 함께 중국인의 양대 거주지가 되었다. 1894년 청나라와 조선은 「청상보호규칙」을 제정하여 중국인의 정착을 제도적으로 인정하였다. 이 시기 조선으로 이주한 중국인은 산둥, 허베이, 장쑤, 저장, 푸젠, 광둥 등 다양한 지역 출신이었으며, 그중 산둥 출신이 가장 많았다.

청일전쟁 이후 일본이 조선에서 세력을 확장하면서 중국인의 주요 상권이었던 남대문로 일대는 일본인에게 넘어갔지만, 중국인들은 종로 2가에서 종로 5가, 명동, 정동, 수표교 일대 등 간선도로를 따라 광범위한 상권을 유지하였다. 1905년 을사늑약 체결 이후에도 청나라는 자국민 보호를 위해 공관을 영사관으로 격하하여 잔류하였고, 이에 따라 중국인의 인구와 상권은 한일강제병합 이후에도 지속적으로 증가하며 확장되었다.

일제강점기 조선에서 화교들은 인천과 서울 등 대도시 상권을 빠르게 장악하며 부를 축적해 나갔다. 그들의 인구는 1910년 1만 명을 넘었고 1930년에는 약 7만 명에 달할 정도로 급증했다. 화교들은 민족적 정체성을 고수하며 이윤 추구에 몰두했는데, 이러한 폐쇄적 태도는 조선 민중의 반감을 키웠다. 화교가 조선인의 일자리를 빼앗고 돈만 번다는 인식이 확산되는 가운데, 1931년 만주 지린성 만보산에서 "조선인이 화교에 의해 피살됐다"는 오보가 참극을 불러왔다. 인천을 비롯한 전국 각지에서 폭동이 일어나 수많은 희생자가 발생했으며, 특히 평양에서는 폭도들이 화교의 일터를 습격해 여성과 영유아 등 100여 명을 학살하는 비극이 벌어졌다.[126]

일제 강점기 조선인들의 삶은 차별과 수탈 속에서 고통받는 삶이었으며, 동시에 근대화라는 명목 하에 변화를 겪어야 했다. 일본은 서구 제국주의 국가들과 달리 조선을 단순한 경제 수탈의 대상이 아닌, 정착형 식민지로 삼으려 했다. 이에 따라 중앙정부뿐 아니라 지방까지 철저하게 직접 지배했고, 당시 세계적인 식민 통치 방식과 비교해도 매우 이례적인 사례였다. 인도에서의 영국 관료 비율이 1:28,000명에 불과했던 반면, 일제 강점기 한국에서는 일본 관료의 비율이 1:420명에 달해 그 통치의 밀착성과 철저함이 뚜렷하게 드러났다. 이러한 높은 비율은 조선을 완전히 장악하고 지배하려는 일본의 강한 의도를 보여주는 대표적인 지표라 할 수 있다.[127]

---

126) [올드&뉴] 한국 화교 수난사… "역사 알고 자중을". 연합뉴스. 2025. 2. 27.
127) 김정훈. 『한국인의 에너지, 민족주의』 피어나. 2020. p68.

이러한 직접 지배는 단순한 행정 통제를 넘어 문화와 전통의 억압으로 이어졌다. 대부분의 비서구 식민지에서는 토착민이 전통을 재생산할 수 있었지만, 조선에서는 조선어 사용이 금지되고, 일본이 창조한 전통이 소학교를 통해 강요되었다. 특히 천황에 대한 충성을 중심으로 한 일본식 전통은 해방 이후 한국사회에서 권력자에 대한 충성으로 전환되었고, 이어 공식 민족주의의 형태로 자리 잡았다. 이 과정에서 유교의 '충(忠)'과 '효(孝)'는 본래의 도덕적 의미를 벗어나 국가주의와 집단주의를 정당화하는 이데올로기적 도구로 변질되었다. 유교는 권위주의 정권을 지탱하는 수단으로 활용되었으며, 그 결과 한국사회는 수직적이고 위계적인 구조를 당연시하게 되었다. 이는 식민지 시기의 억압적 통치와 해방 이후 권력 구조가 맞물리며 형성된 역사적 결과로 볼 수 있다.

일제의 무단 통치와 문화 통치 속에서 조선인들은 정치적 자유를 박탈당하고 경제적으로 착취당했다.[128] 또한, 강제 징용과 위안부 문제 등 인권 유린의 역사를 겪었다. 한국의 근대화는 전통사회에서 근대사회로의 이행이라는 과제를 수행해 왔지만, 그 과정은 온전한 형태의 근대가 아닌 식민 지배로 인해 왜곡된 근대였다. 근대 사회란 기술의 진보를 기반으로 물질적 풍요를 누릴 수 있으며, 구성원 개인이 평등과 자유, 행복을 향유할 수 있는 사회를 의미한다. 하지만 한국에서의 근대화는 이런 이상적인 모습과는 거리가 멀었다. 서구에서는 시민계급이 정치·경제·문화 전반의 근대화를 주도했지만, 한국에서는 조선 말기의 자생적 시민계급 형성이 국가의 멸망과 함께 좌절되었으며 근대화의 주체가 부재한 채 식민지화가 진행되었다. 개항 이후 서구식 근대는 문명으로, 조선의 전통

---

128) 이준석. 『일제강점기 사회와 문화』. 역사비평사. 2014. p28~29.

은 야만으로 규정되며 이분법적 인식이 강해졌다.

정치학자 정윤재는 근대성의 핵심을 민족의 정치적 독립과 공업화, 민주정으로 제시했다. 이 기준에 따르면 일본은 서구 문물을 받아들여 외형적으로 근대화를 이룬 듯 보였지만, 실제로는 천황제를 정치적으로 이용해 정치와 종교를 결합하고, 제국 내 타민족을 천황의 신민으로 만들며 근대화와는 정반대의 길을 걸었다. 근대화의 핵심 표상은 자유와 평등의 확산인데, 군국 일본은 한반도에서 이를 철저히 억압했다. 토지와 자원의 수탈, 강제 징용과 징병, 공포 정치와 일상적 감시, 고용·임금·교육 등 사회 전반에 걸친 차별은 근대화와는 거리가 먼 것이었다. 따라서 일제가 한반도 한인의 자유를 정치적으로는 군국주의로 탄압하고, 경제적으로는 간섭주의와 사회주의적 방식으로 생산성이 낮은 체제를 강제했으며, 일본인과 한인을 차별함으로써 식민지 한반도의 근대화를 오히려 방해했다. 즉 일본의 식민 지배는 자유와 평등을 억압하고 독립과 민주정, 공업화를 저해한 반근대적 지배였다.[129]

결국 일제강점기의 조선은 겉으로는 근대적 형태를 띠고 있었지만, 실제로는 구조적이고도 심화된 민족차별이 사회 전반에 뿌리내린 불평등 사회였다. 일제는 조선을 배신하고 일본 제국에 협조한 친일 인사들에게 귀족 작위를 수여했으나, 이러한 보상조차도 철저히 차별적이었다. 예컨대 조선인 중에서는 최고위 작위인 공작을 받은 사람이 한 명도 없었고, 대표적 친일파였던 이완용과 송병준조차 초기에는 백작, 자작 등 중하위 작위에 머물렀다. 결국 친일 인사들조차 '조선인'이라는 이유만으로 일본 귀족 사회 내에서 완전히 받아들여지지 못했음을 보여준다. 이와 같은

---

129) "군국 일본은 전시사회주의, 조선 근대화를 오히려 방해했다". 한겨레. 2025. 6. 16.

차별은 정치, 교육, 행정, 노동 등 사회 모든 분야에 걸쳐 나타났다. 조선 총독부 산하의 고위 공무원이나 교사 등 주요 직책에 조선인이 등용되는 비율은 10%도 채 되지 않았고, 조선인 노동자들은 일본인과 같은 노동을 하면서도 턱없이 낮은 임금을 받았다. 농민들은 각종 수탈에 시달리며 생계를 이어가는 것조차 어려웠다. 일본이 내세운 '내선일체'나 평등을 강조한 '일시동인(一視同仁)' 같은 표어는 실질적 동화가 아닌 허구에 불과했다.[130]

일제 강점기 조선인 노동자들은 극도로 열악한 노동 조건 속에서 일했다. 산업화가 진행되며 공장 수와 노동자 수는 증가했지만, 이들의 처우는 개선되지 않았다. 낮은 임금과 장시간 노동, 열악한 작업 환경은 일상적이었고, 조선인이라는 이유로 정당화되었다. 일본인 어용학자들은 조선인 노동자가 게으르고 책임감이 없다는 편견을 퍼뜨리며 낮은 임금이 정당하다고 주장했다. 성별과 연령을 불문하고 차별은 심각했으며, 조선인 여성 노동자의 임금은 남성의 절반 수준에 불과했다. 조선인 전체의 임금 수준도 일본인 노동자의 1/3~1/2 수준으로 차이가 컸으며, 노동 시간은 더 길었다. 여기에 더해 십장 등 관리자들의 착취, 벌금, 강제 저축 등이 부과되면서 실질 임금은 더욱 낮아졌고, 노동자들은 폭행과 체벌까지 감내해야 했다. 일제는 폭력과 처벌을 통해 조선인 노동자들을 통제하며 이들을 철저히 억압했다.

이렇다 보니 1920년대 조선 사회는 노동과 농민 분야에서 급격한 변화가 일어났다. 전국적으로 공장이 늘어나면서 노동자 수가 증가했고, 저임금과 열악한 노동 환경에 대한 불만이 커지면서 노동쟁의가 점차 조직

---

130) 이준석. 『일제강점기 사회와 문화』. 역사비평사. 2014. p40~41, 86~87.

적으로 전개되었다. 1921년에는 노동쟁의가 36건에 불과했지만, 1923년에는 두 배로 늘어난 72건을 기록했다. 다음해인 1924년 들어서 노동운동은 더욱 폭발적으로 성장했다. 전조선노동총동맹의 발기와 조선노동총동맹, 조선노동당의 결성으로 노동자들의 조직력이 크게 강화되었고, 그 결과 노동쟁의 참가 인원은 6,751명에 달했다. 농민운동 역시 지주의 횡포와 착취에 맞서 조직적으로 확대되었다. 특히 1923년 암태도 소작회의 결성은 전국 소작쟁의의 불씨가 되었고, 1924년에는 지주 규탄대회와 소작인의 권리 관철로 이어지며 농민운동으로 발전했다. 노동자와 농민 모두 생존을 위해 조직을 형성하고 집단적 투쟁을 전개한 것이다. 1920년대는 노동자와 농민이 단순한 경제적 요구를 넘어 조직적 사회운동으로 발전한 전환점이 되었으며, 이후 한국사회의 근대적 사회운동 기반을 마련한 중요한 시기로 평가된다.[131]

이처럼 조선 사회는 단순히 민족 간의 지배·피지배 관계에 머물지 않고, 근대 자본주의 사회에서 나타나는 계급 간 불평등과 민족 간 차별이 중첩된 이중 억압 구조 아래에 놓여 있었다. 자본가와 노동자, 지주와 농민 사이의 불평등 위에 일본인과 조선인이라는 민족적 위계가 덧씌워진 것이다. 따라서 식민지 조선의 근대화는 외형만 근대적일 뿐 본질적으로는 민족차별에 기초한 불평등 사회였다.

그럼에도 일제강점기 당시 한국인들은 새로운 지식과 문물을 배우기 위해 교육에 큰 관심을 가졌다.[132] 특히 서울은 교육기관이 집중된 지역이었고, 많은 사람들이 배우고자 했다. 하지만 일본은 식민지 정책의 일환으로 한국인들에게 차별적인 교육 제도를 적용했다. 1910년대에는 학

---

131) 박영규. 『일제강점실록』. 웅진싱크빅. 2017. p205~206.
132) 서울역사편찬원. 『서울 2천년사 1: 총설』. 2016. p235.

교에서 한국인 학생들의 수업 기간이 일본인 학생보다 짧았고, 학교에 들어가는 비율도 크게 달랐다. 예를 들어 1911년에는 서울의 한국인 아동 취학률이 7.9%였던 반면, 일본인 아동은 59.7%였다. 1920년대에 접어들며 변화가 일었다. 1922년에 차별적인 교육 법령이 폐지되었고 이후에도 일본인 학생과의 취학률은 계속 차이가 났다. 하지만 조선인 학부형들이 자녀, 특히 아들에 대한 교육에 적극성을 보이기 시작했고, 그에 따라 보통학교 취학률도 급증했다. 단순히 학교 수의 증가뿐 아니라 근대교육을 통한 출세와 민족적 성장에 대한 강한 열망에서 비롯된 것이었다. 남녀 간 취학률의 격차는 여전히 심했지만, 전반적으로 교육의 기회는 확대되었다.

1930년대에는 보통학교가 일본어 교육과 사회적 상승의 통로로 자리 잡았다. 당시 사회에서 일자리를 얻기 위해선 일본어 능력이 필수였으며, 보통학교는 이를 배우는 가장 확실한 경로였다. 이에 따라 조선인은 더 이상 근대 교육을 외면할 수 없는 상황에 놓이게 되었다. 1942년까지 보통학교 학생 수는 178만 명에 달했으며, 반면 서당 학생은 15만 명으로 줄어들었다. 불과 20년 만에 초등교육의 중심이 서당에서 보통학교로 완전히 전환된 셈이다. 당시 보통학교는 의무교육이 아니었고, 조선인은 일본인보다 더 많은 월사금을 부담했음에도 불구하고 자녀의 교육을 위해 적극적으로 투자했다. 이는 개인의 입신출세 욕구뿐 아니라 민족적 자강의 열망이 반영된 결과였다. 3·1운동 이후 각 지방에서 보통학교 설립 움직임이 활발했던 것도 이 같은 교육열을 방증한다. [133]

한국인 남학생이 다닐 수 있는 공립 중등학교는 경성고등보통학교와

---

133) 이준석. 『일제강점기 사회와 문화』. 역사비평사. 2014. p190~191.

경성제2고등보통학교 두 곳뿐이었고, 여학생들을 위한 공립 학교는 경성여자고등보통학교 하나였다. 사립학교로는 양정, 배재, 보성, 휘문, 중앙 같은 학교들이 있었지만 수는 많지 않았다. 조선총독부는 한국인을 위한 교육을 보통학교 수준에서 실업 중심으로만 제한하려 했고, 전문학교나 대학을 세우는 데는 매우 소극적이었다. 1930년대까지 전국에 전문학교는 모두 15개뿐이었고, 그중 한국인이 많이 입학한 곳은 경성법학전문학교 하나뿐이었다. 그 외 대부분의 학교는 일본인을 위한 곳이었다. 1924년에 설립된 경성제국대학은 조선에서 유일한 대학이었지만, 실제로는 일본인을 중심으로 운영되었고, 한국인들에게는 진학이 매우 어려운 곳이었다. 한국인들은 교육을 받기 위해 열심히 노력했지만, 일제의 차별적인 제도 때문에 많은 제한을 받을 수밖에 없었다.

일제강점기 시절 도입된 상대평가 제도는 이후 한국 교육의 경쟁적 성향을 심화하는데 깊은 영향을 주었다.[134] 당시 초중등학교에서는 학생들의 모든 과목 평균 점수를 기준으로 석차를 매기고, 이 석차를 진학이나 취업 등에 활용했다. 이 평가방식은 단순한 교육을 넘어서서, 학생 간의 능력을 변별하고 선발·분류·배치하는 수단으로 작용했다. 이러한 상대평가 제도는 식민지 지배 전략인 '학력에 따른 민족분할정책'의 일환으로서 고학력자가 저학력자를 대리 통치하게 함으로써 지배를 용이하게 하려는 의도에서 비롯되었다. 이에 따라 학교 교육은 개개인의 소질을 발전시키는 기능보다 학생을 선별하고 서열화하는 기능에 치우쳤으며, 학생들은 친구와 협력하기보다는 서로 경쟁하게 되었고, 반일이나 항일운동에 대한 관심을 약화시키는 결과를 낳았다. 그럼에도 불구하고, 해방

---

134) 백순근. 『일제강점기의 교육평가에 대한 연구』. 서울대학교 교육연구소. 2002.

이후에도 이러한 석차 중심의 평가 제도가 지속되면서 학생들 사이의 경쟁은 더욱 심화되었고, 협동학습보다 개인의 성취를 중시하는 분위기가 조성되었다. 이로 인해 교육은 공동체 의식보다는 이기적이고 기회주의적인 성향의 개인을 양산하는 방향으로 흘러가게 되었다.

• 민족주의 형성

기원전 2333년 단군왕검이 고조선을 건국했다는 기록에서 보듯이 한민족은 수천 년의 유구한 역사를 갖고 있다. 한반도와 주변 지역의 유물·유적을 통해 선사 및 역사시대 문화를 연구하는 고고학은 수많은 유적 발굴과 편년계열을 통해 한반도의 선사시대와 고대사를 체계적으로 구분해 왔다. 구석기 시대는 기원전 1만 년 이전의 시기로, 전기(약 100만~10만 년 전), 중기(약 10만~3만 5,000년 전), 후기(약 3만 5,000~기원전 1만 년 전)로 나뉘며, 최근에는 중기와 후기의 시기 경계에 대한 재조정이 이루어지고 있다. 신석기 시대는 기원전 약 6,000년~1,000년의 시기로, 전기·중기·후기로 나누며, 남부 지역에서는 조·전·중·후·말기의 5기로 세분화하기도 한다. 이 시기의 종말은 유문토기의 출현으로 시작되며, 이를 제작한 예맥족은 우리의 직계 조상으로 간주된다.

청동기 시대는 기원전 1,000~300년으로 설정되며, 청동기 유물은 상대적으로 적은 편이어서 무문토기의 형태 변화에 따라 전기·중기·후기로 나눈다. 예맥족은 남하하여 빗살무늬토기 원주민을 흡수하고 동화되었다. 초기 철기시대는 기원전 300년~기원후 1년까지로, 한국식 동검문화의 성립과 발전, 쇠퇴를 기준으로 I·II·III기로 구분된다. 이 시기는 예맥족이 완전히 한국화되고 국가가 성립하는 시기이다. 이후 원삼국시대(기원후 1~300년)는 삼국시대 전기로 간주되며, 삼국시대 후기는 300년부터 통일신라 이전인 668년까지로 설정된다.

한국 고고학은 1970년대 이후 연구 방법과 성과 면에서 큰 도약을 이루며 학문적 기반을 확장해왔다. [135] 1965년 원자력연구소에 방사성탄소연대측정 시설이 설치되고, 1975년 문화재관리국 산하에 문화재 연구소가 발족되면서 공업단지, 댐, 주택 건설, 사적지 정화사업 등과 관련된 대규모 발굴이 활발히 진행되었다. 이를 바탕으로 1976년에는 한국고고학연구회가 창립되어 매년 전국대회를 개최했고, 1987년에는 한국고고학회로 개칭되어 우리나라 고고학 연구의 중심 학회로 자리 잡았다.

해방 이전에는 존재조차 부정되거나 알려지지 않았던 구석기 시대와 청동기 시대의 유적과 유물이 남북한에서 속속 발견되었고, 신석기 시대, 초기 철기 시대, 후기 철기 시대(원삼국시대), 삼국시대에 대한 편년이 설정되면서 각 시기의 문화 내용도 크게 확대되었다. 1980년대부터는 지질학, 지구물리학, 식물학, 동물학 등 자연과학과의 협력이 활발해졌고, 1990년대에는 지역별 문화재 연구원이 설립되면서 고고학의 저변이 크게 확대되었다. 이에 따라 한국구석기학회(1999), 한국신석기학회(1990), 한국청동기학회(2007), 한국상고사학회(1987) 등의 분과학회와 영남·호남·호서·중부 등 지역학회들이 설립되었다.

그런데, '민족'이라는 개념은 한민족의 유구한 역사에 비하면 최근에 확산된 개념이다. '민족'과 '민족주의' 개념은 사실상 근대 이후 서구에서 형성되어 전파된 관념이다. '민족'이라는 개념은 국내에 1900년쯤 처음 유입되었으며, 1906년부터 본격적으로 사용되기 시작했다. 이 개념은 중국과 일본을 거쳐 들어왔으며, 특히 일본의 근대 민족주의 담론이 한국에

---

135) 서울역사편찬원. 『서울 2천년사 38』-현대 서울의 학술과 종교. 2016. p90~92.

영향을 미쳤다. 이후 1919년 3·1 운동과 1920년대 문화운동을 계기로 '민족'이라는 개념은 사회 전반에 확산되었다. 이 시기 민족주의는 언어, 역사, 종교 등에서 한국의 독자성을 강조하는 문화적 민족주의의 성격을 띠었다. 이는 식민지 지배에 저항하고 민족 정체성을 확립하기 위한 전략이었다.[136]

일제 강점기 당시 독립국가의 가능성이 어려워질수록 민족을 국가 형성의 주체로 삼는 움직임이 강화되었다. 이에 따라 민족 정체성을 구성하기 위한 역사와 전통의 재정립, 즉 '역사 만들기'가 아래로부터 진행되었으며, 그 핵심은 단군의 재발견이었다. 단군은 유구하고 자랑스러운 민족사를 상징하는 존재로 부각되었고, '단군민족주의'는 독립운동의 사상적 기반이 되었다. 단군 숭배 전통은 이미 13세기 『삼국유사』와 『제왕운기』 등에서 확인되며, 17세기에는 '소중화' 사상의 핵심 요소로 자리 잡았다. 특히 갑오개혁기의 시대정신과 맞물려 단군은 개국 시조로, 기자(箕子)는 유교 문화의 창시자로 받아들여졌고 이들은 민족 정체성 형성에 활용되었다.[137]

그러나 일제 식민사관과 유교 중심의 사대주의를 비판한 신채호는 『독사신론』을 통해 단군 중심의 역사 인식을 강조하며 기자(箕子)를 역사에서 배제했다. 그는 단군-부여-고구려로 이어지는 계보를 통해 민족 정신을 기반으로 한 역사관을 구축하였다. 이는 종족적 민족주의로 발전했고, 단군만을 국조로 인식하는 민족주의가 퍼지게 되었다. 이런 흐름 속에서 1909년 단군교가 창건되고 1910년 대종교로 개칭되었으며, 단군민족주의는 민족의 독립 정당성과 자긍심을 뒷받침하는 사상으로 정착했

---

136) 박찬승. 『민족·민족주의』. 소화. 2016. p12~13.
137) 김정훈. 『한국인의 에너지, 민족주의. 피어나』 2020. p91~95.

다. 이상룡, 유인식, 박은식, 신채호, 신규식 등은 대종교에 입교하여 단군을 중심으로 고조선의 역사를 새롭게 서술하고자 했다. 이들은 단군을 역사화함으로써 민족의식 고취와 독립운동의 정신적 기반을 마련하고자 했다. 3·1운동 당시 각지의 독립선언서들이 단기연호를 사용하며 단군의 자손임을 강조했고, 해방 후 대한민국 정부는 개천절을 국경일로, 홍익인간을 교육이념으로 삼고, 단기 연호를 공식 채택하는 등 단군민족주의를 제도화하였다.

또한 우리말은 조선말기에 이르러 민족 정체성의 핵심 요소로 인식되기 시작했다. 유길준은『서유견문』을 집필하면서 국한문혼용체를 사용해 기존 한문 중심 문체에서 탈피해 우리말 어순에 맞춘 새로운 서술 방식으로 국문 사용의 문을 열었다. 이러한 흐름은 주시경에게 계승되어 본격화되었다. 주시경은 언어를 민족의 본질로 정의하며 '한글'이라는 이름을 처음 붙였고,『국어문법』(1910)과『말의 소리』(1914)를 통해 국어 연구의 토대를 마련했다. 그의 제자인 최현배, 이윤재 등도 조선어학회를 조직해 일제강점기에도 한글 연구와 보급에 힘썼다. 조선어 학회는 강습회와 강연회를 통해 국민들에게 한글을 알리고, 잡지 〈한글〉을 간행하여 연구 성과를 정리·발표하였다. 또한 한글 기념일인 '가갸날'을 제정하여 우리말 쓰기를 권장함으로써 한글의 대중화에 크게 기여하였다. 이들의 가장 큰 학문적 성과는 한글 맞춤법 통일안과 표준어 제정이었다. 나아가 학회는 우리말 큰사전 편찬을 시도했으나, 일제의 방해로 끝내 완성하지 못했다. 일제는 조선어 학회를 독립운동 단체로 간주하여 회원들을 체포·투옥하고, 결국 학회를 강제로 해산시켰다. 조선어 학회의 활동은 일제의 우리말·우리글 말살 정책에 정면으로 맞선 저항이자, 민족 문자를 지키려는 항일 운동이었다. [138] 이러한 언어 중심 민족주의는 3·1운동을 거치며 민족 전통으로서 위상을 확고히 하게 된다. 3·1독립선언문은 단군을 민족의 기원으로, 반만년 역사를 민족의 정통성으로 규정하면서 민족 정체성을 강조한다. 또한 이 선언문은 국한문 혼용체로 작성되어, 한글이 민족의 고유 전통임을 상징적으로 드러낸다. 이는 언어와 역사라는 두 축을 통해 일제의 억압 속에서도 민족 전통을 재발견하고 강화하려는 노력의 결실이라 할 수 있다.

식민화 이전에도 척사위정 운동, 의병운동, 1894년 농민전쟁과 같은 반외세적 저항이 존재했다. 그러나 이 시기의 운동은 근대적 의미의 민족주의라고 보기는 힘들다. 본격적인 민족주의는 일본 제국주의의 식민 지배 경험을 통해 나타났다. 외세의 지배를 받는 현실 속에서 한국인들은 일본을 우리와 다른 존재로 인식하게 되었고, 이에 대립하는 주체로서 자신들을 하나의 단일한 민족으로 상상할 수 있게 되었다. 특히 1919년 3·1운동은 한국 민족주의의 결정적 계기였다. 이 운동은 신분과 계층을 넘어 전국적으로 확산되었으며, 전 주민이 동등한 민족 구성원으로 참여하는 역사적 경험을 가능하게 했다. 이를 통해 한국인들은 단일한 민족 공동체라는 의식을 확립할 수 있었고, 근대적 민족주의가 비로소 형성되었다. [139] 해방 이후에는 남북 분단이라는 정치적 현실 속에서 '단일 민족설'이 강조되기 시작했고, 한국 민족주의의 성격을 혈통 중심으로 변화시키는 계기가 되었다. 단일민족 담론은 분단 상황에서 민족적 통합을 강조하는 수단으로 작용했으며, 이후 한국사회에 깊이 뿌리내렸다.

이를 볼 때 한국 국민의 민족주의적 성향은 크게 세 가지 요인에서 비

---

138) (2) 국학 운동의 전개. 우리역사넷(https://contents.history.go.kr)
139) 민족주의(民族主義)-한국민족문화대백과사전(https://encykorea.aks.ac.kr).

롯된다.[140] 첫째, 한국은 단일 민족으로 구성된 국가라는 인식이 강하다. 국민 간의 동질성을 강조하며, 사회 통합과 집단적 결속을 촉진하는 객관적 조건으로 작용한다. 민족적 동일성은 개인의 정체성을 '한민족'이라는 범주로 쉽게 환원시키며, 국가적 정체성과도 밀접하게 연결된다. 둘째, 한국은 역사적으로 식민지 지배를 경험했고, 일본·중국·소련 등 주변 강대국에 둘러싸인 지정학적 위치에서 약소국으로서 설움을 겪어왔다. 여기에 한국전쟁과 분단이라는 정치사회적 위기까지 겹치면서, 국민들은 외부 위협에 대한 집단적 대응과 단결의 필요성을 강하게 인식하게 되었다. 이러한 경험은 민족주의를 생존과 자존의 수단으로 강화시켰다. 셋째, 한국은 상대적으로 작은 영토에 높은 인구밀도를 가진 국가로 중앙집권적 국가 체제를 통해 내적 통합력을 높이는 구조를 갖고 있다. 이 때문에 민족주의가 국가주의와 결합되어 더욱 강력한 통합적 정체성으로 작동하게 만든다.

민족주의는 사회적 결속력을 강화하는 데 있어 중요한 역할을 한다. 먼저, 민족주의는 구성원들이 공유하는 혈통, 언어, 문화, 관습 등을 바탕으로 공동체 의식을 형성하게 한다. 이러한 '우리'라는 인식은 개인에게 소속감과 정서적 유대감을 제공하며, 사회 내부의 연대감을 높이는 기반이 된다. 또한 민족주의는 '우리 민족'이라는 집단적 정체성을 확립함으로써 외부 집단과의 차별성을 강조하고, 고유한 역사와 가치를 통해 구성원들의 자부심을 고취시킨다. 구성원들이 자신이 속한 집단에 대해 긍정적인 인식을 갖게 하며, 공동의 목표를 향해 나아가는 동기를 부여한다.

민족주의는 근대화 과정에서 중요한 역할을 해 왔다. 우선, 민족주의는

---

140)　이병천, 홍윤기, 김호기. 『다시 대한민국을 묻는다』. 역사와 좌표. 2008. p524~525.

언어, 역사, 문화의 공통성을 바탕으로 국민국가의 형성을 정당화하고 촉진하는 데 기여했다. 이는 중세 봉건 질서와 보편적 세계관을 해체하고, 자율적이고 통합된 정치 공동체를 형성하는 데 기초가 되었다. 또한 민족주의는 교육, 언론, 군대, 스포츠 등을 통해 국민 통합의 이데올로기로 기능하며, 공동의 정체성과 집단의식을 형성하였다. 따라서 산업화와 도시화에 따라 발생한 사회 계층 간 분화와 갈등을 민족이라는 상징으로 봉합하려는 시도로도 나타났다. 경제적 측면에서도 민족주의는 국민 단위의 경제 공동체 형성을 통해 자본주의적 생산체계와 근대화를 촉진하는 물적 토대를 제공하였다.

한국 민족주의의 형성은 일제강점기라는 역사적 고난 속에서 시작되어, 해방 이후 정치적·문화적·경제적 맥락 속에서 점차 구체화되고 성숙해진 복합적인 과정이다. 1960년대 후반부터는 '싸우면서 일하자', '국민총화', '총력안보' 등 국방과 경제개발을 결합한 구호들이 등장하며, 민족주의는 '한국식 민주주의'라는 이름 아래 국가주의로 발전했다. 이 과정에서 만주 출신의 사학자 이선근은 화랑도의 세속오계를 통해 유교적 충성과 효도를 강조하며 민족 정신을 재구성했고, 이순신을 민족 영웅으로 부각시키며 민족 주체성을 강화했다. 그는 '건국 이념'이라는 개념을 통해 민족주의를 국가 정체성과 연결시키는 작업도 수행했다. 1970년대에는 최창규와 같은 민족주의 이론가들이 등장하여, 민족의 저항과 자주, 위정척사 운동 등에서 한민족의 주체성을 강조했다. 이들은 유교적 전통 속에서도 민족의 의리와 저항 정신을 찾아내려 했으며, 민족주의를 한국 사상의 중심으로 자리매김하려 했다.[141]

---

141) 한석정. 『만주 모던』. 문학과지성사. 2016. p283, 290~291.

따라서 한국 민족주의는 단순한 이념이나 감정의 차원을 넘어, 역사적 경험과 지리적 조건, 사회 구조 속에서 형성된 집합적 정체성의 방식이다. 이러한 배경 속에서 한국 국민들은 개인의 정체성을 민족과 국가의 정체성과 쉽게 동일시하며, '민족'이나 '국가'에 속하지 않는 개인이나 집단은 사회적으로 배제되기 쉽다. 국민 개개인은 곧 '한민족'이며, '대한민국'이라는 국가 그 자체로 인식되는 경향이 있다. 결과적으로 한국의 민족주의는 역사적 상처와 집단적 생존 전략, 그리고 사회적 통합의 필요성이 결합된 복합적 구조로서 개인의 정체성과 사회적 관계를 규정하는 강력한 문화적·정치적 틀로 작용해 왔다. 이는 한국사회의 집단주의적 성향, 국가 중심의 정체성 형성, 그리고 외부 위협에 대한 민감한 반응 등을 설명하는 핵심 요소이기도 하다. 또한 1960~70년대에 들어서면서 민족주의는 국가 주도의 근대화와 경제성장 정책 속에서 국민을 단결시키고 애국심을 고취하는 수단으로 활용되었다. 특히 새마을운동과 산업화 과정에서 민족주의는 근대화를 추진하는 중요한 에너지로 작용하였다. 이 시기에는 국가 발전을 곧 민족의 발전으로 인식하며, 민족주의가 산업화와 근대화의 추진력을 제공하는 역할을 했다.

2) 평등한 출발

일제강점기 동안 독립운동가들은 단순히 국권을 회복하는 데 그치지 않고, 앞으로 세워질 나라가 더 이상 황제 중심의 군주국이 아니라 국민이 주인이 되는 민주주의 국가가 되어야 한다고 보았다. 이러한 의지는 임시정부의 국호를 '대한민국'으로 정할 때 분명하게 드러난다. '민국(民國)'이라는 표현은 곧 국민의 나라, 즉 국민주권을 핵심 가치로 삼겠다는 선언이었다. 1919년 3·1운동 이후 국내외에서 여러 임시정부가 수립되었는데, 이들 모두가 공화정을 지향했다는 점은 매우 중요한 흐름이다. 3·1운동은 단순한 독립운동을 넘어, 민족 전체가 참여한 공론장의 형성이라는 점에서 의미가 크다. 이 운동은 국내외에서 다양한 계층과 집단이 참여한 민족적 공론장의 원형이 되었으며, 이후 임시정부 수립과 독립운동의 전개 과정에서 공화제와 민주주의에 대한 인식이 점차 확산되었다. 그중 상하이에서 수립된 대한민국 임시정부는 여러 임시정부를 통합하며 우리 역사 최초의 민주공화 정부로 자리 잡았다.

임시정부는 '대한민국 임시헌장'을 제정하면서 제1조에 "대한민국은 민주공화제로 한다"고 명시했다. 군주제를 완전히 부정하고, 국민이 국가의 주권을 가진다는 원칙을 헌법적 가치로 확립한 결정적 순간이었다. 이러한 임시정부의 정신은 해방 이후 제정된 대한민국 헌법으로 이어졌다. 1948년 제헌헌법 제1조 제1항은 임시헌장의 내용을 그대로 계승하여 "대한민국은 민주공화국이다"라고 규정했다. 결국 오늘날 대한민국의 국가 정체성은 독립운동가들이 일제강점기 속에서도 포기하지 않았던 국민주권과 민주공화국의 이상에서 출발한 것이다.[142] 한국에서 왕정 복귀가 일어나지 않은 것은 단순한 제도적 선택이 아니라, 식민지 시기 억압 속에서 형성된 민족적 공론장, 독립운동을 통해 축적된 민주주의적 경험, 그리고 국민의 정치적 열망과 국제적 환경이 함께 작용한 결과였다. 이러한 역사적 배경이 있었기에 해방 후 불과 15년 만에 4·19혁명이라는 민주주의 혁명이 가능했고, 오늘날의 민주주의도 그 뿌리 위에서 성장할 수 있었다.[143]

---

142) 90년이 흘러도 대한사람 대한으로. 대한민국 정책브리핑(www.korea.kr). 2009. 4. 10.
143) 김정훈. 『한국인의 에너지, 민족주의』. 피어나. 2020. p115.

이러한 공화제의 핵심은 자유와 평등이다. 특히 평등주의는 공화제의 지속 가능성을 위한 필수 요소로 작용한다. 시민 간의 경제적·사회적 불평등이 심화되면, 정치적 불평등으로 이어져 공화제의 기반이 무너질 수 있기 때문이다. 공화제는 단순히 왕이 없는 정치 체제가 아니라, 시민 모두가 정치에 참여할 수 있는 평등한 조건을 갖춘 공동체를 지향한다. 평등주의는 이러한 공화제의 이상을 실현하기 위한 핵심 원리이며, 공화주의는 자유와 평등이 균형을 이루는 정치 질서를 통해 공동체의 안녕과 정의를 추구한다.

1948년 제헌헌법 제정으로 자유·평등·법치주의 등의 민주 국가 원칙이 법제화되었고, 8월 15일 대한민국 정부 수립과 이승만 초대 대통령 취임으로 독립 국가 체제를 갖췄다. 같은 해 북한도 별도의 정권을 수립하며 1민족 2체제의 분단 구조가 본격화됐다. 제헌 헌법에서는 모든 국민이 법 앞에 평등하며, 성별, 종교, 사회적 신분에 따라 정치적, 경제적, 사회적, 문화적 생활의 모든 영역에서 차별받지 않는다고 규정했다. 이는 제헌 헌법 제8조에 명시되어 있다. 특히 투표권 평등 원칙을 명시하여 모든 국민에게 동등한 정치 참여 기회를 보장했다. 평등 선거는 각 유권자의 투표 가치를 동등하게 취급하여 1인 1표의 투표권을 갖는다는 원칙이다. 제헌 헌법은 남녀 차별 없는 선거권과 피선거권을 보장해 여성의 정치 참여를 확대하는 중요한 계기가 되었다.

또한 정치적 자유만으로는 경제적 불평등 문제를 해결할 수 없다는 현실 인식 속에서, 대한민국은 실질적인 사회경제적 민주주의를 헌법에 담아냈다. 제헌헌법은 국민의 기본권을 자유권에만 국한하지 않고 사회권과 경제권으로 확장함으로써 복지국가로서 국민의 삶의 질을 보장하는 것을 국가의 책무로 명시했다. 사적 소유권을 인정하되, 국민 모두의 삶이 균등한 수준에서 유지될 수 있도록 국가 개입을 허용했다. 특히 헌법 제6장에서는 경제 질서의 방향을 '사회 정의의 실현'과 '균형 있는 국민경제의 발전'으로 설정하고, 광물 등 주요 자원은 국유로 삼아 국민 공동체 전체의 이익을 우선시했다.

당시 헌법기초위원들은 임시정부의 정신을 헌법에 반영하고자 하는 의지가 강했으며, 실제로 헌법 전문에는 '만민균등주의'에 대한 언급과 함께 '각인의 기회를 균등히' 하고 '국민 생활의 균등한 향상'을 목표로 제시했다. 임시정부의 삼균주의(정치·경제·교육의 균등)를 계승한 것으로 평등이라는 가치를 헌법의 근간에 두고자 한 철학이 반영된 결과였다. 이러한 제헌헌법의 구상은 좌우 갈등이 첨예하던 해방 정국과 당시 서유럽에서 널리 퍼진 사회민주주의의 영향도 함께 받아들인 것으로 볼 수 있다. 따라서 대한민국 헌법은 개인의 자유와 시장의 기능을 존중하면서도, 사회적 약자 보호와 공동체 전체의 균형 발전을 지향하는 독립운동의 유산을 헌법적으로 구현한 사례였다. [144)

• 농지개혁

1945년 8월 15일, 일본의 패전으로 한반도는 식민지 지배에서 벗어났지만, 곧바로 남북 분단이라는 새로운 현실에 직면했다. 미국과 소련이 북위 38도선을 기준으로 각각 한반도에 진주하면서 남한은 미국 중심의 자유민주주의, 북한은 소련식 사회주의 체제로 갈라졌다. 해방 후 남한은 미국의 군정 하에 놓였고, 이 시기엔 좌우 갈등이 심화되었다. 하지만 농지개혁을 통해 자영농들이 땅을 소유하면서 경제적 자립 기반이 마련

---

144) 제헌 국회에서 제정된 제헌 헌법. 우리역사넷(https://contents.history.go.kr).

되었고, 토지의 균등한 분배를 통한 신분 평등 실현을 목표로 했다. 이는 중산층의 성장과 교육 투자로 이어졌고 향후 산업화를 뒷받침하는 중요한 기반이었다.

대한민국 건국은 사회적 약자의 입장에서 보면 기적과도 같았다. 산업화·민주화가 기적이라 불리지만, 더 큰 기적은 평등한 자영농 국가의 탄생이었다. 외부 요인—특히 중국과 북한의 공산화—에 대응한 미 군정의 조기 농지개혁 때문이었다. 반면, 중국과 북한은 집단농장으로 회귀하며 큰 고통을 겪었고, 한국의 개혁은 그들과 분명한 대조를 이뤘다. 이러한 혼란의 시기 동안 대한민국은 정치·경제·사회문화 혁명이 단기간에 압축적으로 진행된 보기 드문 사례로 세계사에서 가장 완벽한 부르주아 민주주의 혁명으로 평가된다. 건국의 과정에 갈등과 문제가 있었지만, 그럼에도 불구하고 대한민국은 진보적이고 현대적인 헌법과 민주주의 정치 구조를 채택하며 탄생했다. 비록 독재 정권 시절도 있었지만, 언론 자유와 삼권분립, 다당제 등 근대 민주주의의 기틀은 갖추고 있었으며, 북한의 일당 독재와는 분명한 차별점이었다.[145]

해방 이후 두 차례에 걸친 농지개혁이 이루어졌다. 첫 번째 개혁은 미 군정기(1945~1948)에 진행되었으며, 주로 일본인이 소유하던 농지를 한국 농민에게 나누어 주는 것이었다. 미군정은 이를 위해 1946년 2월 21일에 신한공사를 설립하고, 동양척식회사를 비롯한 일본인 소유의 토지를 '귀속농지'로 정리하였다. 이후 1948년 3월 11일에 제정된 「과도정부법」에 따라 이 귀속농지를 해당 농지를 실제 경작하던 한국인 농민들에게 분배하였다.

---

145) 주대환. 『시민을 위한 한국현대사』. 나무나무. 2017. p366~369.

두 번째 농지개혁은 대한민국 정부 수립 이후인 1949년에 본격적으로 추진되었다. 이번에는 한국인 지주들이 소유한 110만 헥타르 규모의 토지가 개혁 대상이었다. 정부는 1949년 2월 5일, '유상 매수, 유상 분배'를 원칙으로 한 농지개혁법안을 국회에 제출하였고, 같은 해 모든 지주가 소유한 3헥타르[146] 이상의 토지를 국가가 매입하도록 하였다. 이후 이를 농민들에게 3헥타르 이하씩 나누어 분배하였다. 여기서 3헥타르는 5인 가족이 소를 이용해 실제로 경작할 수 있는 현실적인 면적으로 판단되었다.

농지를 국가에 매도하게 된 지주들에게는 그 대가로 해당 농지의 1년 수확량의 150%에 해당하는 액수를 기재한 '지가증권'을 발급해 주었다. 이에 따라 지주들은 보상을 현금 대신 5년간 균등 상환되는 지가증권으로 받았다. 정부는 지주들이 이 증권으로 기업에 투자하여 산업 발전에 참여하도록 장려하였다. 이러한 농지개혁을 통해 한국에서는 기존의 지주 계급이 해체되고, 농민들의 토지 소유가 확대되었다.

결과적으로 농지개혁은 한국 현대사에서 가장 결정적인 사회경제적 전환 중 하나로, 단순한 토지 재분배를 넘어 정치·경제·사회 구조 전반에 걸친 혁신을 이끌어냈다. 당시 농지개혁은 '유상몰수·유상분배' 방식으로 진행되었지만, 지주들이 받은 지가증권은 한국전쟁 중 극심한 인플레이션으로 인해 사실상 가치가 사라졌다. 그 결과 지주계급은 경제적 기반을 상실했고, 소작농들은 자작농으로 전환되며 생산 의욕과 자립심을 높일 수 있었다.

이러한 구조 변화는 한국 경제의 생산 구조와 분배 구조에 혁신적인 변화를 가져왔다. 생산 측면에서는 경작자가 직접 토지를 소유함으로써 농

---

146) 1 헥타르는 3,025평.

업 생산성이 향상되었고, 분배 측면에서는 토지 소유의 평등성이 증대되어 사회적 갈등을 완화하는 데 기여했다. 또한, 사유재산제도의 확립은 자본주의 경제체제의 기초를 다지는 데 중요한 역할을 했으며, 공산주의 확산을 저지하는 역할을 했다. 농지개혁은 한국이 브라질, 아르헨티나, 필리핀 등과는 다른 경제 발전 경로를 걷게 만든 결정적 요인이었다. 브라질 대통령 룰라가 "한국은 과거 50년대에 농지개혁을 했지만 브라질은 그러지 못했고, 아직도 그것이 풀어야 할 숙제다."[147] 라고 언급한 것은 한국의 농지개혁이 국제적으로도 모범적인 사례로 평가받고 있음을 보여 준다.

농지개혁은 오랫동안 부정적인 평가를 받아 왔다. 지주들이 여전히 사회적·경제적 영향력을 유지하고 있었기 때문에, 농지개혁이 실질적으로 소작농들의 삶을 개선하지 못했다는 비판이었다. 하지만 시간이 흐르면서 실증적인 연구들이 진행되었고, 이러한 시각은 점차 변화하기 시작했다. 실제 자료를 바탕으로 한 연구에 따르면 농지개혁은 지주제를 해체하고 농민들이 자신이 경작하는 땅을 소유하게 만들면서 자영농 중심의 사회를 형성하는 데 큰 역할을 했다.[148] 이는 한국의 빠른 경제 성장을 가능하게 한 중요한 기반 중 하나였다. 대표적인 연구가 다이닝거(Deininger)의 불평등 연구다. 연구에 따르면 1960년 당시 한국의 토지 분배는 전 세계적으로도 매우 평등한 수준이었으며, 이를 나타내는 지니계수는 약 0.3이었다. 일본이나 대만과 유사한 수치로 이들 나라 역시 성공적인 농지개혁을 통해 비슷한 결과를 얻었다. 공통적으로 이 세 나라는 1960년부터 2000년까지 높은 경제성장률을 기록하며 농지개혁의 효

---

147) [변하는 남미] 1. 룰라 브라질 대통령 본지 인터뷰. 중앙일보. 2004. 8. 15.
148) 주대환. 『시민을 위한 한국현대사』. 나무나무. 2017. p51~52.

과를 증명했다. 반면 중남미 지역에서는 농지개혁이 실패하면서 토지 분배의 불평등이 극심하게 지속되었다. 페루의 경우 토지 분배의 지니계수가 0.9가 넘었다. 이에 따라 경제 성장도 낮았다.[149]

지난 2004년 11월, 남미를 순방한 노무현 대통령은 칠레 산티아고 동포 간담회에서 역대 대통령들을 평가했다. 노 대통령은 "남미를 순방하면서 왜 한국이 성공했을까 생각을 많이 했다"며 "예전 지도자들이 실책이 더러 있었지만 그래도 한 가지씩은 다했고 국가발전에 필수불가결한 몇 가지를 해 놓았다"고 말했다. 노 대통령은 이승만 전 대통령 시대를 언급하며, "자유당 시대를 완전히 독재시대, 식민지에서 해방됐지만 암흑시대, 어두컴컴한 시대로 생각했다. 그런데 그때 토지개혁, 농지분배를 했는데 지나고 보니 정말 획기적인 정책이고 역사를 바꾼 사건이 아니었나 생각한다. 그것을 해서 한국전쟁이 터졌는데도 국가 독립, 안전을 지켜 냈고 국민이 하나로 뭉쳐 체제를 지켜 냈다"고 했다.

따라서 농지개혁은 단순한 토지의 재분배를 넘어, 농민들이 자율적으로 생산할 수 있는 기반을 마련하고, 교육의 확산과 새로운 자본가 계층의 형성, 자산과 소득의 평등화로 이어지며 사회 전체의 공정한 성장에 기여했다. 과거에 과소평가되었던 농지개혁은 오늘날 한국 경제 발전의 숨은 동력으로서 점점 더 주목받고 있는 것이다.

• 한국전쟁의 영향

1950년 발발한 한국전쟁은 군사적 충돌을 넘어, 한국사회의 구조와 의

---

149) Deininger, 2003, Land Policies for Growth and Poverty Reduction, World Bank Policy Research Report.

식, 경제적 기반을 근본적으로 뒤흔든 역사적 사건이었다.[150] 전쟁은 대규모 인구 이동과 사회적 총동원을 수반하면서 기존의 봉건적 신분제를 완전히 해체했고, 이에 따라 신분의식 또한 급속히 사라져 경제적·사회문화적 평등이 이루어졌다. 조선 후기부터 흐려진 반상제가 일제강점기와 농지개혁, 전쟁을 거치며 사실상 해체되었고, 전 국민이 '양반'이 되는 평등한 사회로 재편되었다. 사람들은 더 이상 출신 배경이나 혈통보다는 개인의 능력과 성취를 중시하게 되었고, 이는 평등주의와 개인주의, 경쟁 중심의 사회의식으로 이어졌다. 이러한 변화는 자본주의적 가치관의 확산을 촉진했고, 더 나아가 황금만능주의와 물질 중심의 사고방식이 사회 전반에 자리 잡게 되었다.

또한 한국전쟁은 남한의 계급 구조를 다른 제3세계 국가들과는 매우 다르게 형성하는 계기가 되었다. 중남미나 동남아시아 국가들에서는 지주계급이 여전히 사회·경제적 지배세력으로 남아 있는 반면, 남한에서는 지주계급이 전쟁을 계기로 급속히 소멸하고 소농 중심의 경제 구조로 재편되었다. 이러한 변화는 이후 남한의 급속한 산업화와 자본주의적 발전을 가능하게 한 중요한 조건이 되었다. 궁극적으로 한국전쟁은 시민혁명 없이 봉건제에서 자본주의로 이행한 독특한 사례로 평가되며, 사회적 총동원과 구조적 재편을 통해 한국사회를 근본적으로 변화시킨 결정적 계기였다. 이념적 갈등과 분단의 고착화라는 부정적 유산도 남겼지만, 동시에 현대 한국사회의 기초를 형성한 역사적 전환점이었다.

1930년대 후반부터 1945년까지 산업의 성장과 일본제국의 확장으로 인해 대규모 인구 이동이 발생했고, 많은 남한 출신들이 외지로 떠나 전

---

150) 박승호. 『한국 자본주의 역사 바로 알기』. 나름북스. 2020. p105.

시사업에 동원되었다. 이러한 변화는 사회적 안정성을 약화시키고, 교육 통계조차 신뢰하기 어려운 상황을 만들었다. 이후 한국전쟁이 발발하면서 남한은 막대한 인명 피해와 재산 손실을 겪었다. 인명 피해만 보더라도 국군 육·해·공군 군인 60만여 명, 경찰 1만9천여 명, 학도의용군 7천여 명 등 총 63만여 명이 희생되었고, 유엔군 피해도 54만여 명에 달했다. 반면 북한군은 80만여 명, 중공군은 123만여 명이 손실을 입어 적군 피해는 203만여 명에 이르렀다. 따라서 양측 군인 피해만 합쳐도 322만 명이라는 엄청난 수치에 달했다. 민간인 피해 역시 막대했다. 남한에서는 사망자 24만여 명, 피학살자 12만여 명, 부상자 22만여 명, 납치자 8만여 명, 행방불명자 39만여 명 등 총 99만여 명이 피해를 입었고, 북한 민간인 피해는 150만 명에 달했다. 남북한을 합치면 민간인 피해는 249만 명에 이르렀다. 피난민 수도 남한에서 261만여 명, 북한에서 61만여 명이 발생했으며, 1952년 3월 15일 기준 전재민 수는 이미 1,000만 명을 넘어섰다. 휴전까지 이 숫자는 더욱 늘어나 전체 인구의 절반 이상이 전쟁으로 피해를 입은 셈이었다. [151]

한국전쟁은 한국사회와 한국인의 가치관에 커다란 변화를 가져왔다. 전쟁 기간 동안 사람들은 죽음의 공포와 극심한 기아를 경험했고, 휴전 이후에도 폐허와 빈곤 속에서 살아가야 했다. 이러한 상황은 종래에 중시되던 의리·명분·예의와 같은 전통적 가치관을 약화시키고, 생존을 위해 실용성과 물질을 중시하는 새로운 가치관을 형성하게 만들었다. 전란 속에서 사람들은 살아남기 위해 옳고 그름을 따질 수 없었고, 이기는 쪽에 편승하는 기회주의적 태도를 보일 수밖에 없었다. 북한군이 점령하

---

151) 전쟁피해통계. 국가기록포털(www.archives.go.kr).

면 인공기를 걸고, 국군이 진격하면 태극기를 거는 방식은 당시 생존의 필수 조건이었다. 이러한 경험은 휴전 이후에도 사회 전반에 기회주의가 만연하게 했다. 또한 전쟁은 물질의 절대적 중요성을 각인시켰다. 식량과 귀한 물건, 돈은 생존과 위기 탈출의 핵심 수단이었으며, 혼란 속에서 물질은 신과 같은 존재로 인식되었다. 이로 인해 한국인들은 명분과 명예보다 물질을 우선시하는 가치관을 갖게 되었다.

전쟁은 대규모 인구 이동을 초래하여 도시화의 급속한 진전을 이끌었다. 북한에서 남한으로 약 90만 명이 피란했고, 남한 내에서도 많은 사람들이 전선을 피해 이동했다. 피란민들은 국군이 지켜주는 도시 지역에 집중적으로 거주하면서 도시 인구가 급격히 증가했다. 그 결과 한국의 도시화율은 1949년 17.3%에서 1960년 28.0%로 크게 상승했다. 도시화는 교육열을 높이고 고등교육을 받은 인구를 증가시켰으며, 이는 정치적으로 민주화 압력을 강화하는 결과를 낳았다. 도시 지역은 독재정권에 대항하는 야당의 지지 기반이 되었고, 1950년대 후반부터 '여촌야도' 현상이 나타났다. 이후 도시는 한국 정치에서 민주화 추진의 거점으로 자리 잡았다.[152]

전시라는 특수한 상황 속에서도 초등 의무교육의 실시와 학생·교원에 대한 징집 보류 정책은 교육에 대한 사회적 열망을 지속시키는 데 중요한 역할을 했다. 초등의무교육은 학령기 아동의 취학을 제도적으로 보장하여 각급 학교의 학생 수와 취학률을 높이는 효과를 가져왔으며, 교육이 단순한 선택이 아니라 국가적 책무라는 인식을 확산시켰다. 또한 학생과 교원을 전쟁터로 보내지 않고 교육 현장에 남게 한 징집 보류 정책은 교

---

152) 6·25전쟁이 한국 정치와 사회에 미친 영향. 월간조선. 2010년 6월호.

육이 생명과 안전을 지키는 절대적 기준이 될 수 있다는 사회적 신호로 작용하였다. 이러한 정책들은 결과적으로 교육열을 더욱 심화시키며, 전시 상황에서도 교육을 포기하지 않는 사회적 태도를 형성하는 데 기여하였다. [153] 자녀 교육에 대한 기대가 높아지면서, 교육은 한국사회 재건의 핵심 요소로 자리 잡게 되었다.

전쟁 전에 미군정은 식민지 시대의 인문계와 실업계를 분리하는 복선형 학제를 미국식 단선형 학제로 전환했다. 이를 통해 교육 기회의 평등을 도모했다. 1946년부터는 국민학교 의무교육이 시행되어 산업화 시대를 대비한 인재 양성에 기여했다. 현재 한국 교육의 틀인 6-3-3-4제도 이 시기에 자리 잡았다. 일제시대에 어떤 형태로든 '교육'이라는 것을 받아 본 사람은 14%에 불과했고 문맹률은 1948년 80%가 넘었다. 중학교 이상 졸업자가 전 국민을 통틀어 2만 5천 명에 불과했다. 이에 따라 이승만 정부는 1949년에 무상 초등교육 의무제를 도입했다. 특히 제헌 헌법 제16조는 "모든 국민은 균등하게 교육을 받을 권리가 있다. 적어도 초등교육은 의무적이며 무상으로 한다"고 명시했다. 또 정부와 민간단체들에 의해 성인을 상대로 한 문맹퇴치운동을 벌였다. 그 결과 문맹자 비율이 1959년에는 22.1%로 낮아졌다. 중학생은 10배, 고등학생은 3.1배, 대학생은 12배가 증가했다. 그들은 1960~1970년대의 산업화 과정에서 훌륭한 숙련공이 되었다. 교육에서 비롯된 남녀평등 사상도 사회 전반으로 퍼져 나갔다.

농지개혁 이후 많은 지주들은 자신이 소유하던 토지를 매각하고 보상을 받게 되었다. 이들은 경기 불안정과 사회적 혼란 속에서 안정적이고

---

153) 오은선. 한국전쟁이 교육열에 미친 영향에 관한 사회학적 분석. 고려대학교. 2025. 2.

세금 혜택이 있는 학교재단에 관심을 갖게 되었다. 학교는 단순한 투자처일 뿐 아니라 학문을 후원하고 사회적 지위를 유지할 수 있는 수단으로 여겨졌으며, 한국사회에서 교육에 대한 열망이 강했기 때문에 경제 상황이 좋지 않아도 학교에 대한 지출은 꾸준히 이루어졌다. [154] 학교재단 설립은 초기 비용이 적게 들었고, 건물과 부지만 있으면 시작할 수 있었기 때문에 많은 지주들이 이를 선택했다. 실제로 1948년 토지개혁이 본격화되기 전부터 토지 매각이 활발히 이루어졌고, 1951~1953년 사이 토지개혁이 시행되던 시기에는 전쟁에도 불구하고 새로운 학교재단들이 급속히 등장했다. 연구에 따르면, 당시 설립된 학교재단들은 대부분 많은 토지를 소유했던 부유층 출신이었으며, 특히 부산, 경상도, 경기도 지역에서 이러한 경향이 두드러졌다.

종교단체들도 교육기관 설립에 적극적으로 참여했다. 불교는 혜화대학을 동국대학교로 확대했고, 원불교는 원광대학교를 설립했으며, 가톨릭은 성신대학을, 제칠일안식교는 삼육신학대학을 세웠다. 대한기독교회는 연희전문학교와 세브란스 의전을 통합해 연세대학교를 만들었다. 그러나 대부분의 사립학교 재단은 특정 종교에 속하지 않았으며, 종교와 무관한 일반 재단이 고등교육의 팽창을 주도했다. 중앙정부도 1952~1956년 사이 각 시도에 국립대학교를 설립하며 고등교육의 성장에 기여했지만, 전체적으로는 사립학교 재단이 주도적인 역할을 했다. 이러한 사립학교 중심의 고등교육 확산은 1950년대뿐 아니라 이후에도 지속되었으며, 특히 1980년대 말에서 1990년대에 대학 설립이 자유화되면서 또 한 번 학교재단 설립의 물결이 일어났다. 이처럼 농지개혁과 한국 전

---

154) 마이클 세스. 『한국교육은 왜 바뀌지 않는가?』 학지사. 2021. p268~269.

쟁은 한국 교육의 구조와 방향에 깊은 영향을 미쳤다.

농지개혁과 한국전쟁이라는 격변기를 거치며 개인 소유권을 보장받게 되고 각자의 노력에 따른 경제적 성장의 기회를 제공하면서, 결과적으로 고도 성장의 발판을 마련했다. 이처럼 평등한 출발은 개인의 성취 동기를 강화하는 데 중요한 역할을 한다. 차별 없이 동등한 기회를 제공받을 때 개인은 자신의 능력을 발휘하고 목표를 달성하고자 하는 내재적 동기를 갖게 된다. 또한, 노력과 능력에 따라 공정한 결과를 얻을 수 있다는 믿음은 성취 불안을 줄이고, 성취 목표 지향을 높여 더욱 적극적인 노력을 기울이게 한다. 성취욕이 만든 고속 성장 속에 "나도 성공할 수 있다"라는 열망이 1960~90년대 한국 산업화 시절 장시간 노동과 속도전으로 이어졌다. 그 결과 한국은 짧은 시간 안에 고도 성장을 이뤄 낼 수 있었다. 모든 사람이 평등하다는 생각이 사회에 퍼지면서, 사람들은 "나도 성공하고 싶다"는 열망을 갖게 되었고, 강한 성취동기로 이어진 것이다.

하지만 이 성취동기를 실행할 합리적인 제도나 공정한 경쟁 시스템이 부족하다 보니, 혈연, 지연, 학연 등 연고를 이용해 자신의 능력을 펼치려는 시도가 많아지기도 했다. 서양에서는 평등주의가 개인주의 및 합리주의와 잘 어우러져 자유주의로 발전했지만 한국에서는 평등주의가 연고주의와 결합하면서, 불공정하고 비효율적인 구조를 만들기도 했다.[155)]

한국의 연고주의의 근원을 보면 일제 식민권력은 기존의 전통적 지배 구조를 해체하고, 전례 없는 독재적 권력을 작동시켰다. 동시에 자본주의라는 새로운 경제 질서가 도입되면서 식민지 주민들은 생존을 위해 활용 가능한 모든 자원을 동원해야 했다.[156)] 이러한 상황에서 가장 손쉽

155) 송호근. 『한국의 평등주의, 그 마음의 습관』. 삼성경제연구소. 2006. p15~16.
156) 김정훈. 『한국인의 에너지, 민족주의』. 피어나. 2020. p108.

고 신뢰할 수 있는 자원은 가족, 혈연, 지연 등 전통적인 관계였다. 국가의 보호가 부재하고, 식민권력은 자의적이고 차별적으로 작동했기 때문에, 개인은 생존을 위해 전통적 네트워크를 적극적으로 활용할 수밖에 없었다. 심지어 근대적 제도인 학교를 통해 형성된 학연조차도 연고주의적 네트워크로 전환되어 활용되었다.

연고주의적 네트워크의 활용은 한국사회에 독특한 개인이나 집단을 형성하게 했다. 이른바 '연고주의적 개인'은 독립적이고 자율적으로 활동하는 것이 아니라, 연고 집단의 대리인으로서 행동하는 존재를 의미한다. 예를 들어, 성공한 개인은 자신의 성취를 개인의 노력으로 환원하지 않고, 집안의 대소사를 책임지고, 고향 사람들의 취업을 도와주며, 학교 친구들의 부탁을 들어주는 역할을 수행한다. 반대로 성공을 이루기 위해서는 이미 성공한 가족이나 친척, 동향 선배, 학교 선배에게 도움을 요청해야 한다. 이러한 연고주의적 행위는 단순한 청탁이나 거래가 아니라, 마치 대가를 바라지 않는 선물 경제처럼 작동하며 상호교환되고 재생산된다. 결과적으로 식민지적 근대화는 한국사회에 연고주의적 주체를 만들어냈고, 오늘날까지도 사회적 관계와 성공의 방식에 깊은 영향을 미치고 있다.

한국사회는 모두에게 동일한 출발선이 주어진다는 인식과, 남보다 앞서기 위해 속도를 중시하는 문화가 맞물려 치열한 경쟁 구조를 형성했다. 즉 한국사회의 역동성은 '평등한 출발'과 '빨리빨리 문화'의 결합에서 비롯된 것이다. 한국 전쟁 이후의 급속한 산업화 과정에서 신속한 일처리와 성장을 추구하게 되었고, 현재의 역동적인 한국사회를 만드는 데 기여했다. '빨리빨리 문화'는 한국사회를 대표하는 독특한 문화적 특징으로, 빠른 속도와 효율을 중시하는 생활 방식이다. 심지어 한국 좀비는 느릿느릿 걷는 서양 좀비와 달리 빨리 뛰어다닌다. 영화 〈부산행〉에서는 좀비들이 빠르게 달려들며 긴장감을 극대화하는데, 단순한 공포 연출을 넘어 한국사회의 속도감과 불안감을 상징적으로 표현한 것으로 해석되기도 한다. 이 문화는 단순히 일을 서두르는 습관을 넘어서, 한국인의 사고방식과 사회 구조 전반에 깊이 스며들어 있다.[157]

과거 '코리안 타임(Korean Time)'이라는 말이 있었지만, 한국전쟁 이후 상황은 급변했다. 전쟁은 생존을 위한 빠른 판단과 행동을 요구했고, 이후 급속한 산업화와 경제 성장이 이어지면서 '빨리빨리'는 효율성과 경쟁력의 상징이 되었다. 이러한 문화는 한국의 서비스 산업, 행정 시스템, 기술 발전 등 다양한 분야에서 두드러지게 나타난다. 초고속 인터넷, 빠른 배송, 신속한 민원 처리 등은 세계적으로도 인정받는 한국의 장점이다. 하지만 이 문화는 장점만 있는 것은 아니다. 지나친 속도 추구는 스트레스, 안전 불감증, 인간관계의 피로 등 부작용을 낳기도 한다. 속도에 집착한 나머지 과정보다 결과를 중시하고, 정확성보다는 적당주의와 조급함이 우선시되면서 여러 사회적 참사를 낳았다. 삼풍백화점 붕괴, 성수대교 붕괴, 세월호 침몰, 이태원 참사 등은 모두 졸속주의와 안전 불감증이 빚어낸 비극으로, '빨리빨리 문화'의 어두운 면을 보여 주는 사례들이다.[158] '빨리빨리 문화'는 한국사회의 발전을 이끈 힘이자 동시에 경계해야 할 독이 될 수 있다. 속도와 효율을 추구하는 가운데, 안전과 품질, 인간적인 여유를 함께 고려하는 균형 잡힌 문화로의 전환이 필요하다.

---

157) 최정아. 『한류로 읽는 한국 문화』 한글파크. 2023. p123.
158) 박숙희. 『한류를 이해하는 33가지 코드』 지성사. 2023. p41.

3) 능력주의 사회로 전환

한국전쟁 이후 남한은 거의 폐허 수준의 경제 상황에서 출발했으며, 당시의 1인당 국민소득은 극히 낮은 수준에 머물렀다. 실제로 일제 강점기 중 경제적으로 가장 번영했던 1941년의 수준을 회복하는 데 26년이 걸려 1968년에 이르러서야 가능했다. [159] 이러한 회복은 미국의 원조와 같은 외부 지원에도 불구하고 상당히 지체되었으며, 박정희 정권의 경제개발 정책이 본격화된 이후에야 일제 강점기의 수준을 겨우 넘어설 수 있었다.

반면 북한은 해방 직후부터 상대적으로 유리한 산업 기반을 갖추고 있었다. 앞서 보았듯이 일제는 식민통치 시기 동안 남한을 농업 중심지로, 북한을 공업 중심지로 설정하여 발전소, 제철소, 비료공장 등 주요 중화학공업 시설을 대부분 북한에 집중시켰다. 북한은 풍부한 지하자원과 수력 자원을 활용하여 산업화의 발판을 마련했고, 1950~60년대에는 계획경제 하에 빠른 성장을 이루었다. 나아가 1960년대 중반부터 북한은 자립적 민족경제 건설이라는 목표 아래 중공업 중심의 발전 전략을 본격적으로 추진했다. 특히 김일성 정권은 주체사상을 바탕으로 무기 생산과 군수산업 강화에 집중하며 경제·국방 병진노선을 채택하였다. 이와 같은 북한판 중화학공업 육성 정책은 선도적인 시도로 평가되기도 하지만, 점차 그 한계를 드러내게 된다.

박정희 정부의 경제정책 방향은 단순한 경제 성장 전략을 넘어, 국가의 근대화와 산업화를 위한 강력한 국가 주도 모델로 요약할 수 있다. 그의 경제철학은 청년 시절 일본의 만주국 건설과 일본의 전후 경제 회복 과정

---

159) 이장규. 대한민국 대통령들의 한국경제 이야기1. 살림. 2014. p15.

을 관찰한 경험에서 비롯되었으며, 집권 이후의 정책 결정에 깊은 영향을 미쳤다. 1960년대 한반도의 냉전은 자유주의와 사회주의라는 이념의 대립이면서 동시에, 만주국식 총력전 모델을 서로 다른 방식으로 적용한 동원 체제의 경쟁이었다. 단순한 이념적 차이를 넘어, 근대적 국가 운영 방식의 충돌이라는 점에서 한 치 양보 없는 대립으로 심화된 것이었다. 총력전은 단순한 군사 전략을 넘어, 국가의 모든 자원과 역량을 전쟁 수행에 집중시키는 체제적 개념이었다.[160] 이는 군대뿐 아니라 민간 사회 전체가 전쟁에 참여하는 구조로, 경제, 교육, 언론, 문화 등 모든 분야가 전쟁 목적에 맞게 재편되었다.

이러한 총력전 개념은 20세기 중반, 특히 중일전쟁과 태평양전쟁을 거치며 일본 제국의 괴뢰국인 만주국에서 구체화되었다. 만주국은 전시와 준전시 상태를 유지하며 사회적·경제적 자원을 전면적으로 동원했고, '국방국가'라는 개념이 등장한 것도 이 시기였다. 총력전 체제는 박정희와 김일성 같은 인물들에게 깊은 영향을 주었다. 두 사람 모두 젊은 시절 만주국에서 경력을 쌓았으며, 이후 남북한의 지도자로서 각자의 국가 운영에 총력전의 원리를 반영했다. 박정희는 남한에서 경제개발 5개년 계획과 산업화 정책을 통해 전시적 국가 운영 방식을 평시에도 적용했고, 김일성은 북한에서 주체사상과 군사 중심 체제를 통해 사회주의적 총력전 체제를 구축했다. 한반도에서 총력전은 냉전이라는 극한의 대립 속에서 근대화와 국가 재건의 전략으로 채택되었으며, 단순한 전쟁 개념을 넘어 국가의 존재 방식과 국민의 삶을 근본적으로 변화시키는 이념적·구조적 틀로 작용했다.

---

160) 한석정. 『만주 모던』. 문학과지성사. 2016. p53.

따라서 1960년대 한국의 재건 활동은 단순한 경제개발을 넘어, 만주국의 전시 체제와 정치적 모델을 변형·재현한 국가적 프로젝트였다고 할수 있다. 이 과정에서 1942년 만주국국책대강에 등장한 '서정쇄신'이라는 개념은 박정희 정권 하에서 중요한 정치적 지침으로 작용했다. '서정쇄신(庶政刷新)'은 정치적 폐단을 제거하고 국가를 새롭게 정비하자는 의미로, 군사정변 이후 국가를 재편하려는 박정희의 의도와 맞물렸다. 1970년대에는 공무원 사회의 부조리를 일소하여 건전한 국민정신을 진작시키려던 정신개혁운동으로 진화했다.

박 대통령이 제창한 '조국 근대화'는 단순한 경제 발전을 넘어서 사회 구조, 문화, 국민 의식 등 전방위적 변화의 총력 체제였다. 박 대통령은 근대화의 전제 조건으로 국민의 '행동 양식'과 '사고방식'까지 바꾸는 '인간 개조'를 요구하였다. 그는 한국인의 내면 깊숙한 인습을 저해 요인으로 보았고, 이를 제거하지 않으면 조국 근대화와 민족중흥은 불가능하다고 보았다. 따라서 "우리 자신의 새로운 '인간 개조' 없이는 지금 우리 민족이 지닌 조국 근대화와 민족중흥이라는 새로운 역사 창조를 성공적으로 이룩하기는 어렵다."라고 주장했다(제2경제 운동 실천 국민 궐기 대회 치사, 1968년 9월 28일). 이러한 논리는 문화적 근대성을 높이고 봉건적·비과학적·비자주적 요소를 청산하는 국가적 운동으로 전개되었다.

근대화를 향한 국가의 집념과 국민 개조를 통한 총력 체제는 박정희 시대의 중요한 특징으로 자리 잡았다. 때문에 국가 주도 아래 신뢰 구축과 부패 척결, 그리고 사회통합을 위한 다양한 정책이 추진되었다. 사회 신뢰를 높이기 위해서는 청렴성과 공정성을 높이는 제도도 필수적이다. 교육, 취업, 복지 등 주요 분야에서 자원의 배분이 공정하게 이루어지도록 보장하고, 실질적인 보상과 공정한 기회를 제공해야 한다. 또 정부의 투명성을 강화하고 법이 공정하게 집행되고 예측 가능해야 시민들이 제도 자체를 신뢰할 수 있다.

만주국에서 활동했던 인물들은 한국 재건의 핵심 역할을 맡았다.[161] 유원식은 만군 출신으로 5·16 군사정변 직후 국가재건최고회의의 재정경제위원장을 맡아 통화 개혁을 주도했고, 이후 협화실업을 설립하며 경제 재건에 기여했다. 유석창은 만주에서 성장하며 지엔구어(建國) 대학의 영향을 받아, 동일한 이름의 건국대학교를 한국에 설립했다. 최규하 전 대통령과 정일권 전 국무총리 등도 만주국에서 활동했다. 이처럼 만주국의 기억은 한국사회에서 제도와 인물, 교육기관을 통해 재현되었다. 교육 분야에서는 만주국의 군사적 규율과 통제 모델이 반영되었다. 지엔구어 대학은 사관학교에 가까운 엄격한 기숙사 생활을 요구했으며, 이는 박 대통령의 고향 구미에 설립된 금오공고에 계승되었다. 1972년에 국방부와 육영재단의 협력으로 설립된 금오공고는 졸업 후 5년간 기술하사관으로 복무해야 하는 의무가 부과되었고, 전원 군대식 기숙사에서 생활하며 등록금 전액을 장학금으로 지원받았다. 전국적으로 확산된 주경야독 기술학교들과는 다른 성격의 엘리트 기술 인력 양성소였다. 따라서 1960년대 한국의 재건은 만주국의 기억을 적극적으로 소환하고 재구성한 결과라 할 수 있다. 단순한 산업화가 아니라, 정치·교육·군사·문화 전반에 걸친 총체적 국가 재편이었으며, 만주국의 '서정쇄신'은 박정희 시대의 '국가 재건'이라는 이름으로 다시 태어난 셈이다.

총력 체제의 결과 1970년대에 들어서서 남한이 수출주도형 산업화 전략을 통해 고도성장을 이루며 북한을 추월하게 되었다. 1961~1979년까지

---

161) 한석정. 『만주 모던』. 문학과지성사. 2016. p156.

한국의 실질 GDP 즉 국내총생산은 연 평균 10%씩 증가하며 세계 최고 수준의 성장률을 기록했다. 특히 제조업은 연 평균 17.5% 성장하며 산업 구조의 중추로 자리 잡았다. GDP는 1961년 22억 달러에서 1979년 643억 달러로 30배 증가했고, 1인당 국민소득 역시 82달러에서 1,676달러로 약 20배 상승했다. 이러한 급격한 발전은 '한강의 기적'이라 불리며 세계적으로 주목받았다. 이에 따라 박정희 정부 시기 한국의 국가 정체성은 1960년대 초의 후진국에서 1960년대 중반 중진국으로, 1970년대 후반에는 선진국 진입을 눈앞에 둔 상위 중진국으로 빠르게 변화했다.[162]

• 공정한 인재 선발

박 대통령은 유능한 인재를 등용하고, 성과를 중시하는 정책을 통해 사회 전반의 효율성을 높이고자 했다. 이는 과거의 신분이나 연줄에 의한 인사에 따른 폐해를 극복하고, 사회 발전을 위한 핵심 동력으로 작용했다. 특히 경제 발전 과정에서 능력주의는 중요한 역할을 수행했다. 유능한 경제 전문가들을 등용하고, 성과 중심의 정책을 추진하여 단기간 내에 경제 성장을 이루는 데 기여했다. 그는 능력주의를 사회 개혁의 중요한 수단으로 인식했으며 능력에 따라 기회를 얻는 사회를 구축하고자 했다. 다만 박정희 시대의 능력주의는 긍정적인 측면과 함께 비판적인 시각도 존재한다. 능력주의가 지나치게 강조되면서 사회적 불평등을 심화시키거나, 특정 계층에게만 유리한 사회 구조를 만들 수 있다는 우려가 제기되기 때문이다.

먼저 박정희 정부는 5·16 군사정변 이후 직업공무원제 확립과 인사

---

162) 김종태. 『선진국의 탄생』. 돌베개. 2018. p177, 160~165.

행정 쇄신을 통해 안정적이고 유능한 관료 조직을 구축하고자 노력하였다.[163] 당시 공무원 조직은 일제와 미군정, 한국전쟁을 거치며 무원칙하고 부패한 운영 체계를 지녔으며, 정치적 채용과 퇴출이 만연했다. 이를 개선하기 위해 혁명 정부는 내각사무처에 인사위원회와 소청심사위원회를 설치하고 직위 분류제를 도입했다. 직위는 직무의 종류, 난이도, 책임 정도에 따라 계급과 직급으로 분류하고, 이에 맞춰 자격 요건과 채용 절차, 보수 체계를 마련하였다.

국가공무원법과 공무원임용령 개정을 통해 공개경쟁채용시험 제도를 정착시켰다. 이러한 공채 도입은 실력 중심의 인사제도 확립을 위한 중요한 전환점이 되었으며, 행정의 투명성과 전문성을 높이는 기반이 되었다. 정년 기준도 명확히 해 일반직 3급 이상은 61세, 4·5급은 55세로 정하였으며, 직무 특성에 따라 별도 연령 제한을 두었다. 보수 현실화와 연금제도 개선도 함께 추진되어, 20년 이상 근무자는 퇴직 즉시 연금을 받을 수 있도록 하여 안정적인 노후가 보장되었다.

앞서 이승만 정부의 재무부 장관 송인상은 공직 사회의 공정성과 전문성 강화를 위해 공개경쟁채용제도와 공무원연금제도를 1959년에 도입하려 했다. 혈연, 지연 등 폐쇄적 관행에 의존하던 채용 방식을 타파하고, 실력 중심의 인재 선발을 위해 재무부 결원 100명을 공개시험으로 충원하였다. 이 시험은 10대 1 이상의 높은 경쟁률을 기록하며 긍정적 반응을 얻었지만, 야당 지도자 아들이 수석으로 합격한 사건을 계기로 정치권 내부에서는 청탁 어려움에 대한 반발도 있었다. 송인상은 모든 신규 채용을 공개시험으로 일원화하는 방안을 국무회의를 통해 추진했으며, 이후 박

---

163) [기획연재] 박정희 이력서 106화: 행(行): 실천 행정 국가. 내외뉴스통신(http://www.nbnnews.co.kr). 2024. 7. 2.

정희 정부에서 본격 정착되었다. 또한 송인상은 우수 인재 유치와 공직 안정성 강화를 위해 공무원연금제도를 제안하였다. 연금제도는 공무원이 경제적 걱정 없이 직무에 전념할 수 있게 하고, 노후를 안정적으로 보장하는 기능을 갖췄다. 단순 복지 정책을 넘어 그는 연금 적립금을 국가 내자 조달의 재원으로 활용하려 했으며, 정부와 공무원이 절반씩 부담하는 구조를 도입했다. 이 제도는 공직의 매력도를 높이고 조직의 질적 향상에 크게 기여했으며, 한국 행정의 기초를 다진 정책으로 평가된다.[164]

박정희 정부는 인사행정에서 성적주의 기반의 임용 제도를 도입하고 5급 고시제, 승진 후보자 추천제, 근무성적 평정제, 인사교류제 등을 정비하였다. 공무원 포상, 제안제도, 휴양제, 권익 보호 장치도 마련되어 공직 기강 확립에 기여하였다. 정원 관리는 직위 분류와 업무평가, 인력감사를 통해 불필요한 인원을 감축하고 인재를 재배분하였으며, 1961년 말 기준으로 7%에 해당하는 1만 6,744명의 인원을 줄였다. 공무원의 자질 향상을 위해 교육훈련도 강화되었다. 1961년 중앙공무원교육원이 설립되어 연구반, 고등반, 경제인반 등 다양한 과정이 운영되었으며, 2년간 중앙교육원에서 약 1만 4,000여 명, 지방교육원에서는 약 7만 3,000여 명이 교육을 수료하였다. 이러한 제도적 개혁은 공무원을 단순한 직업이 아닌 책임과 보람을 느낄 수 있는 안정된 평생직으로 자리매김하는데 큰 역할을 하였다.

경제개발 추진에 있어서 박 대통령은 과학적이고 전문적인 지식을 갖춘 기술관료들을 적극적으로 등용하였다. 1960~1970년대는 대한민국이 테크노크라트 중심으로 경제 발전을 꾀한 시기였다.[165] 이 시기에는 대통

---

164) 홍제환. 『경제관료의 시대』. 너머북스. 2024. p73~75.
165) 오원철, 김형주. 『청소년을 위한 공학 이야기』. 한국경제신문. 2015. p213~214.

령을 비롯해 청와대 경제 제2수석 비서관실, 상공부, 건설부, 농림부 등 각 산업 부서에 전문성을 갖춘 테크노크라트들이 포진해 있었다. 당시는 산업이 경제의 핵심 주체였으며, 산업별 전략과 계획을 수립할 수 있는 능력은 해당 분야의 전문가, 즉 테크노크라트에게 있었다. 테크노크라트들은 중동 지역으로의 진출 전략 수립, 방위산업 육성, 중화학공업 건설, 그리고 2000년대를 대비한 국가 전략 수립 등 다양한 분야에서 성과를 이뤘다.

오원철은 한국 테크노크라트의 효시로 평가받는 인물이며, 박정희 정부 시절 중화학공업 육성과 경제개발 전략의 중심에 있었다. 1970년대 초반, 한국의 수출 증가세가 둔화되자 경제 성장의 새로운 돌파구가 필요해졌다. 이 시점에서 오원철은 산업구조 고도화 전략을 바탕으로 중화학공업화의 필요성을 제기하며 대통령에게 직접 보고하였다. 그는 일본의 사례를 들어 설명했는데, 일본은 1955년 수출 20억 달러를 달성한 후 1957년에 중화학공업화를 선언했고, 10년 뒤인 1967년에는 수출 100억 달러 목표를 실현한 바 있다. 오원철은 이러한 선례를 통해 한국도 수출 100억 달러를 달성하기 위해서는 중화학공업화가 필수적이라고 주장했다.

그의 보고는 김정렴 비서실장의 지지를 받았고, 박정희 대통령은 오원철에게 중화학공업화 추진 계획을 구체적으로 작성할 것을 지시했다. 이로써 중화학공업화는 단순한 구상에서 국가 전략으로 격상되었고, 오원철은 그 실질적인 설계자로서 역할을 맡게 되었다. 중화학공업화 추진은 단지 경제적 필요성에 의해서만 이루어진 것이 아니라, 방위산업 육성이라는 군사적 필요성과도 맞물려 있었다. 이미 군사적 자립을 위한 중화학공업 육성이 진행 중이었고, 여기에 수출 확대를 통한 경제 성장이라는

목표가 더해지면서 중화학공업화는 본격적으로 추진되었다. [166]

이어 박정희 대통령은 경제정책의 주도권을 경제기획원에서 청와대 비서실로 옮기기 시작했다. 이 과정에서 오원철은 청와대 경제 제2수석 비서관으로 발탁되었고, 이는 경제정책의 방향이 기존의 경제관료 중심의 '경제관료적 접근'에서 기술 중심의 '엔지니어링 접근(Engineering approach)'으로 전환되는 계기가 되었다. 경제기획원 소속의 경제관료들이 비교우위론에 따라 점진적인 산업 육성을 주장했던 반면, 오원철을 중심으로 한 기술관료들은 중화학공업을 국제적 규모로 추진해야 한다는 입장을 견지했다. 오원철은 중화학공업 발전을 위한 전략을 직접 설계하고 실행에 옮겼으며, 과학기술 기반의 산업정책을 주도했다. 그는 단순히 기술적 조언을 하는 수준을 넘어, 국가의 산업 구조를 재편하고 미래 성장동력을 확보하는 데 있어 실질적인 리더 역할을 했다. 박정희 대통령은 그를 '국보'라고 부를 정도로 신뢰했으며, 오원철은 과학벨트 구상, 기술 인프라 구축, 산업단지 조성 등 다양한 분야에서 핵심적인 정책을 입안하고 집행했다.

한국과학기술연구원(KIST)의 초대 소장인 최형섭은 과학기술 발전을 위한 제도적 기반을 마련하는 데 큰 역할을 했다. 과학기술처장관으로 취임하자마자 과학기술 행정의 주요 정책기조로 3대 기본방향을 설정했다. 특히 역점을 둔 부분은 고급 과학기술 인력의 양성이었다. [167] 그는 1970년대 초반, 한국의 기술 개발과 인력 양성을 촉진하기 위해 법과 제도를 정비하고 통합하는 데 집중하였다. 우선 1972년에는 「기술개발촉진법」을 제정하여 대기업과 기술 도입 업체에게 기술 개발을 의무화하도록

---

166) 홍제환. 『경제관료의 시대』. 너머북스. 2024. p242~243, 188.
167) [공학부] 故 최형섭 박사 회상록. 한국과학기술한림원(https://kast.or.kr).

하였고, 이에 따른 투자에 대해 금융 및 세제상의 혜택을 제공하는 법적 근거를 마련했다. 기업들이 기술 개발에 적극적으로 참여할 수 있도록 유도한 중요한 조치였다. 이어 1973년에는 「국가기술자격법」을 제정하여 과학기술 관련 자격제도를 체계화하였다. 이전까지는 각 정부 부처가 독자적으로 자격제도를 운영하여 총 26개에 달하는 제도가 존재했고, 이로 인해 자격 기준과 관리 방식이 제각각이었으며 혼란과 비효율이 발생했다. 최형섭은 이러한 문제를 해결하기 위해 자격제도를 통합하고, 과학기술처가 이를 일괄적으로 시행하도록 규정함으로써 자격제도의 일원화와 체계화를 이루었다. 이러한 제도적 개선은 기술자격제도의 정착과 강화로 이어졌고, 궁극적으로는 기술 인력의 양성과 과학기술 개발의 촉진에 크게 기여하였다.

결과적으로 테크노크라트는 한국의 산업화와 경제 성장을 이끈 숨은 주역으로, 기술과 정책을 연결하는 다리 역할을 했다. 오원철의 사례는 기술관료가 단순한 전문가를 넘어 국가 발전의 전략가로 기능할 수 있음을 보여 주는 대표적인 예라 할 수 있다. 이러한 성과는 대한민국 산업 발전에 중대한 기여로 평가된다. 그러나 정권 교체 이후, 테크노크라트들은 정계에서 점차 배제되었고, 전문성과 산업 중심적 사고를 갖춘 테크노크라트 시대는 막을 내리게 되었다.

• 효율과 성과 중심 국가경영

박정희 대통령의 정부 경영 방식은 '박정희 주식회사'라는 표현이 붙을 만큼, 기업의 CEO처럼 국가를 운영한 강력한 리더십과 집중적 의사결정 구조가 특징이다. 단순한 행정 관리가 아니라, 국가 전체를 하나의 조직처럼 바라보고 전략적으로 운용한 방식이었다. 박 대통령은 정부 조직의 구조적 설계 못지않게, 그것을 어떻게 운용하느냐를 매우 중시했다. 그는 단순히 대통령이라는 직책에 머무르지 않고, 국가의 주요 정책과 프로젝트를 직접 챙기며 실질적인 최고경영자처럼 행동했다. 포항제철 건설이나 경부고속도로 같은 대형 국책사업은 그가 직접 진두지휘했으며, 단순한 지시가 아니라 기획, 실행, 조정까지 전 과정에 깊이 관여한 형태였다.

경부고속도로 건설 과정에는 박 대통령의 업무추진 방식이 잘 나타나 있다. 그는 국가 발전을 위해 새로운 목표를 설정하고 이를 달성하는 데 집중했으며, 경제개발과 같은 주요 과제에서는 단계별 실행 목표를 세워 실무적인 부분까지 직접 기획하고 추진하는 모습을 보였다. 또한 그는 현장을 중시하여 정책과 사업의 진행 상황을 직접 확인하며, 목표를 정해진 기한 내에 달성하기 위해 강력한 '밀어붙이기(Big Push)' 전략을 구사했다. 이러한 방식은 군인 출신으로서 특성과도 맞닿아 있는데, 명령과 지시 체계에 기반한 상명하복식 추진력, 속도와 규율을 중시하는 태도, 그리고 국가 발전을 전쟁 수행처럼 인식하여 총력 동원 체제를 강조하는 모습에서 잘 드러난다. [168]

경부고속도로 건설은 단순한 인프라 사업을 넘어, 국가적 의지를 총동원한 일종의 '군사작전'처럼 추진되었다. 공사 자체는 현대건설 등 민간 건설회사에 맡겨졌지만, 전체 공사 현장을 총괄하는 사무소장에는 육군 공병 출신의 토목 전문가 허필 예비역 소장이 임명되었다. 단순한 인력 배치가 아니라, 공사 전반을 군사적 조직력과 통제 방식으로 운영하겠다는 박 대통령의 의지를 반영한 조치였다. 또한 구간별 감독요원 역시 대부분 공병 장교들이 맡았고, 특히 난공사 구간에서는 육군 공병들이 직접

---

168) 최광승. 박정희는 어떻게 경부고속도로를 건설하였는가. 한국학중앙연구원. KCI 2010 vol. 33, no. 4, p175~202.

투입되어 공사를 수행했다. 군의 조직력과 신속한 동원 능력을 활용해 공사 기간을 단축하고, 국가적 목표를 효율적으로 달성하려는 전략이었다.[169] 그 결과 경부고속도로는 1970년 7월 7일 개통되기까지 불과 2년 5개월이 소요됐다.

이처럼 박 대통령은 판단과 집행이 매우 신속했으며, 반대나 부작용에도 굴하지 않고 강력히 밀어붙였다. 특히 외국 차관을 활용해 시멘트, 비료, 정유, 제철 공장 등을 신속히 건설했고, 필요시 기업 총수들과 직접 협의하거나 참신한 아이디어를 낸 공무원과도 적극적으로 교류했다. 그의 관심은 오로지 경제개발에 집중되어 있었으며, 목표 달성을 위한 과정에서 일부 부정이나 문제 제기는 외면되기도 했다. 그의 정책 결정 방식은 신중한 고민 뒤 단호한 집행으로 이어졌으며, 이는 포항제철 건설이나 경부고속도로 건설 같은 획기적인 성과로 이어지기도 했다. 동시에, 정치적 반대 세력에 대한 탄압과 같은 부정적인 측면도 분명 존재했다.

한국의 산업화는 박정희 정부의 강력한 개입을 바탕으로 추진되었다. 특히 1973년부터 1979년까지 진행된 중화학공업화는 시설투자, 산업기지 조성, 인력 및 연구개발 지원 등 전방위적인 정책적 뒷받침을 받으며 국가 주도의 산업 성장 전략이 본격화되었다. 중화학공업육성계획은 경제를 경공업 중심에서 중화학공업 중심으로 전환시키려는 전략이었다. 이 계획은 업종별로 내수와 수출의 비중을 달리 설정하였다. 조선과 전자공업은 저임금 노동력을 기반으로 한 수출 특화 산업으로 규정되었고, 철강과 비철금속공업은 기초 소재를 공급하기 위해 내수 충족에 우선을 두었다. 기계공업은 기술 수준이 낮아 수입 대체에 중점을 두었으며, 화

---

169) 이장규,『대한민국 대통령들의 한국경제 이야기1』살림. 2014. p90.

    한국·한국인·한국사회 뉴스로 읽다 ①

학공업은 향후 증가할 국내 수요를 자급하기 위해 육성되었다.

그러나 이러한 업종별 차이를 넘어, 정부는 모든 산업을 국제 경쟁이 가능하도록 최신 설비와 기술을 도입하고 규모의 경제를 실현하는 데 중점을 두었다. 특히 7~8년 내 100억 달러 수출을 달성하기 위해 '전산업의 수출화'를 목표로 삼았다. 이는 다른 나라들이 공업 발전 과정에서 자연스럽게 중화학공업화와 수출 확대를 경험한 것과 달리, 한국은 먼저 수출 목표를 설정하고 이를 달성하기 위해 중화학공업화를 추진한 독특한 방식이었다. 또한 정부는 소수의 업체만 진입을 허용하여 과당경쟁을 방지하고, 국제 경쟁력을 갖춘 대규모 공장을 건설하는 전략을 택했다. 이는 1960년대 정유·비료공업의 실패와 PVC 공업의 과당경쟁 사례를 반면교사로 삼은 것이었다. 결국 중화학공업육성계획은 내수 충족과 수출 확대라는 이중 목표를 업종별로 달리하면서도, 전체적으로는 국제 경쟁력을 확보하기 위한 강력한 국가 주도의 산업정책으로 전개되었다.[170]

그럼에도 정부의 개입은 산업별로 차등적으로 이루어졌는데, 석유화학과 철강산업은 정부가 계획 수립과 가격 결정까지 관여할 정도로 개입의 강도가 높았던 반면, 전자산업은 상대적으로 자율성이 보장되었고 정부의 투자 비중도 낮았다. 자동차와 조선산업은 그 중간 수준의 개입을 받았으며, 정부는 산업 발전의 방향을 제시하되 기업 경영에는 직접적으로 관여하지 않았다.[171]

박정희 정부는 중화학공업화를 추진하면서 민간기업을 사업 주체로 삼는 전략을 택했다. 이는 대규모 기업집단, 즉 재벌 중심의 경제구조가

---

170) 중화학공업육성계획(重化學工業育成計劃). 한국민족문화대백과사전(https://encykorea.aks.ac.kr).
171) 송성수. 『한국의 산업화와 기술발전』. 들녘. 2021. p207~209.

형성되는 계기가 되었으며, 다른 개발도상국과 차별화되는 '한국형 발전 모델'로 평가받는다. 대만의 경우 공영기업을 통해 산업화를 추진한 것과 대조적이다. 다만, 석유화학과 철강 분야에서는 한국도 공기업을 통해 공장을 건설하고 조업을 시작한 사례가 있었고, 당시 민간기업 역시 정부의 지원과 통제에 크게 의존했기 때문에 완전한 자율성을 확보했다고 보기는 어렵다.

또한 정부는 기존의 선발 기업보다 새로운 도전 의지를 가진 후발 기업을 육성하는 데 집중했다. 철강, 조선, 자동차 산업에서는 인천제철, 대한조선공사, 신진자동차 같은 기존 업체보다 포항제철, 현대중공업, 현대자동차 같은 후발 기업을 사업 주체로 선정했다. 단순한 지원을 넘어 성과를 요구하는 방식으로 정부는 기업에 보조금을 제공하면서도 그에 상응하는 실적을 요구했고, 기업은 이를 달성함으로써 지속적인 성장을 이루었다. 이러한 정책은 '상호주의 원칙'에 기반한 것으로, 정부와 기업 간의 협력과 책임이 동시에 작동하는 구조였다. 결과적으로 박정희 정부의 산업화 정책은 강력한 국가 주도, 민간기업 중심의 추진, 산업별 차등 개입, 성과 기반의 지원이라는 네 가지 축을 중심으로 전개되었으며, 이는 한국 경제의 고도성장과 산업구조의 근대화를 이끄는 핵심 동력이 되었다.

전국경제인연합회(전경련)는 대한민국 경제 발전의 한 축을 담당해온 대표적인 경제단체로, 그 출발은 1961년 박정희 정권의 등장과 함께 시작되었다.[172] 박정희 정부는 부정축재자를 처벌한다는 명분 아래 다수의 기업인을 연행했다. 당시 삼성그룹의 창업주 이병철 회장은 박정희 국가재건최고회의 의장에게 기업인들의 석방을 요청하며, 돈을 버는 기업인

---

172) 손해용. 『다시 쓰는 경제교과서』. 중앙북스. 2011. p114.

을 죄인시하면 경제 발전이 어려워진다고 호소했다. 그는 기업인들이 스스로 국가에 기여할 수 있는 길을 열어 달라고 주장했다. 이러한 요청 이후 풀려난 기업인들은 정부의 공업화 정책에 호응하기 위해 1961년 7월 '경제재건촉진회'를 결성했고, 다음 달 임시총회에서 이를 '한국경제인협의회'로 개칭했다. 이후 1968년에는 '전국경제인연합회(전경련)'로 다시 이름을 바꾸었다.

전경련은 설립 이후 정부의 경제정책에 적극 협력하며 대한민국의 고도성장에 기여했다. 1960년대에는 외자유치와 기간산업 건설을 지원했고, 1970년대에는 중화학공업 육성에 참여했다. 1980년대에는 정보통신 산업의 기반을 다지는 데 주도적인 역할을 했으며, 1990년대 후반 외환위기 당시에는 대기업들의 사업 구조조정과 기업 개혁을 추진하는 데 앞장섰다. 또한 재계의 입장을 대변하며 정부의 각종 규제 정책에 대응하기도 했다. 하지만 전경련의 역사에는 어두운 면도 존재한다. 각종 사업권을 확보하기 위한 로비 활동과 정치자금 제공 등으로 인해 정경유착의 폐해를 고착시켰다는 비판도 받았다. 특히 과거 국정 농단 사건 연루 등으로 인해 4대 그룹이 탈퇴하는 등 어려움을 겪기도 했다. 그리고 2023년 8월 전국경제인연합회에서 다시 '한국경제인협회'로 명칭을 변경했다.

1961년 설립된 경제기획원과 1962년 시작된 경제개발계획은 '한강의 기적'을 상징하는 용어로 자리 잡았다. 경제개발 5개년 계획은 만주국의 전시 경제 모델의 영향이 있었다. 박정희 정부는 5·16 군사정변 직후부터 만주국의 경제개발 방식과 동원 체제를 벤치마킹하며, 산업화에 착수했다. [173] 만주국은 1930년대 후반부터 '국가산업 5개년 계획'을 통해 중공

---

173) 한석정. 『만주 모던』 문학과지성사. 2016. p256~257.

업 육성, 철도 확충, 농업 생산력 향상 등 전시 경제 기반을 구축했다. 이 계획은 일본의 국가총동원체제와 연계되어, 국가가 직접 산업을 통제하고 자원을 동원하는 방식으로 운영되었다. 박 대통령은 만주국 군관학교와 간도특설대에서 복무하며 이러한 체제를 직접 경험했고, 이후 한국의 경제개발 전략에 이를 적극 반영했다.

박정희 정부는 1962년부터 경제개발 5개년 계획을 추진했고 특히 1차 계획은 불과 두 달 만에 군대식으로 입안되었으며, 중공업 중심의 산업 육성과 수출 확대, 외자 도입을 핵심으로 삼았다. 이는 만주국의 전략 산업 육성과 자원 집중 방식과 유사하다. 이와 함께 '산업 전사'라는 용어가 본격적으로 등장했다. 단순한 노동자가 아니라, 국가 산업을 위해 헌신하는 군사적 가치관을 지닌 생산 주체로서 국민을 의미했다. 이후 '산업 역군', '건설 역군', '무역 전사' 등 다양한 용어가 교육과 선전 매체를 통해 확산되며, 국민들에게 생산과 산업화에 대한 사명감을 고취시켰다.

다만 병영사회와 총력전 체제가 남긴 군사주의의 잔재는 오늘날까지도 사회 곳곳에 깊게 스며들어 있다. 이러한 군사주의는 기본적으로 권위주의적 성격을 띠며, 보수적인 태도를 지향하고, 개인의 개성과 다양성보다는 집단의 이익과 통일성을 우선시한다. 획일성과 규율을 강조하는 이 문화는 근대 국가가 국민을 효과적으로 훈육하고 통제하는 데 매우 적합한 도구로 작용했다. 군사주의에 익숙해진 사람들은 점차 국가에 순응하는 유용한 존재로 변화해 갔으며, 국가는 더 이상 직접적인 강제나 억압 없이도 국민들에게 자신을 절대적인 존재로 인식시키는 데 성공했다. 그 결과, 애국심과 자기희생, 조국수호와 같은 가치들이 자연스럽게 내면화되었고, 국가 중심적 사고와 행동 양식을 강화하는 데 기여했다. 이러한 한 군사주의적 문화는 오늘날에도 여전히 사회 구성원들의 사고방식과

집단문화에 영향을 미치고 있으며, 개인의 자유와 다양성을 제한하는 요소로 작용하고 있다.[174]

그럼에도 불구하고, 경제개발 5개년 계획은 대한민국을 경제강국의 길로 이끈 위대한 도전이었으며, 오늘날 한국 경제의 기초를 다진 역사적 전환점으로 평가받는다. 세계적으로도 2차 세계대전 이후 수많은 신생국들이 경제개발에 나섰지만, 한국처럼 성공한 사례는 드물다. 1961년 당시 1인당 국민총생산(GNP)은 100달러에도 미치지 못했지만, 계획이 본격적으로 시행된 이후 산업화와 수출 확대가 빠르게 이루어지면서 1995년에는 1만 달러를 넘어섰다. 제조업 비중은 15% 미만에서 30% 수준으로 증가했고, 수출 역시 4,100만 달러에서 1,250억 달러로 폭발적으로 성장했다. 전후 경제 재건이나 탈식민지화를 위해 경제 계획을 추진했던 많은 국가들 가운데서도 유례를 찾기 어려운 성과였다.

각 시기별 경제개발 계획은 당시의 경제 상황과 사회 여건에 맞추어 구체적인 목표를 제시했다. 제2차 계획에서는 수출 7억 달러 달성, 수입대체 산업 육성, 식량 자급, 산림녹화, 가족계획 등이 강조되었다. 제3차 계획에서는 중화학공업 건설과 공업 고도화, 과학기술 향상, 교육시설 확충, 4대강 유역 개발 등이 추진되었다. 제5차 계획에서는 물가안정을 최우선 목표로 삼으면서도 지속적인 경제 성장과 수출주도 전략을 동시에 유지하려는 상반된 목표가 병행되었다.

경제개발 5개년 계획을 관통하는 핵심 원칙은 '선택과 집중'이었다. 경제발전 단계가 달라져도 성장, 수출, 생산, 저축의 네 가지 요소는 거의 모든 계획에서 빠지지 않고 강조되었다. 정부는 특정 산업, 특히 중화학

---

174) 오제연 외. 『한국현대 생활문화사 1960년대』. 창비. 2016. p212.

공업과 수출 산업을 집중적으로 육성하기 위해 낮은 금리의 무역금융, 보조금 지급, 수입 제한 등 다양한 특혜를 제공했다. 예를 들어 1960~70년대 무역금융 금리는 일반 대출금리보다 10%p 이상 낮게 유지되었고, 기업들이 수출에 적극적으로 뛰어들 수 있는 강력한 유인이 되었다.[175] 다만 정부 주도의 개발경제는 부작용도 낳았다. 지나친 수출지원 정책은 기업의 자생적 경쟁력을 약화시키고, 정부 의존도를 심화시키는 결과를 초래했다.

• 경쟁과 참여 촉진

박정희 대통령의 업적은 한국에 시장경제가 작동할 수 있는 기반을 마련한 데 있다. 그는 기업을 육성하는 과정에서 자유주의적 원칙을 철저히 따랐으며, 성과 중심의 정책을 일관되게 추진했다.[176] 성과가 높은 기업에는 더 많은 혜택을 제공하고, 성과가 낮은 기업은 자연스럽게 도태되도록 했다. 이러한 정부 개입은 정치적 고려 없이 시장경제를 구축하기 위한 수단으로 활용되었으며, 결과적으로 효율성과 경쟁을 강조하는 경제 구조를 형성하는 데 기여했다. 이러한 정책적 일관성은 새마을운동에서도 잘 드러난다. 당시 정부는 제한된 자원으로 농촌을 개발해야 했기 때문에 전적으로 정부에 의존하는 방식으로는 효과적인 개발이 어려웠다. 이에 따라 새마을운동은 자립과 협동을 강조하며, 성과가 높은 지역에 더 많은 자원을 배분하는 방식으로 운영되었다. 매년 평가를 통해 가장 성과가 뛰어난 지역에 가장 많은 정부 자원을 할당하고, 성과가 낮은 지역은 지원 대상에서 제외함으로써 경쟁을 유도하고 자발적인 참여를

---

175) [경제혁신 3개년] 다시 보는 경제개발 5개년 계획. 조선비즈. 2014. 2. 25.
176) 박정희대통령기념재단. 『박정희, 그리고 사람』. 미래_H. 2018. p110.

촉진했다.

영남대 박정희리더십연구원이 새마을운동 40주년을 맞아 2010년 실시한 여론조사에서, 우리 국민은 새마을운동을 대한민국 정부 수립 이후 가장 성공적인 정책으로 평가했다. 새마을운동(59.1%)은 국가발전에 가장 크게 기여한 정책으로 꼽혔으며, 이어 경제개발 5개년계획(46.8%), 전자산업 육성(27.1%) 등이 복수응답으로 뒤따랐다. 응답자들은 1970년대를 대한민국 경제의 비약적 발전기(33.8%)로 인식하고 있으며, 새마을운동이 시작된 시기와 일치한다. 그리고 새마을운동은 성과에 따른 차등적인 보상을 통해 운동의 동기를 부여하고 효율성을 높였다.

1970년 4월 22일, 박정희 대통령이 부산에서 열린 한해(가뭄) 대책 지방장관회의에서 "왜 비가 오기만을 기다리느냐"는 말로 시작된 유시(諭示)에서 새마을운동의 개념이 처음 제시되었다. 그는 단순히 가뭄 대책을 넘어서 농촌 개발 전반에서 농민들의 자조·근면·협동 정신을 일깨워야 한다고 강조하며, 이를 '새마을 가꾸기 운동' 또는 '알뜰한 마을 만들기'라고 부를 수 있다고 언급했다. 이 날짜가 훗날 '새마을의 날'로 지정된 이유다.

새마을운동의 실제 발상 배경에는 널리 알려진 일화가 있다. 1969년 여름, 전국적으로 큰 수해가 발생했을 때 박정희 대통령은 경부선 열차를 타고 영남 지역의 피해 현장을 시찰하던 중, 유난히 정돈된 마을 하나를 발견했다. 주민들이 스스로 마을 안길과 제방을 복구하는 모습이 인상적이었고, 그는 즉시 열차를 멈추게 하고 그 마을을 방문했다. 그곳이 바로 경북 청도군 청도읍 신도1리, '신도마을'이었다. 이 마을 주민들의 자발적 복구 활동과 정비된 마을 모습은 대통령에게 강한 인상을 남겼고, 이듬해 지방장관회의에서 신도마을을 농촌 개발의 모범사례로 소개하게 된다.

이어 과잉 생산된 시멘트를 활용해 전국 3만 4천여 개 마을에 300~350 부대씩 배급하며 운동을 시작했다. 이 시멘트는 마을 공동사업에만 사용할 수 있도록 조건이 붙었으며, 주민들은 이를 바탕으로 진입로 확장, 교량 건설, 지붕과 우물 개선, 공동 빨래터 설치 등 다양한 개발 사업을 벌였다. 이듬해 성과를 평가한 결과 1만 6,600개 마을에서 기대 이상의 발전이 이루어졌고, 박 대통령은 이들 마을에 시멘트 500부대와 철근 1톤을 추가로 지원했다. 반면 성과가 미미한 마을에는 지원을 중단하는 결단을 내렸다. 이로 인해 전국 마을은 참여 정도에 따라 기초마을, 자조마을, 자립마을로 분류되었고, 자립도가 낮은 기초마을은 지원 대상에서 제외되었다. 이러한 선별 지원 정책은 마을 간 경쟁을 유발했고, 이웃 마을이 변화하는 모습을 지켜본 주민들은 위기의식을 느끼며 "우리가 더 잘해야 한다"는 마음으로 밤낮없이 개발 사업에 매진했다.

1980년 기준, 새마을운동에는 정부자금 2조 7,521억 원과 연인원 11억 명이 투입되었으며, 농민들의 자발적 노력으로 새마을회관 3만 5,950개, 신설 도로 4만 4,000㎞, 마을도로 4만㎞가 건설되는 등 눈에 띄는 성과를 이룩했다. 나아가 새마을운동을 통해 '우리도 하면 된다' '할 수 있다'는 자신감을 불어넣은 잘살기 운동이자 국민의 의식개혁을 이끌어 한국사회의 현대화와 경제 성장의 중요한 토대가 되었다. 김대중 대통령도 박 대통령에 대해 "대한민국의 경제 발전에 있어 '우리도 하면 된다'는 인식을 국민에게 심어준 공로가 크다"고 인정했다. [177]

하지만 1970년대에 접어들며 박정희 정권은 사회적 긴장과 정치적 저항 속에서 정당성 기반이 흔들리기 시작했다. 노동쟁의는 1969년의 70

---

177) 중앙일보 김대중 육성 회고록〈3〉.

건에 서 1970년 88건, 1971년 101건으로 증가하고 노사분규는 1969년의 130건, 1970년 165건에서 1971년에는 1,656건으로 급증했다.[178] 1970년 11월, 평화시장 재단사였던 전태일은 열악한 노동환경과 정부의 무관심에 절망하며 "우리는 기계가 아니다"라는 외침과 함께 분신 자살했다. 그의 죽음은 단순한 개인의 희생이 아니라, 한국 노동운동의 상징적 출발점이 되었고, 이후 청계피복노조 결성 등 자주적 노동조합 운동의 물꼬를 텄다. 1974년 반도상사에서는 노동자들이 열악한 근로조건과 폭력적인 관리에 항의하며 대규모 파업을 벌였다. 1,400여 명의 노동자들이 단식 농성과 집단행동을 통해 임금 인상, 폭행사원 처벌, 강제잔업 철폐 등을 요구했고, 결국 자주적인 노동조합을 결성하는 데 성공했다. 그러나 이후 회사와 국가의 탄압이 이어졌고, 노조 간부들은 수차례 구속되며 고통을 겪었다.

1976년부터 1978년까지 동일방직에서는 민주노조를 지키기 위한 투쟁이 계속되었다. 산업선교의 지원을 받으며 노동자들은 어용노조에 맞서 싸웠고, 정부는 이를 탄압하며 대규모 해고를 단행했다. 이 투쟁은 민주노조운동의 대표적 사례로 기록된다. 1977년 아리아악기에서는 노동자들이 부사장의 집을 점거하며 인질 농성을 벌이는 사건이 발생했다. 노동자들은 회사의 부당한 처우에 맞서 극단적인 방식으로 요구를 전달했고, 결국 경찰과의 대치 끝에 자수하며 사건은 일단락되었다. 이 사건은 노동자의 인권 침해 실태를 사회적으로 드러낸 계기가 되었다. 1979년 YH무역에서는 여성노동자 150여 명이 폐업에 반대하며 신민당사에서 농성을 벌였다. 이들은 강제 해산되었고, 이 과정에서 노동자 한 명이 사

---

178) 박승호. 『한국 자본주의 역사 바로 알기』. 나름북스. 2020. p151.

망하는 등 큰 충격을 주었다. 이 사건은 이후 정치적으로도 큰 파장을 일으켜 유신체제 붕괴의 도화선이 되었다. 이 외에도 종근당제약, 원풍모방, 콘트롤데이터 등 다양한 기업에서 노동자들은 민주노조 결성과 노동조건 개선을 위해 끊임없이 싸웠다.

정부는 수출 중심의 중화학공업화를 추진하며 외국 자본에 의존한 고도성장을 추구했다. 하지만 여기에는 노동자들의 희생이 있었다. 장시간 노동과 산업재해, 저임금, 임금 체불 등으로 노동자의 삶은 불안정했다. 1977년 기준으로 전체 근로자의 약 75%가 최저생계비에도 못 미치는 월 3만 원 미만의 임금을 받았다. 노동자들의 임금은 70년대 내내 최저생계비의 절반수준을 크게 밑돌고 있었고 실질임금은 노동생산성 증가율에 크게 못 미쳤다. 경제는 고도의 양적성장을 이룩하였지만 그것은 방대한 노동자의 한계 이하의 저임금과 장시간 노동을 바탕으로 한 것이었고, 경제가 성장하면 할수록 노동자의 상대적 빈곤은 가중되고 있었다.[179] 이처럼 급격한 경제 성장이 가져온 불균형과 사회적 모순은 국민적 지지 기반을 약화시켰고,

이처럼 급격한 경제 성장이 가져온 불균형과 사회적 모순은 국민적 지지 기반을 약화시켰고, 3선 개헌 반대 운동, 전태일 분신 사건, 대학생 시위, 광주 대단지 사건 등 정치·사회적 저항이 본격화되었다. 이에 따라 기존의 근대화 담론, 즉 "잘 살아 보세"로 상징되는 발전주의에 균열이 생기면서 분배와 자유를 강조하는 저항 담론이 부상했다. 이러한 변화 속에서도 박정희 정권은 권위주의를 강화하는 방향으로 대응했다. 1971년 위수령과 비상사태 선언, 1972년 유신체제 선포는 그 강압적 전략의 일

---

179) 유신독재에 맞선 민주노조운동의 형성과 성장. 한국노동사회연구소(http://klsi.org). 2013. 5. 17.

환이었다. 박 대통령의 권위주의적인 장기 집권은 결국 10·26 사건의 주요 배경 및 원인 중 하나로 작용했으며, 유신체제는 종말을 고했다.

박정희 시대의 경제 발전을 단순히 '산업화'라는 용어로 설명하는 것은 부족하다. 그는 공장을 짓고 기반시설을 건설한 데서 그치지 않고, 다수확 품종의 쌀을 개발하여 식량 자급을 실현했으며, KAIST와 대덕연구단지를 설립해 오늘날 기술 강국의 기반을 마련했다. 또한 국세청을 통해 조세 제도를 도입하고 의료보험제도를 시행하여 복지 정책의 초석을 놓았다. 이러한 노력들은 오늘날 한국 정부의 기본 틀을 형성하는 데 중요한 역할을 했다.

나아가 박정희 시대는 한국사회가 전통적인 연고와 인습 중심의 구조에서 벗어나, 개인의 능력과 성과를 중시하는 '능력주의 사회'로 전환되는 결정적인 시기였다. 이러한 변화는 국가 주도의 급속한 경제개발과 산업화 과정에서 효율성과 실용성이 핵심 가치로 자리 잡으면서 더욱 가속화되었다. 박정희 정부는 경제개발 5개년 계획을 통해 수출 중심의 산업화 정책을 추진하였고, 이 과정에서 수출 실적이 뛰어난 기업과 능력을 입증한 인재들에게 막대한 지원과 인센티브를 제공하였다. 이는 성과 중심의 문화가 사회 전반에 확산되는 계기가 되었으며, 능력주의가 제도적으로 뿌리내리는 데 큰 역할을 했다.

공무원 채용과 인사제도에서도 실적주의가 강화되었다. 시대적 요구에 따라 채용시험 과목이 조정되었고, 특히 경제 과목의 비중이 높아지면서 유능한 행정 인력을 확보하는 데 기여했다. 또한 중화학공업 육성 등 산업 구조 개편에 따라 필요한 기술 인력을 양성하고, 국가가 기술자격증을 발급함으로써 개인의 능력을 공식적으로 인증하는 체계가 마련되었다. 사회적 가치 역시 변화하였다. "하면 된다"는 자조 정신이 강조되면서 국민들은 경제 성장이라는 공동 목표를 위해 경쟁에 참여하게 되었고, 전통적인 신분이나 연고보다 개인의 성취와 능력을 중시하는 분위기를 형성하는 데 큰 영향을 미쳤다. 이처럼 능력 중심 사회로의 전환은 한국의 급속한 경제 성장을 가능하게 한 원동력이 되었다.

또한 이 시기에 강화된 민족주의, 평등주의, 능력주의는 이후 민주화에 영향을 미치게 된다. 민족주의는 국민이 하나의 공동체라는 의식을 강화해 민주주의의 기반을 다지는 긍정적 역할을 하게 됐고, 평등주의는 사회경제적 격차를 줄이고 모든 시민이 정치에 참여할 수 있는 조건을 마련함으로써 연대와 참여를 높였다. 또한 능력주의는 혈연·신분·특권이 아니라 능력으로 기회와 보상이 주어져 민주주의적 가치와 조화를 이뤘다. 결국 박정희 시대는 '한강의 기적'이라 불린 경제 성장 및 산업화에 대한 긍정적 평가와 민주주의 억압이라는 부정적 평가가 공존하면서도 지금의 대한민국 틀을 마련한 시기였다.

2부

/

성취의 시간

◆　◆　◆

　1980년대는 한국 경제가 구조적 전환과 함께 괄목할 만한 성과를 거둔 시기로 평가된다. 특히 제5차 경제사회발전 5개년계획이 시행된 1982년부터 1986년까지는 물가 안정, 고도 성장, 무역 흑자라는 세 가지 경제 목표를 동시에 달성한 시기였다. 1982년에는 소비자 물가상승률이 한 자릿수로 진입하며 안정세를 보였고, 1984년부터 1986년까지는 2%대의 낮은 물가상승률을 유지했다. 이러한 물가 안정은 경제 전반의 신뢰도를 높이고 투자 환경을 개선하는 데 기여했다. 동시에 GDP 성장률은 1982년에 8.3%를 기록한 데 이어, 1983년과 1986년에는 각각 12.2%라는 두 자릿수의 고성장을 달성했다. 이는 산업 구조 고도화와 수출 중심의 성장 전략이 효과를 발휘한 결과였다.

　무역수지도 점차 개선되었으며, 1986년에는 30억 달러 규모의 대규모 흑자를 달성해 수출 경쟁력 강화와 국제 수지 개선의 전환점을 마련했다. 이로써 전두환 정부는 물가 안정, 경제 성장, 무역 흑자라는 세 가지 경제 목표를 동시에 실현한 정부로 평가받게 되었다. 1980년대 중반은 한국 경제가 안정성과 성장성을 동시에 확보하며 국제 경제 무대에서 경쟁력을 갖추기 시작한 중요한 전환기였다. 이러한 성과는 이후 한국이 고도 산업국가로 도약하는 기반을 마련하는 데 결정적인 역할을 했다.

1

3저 호황과 민주화(1980~1989)

1980년 5월 전국에 비상계엄령이 선포된 가운데 광주에서 민주화를 외친 시민들이 군의 무력 진압으로 희생된 5·18 광주민주화운동이 일어났다. 같은 해 9월, 김대중은 내란음모 혐의로 사형을 선고받았다. 광주뿐만 아니라 강원도 사북에서도 열악한 노동 환경과 어용노조에 저항하는 광부들의 폭발적인 시위가 벌어졌으며, 향후 노동운동의 전환점이 되었다. 8월 말 최규하 대통령이 하야하고 9월 1일 전두환이 제11대 대통령으로 취임했다. '새 시대'라는 명분 아래 사회정화라는 이름의 삼청교육대가 등장했고, 언론 통제와 기업 구조조정이 강화되며 국민의 표현의 자유는 급속히 축소됐다.

10·27 법난은 1980년 10월 27일, 전두환 신군부가 비상계엄 체제하에서 전국의 불교 사찰을 무력으로 수색하고 대한불교조계종 승려들을 강제 연행한 사건으로, 한국 현대사에서 국가권력이 종교를 탄압한 대표적인 사례다. 이 사건은 1979년 10·26 사태 이후, 권력을 장악한 전두환 정권이 정권 안정과 사회 통제를 목적으로 불교계를 희생양으로 삼으면서 발생했다. 당시 계엄군은 새벽 4시를 기해 전국의 사찰을 일제히 수색하

며, 군화를 신은 채 법당을 훼손하고 승려들을 폭력적으로 연행했다. 공식적인 명분은 대공 용의자 색출과 사회정화 차원에서 비리·범법 승려를 검거한다는 것이었지만, 실제로는 불교계의 자율적인 개혁 움직임과 정권에 대한 비협조적 태도를 탄압하려는 정치적 의도가 강했다.[180]

수사 과정에서 송월주 총무원장은 관리 감독 책임을 물어 강제로 퇴임했고, 부정축재 혐의로 46명의 승려가 연행되어 17명이 입건되고 32명이 정화위원회에 회부되었으며, 104명은 훈방되었다. 전국적으로는 5,700여 곳의 사찰이 수색당했고 총 1,776명이 검거되었다. 불교계는 이 사건을 '10·27 법난'이라 명명하고, 이후 지속적으로 진상규명과 정부의 공식 사과, 책임자 처벌을 요구해 왔다. 1988년에는 국무총리의 공식 사과가 있었고, 2007년 국방부 과거사진상규명위원회는 이 사건을 국가권력 남용에 의한 종교 탄압으로 규정했다. 이에 따라 2008년에는 「10·27법난 피해자의 명예 회복 등에 관한 법률」이 제정되어 피해자 명예 회복을 위한 제도적 기반이 마련되었다.

당시 정기예금 금리는 24%, 대출금리는 25%인 고금리 시대였다. 이때 정부는 "생활 안정"을 외치며 7·30 교육개혁과 과외 전면 금지를 선언했다. 사교육과의 전쟁은 그렇게 시작되었다. 세계은행은 한국의 초등학교 진학률이 100%에 달한다고 발표하며, 교육의 양적 성장을 평가했다. 롯데·크라운·동양식품 등 대형업체들이 하루 12시간이던 근로시간을 8시간으로 단축했다. 기술 혁신도 눈에 띄었다. 삼보컴퓨터가 창립되며 국산 PC 시대의 첫걸음을 내딛었고, 애플은 비즈니스용 PC '애플III'를 출시했다. 문화적으로는 조용필의 1집과 KBS의 컬러 방송 개시, 〈전국노래

---

180) 10·27법난(十二七法難). 한국민족문화대백과(https://encykorea.aks.ac.kr).

자랑〉의 시작 등 대중문화가 다양하게 나타났다. 조오련은 부산 다대포에서 일본 대마도까지 48㎞를 13시간 16분 동안 헤엄쳐 횡단하며 국민적 감동을 선사했다.

이랜드의 성장은 1980년대 한국 패션 산업의 흐름과 소비문화의 변화 속에서 성공 사례로 평가받는다. 1980년 이화여대 앞 작은 보세의류 가게 〈잉글런드〉로 시작한 이랜드는 창업자 박성수의 '절반 가격에 두 배의 가치'라는 철학을 바탕으로 대중성과 실용성을 갖춘 캐주얼 의류를 판매하며 빠르게 성장했다. 이랜드의 성공 전략은 단순히 옷을 싸게 파는 데서 그치지 않았다. 이대 기숙사 학생들을 주요 고객층으로 삼아, 그들의 취향과 소비 성향을 정확히 겨냥했다. 당시 젊은 여성들은 패션에 민감하면서도 가격에 예민했는데, 이랜드는 빨강·파랑 같은 원색 계열의 옷을 저렴하게 공급해 눈길을 끌었다. 이러한 상품 전략은 개성을 중시하는 젊은 층의 욕구를 충족시키며 빠르게 입소문을 퍼뜨렸다. 이랜드의 중저가 전략은 당시 고가 중심의 패션 시장에 새로운 방향을 제시했고, 그 영향으로 삼성물산, 반도패션, 논노 등 기존 대기업들도 중저가 캐주얼 의류시장에 뛰어들게 만들었다. 이랜드는 이후에도 지속적인 브랜드 개발과 해외 진출, 유통망 확장 등을 통해 국내 최대의 캐주얼 의류업체로 자리매김했으며, 패션 산업뿐 아니라 유통과 외식 분야에서도 강력한 입지를 구축했다.

국제적으로는 미국의 모스크바 올림픽 보이콧, 이란-이라크 전쟁 발발, 폴란드 자유노조 '연대(Solidarity)'의 결성과 동유럽의 민주화 움직임이 두드러졌다. 마거릿 대처의 집권, 중국의 4인방 재판, 티토의 사망, 그리고 미국에서는 로널드 레이건이 대통령에 당선되며, 신자유주의의 시대가 본격적으로 막을 올렸다. 팝의 전설 존 레논의 피살은 전 세계적으로 큰 충격을 주었고, WHO는 천연두 종식을 선언하며 전염병 극복의 역사를 새로 썼다. 유엔은 이해를 '세계 아동의 해'로 지정하며 미래 세대에 대한 관심을 높였다.

1981년은 대한민국이 정치, 경제, 사회, 문화 전반에 걸쳐 큰 전환점을 맞은 해였다. 3월 3일, 제12대 대통령 선거를 통해 전두환이 공식 취임하면서 제5공화국 시대가 시작됐다. 그는 "정의사회 구현"이라는 구호 아래 통치의 방향을 제시했고, 이에 앞서 1월에는 미국을 방문해 레이건 대통령과 회담을 나누며 외교적 입지를 다졌다. 또 한국은 일본에 대해 5년간 총 100억 달러 규모의 '안보 경제협력 차관'을 요청했다.

정부는 행정 개혁에도 박차를 가했다. 장차관급과 국장급 이상 500여 직위가 축소되는 대규모 정부기구 개편이 단행됐고, 교육세 신설을 통해 교육 재정을 확보하면서 초등학교 학급 증설과 시청각 기자재 확보 등 교육 환경 개선이 본격화됐다. 대학입시 제도 또한 변화의 중심에 섰다. 본격적으로 시행된 학력고사로 인해 수험생들의 긴장감은 어느 때보다 높았다. 사회적으로는 경찰대학이 설립되어 치안 교육의 전문화가 시작됐고, 5월 28일에는 '국풍81'이라는 대규모 문화축제가 개최되어 젊은 세대의 열정을 분출시키는 계기가 되었다.

서울은 세계로 향한 문을 두드리며 1988년 서울올림픽 유치에 성공했고, 국민들은 "우리도 세계의 중심에 설 수 있다"는 기대에 부풀었다. 1980년대 이후 한국의 해외여행 문화는 급격한 변화를 겪으며 대중화의 길을 걸었다. 1981년 여권 발급 절차가 간소화되면서 상류층을 중심으로 해외여행이 점차 현실화되었고, 1983년에는 50세 이상 국민에게 관광 목적의 해외여행이 제한적으로 허용되었다. 이 시기에는 일정 금액을 예치해야 하고 연 1회로 제한되는 등 여전히 제약이 많았지만, 해외여행에 대한 국민적 관심은 점차 높아졌다.

이후 1988년 서울올림픽의 성공적인 개최는 한국의 국제적 위상을 높이는 계기가 되었고, 이에 따라 정부는 국민의 해외여행 수요를 반영해 1989년부터 해외여행을 전면 자율화하였다. 이 조치로 인해 모든 국민이 관광 목적의 해외여행을 자유롭게 떠날 수 있게 되었으며, 중산층도 본격적으로 해외여행에 참여하기 시작했다. 이 시기부터 대학생들을 중심으로 방학 기간을 활용한 배낭여행이 유행했고, 신혼여행지로 해외를 선택하는 부부들도 등장했다. 여행사들은 다양한 패키지 상품을 출시하며 효도관광, 친목여행 등 테마형 여행을 확대했고, 개인의 취향을 반영한 자유여행도 점차 늘어났다.

경제에서도 중요한 변화가 있었다. 국제 유가 하락으로 물가 안정에 숨통이 트였고, 공정거래위원회 발족을 통해 공정한 경쟁과 시장 거래를 위한 기반이 강화됐다. 1980년대부터 1990년대까지 한국 금융산업은 국가 주도의 관리 체계에서 시장 중심의 경쟁 체제로 전환되며 급격한 변화를 겪었다. 이 시기의 핵심은 시중은행의 민영화와 금융기관의 다양화, 그리고 제도적 자유화였다. 1981년부터 정부는 공개경쟁입찰 방식을 통해 시중은행의 민영화를 추진했다. 한일은행(1981)을 시작으로 서울신탁은행(1982), 제일은행(1982), 조흥은행(1983), 외환은행(1991), 국민은행(1995), 주택은행(1997) 등 주요 은행들이 순차적으로 민영화되었다. 이는 금융기관의 자율성과 효율성을 높이기 위한 조치였다. 특히 1982년 개정된 은행법은 감독당국의 포괄적 지시·명령권을 폐지하고, 동일인의 은행 소유를 발행 주식의 8%로 제한함으로써 금융권의 권력 집중을 방지하고 시장 경쟁을 촉진하는 기반을 마련했다.

이와 함께 새로운 시중은행들이 등장했다. 1982년 신한은행, 1983년 한미은행이 설립되었고, 1989년에는 동남은행, 대동은행, 동화은행이 신설되었다. 외환은행은 1989년 특수은행에서 일반은행으로 전환되었으며, 1991년에는 한양투자금융과 금성투자금융이 보람은행으로, 한국투자금융이 하나은행으로 전환되었다. 국민은행 역시 시중은행으로 전환되며 민간 중심의 금융체계가 더욱 강화되었다. 금융기관의 수적 확대도 두드러졌다. 1982년에서 1992년 사이에는 24개의 생명보험회사, 7개의 증권회사, 17개의 리스회사, 5개의 투자신탁회사가 신설되었다. 1994년부터는 은행지점의 증설이 자유화되면서 점포 수가 급격히 증가했고, 국민의 금융 접근성을 크게 향상시켰다. 이처럼 1980~1990년대는 한국 금융산업이 제도적, 구조적, 운영적 측면에서 근본적인 변화를 겪으며 현대적 금융시스템으로 진입한 시기였다.

　미국에서 열린 국제기능올림픽에서 4연패를 달성하며 한국 기술인의 위상도 높아졌다. 강남고속터미널이 개장하며 서울의 교통 중심지가 재편되었다. 선경은 비디오 테이프 개발에 성공해 전자산업의 가능성을 보여 주었다. 방송 및 미디어 환경도 새로운 국면을 맞이했다. 컬러TV 시대가 본격적으로 열리면서 MBC는 〈호랑이 선생님〉과 〈제1공화국〉 같은 시대극을 선보였고, 1981년 5월 아침 방송이 부활했다. 석유 파동으로 오전 방송이 중단된 지 7년 만이었다. 5월 25일에는 유아 대상 프로그램인 〈뽀뽀뽀〉가 첫 방송을 시작했다. 〈TV가이드〉가 창간되어 프로그램 정보 접근이 쉬워졌으며, 〈먼나라 이웃나라〉의 신문 연재가 시작돼 국민들의 세계에 대한 인식이 확장되기 시작했다.

　또한, 한 해를 뒤흔든 사건들도 있었다. 윤상군 유괴 살해 사건은 범인이 담임교사였다는 사실로 국민들에게 충격을 안겼고, 5월 14일 경산에서는 열차 두 대가 추돌하여 52명이 사망하고 230여 명이 부상당하는 대형 참사가 발생했다. 이 사건은 철도 역사상 최악의 사고로 기록되었고 교통 안전에 대한 경각심을 일깨웠습니다. 윤노파 살해사건을 수사하면서 윤노파의 정기예금증서를 빼돌린 혐의로 구속기소된 하형사 사건이 세간의 이목을 끌었다. 겨울에는 양평에서 영하 32.6도의 기록적인 한파가 찾아오며 한반도를 꽁꽁 얼어붙게 했고, 문단의 큰 별인 월탄 박종화가 타계했다.

서점가에서 앨빈 토플러의 『제3의 물결』이 선풍적 인기였다. 이 책은 인류 문명의 발전을 세 가지 큰 흐름, 즉 '물결'로 구분하여 설명한 미래학적 저서로 토플러는 이 책에서 사회 변화의 방향성과 속도를 분석하며, 우리가 살아가는 시대가 어떤 전환점을 지나고 있는지를 통찰력 있게 제시했다. 또 김홍신의 『인간시장』 1권이 출간됐다. 『인간시장』은 1979년부터 연재를 시작해 1980년대 초반에 폭발적인 인기를 끌었던 장편 소설로 한국 출판 역사상 최초의 공식적인 밀리언셀러로 기록된 작품이다. 총 10권으로 구성된 이 소설은 6개월 간격으로 출간되었고, 1983년 가을까지 100만 부를 돌파했으며, 560만 부 이상 판매되며 출판계를 뒤흔들었다.

1981년 6월, 서울 광화문에 문을 연 교보문고는 당시로서는 획기적인 규모와 시설을 갖춘 대형 서점으로, 한국 출판 문화의 새로운 지평을 열었다. 약 3,636㎡(1,100평)의 넓은 공간에 60만 권의 장서를 보관할 수 있는 이 서점은 단순한 책 판매처를 넘어 지식과 문화의 중심지로 자리매김했다. 교보문고는 개장 이후 독서 문화 확산에 크게 기여했다. 다양한 분야의 도서를 폭넓게 취급하며, 문학·인문·사회·예술·어린이·청소년 등 모든 세대를 아우르는 콘텐츠를 제공했다. 또한 작가와의 만남, 북토크, 전시회 등 다양한 문화 행사를 통해 서점은 단순한 소비 공간이 아닌, 시민들이 지식과 감성을 나누는 문화 플랫폼으로 기능했다.

〈프로스펙스〉는 1981년 국제상사에 의해 출시된 한국 최초의 고유 스포츠 브랜드로, 국내 산업이 OEM(주문자상표부착생산) 중심에서 벗어나 자체 브랜드를 통해 고부가가치를 창출하려는 시도의 상징적인 사례였다. 국제상사는 오랜 OEM 경험을 통해 제조 기술을 충분히 축적하고 OBM(자체 브랜드 생산)에 도전했다. 〈프로스펙스〉는 국내 시장에서 좋은 반응을 얻었고, 이를 바탕으로 1983년 미국 시장에 진출했다. 그러나 유통망 확보에 실패하며 미국 시장에서 철수하게 된다. 이후 국제상사는 정치권과의 갈등으로 인해 유동자금이 경색되었고, 결국 1985년에 해체되는 비운을 맞이했다. 당시 국제그룹은 재계 순위 7위에 해당하는 대기업이었다. 국제상사의 해체 이후에도 〈프로스펙스〉 브랜드는 명맥을 이어갔다. 한일그룹에 인수되었다가 1997년 외환위기로 다시 부도를 맞았고, 이후 LS그룹에 인수되어 LS네트웍스 산하 브랜드로 재출범했다. 현재까지도 〈프로스펙스〉는 운동화, 트레이닝복 등 다양한 스포츠 용품을 생산하며 국내 스포츠 브랜드를 대표하고 있다.

세계도 격동의 한 해를 보내고 있었다. 1월 이란은 무려 444일 동안 이어진 미국 대사관 인질 사태를 마무리하며 52명의 인질을 석방했다. 같은 해 3월, 미국에서는 로널드 레이건 대통령이 저격을 당했으나 기적적으로 회복했으며, 이 사건을 계기로 그의 정치적 입지가 더욱 굳건해졌다. 5월에는 프랑스에서 미테랑이 대선에서 승리하며 좌파 정권이 출범했고, 로마에서는 교황 요한 바오로 2세가 피격되는 충격적인 사건이 발생해 전 세계를 놀라게 했다. 중동 지역의 긴장도 고조되었다. 6월에 이스라엘은 이라크의 핵시설을 공습해 지역 안보에 대한 국제적 우려를 더욱 증폭시키는 계기가 되었다.

10월에는 이집트의 사다트 대통령이 암살당하며, 세계적 충격으로 이어졌다. 12월에는 폴란드에서 계엄령이 선포되면서 '연대노조' 노동자 운동은 억압받게 되었고, 동유럽 민주화 운동의 향방에 중대한 영향을 미쳤다. 보건 분야에서도 중요한 이정표가 세워졌다. 미국 질병통제센터(CDC)는 에이즈 사례를 최초로 공식 발표하며 세계적인 보건 위기의 서막을 알렸고, 이 질병은 이후 수십 년 동안 글로벌 보건 정책의 핵심 이슈로 자리 잡게 됐다.

격동 속에서도 인류는 진보를 멈추지 않았다. 미국에서는 첫 우주왕복선이 발사되며 우주 시대의 새로운 장을 열었고, 일본에서는 닌텐도가 〈동키콩〉을 출시해 게임 산업의 새 역사를 쓰기 시작했다. 당시 동키콩은 거대한 고릴라로서 주인공 마리오(당시 점프맨)를 괴롭히는 악역으로 설정되었고, 단순하면서도 중독성 있는 게임 플레이 덕분에 세계적인 인기를 얻으며 닌텐도의 이름을 알리는 데 큰 역할을 했다. 이후 1994년 슈퍼 패미컴에서 출시된 「동키콩 컨트리」 시리즈를 통해 동키콩은 악역에서 주인공으로 변모했다. 레어(Rare)가 개발한 이 시리즈는 프리렌더링 그래픽과 세련된 음악으로 횡스크롤 액션 게임 장르의 새로운 기준을 제시하며 명작으로 평가받았다.

또, 7월 29일에는 다이애나와 찰스 왕세손의 결혼식이 웨스트민스터 사원에서 성대하게 치러지며 전 세계인의 눈길을 사로잡았다. 미국에서는 하얏트 리젠시 호텔의 연결 통로가 붕괴되어 수십 명의 인명 피해가 발생해 건축물 안전에 대한 경각심을 높이는 계기가 되었다. 문화와 기술 분야에서도 획기적인 변화가 이어졌다. MTV가 개국하면서 음악과 영상을 융합한 신개념 미디어가 대중문화에 큰 영향을 주었고, 프랑스에서는 초고속 열차 TGV가 첫 운행을 시작하며 철도 기술의 새로운 시대가 열렸다. 아시아에서는 싱가포르가 창이 국제공항을 개항하며 글로벌 항공 허브로의 도약을 준비했다.

1982년 1월 5일, 37년간 이어졌던 전국 야간 통행금지가 해제되며 시민들은 밤늦은 시간에도 거리를 자유롭게 다닐 수 있게 되었다. 자정이 넘은 시각, 포장마차에 앉아 어묵을 먹고, 막차를 놓쳐도 여유를 가질 수 있는 세상이 도래한 것이다. 6월 12일에는 두루미가 새겨진 500원 동전이 처음 발행돼, 국민들의 일상 속에 빠르게 자리 잡았다. 9월에는 잠실야구장이 개장했고, 이어 열린 세계야구선수권대회에서 한국 대표팀이 미국과 일본을 꺾고 사상 첫 우승을 차지해 온 국민에게 깊은 감동을 안겼다. 이와 함께, 프로야구가 정식 출범하며 스포츠 산업도 본격화되었다.

정부는 근로기준법 시행령을 개정하여 여성의 취업을 제한하던 규제를 일부 해제하였다. 당시까지 여성의 근로를 보호한다는 명목으로 특정 업종이나 근무 형태에서 여성의 취업을 금지하거나 제한하던 제도를 개선한 것이다. 특히 갱내 작업이나 야간근로, 위험한 업무 등에서 여성의 참여가 제한되었으나, 이 개정을 통해 여성도 남성과 동등하게 다양한 직종에 취업할 수 있는 길이 열렸다. 이러한 변화는 단순히 법적 규제의 완화에 그치지 않고, 여성의 경제적 자립과 사회 진출을 제도적으로 뒷받침하는 계기가 되었다. 이후 1987년에는 「남녀고용평등법」이 제정되며 성별에 따른 고용 차별을 금지하는 법적 장치가 더욱 강화되었다. 1982년의 개정은 여성 노동의 역사에서 '보호 중심'에서 '평등 중심'으로 패러다임 전환을 상징하는 중요한 이정표로 평가된다.

청소년 문화에서는 교복·두발 자율화가 시행되어 개성과 자유에 대한 흐름이 확대되었고, 일본 교과서 왜곡 파문으로 한일 관계에 긴장이 고조되었다. 출산율은 2.39명에 신생아 수는 약 80만 명에 달했다. 경로우대제가 도입되면서 노인 복지의 첫걸음을 떼기도 했다. 경제계에서는 장영자 어음 사기 사건이 큰 충격을 안겼다. 전직 고위 공직자의 부인이었던 그녀는 인맥을 활용해 6천억 원 규모의 사기극을 벌였고, 금융계에 대한 불신과 금융 실명제 논의의 단초를 제공했다. 통신 분야에서는 삐삐(무선호출기) 서비스가 시작되며 새로운 시대를 예고했고, 한강종합개발사업이 착공되며 도시 인프라도 재편되었다.

정치적·사회적 충돌도 이어졌다. 3월, 부산 미문화원 방화 사건이 일어나며 반미 감정이 표출되었고, 4월에는 의령에서 순경 우범곤이 총기를 난사해 56명의 사망자를 낸 충격적인 사건이 벌어졌다. 11월에는 복싱 선수 김득구가 라스베이거스에서 세계 챔피언에 도전하다 경기 중 사망하는 안타까운 사건이 발생했다. 이는 복싱 경기 규칙에 변화를 가져오는 계기가 되었다.

문화계도 변화가 나타났다. 서울극장에서 개봉한 〈애마부인〉이 흥행 신기록을 세웠고, 김지하 시인은 〈타는 목마름으로〉를 통해 민주주의를 향한 열망을 시로 표현했으며, 스티븐 스필버그의 영화 〈E.T.〉는 전 세계 관객의 감성을 자극했다. 시조 시인 이은상의 별세는 문단에 깊은 여운을 남겼고, 어린이 만화잡지 〈보물섬〉은 창간과 함께 아이들의 상상력을 자극하며 문화 콘텐츠의 확장을 알렸다. 비디오아트의 창시자로 널리 알려져 있는 백남준의 작품은 뉴욕 휘트니미술관에 최초의 비디오 아트 영구 소장품으로 지정되면서 국제적인 명성을 확고히 했다. 당시 휘트니미술관의 큐레이터였던 존 핸하르트는 백남준이 비디오 예술 운동을 주도했으며, 텔레비전을 예술가의 매체로 활용할 수 있는 가능성을 보여 주었다고 평가했다.

이어령의 『축소지향의 일본인』은 일본 문화와 산업을 관통하는 핵심 성향을 '축소'라는 개념으로 풀어낸 기념비적인 저작이다. 외국 베스트셀러 목록에 오른 한국인의 첫 저작물로 외국인이 쓴 일본문화론(論) 고전인 루스 베네딕트의『국화와 칼』, 롤랑 바르트의『기호의 제국』과 비견될 정도였다. 그는 도쿄대에서 연구 생활을 하며 일본 사회를 직접 관찰한 뒤, 일본어로 집필하여 출간했다. 책은 일본에서 출간되자마자 큰 반향을 일으켜 단기간에 수십 판을 찍고 수만 부가 판매되었으며, 한국어판 역시 베스트셀러에 올랐다.

이어령은 일본인의 사고방식과 문화적 특성을 '큰 것을 작게 만들고, 복잡한 것을 단순화하며, 넓은 공간을 좁게 응축하는' 축소지향적 성향으로 설명한다. 이러한 성향은 하이쿠, 도시락, 쥘부채, 분재, 석정, 다실 같은 전통적 사물에서부터 전자 계산기, 트랜지스터, 소형 자동차와 같은 현대 기술에 이르기까지 일관되게 드러난다. 일본인은 작은 것 속에 의미와 기능을 담아내는 데 미학과 기술을 집중해 왔으며, 이는 단순한 문화적 취향을 넘어 산업 발전의 원리로 작용했다. 이어령은 일본이 공업사회에서 세계적 강국으로 성장할 수 있었던 이유를 바로 이 축소지향에서 찾는다. 일본의 전자제품과 자동차가 세계 시장에서 경쟁력을 갖게된 것은 단순히 기술력 때문이 아니라, 문화적 DNA로 자리 잡은 축소의 미학이 산업에 그대로 반영된 결과라는 것이다. 따라서『축소지향의 일본인』은 일본인의 문화적 본질을 해명하는 동시에, 그 문화가 산업과 경제적 성공으로 이어지는 과정을 보여주는 책으로 평가된다.[181]

1982년 토익 시험이 처음 도입되었을 당시, 금융연수원과 한국외환은행의 직원들과 연합통신사 기자들이 단체로 응시하면서 시험의 사회적 활용 가능성이 처음으로 드러났다. 이후 현대, 금성전기, 삼성, 한국선주

---

181) '축소지향의 일본인' 탄생 비화. 주간조선. 2016. 6. 10.

협회, 서울투자금융 등 주요 기업들이 토익 시험을 채택하면서, 공인 영어점수는 기업 입장에서 매우 효율적인 평가 도구로 자리 잡았다. 기업은 자체적으로 영어시험을 출제하거나 채점할 필요 없이, 외부에서 인증된 점수만으로 지원자의 영어 능력을 확인할 수 있었기 때문이다.[182] 1990년대 중반부터는 이러한 공인 영어시험들이 기업의 자체 시험을 완전히 대체하게 되었고, 대학에서는 졸업 인증 시험으로 활용되었으며, 기업의 승진 심사에도 반영되었다. 더 나아가 2002년부터는 공무원 시험, 2004년 사법시험, 2005년 행정고시에서도 영어 공인시험이 공식적으로 채택되었다.

이러한 흐름 속에서 영어시험 시장은 지속적으로 확대되었다. 1995년에는 토익 응시자가 40만 명이었지만, 2013년에는 200만 명을 넘어서며 급격한 성장을 보였다. 이미 2005년에 한국이 전 세계에서 토익 응시자가 가장 많은 국가가 되었고, 2011년 기준으로 토익과 토플 시험 응시자는 240만 명에 달했다. 영어시험에 지출되는 비용은 약 1,200억 원에 이르렀으며, 영어 조기교육의 확산으로 인해 초등학생 응시자도 연간 30만 명을 넘었다. 또한 토익 스피킹 시험 역시 2013년 한 해에만 30만 명이 응시하였고, 한국 토익위원회는 응시료 수입으로 연간 840억 원 이상을 벌어들이며 영어시험 시장의 규모는 더욱 커졌다. 이러한 현상은 영어가 단순한 언어 능력을 넘어, 학력과 취업, 사회적 지위와 연결되는 중요한 자산으로 인식되고 있음을 보여 준다.

세계적으로는 4월 2일에 남미 아르헨티나와 영국 사이의 포클랜드 전쟁이 발발했다. 대서양의 작은 섬을 둘러싼 충돌은 식민주의 유산과 강

---

182) 이경숙.『시험국민의 탄생』. 푸른역사. 2017. p82~83.

대국의 패권이라는 현실을 동시에 보여 주었고, 단순한 영토 분쟁을 넘어 국제 질서에 대한 근본적인 질문을 던졌다. 6월에는 이스라엘이 레바논을 침공하며 중동의 불안정은 더욱 심화되었다. 일본에선 나카소네 야스히로가 총리로 취임하며 새로운 정치적 기조가 출범했다. 소련에서는 장기 집권을 이어 오던 브레즈네프가 사망해, 공산권의 세력 재편에 신호탄이 울렸다.

세계 인구가 43억 3,600만 명을 돌파했고, 미국에서는 신문 〈USA 투데이〉가 창간되어 대중 저널리즘의 변화를 이끌었다. 11월 30일, 마이클 잭슨은 전설적인 앨범 〈Thriller〉를 발표하며 음악계에 지각변동을 일으켰다. 독창적인 사운드, 충격적인 뮤직비디오, 그리고 퍼포먼스는 단숨에 전 세계 팬들을 사로잡았고, 이 앨범은 역사상 가장 많이 팔린 음반이라는 기록을 세우며 '팝의 황제'라는 그의 명성을 굳히게 했다.

1983년 초 나카소네 야스히로가 일본 총리로는 처음으로 방한해 전두환 대통령과 정상회담을 가졌다. 이 자리에서 40억 달러 규모의 경제협력을 약속함으로써 한일 관계는 새로운 외교적 전기를 맞았다. 같은 시기 북한 공군 이웅평 대위가 미그기를 몰고 귀순하며 남북한 간 체제 경쟁이 상징적으로 부각되었고, '정보산업의 해'를 맞아 삼성전자가 64K D램 개발에 성공하며 한국 반도체 산업의 새로운 장을 열었다.

9월 1일 전 세계를 충격에 빠뜨린 대한항공 007편 피격 사건이 발생했다. 소련 영공을 침범했다는 이유로 격추된 이 사건은 냉전의 긴장을 극대화시켰고, 앞서 레이건 미국 대통령은 소련을 '악의 제국'이라 지칭했다. 이어 10월 9일, 아웅산 묘역 폭탄 테러가 버마(현 미얀마)에서 발생했다. 전두환 대통령을 노린 북한의 테러로, 고위 인사 17명이 순직하며 국제사회는 북한을 강하게 규탄했다. 11월 레이건 대통령이 방한해 비무장

지대를 방문하고 국회 연설을 통해 한미동맹을 재확인했다.

사회적으로는 '대도' 조세형의 극적인 탈주 사건이 교정 시스템의 허점을 드러냈고, 중국 민항기의 납치 사건으로 당시 국교가 없던 한중 양국은 간접 외교 접촉을 시작했다. 특히 6월 말부터 시작된 KBS의 〈이산가족을 찾습니다〉 생방송은 국민적 감동을 자아내며 4개월 동안 1만여 가족의 상봉을 이끌어냈고, 여의도 광장은 '만남의 광장'으로 불렸다. 같은 해 여름, 중고생 교복 자율화와 학생 체벌 금지 지침도 시행되며 교육 현장에 새로운 바람이 불었다.

정치적으로도 정부는 정치인 등에 대한 특별사면과 복권 조치를 통해 유화적 제스처를 보였다. 가장 상징적인 조치는 구금 중이던 김대중에 대한 형집행을 정지하고, 미국으로의 사실상 망명을 허용한 일이었다. 국제 사회의 비판을 의식한 조치이자, 국내 정치적 반발을 완화하려는 전략적 선택이었다. 이와 함께 구속되거나 해직되었던 학생들과 교수들이 대학으로 복귀했고, 정치 활동이 금지되었던 정치인들도 대거 해금되었다. 이러한 조치는 정치적 공간을 일부 회복시키는 계기가 되었으며, 민주화운동의 기반을 다시 형성하는 데 기여했다.

가택연금 중이던 김영삼은 1983년 5월, 광주민주화운동 3주년을 맞아 단식 투쟁에 돌입했다. 김영삼의 단식투쟁 사실은 국내 언론에는 보도되지 않았고, 〈월스트리트 저널〉 등 외국 신문과 대학교 대자보 등을 통해 알려졌다. 그의 단식은 단순한 개인적 저항을 넘어, 민주화운동의 상징적 사건으로 확산되었고, 이듬해인 1984년 5월 18일에는 민주화추진협의회(민추협)의 결성으로 이어졌다. 민추협은 이후 민주화운동의 조직적 기반이 되었으며, 야권의 연대와 정치적 저항을 제도화하는 데 중요한 역할을 했다.

인구가 4,000만 명을 돌파하는 동시에 합계출산율은 인구 대체 수준 (2.1명) 아래인 2.06명으로 처음 떨어져 저출산 시대가 본격화되었다. 문화계에서도 변화를 맞이했다. 만화잡지 〈보물섬〉에 〈아기공룡 둘리〉가 처음으로 연재되었고, 〈유머 1번지〉가 첫 방송되며 대중문화에 웃음을 선사했다. 배철수는 〈젊음의 행진〉 생방송 도중 감전사고를 당해 방송 환경의 안전성 문제를 환기시키기도 했다. 스포츠 분야에서는 축구 슈퍼 리그가 출범하고, 세계청소년축구대회에서 한국이 4강에 진출하며 국민적 자부심을 높였다. 북한산이 국립공원으로 지정되며, 누구나 쉽게 찾을 수 있는 대표적인 자연 공간으로 자리매김했다.

이규태는 대한민국 언론사와 한국학 연구에서 독보적인 위치를 차지한 인물이다. 그는 1983년부터 2006년까지 무려 23년 동안 조선일보에 〈이규태 코너〉를 연재하며 총 6,702회의 칼럼을 발표했는데, 이는 한국 언론사상 최장기 칼럼 기록으로 남아 있다. 방대한 자료를 바탕으로 글을 쓰기 위해 지하에 개인 서고를 마련하고 1만 5천 권에 달하는 책을 참고했으며, 그 결과 120권이 넘는 저서를 집필했다. 이규태의 연구는 제도권 학계와는 다른 독창적인 시각에서 출발했다. 그는 한국인의 의식구조, 생활문화, 손재주 등을 생활 속 소재를 통해 탐구하며 '재야 한국학'의 집대성을 이뤘다는 평가를 받는다. 단순히 한국인의 사고방식과 행동을 나열하는 데 그치지 않고, 그 배경과 역사적 맥락을 함께 분석하여 한국 사회의 구조적 특성과 문화적 유산을 드러냈다. 식생활, 주거, 의복, 미신 등 일상적 주제를 통해 한국인의 정체성을 재발견하려 했으며, 특히 '한국인의 손재주'와 같은 독창적인 한국인론을 제시했다.

세계에서도 굵직한 사건과 변화가 나타났다. 필리핀에서는 베니그노 아키노 상원의원이 암살당하면서 정치적 혼란이 극에 달했고, 이후 마르코스 정권의 몰락과 민주화 운동으로 이어졌다. 중동 지역에서는 레바논 베이루트의 미군기지가 폭탄 테러로 파괴되어 미군 수십 명이 희생되며 국제적 충격을 안겼다. 미국은 그해 그레나다를 침공하며 냉전 시대의 지정학적 갈등을 다시 부각시켰고, OPEC은 유가 인하를 결정해 세계 경제에 영향을 주었다. 폴란드에서는 민주화 운동을 이끈 바웬사가 노벨평화상을 수상하며 세계인의 찬사를 받았다.

영화 〈제다이의 귀환〉은 스타워즈 팬들을 열광하게 했다. 일본에서는 '도쿄 디즈니랜드'가 개장되며 아시아 최초의 디즈니 테마파크로서 관광과 엔터테인먼트 산업에 새로운 전기를 마련했고, 닌텐도는 〈마리오 브라더스〉 아케이드판과 가정용 게임기 '패밀리 컴퓨터(패미컴)'를 출시하며 게임 산업의 지형을 뒤흔들었다. 이후 콘솔 중심의 글로벌 게임 시장을 여는 초석이 되기도 했다.

1984년 1월 1일 백남준은 〈굿모닝 미스터 오웰〉 프로젝트를 통해 예술과 기술을 위성 생중계로 엮어내며 미래에 대한 새로운 시선을 제시했다. 조지 오웰의 디스토피아적 관점을 유쾌하게 비튼 문화적 선언이자, 1984년을 대표하는 상징이 되었다. 같은 달, 애플이 출시한 〈매킨토시 128K〉는 개인용 컴퓨터 시대를 본격적으로 열며 디지털 미래가 현실화되는 순간을 맞았다.

정치권에도 중대한 변화가 일어났다. 정일권, 박준규, 문익환 씨 등 오랫동안 정치활동을 제한받던 인물 286명이 해금되었고, 5월에는 '민주화추진협의회(민추협)'가 결성되며 조직적 민주화 운동이 본격화됐다. 대학생들의 농성, 방송 시청료 거부 선언, 해직 언론인들의 재결집 등으로 사회 전반에 민주화의 열기가 퍼져 나갔다. 여름철 발생한 한강 대홍수는 190여 명의 사망·실종이라는 큰 상처를 남겼고, 북한이 이례적으로 구호물자를 보내며 남북 인도주의 회담이 성사되는 상징적인 장면이 펼쳐졌다. 9월엔 전두환 대통령이 일본을 공식 방문해 히로히토 천황과 과거사 문제를 놓고 회담했으며, 11월에는 판문점에서 소련 유학생이 귀순을 시도하자 북한군이 총격을 가해 남북 간 총격전이 벌어졌고, 국군 1명과 북한군 3명이 사망했다.

도시 인프라 측면에서도 굵직한 진척이 있었다. 서울대공원 개원과 서울 지하철 2호선 전 구간 개통, 그리고 88올림픽 고속도로의 개통은 서울올림픽을 향한 준비의 신호탄이었다. 5월에는 교황 요한 바오로 2세가 방한해 한국 천주교 200주년 기념 시성식을 집전하면서 한반도에 사랑과 평화가 깃들기를 기원했다. 국민적 감동을 안긴 LA 올림픽에서는 대한민국이 금 6, 은 6, 동 7개의 성과로 종합 10위에 오르며 스포츠 강국으로 부상했다. 같은 해에 '호돌이'가 올림픽 마스코트로 선정되고, 잠실 올림픽 주경기장이 개장되면서 88 서울올림픽 준비는 본격화됐다.

스포츠계에서는 해태 타이거즈의 방수원 투수가 한국 프로야구 최초로 노히트 노런을 기록했고, 일본에서는 〈드래곤볼〉이 첫 선을 보이며 한 시대를 관통하는 만화의 시작을 알렸다. 헐리우드에서는 〈터미네이터〉가 개봉되어 공상과학영화의 새로운 아이콘이 되었다. 또한 한-중 간의 비정치적 스포츠 교류가 시작되고, 합계 출산율이 1.74명까지 떨어지며 본격적인 저출산 시대에 접어들었다. 백화점 문화센터는 1980년대 한국사회의 경제 성장과 함께 등장한 도심형 평생교육 공간으로, 소비 중심의 백화점에 교육과 문화의 기능을 결합한 새로운 형태의 서비스였다. 그 시작은 1984년 10월 서울 동방프라자에서 열린 '문화교실'이었고, 이후 현대백화점 압구정점에 본격적인 문화센터가 생기면서 확산되기 시작했다.

미국에서는 로널드 레이건 대통령이 재선에 성공하며 보수적 정책 기조가 강화되었고, 냉전 시대 미국의 대외 전략에 지속적인 영향을 주었다. 반면 인도에서는 총리 인디라 간디가 시크교도 경비병에 의해 암살당하면서 국가적 충격과 보복 학살로 이어졌다. 이 사건은 인도 현대사에서 가장 비극적인 정치적 사건 중 하나로 기록됐다. 같은 해 12월, 인도 중부 보팔에서는 역사상 최악의 산업재해로 꼽히는 보팔 가스참사가 발생한다. 농약 제조회사인 유니언 카바이드의 화학공장에서 유출된 유독가스는 수천 명의 생명을 앗아 가고 수십만 명에게 후유증을 남겼다. 이 참사는 다국적 기업의 책임과 환경 안전 문제에 대한 세계적 논의를 촉발시키는 계기가 되었다.

아프리카에서는 사상 최악의 기근이 에티오피아와 수단을 휩쓸며 수백만 명이 굶주림과 질병으로 고통받았다. 이는 국제 사회의 인도주의적 구호 운동을 활성화시키며 〈We Are the World〉와 같은 글로벌 연대의 문화로 이어진다. 외교적으로는 영국과 중국 간 홍콩 반환 협정이 체결되어 1997년을 기점으로 홍콩의 중국 반환이 결정되었고, "일국양제"라는 개념이 첫 선을 보이며 세계적 주목을 받았다. 냉전과는 또 다른 형태의 외교적 균형을 상징하는 협정이었다.

1985년은 한국사회의 전환점이었다. 2월에 실시한 제12대 국회의원 총선에서 서울은 신민당이 압승하며 양김(김대중·김영삼)의 정치 복귀와 함께 민주화 요구가 본격적으로 표출되었다. 같은 달 국내 7대 재벌 중 하나였던 국제그룹이 정부에 의해 강제 해체되며 재계는 큰 충격을 받았다. 이해 봄 서울대학교에선 삼민주의투쟁위원회(삼민투)가 결성되었고, 김근태 고문 폭로 사건은 고문 및 인권 문제를 사회적 의제로 끌어올렸다. 고려대 김준엽 총장의 사퇴는 학내 민주화 갈등을 심화시켰다. 5월에는 서울 미문화원과 민정당 연수원 점거 농성이 벌어져 학생운동은 격렬해졌고, 민주화실천가족운동협의회가 결성되며 인권 활동이 확대되었다.

9월 남북 고향방문단과 예술단이 40년 만의 교류를 성사시키며 온 국민을 감동시켰다. 이산가족의 눈물은 시대의 아픔을 대변했다. 10월엔 서울대 의대가 최초 시험관 아기 출산에 성공했고, 국내 첫 에이즈 감염 사례가 보고되어 생명과 보건에 대한 인식이 바뀌었다. 11월 한국 축구 대표팀은 일본을 1대0으로 꺾고 32년 만의 월드컵 본선 진출에 성공했다. 또 서울에서 제40차 IMF-IBRD 총회가 열려 국제 금융의 중심으로 자리매김했다.

5월에는 당시 동양 최고층 빌딩인 63빌딩이 준공되었고, 10월에 서울 지하철 3·4호선 전 구간이 개통되었다. 서울 지하철 건설은 도시 교통의 혁신을 이끈 대규모 인프라 사업으로, 1974년 1호선 개통을 시작으로 본격적인 지하철 시대가 열렸다. 1호선은 8.5㎞ 구간에 9개 역과 60량의 전동차로 운행을 시작했으며, 서울의 급증하는 인구와 교통 혼잡을 해결하기 위한 시도였다. 이후 1985년 10월 18일, 3·4호선이 개통되면서 서울 지하철은 본격적인 다노선 체계로 진입하게 되었다. 2호선은 54.3㎞, 3·4호선은 59.2㎞로, 1호선을 포함한 총 연장은 123㎞에 달했으며, 당시 세계 7위 규모였다. 역 수는 102개, 전동차는 1,944량으로 확대되었고, 서울 시민들의 이동 패턴과 도시 구조에 큰 변화를 가져왔다.

제1기 지하철 건설에는 총 2조 4,000억 원이 투입되었으며, 1㎞당 약 250억 원이 소요된 대규모 사업이었다. 특히 2·3·4호선의 건설은 7년 6개월 만에 115㎞를 완공한 것으로, 연평균 15㎞에 달하는 건설 속도였다. 미국(연평균 1.5㎞), 홍콩(3㎞), 일본(1㎞)과 비교해 각각 10배, 5배, 15배 빠른 건설 속도였다. 건설비 측면에서도 서울 지하철은 효율적이었다. 미국은 1㎞당 449억 원, 홍콩은 428억 원, 일본은 726억 원이 소요된 반면, 서울의 3·4호선은 이들 국가에 비해 절반에서 3분의 1 수준의 비용으로 건설되었다. 이는 기술력과 인력, 자재의 국산화, 그리고 강력한 행정 추진력의 결과로 평가된다.[183] 또 동호대교·동작대교, 상봉시외버스터미널의 등장으로 도시 교통 인프라는 비약적으로 확장되었다.

문화와 기술의 흐름도 역동적이었다. 시간 여행을 주제로 한 영화 〈백 투 더 퓨처〉와 닌텐도 게임 〈슈퍼 마리오 브라더스〉는 대중의 상상력과 취향을 사로잡았다. 명보극장에서 개봉한 〈깊고 푸른 밤〉은 서울에서만 50만 명의 관객을 동원하며 다섯 달 동안 상영했다. 장재근은 1985년 자카르타 아시아육상선수권대회 남자 200m 준결승에서 20초 41을 기록하며 아시아 신기록을 세웠다.

1980년대 중반은 한국 현대문학사에서 시가 대중적으로 가장 큰 인기를 누렸던 시기로, 흔히 '시의 시대'라고 불린다. 이 시기는 시집이 베스트셀러가 되는 이례적인 현상이 나타났으며, 시가 단순한 문학 장르를 넘어 대중문화의 중심으로 자리 잡았다. 1984년에는 김지하 〈황토〉가, 1985년에는 이해인 〈오늘은 내가 반달로 떠도〉, 그리고 1987년에는 서정윤 〈홀로서기〉과 도종환 〈접시꽃 당신〉이 출판시장을 석권하며 시의 전성기를 이끌었다. 이 시기의 시인들은 공통적으로 '상실'과 '결핍'이라는 정서를 노래했다. 김지하는 정치적 억압과 저항을, 이해인은 초월적이고 선험적인 결핍을, 서정윤은 이루지 못한 사랑에 대한 체념을, 도종환은 아내의 죽음이라는 개인적 상실을 시로 표현했다. 이러한 결핍의 정서는 당시 젊은 세대가 느끼던 보편적인 감정과 맞닿아 있었으며, 시인들은 기교 없이 진술한 언어와 특유의 리듬으로 독자들에게 깊은 공감을 불러일으켰

---

183) 서울역사편찬원. 『서울 2천년사 36』 현대 서울의 교통과 통신. 2016. p162.

다. 당시의 시는 이전 시대의 사상 중심 문학에서 벗어나 감성 중심의 서정시로 전환되었으며, 정치적 피로감에 지친 독자들에게 위로와 정서적 해방감을 제공했다.[184)

국제적으로도 변화와 충격이 교차한 해였다. 9월 미국·일본·독일·영국·프랑스 등 5개국이 체결한 플라자 합의는 달러 강세를 억제하기 위한 공동의 조치로, 세계 경제 질서를 재편하는 신호탄이었다. 이 조치는 신흥국에도 큰 파장을 남기며, 세계 금융의 흐름에 균열을 일으켰다. 정치 지형 또한 요동쳤다. 3월, 미하일 고르바초프가 소련 서기장에 취임하면서 개혁의 바람인 페레스트로이카(개혁)와 글라스노스트(개방)가 등장했고, 이로써 냉전 구조의 균열이 시작되었다. 미소 정상회담이 성사되며 동서 진영은 점차 대화를 시작했고, 유럽에서는 셍겐 협정이 체결되어 국경 없는 통합 시대를 향한 첫 발을 내디뎠다. 아시아에서는 필리핀 대통령 선거가 치러졌는데, 페르디난드 마르코스와 코라손 아키노 간의 정치적 대결이 민주화 열망을 대변했다. 일본에서는 8월, 일본항공 123편 추락 사고가 발생해 520명이 사망하며 항공 역사상 최악의 단일기 사고로 기록되었다.

자연재해도 인류를 강타했다. 11월 13일, 콜롬비아 네바도 델 루이스 화산이 폭발하면서 약 23,000명이 목숨을 잃었고, 20세기 최악의 자연재해 중 하나로 기억됐다. 문화와 보건 분야도 주목할 만했다. 배우 록 허드슨의 에이즈 사망은 에이즈에 대한 사회 인식과 논의를 촉발했으며, 이를 통해 세계는 공중보건 문제의 심각성을 깨닫게 되었다. 미국 ABC 방송에서는 〈맥가이버〉가 첫 방영되며 재치와 인류애를 겸비한 새로운 TV 영

---

184) 한기호. 『베스트셀러 30년』. 교보문고. 2011. p60.

웅이 등장해 대중문화에 신선한 바람을 불어넣었다. 실리콘밸리에선 스티브 잡스가 자신이 창업한 애플에서 해고되었고, 마이크로소프트의 〈윈도우 1.0〉 출시는 사용자 인터페이스 혁신의 첫걸음이 되었다. 또한, 영국에서는 광우병(BSE)에 감염된 최초의 소가 발견되었다. 광우병 발생은 이후 1990년대 유럽의 보건위기를 예고하며 식품 안정성과 가축 질병에 대한 국제적 대응 체계를 마련하게 되는 중요한 출발점이 된다.

1986년 5·3 인천사태는 야당의 개헌 서명운동이 시민의 거리 시위로 번져 직선제 개헌 논의에 불을 지폈고, 이어 부천 성고문 사건은 인권 유린 실태를 여실히 드러내며 한국 인권운동의 전환점이 되었다. 그해 가을, 건국대 점거 농성에는 전국 27개 대학 1,500여 명이 참여해 1,288명이 구속되며 사상 최대 학원 시위로 기록됐다. 서울대 김세진·이재호의 분신은 민주화 열망의 절박함을 상징했다. 월간지 〈말〉은 당시 한국일보 기자였던 김주언이 제공한 자료를 바탕으로 1985년 10월부터 1986년 8월까지 문화공보부가 각 언론사에 시달한 보도 지침 584건을 폭로했다. 보도 지침 사건은 이듬해인 1987년에 일어난 박종철 고문치사 사건과 더불어 6월 항쟁의 도화선이 되었다. 그해 여름 개관을 앞둔 독립기념관 화재는 졸속 행정과 부실 공사의 민낯을 드러냈다. 8월 서진 룸살롱 살인 사건이 발생해 폭력조직 간의 잔혹한 범죄가 사회를 뒤흔들었고, 화성에서는 이춘재에 의한 연쇄살인이 시작되며 장기 미제 사건의 서막이 열렸다.

경제면에선 '3저 호황' 덕분에 한국은 무역수지 흑자(31억 달러)와 실질 성장률 12.2%를 기록했고, 현대차는 포니 엑셀, 프레스토를 미국에 수출하며 '코리안 카'를 알렸다. 9월의 서울 아시안게임은 한국을 아시아 중심 국가로 부상시켰다. 한국은 금메달 93개로 종합 2위를 기록했다. 아시안게임 개막을 불과 1주일 앞둔 1986년 9월 14일 오후, 서울 김포공항 청사

앞에서 폭발물이 폭발하여 일가족 4명과 공단 직원 등 5명이 사망하고, 30여 명이 중경상을 입은 사건이 발생했다. 이 사건을 계기로 국내에 있는 국제공항의 보안 검색이 대폭 강화되었고, 김포, 제주, 김해국제공항 등 국내 3대 국제공항에서 외곽과 공항 청사 출입문에 검문 및 보안 검색 제도가 도입되었다. 같은 달, 외국산 담배 공식 판매, 농심 신라면 출시, 올림픽대로 개통과 한강 유람선 운항은 소비와 인프라의 다변화를 보여 줬다.

11월에는 북한의 금강산댐 건설에 맞서 남한은 '평화의 댐' 건설을 발표했다. 김일성 사망설은 3일간의 긴장 후 해프닝으로 종료되었고, 봄엔 신상옥·최은희 부부의 탈북 사건으로 북한의 문화 통제가 국제사회에 알려졌다. 3월 1일 고교 학도호국단이 폐지되고 학생회 부활이 확정되며 학교 자치의 새 시대가 준비되었다. 문화계에서는 김완선이 〈오늘밤〉으로 강렬히 데뷔했고, 드라마 〈한지붕 세가족〉, 미국 드라마 〈맥가이버〉 등이 전파를 타며 대중문화가 다양화되었다.

5공화국 시기는 정치·경제·사회적으로 억압적 성격을 띠었지만, 문화 분야에서는 '문화민주주의'를 표방하며 누구나 문화 창조와 향유에 참여할 수 있다는 명분을 내세웠다. 정부는 '문화창달'을 국정지표로 삼아 문화적 주체성을 확립하고 국민 전체의 문화복지를 확대하는 것을 목표로 삼았다. 이에 따라 전국적으로 대규모 문화 기반시설 건립이 추진되었고, 이는 단순한 예술 활동을 넘어 국가 정체성과 체제의 우월성을 드러내는 수단으로 활용되었다.

서울에서는 국립박물관(구 중앙청, 1986), 과천 국립현대미술관(1986), 세종국악당(현 국립국악원, 1987), 예술의전당(1988) 같은 대표적 시설들이 잇달아 건립되었으며, 창경궁 복원(1986)도 이루어졌다. 이러한 시설들은 한국의 전통과 현대를 아우르는 상징적 장소로 기능하며, 문화 향유 공간을 넘어 국가적 정체성을 보여주는 장치로 작용했다. 지방에서도 세종문화회관을 모델로 한 지역 문화회관들이 속속 들어서면서 문화 인프라가 전국적으로 확산되었다. 이 같은 문화정책은 1986년 아시안게임과 1988년 서울올림픽과 맞물려 한국 문화를 세계에 알리는 중요한 계기가 되었으며, 문화시설 건립은 국가적 행사와 국제적 이미지 제고에 긴밀히 연결되었다.

건축가 김수근의 타계는 큰 빈자리를 남겼다. 김수근은 한국 현대건축 1세대를 대표하는 건축가로 단순한 설계자에 그치지 않고 문화예술의 후원자이자 도시 공간의 철학적 해석자였다. 그는 1960년대부터 타워호텔(1964), 한국일보 사옥(1969), 경향신문 사옥(1969) 등을 통해 고층건축물 설계 경험을 쌓았지만, 그의 건축적 정체성과 철학은 중저층 건축물에서 더욱 뚜렷하게 드러났다. 그의 대표작 중 하나인 공간사옥(1971)은 당시 신축이 드물었던 종로 이북에 지어졌으며, 단순한 형태와 절제된 건축 언어, 벽돌과 콘크리트의 물성을 통해 한국 전통건축의 공간 개념을 현대적으로 재해석한 작품이다. 이전 부여박물관(1967)에서 '왜색 시비' 논쟁을 겪은 이후, 김수근이 한국적 건축 정체성을 더욱 깊이 고민한 결과물로 볼 수 있다. 1970년대에는 서울대 문리과 대학이 이전한 동숭동 일대에 한국문화예술진흥원 미술회관(1978~1979), 문예회관(1977~1979), 샘터사(1979) 등을 설계하며, 이 지역을 문화예술과 상업이 결합된 새로운 도시 공간으로 탈바꿈시키는 데 기여했다. 이러한 작업들은 단순한 건축 설계를 넘어, 도시의 문화적 흐름을 형성하고 예술 생태계를 구축하는 데 중요한 역할을 했다. 이외에도 서울올림픽주경기장(1984)과 경동교회(1980), 경복궁역(1981) 등이 있다. 1990년에는 김수근 건축상이 제정되었다.

김용옥 교수는 1985년 11월 30일, 고려대학교에서 열린 '동양사상 입문' 종강 기념 특강에서 '여자란 무엇인가'를 주제로 3시간 30분 동안 강연을 진행했다. 이 강의는 다음 해 3월, 제자들의 요청에 따라『여자란 무엇인가』라는 제목으로 출간됐다. 내용적으로는 동양철학과 서양철학을 넘나들며 여성의 존재를 철학적으로 탐구했고, 이를 통해 우리 민족의 현실에 대한 자부심과 굳건한 뿌리의식을 일깨우는 메시지를 전달했다. 이 책은 출간 1년 만에 10만 부 이상 판매되었고, 1990년대 말에는 30만 부를 돌파하며 대중적 성공을 거두었다.[185] 1986년 4월 8일, 김용옥 교수는 돌연 '양심선언'을 발표하고 교수직을 사퇴했다. 앞서 3월에 고려대 교수 28명이 시국선언을 했다.

1986년 1월 15일 새벽, 서울의 한 중학교에 다니던 3학년 여학생이 스스로 목숨을 끊는 사건이 발생했다. 전교 1등을 놓치지 않을 만큼 성적이 우수한 학생이었지만, 극심한 입시 경쟁과 성적 중심의 교육 체제 속에서 심리적 압박을 견디지 못한 것으로 알려졌다. 그녀가 남긴 유서에는 "행복은 성적순이 아니잖아요"라는 문장이 담겨 있었고, 이 한 줄은 당시 한국사회에 큰 충격을 안겼다. 이 사건은 단순한 개인의 비극을 넘어, 입시 위주의 교육 시스템에 대한 사회적 성찰을 불러일으켰다. 특히 교사들 사이에서는 이 사건이 교육자로서 양심을 되돌아보게 하는 계기가 되었으며, 이후 1989년 전국교직원노동조합(전교조) 결성의 배경이 된 '참교육 운동'의 촉매제가 되기도 했다.

이 사건은 문화적으로도 큰 영향을 미쳤다. 1989년에는 같은 제목의 영화 〈행복은 성적순이 아니잖아요〉가 제작되어, 당시 하이틴 스타였던

---

185) 한기호.『베스트셀러 30년』. 교보문고. 2011. p74.

이미연이 주인공으로 출연하며 많은 청소년들의 공감을 이끌어 냈다. 영화는 숨진 여학생의 유서를 모티브로 하여 입시 경쟁에 시달리는 학생들의 현실을 사실적으로 그려냈고, 중고등학생들 사이에서 큰 반향을 일으켰다. 또한 같은 제목의 소설이 출간되어 청소년들 사이에서 널리 읽혔고, 가수 안치환은 이 사건을 바탕으로 같은 제목의 노래를 발표해 교육 현실에 대한 메시지를 음악으로 전달했다.

4월 26일 우크라이나 체르노빌 원전 폭발은 인류 역사상 최악의 원자력 사고로 기록되었다. 방사능은 유럽 전역으로 퍼졌고, 수많은 생명과 생태계가 피해를 입었다. 이는 원자력 안전성에 대한 세계적 경각심을 불러일으켰다. 앞서 1월 미국 우주왕복선 챌린저호 폭발은 충격이었다. 발사 73초 만에 일어난 참사는 교사 크리스타 맥컬리프를 포함한 7명의 사망으로 이어졌다. 미국은 국제 테러 활동의 배후로 지목된 리비아 공습(엘도라도 캐넌 작전)을 감행하며 테러에 대한 보복에 나섰고, 유럽에선 스웨덴 총리 올로프 팔메가 암살되며 정치적 충격과 슬픔이 뒤따랐다.

아시아에선 필리핀의 코라손 아키노가 집권하고, 독재자 마르코스가 망명하면서 민주화의 물결이 본격화되며 한국을 비롯한 동아시아 민주화 흐름에 영향을 주었다. 전 세계적으로 에이즈 확산은 공중보건 체계를 시험하는 중대한 위기로 떠올랐고, 질병에 대한 편견과 인식의 전환을 불러왔다. 10월 미국과 소련은 레이캬비크 정상회담을 열어 핵무기 감축 협상을 시도했으나 결렬되었다. 비록 합의엔 실패했지만, 냉전 시대의 긴장 완화와 대화 가능성을 보여 준 사건으로 평가받는다.

1987년은 대한민국 현대사에서 가장 뜨거웠던 한 해로 기록됐다. 87년은 민주주의를 향한 국민들의 뜨거운 염원과 격렬한 저항, 그리고 커다란 사회적 전환이 하나로 얽히며 역사의 물줄기를 바꿨다. 1월 서울대생 박종철이 경찰 조사 중 고문으로 사망하며 충격을 안겼다. "책상을 탁 치니 억 하고 죽었다"는 황당한 정부 해명은 국민적 분노를 불러일으켰고, 4·13 호헌 조치로 직선제를 거부한 정부에 대한 불신은 더욱 커졌다. 이어 6월 9일, 시위 도중 연세대생 이한열이 경찰이 쏜 최루탄에 맞아 중태에 빠지고, 그 장면은 전국을 뒤흔드는 불씨가 됐다. 수백만 명의 시민이 거리로 쏟아져 나온 6월 민주항쟁은 노태우 민정당 대통령 후보의 6·29 선언을 이끌어 냈고, 대통령 직선제 개헌과 김대중의 사면이 약속되면서 민주주의의 문이 열리게 됐다. 이후 10월 27일, 여야 합의로 마련된 직선제 개헌안이 국민투표에서 93%의 압도적 찬성으로 통과되며 제6공화국 헌법이 출범했다. 그러나 11월, 야권 단일화 협상이 결렬되면서 야권의 패배로 이어졌고, 12월 16일 치러진 제13대 대통령 선거에서는 노태우 후보가 득표율 36.6%로 당선되며 정권 교체는 이루어지지 않았다.

사회 전반에서도 충격적인 사건들이 이어졌다. 5월에는 부산 형제복지원 사건이 폭로되어 수용자들이 감금, 폭행, 사망까지 이르는 인권 유린을 당한 사실이 드러났고, 8월에는 사이비 종교 교주 박순자와 추종자들이 집단 변사체로 발견된 오대양 사건이 사회를 경악케 했다. 11월 29일에는 대한항공 858편이 미얀마 상공에서 폭파되어 115명이 목숨을 잃었고, 북한의 테러임이 밝혀지면서 서울올림픽을 앞둔 사회에 깊은 충격을 남겼다. 그 밖에도 태풍 셀마로 인한 재난과 에이즈 첫 사망자 발생, 경제 불안 등으로 국민들의 불안은 커졌다.

한국여성단체연합은 1987년 2월, 한국사회의 성평등 실현과 여성 인권 보호를 목표로 출범한 진보적 여성운동 단체들의 연합체이다. 이 단체는 1986년 발생한 부천경찰서 성고문 사건을 계기로, 기존의 사안별 연대체를 상설 조직으로 개편하면서 결성되었다. 당시 여성운동 단체들은 성차별적 법과 제도, 그리고 가부장적 관행에 맞서 공동 대응의 필요성을 절감했고, 이에 따라 21개 회원 단체가 모여 한국여성단체연합을 창립하였다.

졸업정원제의 핵심은 대학이 입학정원의 130%까지 신입생을 선발할 수 있도록 허용하되, 졸업 시에는 원래 정원만큼만 졸업시키는 방식이었다. 즉, 입학은 쉽게 하되 졸업은 어렵게 만들어 학업 성취도를 높이고, 대학 내 경쟁을 유도하려는 취지였다. 하지만 학생들은 졸업을 보장받지 못한 채 학사경고, 유급, 중도 탈락 등의 압박 속에서 학업을 이어 가야 했고, 대학은 졸업정원을 맞추기 위해 인위적인 탈락률을 설정하는 등 교육의 질보다는 숫자 맞추기에 집중하게 되었다. 이러한 문제점은 제도 시행 초기부터 비판을 받았고, 문교부는 1983년과 1984년에 두 차례 개선안을 발표하여 일부 자율성을 부여했지만, 근본적인 문제를 해결하지는 못했다. 결국 졸업정원제는 1987년에 공식 폐지되었고, 1988학년도부터는 다시 입학정원제로 환원되었다.

산업계에서는 기아가 〈프라이드〉와 〈콩코드〉 출시로 승용차 생산을 본격화했고, 맥킨토시 전용 파워포인트가 출시되며 프레젠테이션 문화의 기반이 마련됐다. 1987년는 한국 전기 100주년으로 1887년 3월 6일 우리나라 최초의 점등을 시작으로 전기 사업이 시작된 지 100년이 되는 해였다. 서머타임과 강우확률예보제의 도입은 과학기술이 일상으로 다가온 계기가 되었다. 문화계에서는 강수연이 영화 〈씨받이〉로 베니스 영화제 여우주연상을 수상하며 한국 영화의 국제적 위상이 높아졌고, 그해 해금된 186곡의 금지곡은 표현의 자유 확장의 신호탄이 되었다. 드라마 〈사랑과 야망〉, 예능 〈쇼 비디오 자키〉는 방송가에 활력을 불어넣었고, 미국에서는 〈심슨 가족〉이 처음 전파를 타며 애니메이션의 전설이 시작되었다.

백상예술대상은 1965년 한국일보 창립자 장기영이 한국 대중문화예술의 발전과 예술인의 사기 진작을 목적으로 제정한 상이다. 시상식은 한해 동안 방영되거나 상영된 TV, 영화, 연극 부문의 제작진과 출연자에게 상을 수여하는 종합예술상으로 매년 4월 또는 5월에 개최된다. 초기에는 명칭이 여러 차례 변경되었다. 제1회부터 제19회까지는 '한국연극영화예술상'이라는 이름으로 불렸으며, 제20회와 제21회에는 '한국연극영화TV예술상'으로 명칭이 바뀌었다. 이후 제22회에서는 '한국백상예술대상'이라는 이름을 사용했고, 제23회(1987)부터 현재까지는 '백상예술대상'이라는 명칭이 정착되어 사용되고 있다. '백상'이라는 명칭은 장기영의 호인 '백상(百想)'에서 유래한 것으로, 아이디어가 많았던 그에게 '백 가지의 생각'이라는 뜻의 호를 지었다고 한다.

이문열은 1980년대를 대표하는 한국의 소설가로, 출간하는 작품마다 문단과 대중의 큰 주목을 받으며 베스트셀러 목록을 장식했다.[186] 그의 문학은 인간 존재에 대한 철학적 성찰, 사회 구조에 대한 비판, 그리고 개인의 내면 탐구를 중심으로 전개되며, 다양한 주제를 깊이 있게 다루는 것이 특징이다. 그의 대표작 중 하나인 『사람의 아들』은 종교와 인간의 구원 문제를 중심으로 전개되는 철학적 소설로, 신학과 살인이라는 이질적인 소재를 결합해 인간 존재의 본질을 탐색한다. 이후 『그해 겨울』, 『그대 다시는 고향에 가지 못하리』, 『젊은 날의 초상』, 『황제를 위하여』, 『영웅시대』 등 다양한 작품을 발표하며 문학적 영역을 확장했다. 1983년에 발표된 『레테의 연가』는 이문열이 처음으로 여성 문제를 정면으로 다룬 연애소설로, 사랑과 결혼 사이의 심리적 거리를 '망각의 강'인 레테를 통

---

186) 한기호, 『베스트셀러 30년』, 교보문고, 2011. p88~89.

해 상징적으로 표현하며 인간관계의 복잡성을 탐색한다. 1987년에는『사람의 아들』이 재출간되며 다시 주목을 받았고, 같은 해 발표된『우리들의 일그러진 영웅』은 권력의 형성과 몰락을 학교라는 공간을 통해 은유적으로 묘사하며 한국사회의 권위주의적 구조를 비판했다. 이문열의 작품들은 철학적 깊이와 사회적 메시지를 동시에 담고 있으며, 자전적 요소를 통해 지식인의 내면을 섬세하게 그려낸다. 이 때문에 그는 대중성과 문학성을 동시에 실현한 작가로 평가받는다.

세계적으로는 미국과 소련 간의 INF(중거리핵전력) 협정이 체결됐다. 로널드 레이건 대통령과 미하일 고르바초프 서기장이 12월 워싱턴에서 만나, 사거리 500~5,500㎞ 중거리 핵미사일을 폐기하기로 합의하면서 냉전 시대의 군비 경쟁이 실질적으로 억제되기 시작했다. 이는 핵무기 감축의 새로운 국면이 열리는 계기였다. 소련에서는 고르바초프가 페레스트로이카(개혁)와 글라스노스트(개방)를 본격화하며 구 사회주의 체제에 변화를 예고했다. 레이건 대통령은 베를린 장벽 앞에서 "이 장벽을 허무시오!(Tear down this wall!)"라고 외치며 독일 분단의 상징인 장벽 철거를 강하게 촉구했다. 이 연설은 냉전 종식을 상징하는 대표적 장면으로, 이후 1989년 베를린 장벽 붕괴의 서막이 되었다.

미국 내부에서는 이란-콘트라 스캔들이 정국을 뒤흔들었다. 백악관이 이란에 무기를 비밀리에 판매하고 그 자금을 니카라과 반정부군 콘트라에 지원했다는 사건으로 레이건 행정부의 도덕성과 외교 정책이 도마 위에 올랐다. 아시아에서는 타이완이 계엄령을 해제하며 40년 만에 민주화의 물꼬를 트기 시작했고, 이후 타이완의 자유화와 다당제 도입으로 이어졌다. 또한 1987년 7월 11일은 세계 인구가 50억명을 넘어섰고, 이 날을 기념하여 국제 연합 개발 계획(UNDP)이 세계 인구의 날로 지정했다. 이를 계기로 인류는 자원과 환경 문제, 도시화와 빈곤에 대한 새로운 대응이 필요함을 자각하게 되었다.

1988년은 민주주의 제도화와 사회 각 분야의 도약이 두드러졌던 해였다. 2월 25일, 국민의 직접 투표로 선출된 노태우 대통령이 취임하면서 제6공화국이 공식 출범했다. 같은 날 헌법재판소가 발족됨으로써 민주주의와 법치주의가 강화됐다. 4월 26일, 제13대 총선에서 야당이 과반을 차지하면서 여소야대의 국회가 탄생했다. 16년 만에 국정감사와 청문회가 부활하였고, 5공화국 비리와 광주민주화운동 진상, 언론 통제 등에 대한 청문회가 열리며 국민적 관심이 집중되었다. 특히 노무현 의원은 청문회를 통해 새로운 정치 스타로 부상했다. 전두환 전 대통령의 친인척 비리와 권력형 범죄들이 드러나며 전경환 구속, 오홍근 부장 테러 사건 등이 잇따랐고, 11월 23일에는 전두환이 대국민 사과 후 백담사로 은둔하며 과거 청산이 본격화됐다.

사회운동과 노동운동도 활발히 전개됐다. '민주사회를 위한 변호사모임(민변)'이 결성되어 인권·법치주의 강화에 힘썼고, KBS·MBC 노동조합이 첫 파업과 농성을 시작하며 방송 민주화를 요구했다. 청년피복노조의 공식 설립, 원진레이온 피해자들의 대책위원회 결성, 전국노점상연합회의 출범 등 사회운동도 점차 조직화되었다. 7월 26일 철도기관사의 총파업은 노동운동의 확산을 상징했고, 지강헌 인질극은 "유전무죄 무전유죄"라는 말을 남기며 사법 정의의 문제를 제기했다. 이 사건은 2006년 영화 〈홀리데이〉로 재조명됐다.

국민연금제가 전면 시행되며 복지 체제가 본격화됐고, 국내 최초 간 이식 수술 성공은 의료 기술의 진보를 보여 주었다. 경제 분야에서는 원/달러 환율이 600원대로 진입하고, 포철이 국민주 1호로 상장되며 자본시장이 확대되었다. 아시아나항공 창립, 서울랜드 개장, 맥도날드 1호점 개점 등은 산업과 소비문화의 변화를 나타냈다. 또한 한국이동통신이 국내 최초의 휴대전화 서비스를 시작하면서 통신 혁명의 서막이 열렸다.

1980년대 이후 서울은 1,000만 명 이상의 인구를 가진 세계적 대도시로 성장하며, 대규모 국제경기를 유치하는 중심지가 되었다. 9월 17일 개막한 서울올림픽은 1976년 몬트리올 올림픽 이후 12년 만에 공산권과 자유권이 함께한 대회로서 역사적 의미가 컸다. 160개국이 참가한 이 대회에서 한국은 금 12개, 은 10개, 동 11개로 종합 4위를 기록하며 세계에 스포츠 강국으로 자리매김했다. 캐나다 육상 선수 벤 존슨의 약물 복용으로 인한 메달 박탈은 국제 스포츠계에 충격을 줬고, 올림픽 이후 이어진 서울장애인올림픽도 성공적으로 치러졌다. 올림픽 개최 성공은 한국인에게 강한 자긍심을 심어 주었고, 한국을 세계에 알리는 데 큰 기여를 했다. 앞서 1986년 서울에서 열린 제10회 아시아경기대회에는 27개국 4,839명의 선수들이 참여했고, 83개의 아시아 신기록과 3개의 세계 신기록이 수립되어 이목을 끌었다.

올림픽 개최 국가가 되는 것은 아시아경기대회 개최국이 되는 것과 달리 어려움이 많았다. 1980년대까지 아시아에서 올림픽을 개최한 도시는 신흥 경제대국으로 떠오르고 있었던 일본의 도쿄밖에 없었다. 1979년 6월 박정희 대통령은 서울올림픽 개최 가능성을 타진해 보도록 지시했다. 여러 과정을 거쳐 10월 8일 서울시장은 올림픽 유치를 공식 발표했다. 그러나 며칠 후 10·26사태가 일어났고, 1980년 1월 최규하 정부는 올림픽 개최 유치를 단념한다고 공식 발표했다. 그러나 그해 11월 30일 전두환 정부는 IOC에 올림픽유치신청서를 제출했다. 서울과 경합하는 도시는 일본의 나고야였다. 올림픽 유치에는 박정희 정권 실세 중 한 명이었던 박종규 전 대통령 경호실장과 안기부장 유학성이 나섰으며, 현대그룹 정주영 회장이 추진위원회위원장으로 활약했다. 독일 바덴바덴에서 열린 국제올림픽위원회총회(1981. 9. 30.)에서 나고야를 52대27로 물리치고 서울이 1988년 올림픽 개최지로 확정되었다.

1980년 모스크바올림픽에는 미국 등 서방 60여 개국이, 1984년 로스앤젤레스올림픽에는 소련과 동유럽 18개국이 각각 불참해 올림픽이 이념대립의 장이 되었다. 그러나 서울올림픽은 북한, 알바니아, 니카라과, 쿠바 등 일부 국가를 제외하고 총 160개국이 참여함으로써 사실상 동서 진영의 대립을 넘어선 세계인의 축제가 되었다. 특히 참가국 중에는 북한과 단독 수교를 맺고 있던 25개국도 포함돼 있었으며, 외교적으로도 큰 의미가 있었다. 언론 취재 규모도 압도적이었다. 인쇄매체 기자만 3,864명, 사진기자가 533명이었고, 외국기자가 4,297명, 국내기자도 900명에 달해 세계적 관심을 한 몸에 받았다. 1988년 9월 17일부터 10월 2일까지 열린 제24회 서울올림픽은 세계신기록 33개를 달성하며 그 열기와 성과를 증명했다. [187]

서울시립미술관은 1988년 서울올림픽을 계기로 설립되어, 서울의 미술 창작 활동을 지원하고 시민들에게 전시 공간을 제공하는 핵심 기관으로 자리 잡았다. 2000년부터는 '서울국제미디어아트비엔날레'를 주관하며, 미디어아트 분야에서도 서울을 대표하는 국제 플랫폼 역할을 수행하고 있다. 미술관은 북서울과 남서울에 분관을 설치하여 지역적 접근성을 높이고 다양한 기획 전시를 선보이며 시민들과 소통하고 있다.

문화 영역에서도 변화가 두드러졌다. KBS 국제방송센터(IBC)는 서울

---

187) 서울역사편찬원. 『서울 2천년사 1: 총설』. 2016. p265~267, 404.

올림픽 중계를 위해 본격 가동되었고, MBC 뉴스데스크 생방송 중 괴한이 침입해 "내 귀에 도청장치가 있다"고 외치는 희대의 방송 사고가 발생했다. 송해가 〈전국노래자랑〉 MC로 합류해 1988년 5월부터 34년 동안 프로그램의 상징적인 존재로 자리매김했다. 헐리우드 영화 직접 배급이 법적으로 허용된 이후 거대 영화 배급사 UIP가 한국에 직배한 첫 번째 영화 〈위험한 정사〉가 개봉되며 영화 수입 자유화가 시작되었다. 이후 UIP는 〈레인맨〉, 〈트윈스〉, 〈인디아나 존스-최후의 성전〉 등을 배급하면서 한국 영화계와 충돌했다. 음악계에서 신세대의 등장이 두드러졌다. 이상은은 〈담다디〉로 MBC 강변가요제 대상을, 신해철은 무한궤도의 〈그대에게〉로 MBC 대학가요제 대상을 받으며 젊은 음악인의 새 시대를 열었다. 언론에서는 한겨레신문과 국민일보가 창간되며 보도 지형이 다양화되었고, 월북작가 정지용·김기림의 작품 해금은 표현의 자유 확대의 흐름을 보여줬다. 한글 맞춤법 개정으로 현행 한글 맞춤법의 틀을 마련했다.

해외에서는 이란과 이라크 간의 8년 전쟁이 드디어 휴전을 맞이하며 중동 지역의 긴장 완화에 숨통을 틔웠다. 하지만, 곧이어 미 해군이 이란 항공 655편을 격추하는 끔찍한 사고로 290명이 사망하면서 미국과 이란 사이의 감정의 골은 깊어졌다. 12월에는 1988년 발생한 팬암 103편 폭파 사건의 여파가 이어지며 국제 테러 대응과 항공 보안의 필요성이 다시 부각됐다. 해당 사건은 리비아 정부가 관여한 것으로 밝혀지며, 국제사회는 공공 안전에 대한 대응 체계를 강화하기 시작했다. 소련은 아프가니스탄에서 철군을 시작하며 10년 가까이 이어진 군사 개입을 정리했고, 고르바초프의 개혁·개방 정책과 궤를 함께 하며 사회주의의 틀을 바꾸려는 시도로 작용했다. 동유럽 전역에서는 서서히 민주화의 조짐이 보이기 시작했다.

중동에서는 팔레스타인 해방기구(PLO)가 독립을 선언하며 이스라엘과의 오랜 갈등이 새로운 국면으로 접어들었고, 국제사회에서 팔레스타인 국가 수립에 대한 논의가 본격화되는 계기가 됐다. 아시아에서는 미얀마에서 8888 민주화 항쟁이 벌어지며 수많은 시민들이 거리로 쏟아졌고, 군부는 무력 진압으로 대응했다. 이 사건은 미얀마 민주주의의 씨앗이 되는 역사적 전환점으로 평가받았다. 미국은 슈퍼 301조에 서명하며 일본 등 주요 교역국에 대한 통상 압박을 강화했고, 이후 글로벌 무역 갈등의 단초로 이어졌다.

1989년 1월 23일부터 국기 하강을 위한 라디오 방송과 영화관에서 국민의례가 공식적으로 폐지됨으로써 시대의 변화가 반영되기 시작했다. 1989년 2월 1일, 한국은 헝가리와 수교하며 북방외교의 첫발을 내디뎠다. 곧 폴란드, 유고슬라비아, 소련 등으로 외교 접촉이 확대되며, 냉전의 균열 속에서 대한민국 외교의 지형을 바꾼 획기적인 전환점이 되었다. 그러나 같은 해 봄, 서경원 의원의 밀입북과 임수경의 평양 세계청년학생축전 참가 등 민감한 사건들이 연이어 발생하며 국내에서는 공안정국이 조성되고, 김대중 총재까지 불구속 기소되며 정치적 긴장이 고조됐다. 5월 3일, 부산 동의대에서는 시위 학생들에게 납치된 전경을 구출하려던 경찰관 7명이 화염에 휩싸여 사망하는 비극이 발생했다. 이 사건은 대학 운동권의 도덕성에 심각한 타격을 주며 사회 전반에 깊은 논쟁을 불러일으켰다. 같은 달 28일, 전국교직원노동조합이 결성되어 교사들의 조직적인 권리 요구가 시작됐지만, 정부는 이를 불법으로 규정하고 1,500여 명을 해직시키며 교육계는 거센 갈등에 휩싸였다.

연말에는 5공 청산이 마무리됐다. 5공 비리 수사를 통해 장세동, 이학봉 등 47명이 구속되었고, 12월 31일에는 전두환 전 대통령이 국회 청문회에 출석해 증언을 남겼다. 1년 10개월에 걸친 과거 청산의 마무리였지만, 국민들은 미흡한 처벌에 대해 실망을 감추지 않았다. 경제적으론 노동운동이 확산되며 산업 현장의 혼란이 커졌다. 3년째 이어진 노사분규로 인해 수출 목표치가 690억 달러에서 620억 달러로 하향되며 성장률 둔화가 발생했고, 7월에는 KAL 803편이 리비아 트리폴리 공항에서 추락해 탑승객 80여 명이 사망하는 참사가 벌어졌다.

이해부터 음력 설날은 국가 공휴일로 공식 지정되었고 7월부터는 의료보험이 전 국민에게 확대 적용되며 복지 제도가 큰 진전을 보였다. 또한 전년도 도입된 최저임금 제도가 전면 확대되어 모든 산업과 사업장에 적용되었고, 최저임금은 시간당 600원으로 인상되었다. 산업과 소비문화도 활기를 띠어 아시아나항공의 정기 취항과 해외여행의 전면 자유화로 하늘길이 넓어졌다. 동아건설은 1983년 리비아 대수로 1단계 공사에 이어 2단계 공사를 53억 달러에 수주했다.

사회 제도 측면에서는 획기적인 변화도 있었다. 1989년 3차 가족법 개정은 한국 여성 운동의 중요한 성과로 이혼 시 여성의 재산분할청구권이 신설되고, 부모의 친권 행사에 양성평등이 이루어지는 등 여성의 권익 향상을 이끌었다. 또한, 친족의 모계 혈통을 인정하고, 자녀 재산상속에서 남녀 차별이 폐지되는 등 성평등을 위한 법적 기반이 마련되었으나, 호주제는 유지되는 등 여전히 가부장적 성격이 남아 있었다. 호주제는 2005년에 헌법재판소의 헌법불합치 결정으로 2008년에 최종 폐지되었다. 12월엔 토지공개념 3법이 국회를 통과하면서 불로소득과 투기에 대한 대응 기반이 마련되었다. 하지만 과도한 규제와 재산권 침해 논란으로 인해 시행 과정에서 어려움을 겪었다. 결국, IMF 외환위기 이후 부동산 시장 안정을 위해 규제 완화가 불가피해졌고, 토지 공개념 3법은 점차 축소되거나 폐지되었다.

1989년 1월 소비자문제를 연구하는 시민의 모임(소시모)은 백화점 10곳이 진행한 변칙적인 사기성 세일에 대해 사법부에 고발했다. 당시 백화점들은 정상 가격을 인위적으로 부풀린 뒤, 이를 대폭 할인하는 방식으로 소비자를 기만하는 '사기세일'을 벌이고 있었고, 이에 속은 시민들이 피해를 입었다. 소시모는 피해 시민들의 민사소송을 지원하며 법적 대응에 나섰고, 다른 사회단체들과 연대하여 약 3년에 걸친 소송을 진행했다. 결과적으로 모든 소송에서 승소하였고, 법원은 변칙세일이 사기죄에 해당한다는 판례를 남겼다. 한국에서 소비자 단체가 소비자를 대표하여 법적으로 싸운 최초의 사례로 기록되며, 소비자 권리 향상에 크게 기여했다.

우지파동은 1989년 11월, 한국 식품업계에 큰 충격을 준 사건으로 식품 안전과 소비자 신뢰, 언론의 영향력, 그리고 사법적 판단 사이의 복잡한 관계를 보여 주는 대표적인 사례다. 사건은 삼양식품, 삼립유지, 서울하인즈, 오뚜기식품, 부산유지 등 5개 식품 회사가 미국산 '공업용 우지'를 수입해 식품 제조에 사용했다는 혐의로 검찰에 의해 관계자들이 구속되면서 시작되었다. 당시 '공업용'이라는 표현은 소비자들에게 강한 거부감을 불러일으켰고, 언론과 시민단체는 이를 식품 안전 문제로 확대해 대대적인 비판과 불매운동을 벌였다. 그러나 실제로 사용된 우지는 정제 과정을 거쳐 식용으로도 사용 가능한 것이었고, 인체에 유해하다는 과학적 근거는 부족했다. 그럼에도 불구하고 식품공전 기준 위반이라는 형식적 문제를 중심으로 사건은 확대되었다.

이 사건은 기업들에게 막대한 피해를 안겼다. 삼양식품은 라면 시장 점유율이 급락했고, 삼립유지와 서울하인즈는 시장에서 철수하거나 인수되었으며, 부산유지는 부도 처리되었다. 반면, 팜유를 사용해 조사 대상에서 제외된 농심은 시장 점유율을 급격히 확대하며 라면 시장의 1위로 올라섰다. 1995년 대법원은 관련 기업과 인물 전원에게 무죄를 선고했다. 법원은 우지의 위해성이 입증되지 않았고, 단순한 식품위생법 기준 위반을 형사처벌로 연결하는 것은 무리라는 판단을 내렸다. 이 판결은 검찰의 과잉 수사와 언론의 선정적 보도가 기업과 소비자 모두에게 과도한 피해를 준 사례로 평가받는다.

4월 21일, 고종과 귀인 양씨 사이에서 태어난 외동딸이자 대한제국의 마지막 황녀인 덕혜옹주가 향년 77세로 별세하였다. 덕혜옹주는 일제강점기 동안 일본에서 유학하고 정략결혼을 하는 등 고난을 겪었으며, 정신질환을 앓기도 했다. 1962년 대한민국으로 귀국하여 창덕궁 낙선재에서 생활했다. 8월엔 배용균 감독의 〈달마가 동쪽으로 간 까닭은?〉이 로카르노 영화제에서 작품상을 수상하면서 한국 영화의 예술성이 세계적으로 인정받는 계기를 마련했다.

〈시사저널〉은 1989년 10월 20일 창간된 대한민국의 대표적인 주간 시사잡지로 정통 저널리즘의 가치를 표방하며 한국사회의 흐름을 진단하고 비판하는 데 중점을 두었다. 창간을 주도한 인물은 박권상으로 동아일보 편집국장과 주간을 지낸 언론인이었다. 전두환 정권 시절인 1980년 8월 해직된 이후 〈시사저널〉의 편집인 겸 주필로 복귀해 잡지 창간을 이끌었다. 발행인은 음악잡지 〈객석〉을 발행하던 ㈜예음의 최원영 사장이 맡아 자본을 지원했다. 〈시사저널〉은 창간 초기부터 기존 언론과 차별화된 콘텐츠 전략을 펼쳤다. 매년 창간기념호 특집으로 '누가 한국을 움직이는가'라는 제목의 전문가 조사를 통해 정치, 경제, 사회 각 분야의 영향력 있는 인물을 선정·발표하며 한국사회의 권력 지형을 분석했다. 이는 국내 언론사 최초의 장기 연속 기획으로 자리 잡았고, 이후 국회의원 의 정활동 평가, 종합병원 평가, 기업 평가 등 다양한 분야에서 '평가 저널리즘'을 선보이며 독자들의 큰 관심을 끌었다. 2006년에는 삼성 관련 기사 삭제 사태로 인해 내부 갈등이 발생했고, 이로 인해 다수의 기자들이 회사를 떠나 2007년 〈시사IN〉을 창간하는 계기가 되기도 했다.

김우중 회장의 대표 저서 『세계는 넓고 할 일은 많다』는 1989년 해외여행 자유화 조치와 맞물려 출간되었으며, 젊은 세대에게 꿈과 도전 정신을 불어넣는 메시지를 담고 있다. '내 사랑하는 젊은이들에게'라는 부제를 단 이 책은 총 39편의 글로 구성되어 있으며, "젊은이여, 아무도 가지 않은 길을 가라"는 개척자의 정신을 강조한다. 실패를 두려워하지 말고, 외로움을 감수하더라도 스스로 인생을 개척하라는 그의 조언은 당시 청년들에게 큰 울림을 주었다. 출간 직후 폭발적인 인기를 끌며 이틀 만에 2만 부가 판매되었고, 여섯 달도 되지 않아 100만 부를 돌파하는 기록을 세웠다. 이후 138만 부 이상이 팔렸으며, 23개 언어로 번역되어 대우그룹은 이 책을 '가장 많이 외국에서 출간된 한국 책'으로 홍보하기도 했다. 학교와 기업 등에서 단체 주문이 쇄도했고, 서점에서는 독자들이 줄을 서서 구매할 정도였다.[188]

김우중 회장은 1967년 대우그룹을 창립한 후, 한국 경제의 고도성장기에 세계를 무대로 한 '세계경영'을 실현하며 자산 규모 2위의 재벌로 대우를 성장시킨 인물이다. 그는 수출 중심의 전략과 신흥시장 개척을 통해 한국 기업의 글로벌화를 선도했으며, 당시 한국사회에서 자수성가형 기업인의 상징으로 자리매김했다. 특히 1980~90년대에 걸쳐 '경영의 귀재', '가장 부지런한 기업인'이라는 이미지로 대중의 존경을 받았다. 그러나

---

188) 한기호. 『베스트셀러 30년』 교보문고. 2011. p101~102.

김우중의 신화는 외환위기 이후 1999년 대우그룹의 붕괴와 함께 무너졌다. 대우의 몰락은 한국 재벌 시스템의 구조적 문제와 세계경영의 한계를 드러내는 사건이었다.

우리나라에 편의점이 처음 등장한 것은 1982년 11월 23일, 롯데쇼핑이 서울 중구 신당동 약수시장 앞에 개점한 '롯데세븐' 1호점이었다. 한국 최초의 편의점으로 기록되지만, 당시 소비자들의 생활 패턴과 업태에 대한 이해 부족으로 인해 큰 호응을 얻지 못했고, 결국 3호점까지 운영한 뒤 1984년 4월 모두 폐점되었다. 같은 시기 한신공영 계열의 '뉴코아' 편의점도 등장했지만, 롯데세븐과 마찬가지로 시장에 안착하지 못하고 사라졌다. 국내 편의점이 본격적으로 자리 잡기 시작한 시점은 1989년이다. 동화산업이 미국 사우스랜드사와 제휴해 '코리아세븐'을 설립하고, 1989년 5월 '세븐일레븐' 올림픽점 1호점을 개점하면서 편의점 산업이 본격적으로 확산되기 시작했다. 이후 1990년에는 훼미리마트(현 CU), LG유통(현 GS25) 등이 잇달아 시장에 진입하며 편의점 산업의 경쟁 구도가 형성되었다.[189]

편의점이 대중적으로 폭발적인 관심을 받기 시작한 계기는 1992년 방영된 MBC 드라마 〈질투〉였다. 극중 최수종과 최진실이 편의점에서 컵라면과 김밥을 먹으며 데이트하는 장면이 화제가 되면서, 편의점은 젊은 세대에게 새로운 문화 공간으로 인식되기 시작했다. 당시에는 편의점이 생소한 업태였기 때문에 '서구식 소매점', '미국식 구멍가게'라는 설명이 붙기도 했고, 슈퍼마켓에서 가격을 깎아주는 관행 때문에 편의점 물가가 상대적으로 비싸다는 인식도 있었다. 그럼에도 불구하고 24시간 운영, 밝

---

189) [기획특집] 한국 편의점의 역사와 현주소. CEONEWS. 2025. 9. 16.

고 깔끔한 매장 환경, 즉석식품의 인기 등으로 인해 편의점은 빠르게 확산되었다. 그 결과, 프랜차이즈 편의점 1호점이 등장한 지 불과 4년 만인 1993년에는 전국 편의점 수가 1000호점을 돌파하며 한국 유통 산업의 중요한 축으로 자리 잡게 되었다. 이후 편의점은 급속히 확산되어 2023년 말 기준으로 전국에 약 5만 5,800개가 운영 중이다. 현대의 편의점은 단순한 소매점의 기능을 넘어, 간단한 먹거리와 생활필수품을 판매하는 것은 물론, 현금출납기 설치, 공과금 수납, 택배 서비스 등 다양한 기능을 갖춘 생활 플랫폼으로 진화했다.

세계사적으로 1989년은 냉전의 균열과 세계 질서의 재편을 가속화하며 미래의 방향을 결정짓는 데 중요한 시기였다. 6월 4일, 중국 베이징에서는 천안문 사태가 발생했다. 수많은 학생과 시민들이 정치 개혁과 민주화를 요구하며 천안문 광장에서 시위를 벌였지만, 중국 정부는 무력으로 이를 진압했고 수백 명에서 수천 명에 이르는 사망자가 발생한 것으로 추정됐다. 이 참극은 전 세계를 충격에 빠뜨리며 중국의 개혁·개방 노선에도 커다란 그림자를 드리웠다. 앞서 6월 3일에는 1979년 회교혁명 이후 신정체제를 굳혀온 이란의 최고지도자 아야톨라 루홀라 호메이니 옹이 테헤란병원에서 88세를 일기로 사망했다.

그해 11월 9일에는 베를린 장벽이 무너지는 역사적인 순간이 펼쳐졌다. 냉전의 상징이던 장벽이 시민들의 손에 의해 허물어지며 동서독 통일의 서막이 열렸고, 이는 루마니아의 차우셰스쿠 총살, 폴란드의 자유선거, 체코의 벨벳 혁명 등으로 이어지며 동유럽 공산권이 줄줄이 붕괴했다. 세계 질서는 격변 속에서 빠르게 재편되었다.

프랜시스 후쿠야마가 1989년에 발표한 논문『역사의 종언』[190]은 냉전 말기의 격변하는 세계질서 속에서 자유민주주의와 시장경제의 승리를 선언하며 큰 반향을 일으켰다. 후쿠야마는 이 저작을 통해 인간 사회의 정치적 진화가 자유민주주의에 도달함으로써 더 이상 새로운 이념의 경쟁이 필요하지 않다고 주장했다. 그가 말한 "역사"란 단순한 시간의 흐름이 아니라, 인간의 자유를 확대하고자 하는 변증법적 이념투쟁의 과정이며, 여기서 "종언"은 더 나은 정치체제를 향한 투쟁이 종결되었음을 뜻했다. 그에 따르면, 소련의 붕괴와 공산주의의 몰락은 자유민주주의가 인류가 도달할 수 있는 가장 안정된 정치 체제라는 사실을 보여 준다. 또한 전쟁이나 쿠데타처럼 기존의 정치질서를 무너뜨리는 '역사적 사건'들이 더 이상 중심적 역할을 하지 못하게 되었다는 점에서 문명의 정점에 도달한 상태를 의미한다. 후쿠야마는 이를 통해 국가의 흥망성쇠를 이끌어온 정치 이념의 경쟁이 종결되었으며, 보편적으로 수용될 최선의 정치체제가 명확해졌다고 판단했다.

다만 후쿠야마는 세계가 즉시 평화롭고 전쟁과 테러가 사라질 것이라고 말한 것이 아니라, "최선의 체제란 무엇인가"에 대한 철학적 논쟁이 끝났음을 뜻했다. 인간은 여전히 도전과 갈등 속에 살아가지만, 제도적으로 자유민주주의가 가장 합리적이고 지속 가능한 형태라는 인식이 확산되었다는 것이다. 후쿠야마의 주장은 이후 1990년대 세계화의 흐름과 시장경제의 확산 속에서 널리 받아들여졌지만, 9·11 테러, 중동의 민주화 실패, 중국과 러시아의 권위주의 강화 등으로 재평가되기도 했다.

3월에는 미국 알래스카 해안에서 엑슨발데즈 원유 유출 사고가 발생해

---

190) 1992년 단행본으로 출간.

약 41,000㎘의 원유가 바다로 흘러나오며 생태계에 심각한 타격을 주었다. 이 사건은 환경 재앙의 위험성과 기업의 책임에 대한 논쟁을 촉발시켰다. 기술 혁신의 물결도 일었다. 영국의 물리학자 팀 버너스리는 유럽 입자 물리 연구소(CERN)에서 일하며 월드 와이드 웹(www)을 제안하고, URL, HTTP 프로토콜을 함께 고안함으로써 오늘날 인터넷의 핵심 구조를 완성했다. 그의 아이디어는 지식과 정보의 공유 방식을 근본적으로 바꾸어 놓았고, 이후 전 세계를 연결하는 디지털 혁명의 초석이 되었다.

앞서 1월 7일, 일본에서는 쇼와 천황(히로히토)이 서거하며 1926년부터 64년간 이어진 쇼와(昭和) 시대가 막을 내리고, 그의 아들 아키히토가 즉위하면서 헤이세이(平成) 시대가 시작되었다.

2

경제 안정화와 고도 성장

　박정희 정부 말기에 이르러 경제정책은 고도성장 일변도에서 벗어나 안정과 자율을 지향하는 방향으로 선회할 필요성이 제기되었다. 1978년 초 경제기획원 직원들은 "한국경제 이대로 좋은가?"라는 문제의식을 바탕으로 한국개발연구원(KDI) 연구진과 함께 집중적인 연구를 진행하였다. 경제기획원은 국정 최고책임자를 설득하기 위해 끈질긴 노력을 기울였고, 그 결과 1979년 4월 17일 '경제안정화 종합시책'이 발표되었다. 이 시책은 그동안 성역처럼 여겨지던 수출지원 축소, 중화학공업 투자 조정, 농촌주택개량사업 축소 등을 포함하였다. 또한 가격 현실화, 가격 규제 품목 축소, 금리 자율화 등 당시로서는 파격적인 정책 방향을 제시하였다.

　그러나 실행 과정에서 상공부·재무부·농수산부 등 관련 부처와 이해집단의 강한 반발에 직면하였고, 대통령 지시로 수출지원금융 축소 방침이 취소되기도 하였다. 그럼에도 불구하고 안정화 시책은 점차 경제정책의 본류로 자리 잡기 시작하였다. 1980년에 집권한 신정부는 '안정·자율·개방'이라는 정책 기조를 그대로 이어받아 1986년까지 강력한 안정화 정책을 추진하였다. 이러한 기조는 제5차 경제사회개발 5개년계획

(1982~1986)에 반영되면서 한국 경제가 성장 중심에서 안정과 자율을 중시하는 새로운 단계로 나아가는 계기를 마련하였다.[191]

• 한 자릿수 물가 시대와 3저 호황

'한 자릿수 물가 시대'는 1980년대 초 전두환 정권이 추진한 강력한 물가 안정 정책의 결과였다. 당시 한국은 제2차 석유파동과 정치적 혼란 속에서 도매물가 상승률이 42.3%에 달하는 극심한 인플레이션을 겪고 있었다. 이를 해결하기 위해 김재익 청와대 경제수석은 긴축 재정과 통화 긴축, 임금 억제, 금리 조정 등 고통을 수반하는 비인기 정책을 일관되게 추진했다.

정부는 예산을 동결하고 공무원 임금도 억제했으며, 1984년의 예산은 세출 동결을 통해 만들어 낸 5,500억 원의 흑자 전부를 정부의 빚을 갚는 데 썼다. 또한 기업에는 임금 인상을 자제하도록 요구했다. 특히 농민들에게 비난을 받더라도 쌀값 인상률을 대폭 낮추는 결정을 내려 인플레이션의 주요 원인을 제거하는데 기여했다. 또한, 당시 김재익 경제수석은 금리를 단번에 4%p 인하해 예금금리를 12%에서 8%로 낮추는 파격적인 조치를 단행했다. 이는 인플레이션 기대심리를 꺾고 물가 안정에 대한 국민적 신뢰를 형성하는 데 중요한 역할을 했다.

이러한 정책의 결과로 소비자물가 상승률은 1981년 21.4%, 1982년 7.2%로 낮아지더니 1983년 3.4%까지 내려갔다. 당시 언론과 학계가 상상조차 하지 못했던 성과였으며, 국민들은 물가가 반드시 오른다는 '인플레이션 마인드'에서 벗어나 물가 안정에 대한 자신감을 갖게 되었다. 따

---

191) 한국경제60년사 편찬위원회. 『한국경제 60년사: 총괄편』. 한국개발연구원. 2010. p69.

라서 '한 자릿수 물가 시대'는 단순한 물가 수치의 안정이 아니라, 정부의 고통 감내와 국민의 인식 전환이 만들어 낸 결과였다. 비록 독재 체제 아래에서 추진된 정책이었지만, 한국 경제사에서 물가 안정과 재정 건전성, 심리적 전환이라는 측면에서 중요한 전환점으로 평가받는다. [192]

1985년 9월, 미국을 비롯한 주요 5개국(미국, 일본, 독일, 프랑스, 영국)의 재무장관들이 체결한 '플라자 합의'는 미국이 심화되는 무역적자와 재정적자 문제를 해결하기 위해 추진한 국제적 환율 조정 협정이었다. 당시 미국은 강달러로 인해 자국 제품의 가격 경쟁력이 크게 떨어지면서 무역수지가 악화되고 있었고, 이를 완화하기 위해 주요 교역국인 영국, 독일, 프랑스, 일본과 함께 달러 가치를 인위적으로 낮추는 데 합의했다. 이 합의의 핵심은 단기간에 달러 가치를 10~12% 하락시키고, 대신 엔화와 마르크화 등 주요 통화의 가치를 절상시키는 것이었다.

그 결과, 한국 제품은 일본 제품과의 경쟁에서 가격 경쟁력이 크게 향상되었고, 수출 확대의 기회를 맞이하게 되었다. 플라자 합의 이후 세계 경제에는 '3저 현상'이라 불리는 저금리, 저유가, 저환율의 흐름이 나타났고, 이 때문에 1986년부터 1988년까지 한국 경제에 이례적인 호황을 가져왔다. 국제금리는 안정적인 저금리 기조를 유지하면서 외채가 많았던 한국과 같은 개발도상국의 금융 부담을 완화시켰고, 기업의 자금 조달 환경도 개선되었다. 동시에 국제 유가가 1985년 배럴당 28달러에서 1986년 15달러로 급락하면서 석유 수입 비용이 절감되었고, 석유를 원료로 사용하는 공산품의 생산비가 낮아져 산업 경쟁력이 강화되었다.

외부 환경의 변화는 전두환 정부가 추진한 긴축 정책, 재정 안정화, 개

---

192) 이장규, 『대한민국 대통령들의 한국경제 이야기1』, 살림, 2014, p150~154.

방 및 투자 확대 정책과 맞물려 한국 경제에 긍정적인 파급 효과를 가져왔다. 그 결과, 1986년부터 1988년까지 한국의 경제성장률은 연평균 12.1%를 기록했고, 실업률은 4.0%에서 2.5%로 낮아졌다. 1986년에는 경상수지 흑자 46억 달러를 기록했고, 1988년에는 142억 달러에 달하는 흑자를 달성했다. 이로 인해 외채는 크게 줄었고, '외채망국론'이라는 불안감도 사라졌다.

또한 서울 아시안게임(1986)과 서울올림픽(1988)을 성공적으로 개최하면서 국가 위상이 높아졌다. 1982년부터 1988년까지 진행된 올림픽 관련 사업투자는 한국 경제에 막대한 파급 효과를 일으켰다. 경제기획원의 주요 경제지표에 따르면, 총생산 유발효과는 약 4조 7,504억 원에 달했으며, 소득 유발효과는 1조 8,462억 원, 고용효과는 약 33만 6,000명에 이르렀다. 단기간에 이루어진 투자로서 매우 높은 경제적 성과로 평가된다.[193]

서울올림픽 조직위원회를 통한 외화 수입은 6억 9,000만 달러에 달해 국가의 외환 보유고 확대에도 기여했다. 올림픽은 단순한 경기 운영을 넘어 관광, 통신, 스포츠 산업 등 다양한 분야로의 연계 효과를 창출했다. 특히 한국은 소련, 중국, 일본을 잇는 동북아시아의 중심 연계국으로 부상하면서 국제적 위상이 높아졌고, 이에 따라 여행 알선 업체 수가 1986년 88개에서 1988년 244개로 급증했다. 산업 측면에서도 긍정적인 변화가 있었다. 자동차 수출은 20% 증가하며 제조업 경쟁력이 강화되었고, 컵라면, 인삼드링크 등 한국의 식음료 제품이 세계 시장에 진출하는 계기가 되었다. 이후 한국 브랜드의 글로벌 인지도 향상과 소비재 산업의 수출 기반 확대를 가져왔다.

---

193) 서울역사편찬원. 『서울 2천년사 34』현대 서울의 경제와 산업. 2016. p424.

주식시장도 활황을 맞아 종합주가지수가 1985년 130포인트에서 1989년 3월 1,000포인트로 급등했고, 주식투자 인구도 폭발적으로 증가했다. 하지만 이 호황은 1989년 이후 원화 절상, 미국의 통상 압력, 과잉 투자 등의 문제로 인해 점차 꺾이게 되었고, 벌어들인 이윤이 생산적 투자보다 부동산과 주식 투기에 집중되면서 산업 구조 고도화의 기회를 놓치게 됐다. 훗날 IMF 외환위기의 한 원인으로 지목되기도 했다.

3저 호황은 한국 경제가 물가 안정, 고도 성장, 국제수지 흑자라는 '세 마리 토끼'를 동시에 잡은 보기 드문 시기였고, 전두환 정권의 긴축과 개방 정책이 외부 환경과 절묘하게 맞물리며 만들어낸 경제적 기적이었다. 예산 동결 같은 파격적인 조치를 통해 정부 스스로 허리띠를 졸라매는 결단을 내림으로써 재정 안정화의 기틀을 마련했다. 산업 분야에서는 전임 정권에서 넘어온 중화학공업 과잉투자와 부실 문제를 해결했고, 전자 교환기 도입 등을 시작으로 현재의 통신 혁명 인프라를 구축했다. 오늘날 인터넷 강국이 될 수 있었던 기본 터전이 이때 마련되었던 것이다.

재벌의 경제력 집중 문제에 대처하기 위한 공정거래제도도 정권 초기 신속하게 도입되었다. 「공정거래법」은 제정되기까지 여러 차례의 좌절을 겪으며 오랜 시간에 걸쳐 마련된 법률이다. 1963년 발생한 '삼분(三粉)폭리사건'은 대기업들이 담합을 통해 폭리를 취하고 이를 정치권과 결탁해 은폐한 대표적 사례로, 이 사건을 계기로 독과점 규제의 필요성이 본격적으로 제기되었다. 정부는 1964년 처음으로 공정거래법 초안을 마련했지만, 당시 사회 전반에 시장 경쟁 규범에 대한 인식이 부족해 국무회의 상정조차 이루어지지 못한 채 무산되었다. 이후 1966년, 1969년, 1971년에 세 차례나 법률안이 다시 추진되었으나 모두 비슷한 이유로 입법에 실패했다.

공정거래법이 실제로 제정될 수 있었던 것은 1979년 제2차 석유파동으로 인한 경제 위기와 1980년 신군부 등장 등 정치·경제적 환경 변화가 맞물리면서였다. 경제 구조 개편과 시장 질서 확립의 필요성이 커진 가운데, 1980년 12월 31일 마침내「독점규제 및 공정거래에 관한 법률」이 제정되었다. 당시 공정거래위원회는 차관급 정무직 위원장을 두고 경제기획원 산하에 설치되었다. 제도 시행 초기에는 공정거래제도 자체가 생소했던 만큼, 이를 시장경제의 기본 규칙으로 정착시키기 위한 홍보와 인식 개선에 주력했다. 많은 기업과 국민이 공정거래법을 시장경제의 원칙이 아니라 새로운 규제로 받아들였기 때문이다. 법 집행 역시 주로 불공정거래행위 시정에 집중되었으며, 특히 하도급 분야에서의 불공정 행위 적발이 많았다. 이러한 현실은 결국 1984년 말「하도급거래 공정화에 관한 법률」(하도급법) 제정으로 이어졌다.

1986년 말에는 공정거래법이 대대적으로 개정되면서 경제력 집중 억제를 위한 제도적 장치가 본격적으로 도입되었다. 이 개정에서는 지주회사 설립 금지[194], 대규모 기업집단 계열사 간 상호출자 금지, 출자총액 제한(순자산의 40%) 등 대기업집단의 경제력 집중을 완화하기 위한 규제가 신설되었다. 또한 가격 남용 행위 규제와 카르텔 규제 조항도 정비되면서 공정거래법의 경쟁 촉진 기능이 한층 강화되었다.[195]

1980년대 시기는 선진국 진입 기반을 다지는 것을 목표로 하였다. 박정희 시대의 '발전 담론'을 이어받은 것이지만, 경제 안정과 기술 중심의 성장 전략을 통해 차별화를 꾀했다.[196] 당시 국제적으로 신자유주의가 부

---

194) 1999년 공정거래법 개정을 통해 지주회사 허용.
195) 공정위는 시장경제의 '파수꾼'이자 '수호자'. KDI 나라경제. 2011년 4월호.
196) 김종태.『선진국의 탄생』. 돌베개. 2018. p188, 198.

상하면서 미국과 영국을 중심으로 국가 간 경제 개방 압력이 강화되었고, 이에 따라 한국 정부도 민영화·자유화·개방화를 주요 경제 정책으로 채택했다. 특히 1983년 '수입 자유화 5개년 계획' 수립과 관세 제도 개편 등은 시장 중심 경제로의 전환을 상징하는 조치들이었다. 이러한 변화는 국가 중심 발전 모델을 약화시키고, 자본의 자율성과 주도권을 강조하는 새로운 경제 담론을 형성했다. 신자유주의가 확산되면서, 한국의 기업가들은 예전처럼 국가의 도움을 받는 방식에서 벗어나, 스스로 경제를 주도하려고 노력하기 시작했다. 동시에 한국 경제는 고도성장을 지속해 1980년대 평균 GDP 성장률 9.9%를 기록했고, 1980년에서 1989년 사이 GDP와 1인당 GNI는 각각 약 3.8배, 3.4배 증가했다.

• 민간 주도형 성장과 연구개발 투자

전두환 정부는 권위주의적 정치 체제 속에서도 교육과 과학기술 분야에서 국가 경쟁력 강화를 위한 다양한 정책을 추진했다. 이 시기의 교육·과학기술 정책은 산업화 이후의 사회 구조 변화에 대응하고, 기술 자립과 교육의 공공성을 확보하려는 목적을 지니고 있었다. 전두환 정부는 교육의 공정성과 효율성을 높이기 위해 입시 제도 개편과 교육 재정 확충, 자율성 확대를 중심으로 정책을 추진했다.

1980년 대학 본고사 폐지 및 과외 금지는 7월 30일 발표된 '7·30 교육조치'에 따른 것으로 당시 과도한 입시 경쟁과 사교육 문제를 해결하기 위한 강력한 개혁 조치였다. 대학 본고사를 폐지하고, 학교 외의 모든 과외를 금지함으로써 교육의 공정성을 확보하고자 했다. 학생들의 학업 부담을 줄이고, 교육 기회의 평등을 도모하려는 목적이었지만, 이후 과외 금지의 실효성에 대한 논란과 음성적 사교육 증가라는 부작용도 발생했다. 1981년 교육 재정의 안정적 확보를 위해 정부는 교육세를 신설했다. 국민의 세금으로 교육에 대한 국가적 투자를 확대하겠다는 의지를 반영한 것으로 교육세는 학교 시설 개선, 교원 처우 향상, 교육 인프라 확충 등에 활용되었다. 1983년 교육 자율화 정책은 학교 운영의 자율성을 확대하고, 획일적인 교육 행정에서 벗어나기 위한 정책이었다. 일부 학교에 자율적인 교육과정 운영 권한을 부여하고, 교사와 학교의 창의적 교육활동을 장려했다. 이는 교육 다양화와 특성화 학교의 기반이 되었다.

1980년대 이후 한국 경제는 기존의 정부주도형 성장 전략에서 점차 민간주도형 구조로 전환되었다.[197] 산업 전반에서 기업의 자율성과 역할이 강화되는 흐름으로 나타났으며, 특히 석유화학, 철강, 반도체, 통신 등 주요 산업에서 그 변화가 두드러졌다. 석유화학 산업은 대표적인 전환 사례로 1970년대까지는 공기업이나 그 계열사가 사업 주체였으나 1980년대 중반 이후에는 LG, 삼성, 현대 등 민간 재벌이 투자를 주도하게 되었다. 이에 따라 정부의 역할도 직접 투자에서 간접적 지원으로 변화했으며, 산업 육성 방식이 보다 유연해졌다. 철강산업의 경우에는 여전히 공기업인 포스코가 중심이었지만, 정부의 지원이 축소되는 가운데 재정자립도 향상, 경영다각화, 해외시장 개척 등을 통해 기업의 자율성이 크게 강화되었다.

자동차 산업은 1980년 8월 발표된 1차 통합 조치안에서 현대와 새한을 통합해 승용차를 생산하고, 기아는 소형 트럭에 집중하도록 했다. 그러나 새한의 지분을 보유한 GM과 현대의 협상이 난항을 겪으면서, 1981년 2월 28일 발표된 '자동차 공업 합리화 조치(2·28 조치)'에서는 승용차 생

---

197) 송성수.『한국의 산업화와 기술발전』. 들녘. 2021. p361~363.

산을 현대와 새한으로 이원화하고, 기아는 소형 트럭에 특화하는 절충안이 마련되었다. 이 과정에서 기업들은 기존 설비와 부품을 헐값에 처분해야 했고, 막대한 재정적 손실을 감수해야 했다. 일부 회사는 심각한 위기에 직면하기도 했다. 하지만 1983년 이후 정부의 경기 부양책과 기업들의 자구 노력으로 자동차 산업은 빠르게 회복했다. 현대는 정부와 GM의 압력에 굴하지 않고 독자 노선을 택해 '포니 엑셀'을 중심으로 대량생산·대량판매·대량수출 체제를 구축했고, 이는 현대차가 글로벌 기업으로 성장하는 결정적 계기가 되었다. 기아는 소형 트럭에 집중하다가 이후 승용차 시장에 재도전했고, 새한(대우)은 GM과 협력하며 승용차 생산을 이어갔다.[198]

반도체 산업은 더욱 적극적인 민간주도의 사례로 평가된다. 1982년에 정부는 전자 산업 육성 방안을 발표하면서 반도체의 국산화를 강조하자, 삼성전자는 1983년 64K D램 개발에 독자적으로 도전했으며, 1987년까지 적자를 감수하면서도 지속적인 투자를 이어갔다. 이는 기업의 판단과 자금 운용에 기반한 전략적 선택이었다. 이러한 민간주도 성장에도 불구하고 정부의 지원은 여전히 중요한 역할을 했다. 삼성의 반도체공장 부지 조성, 사회간접자본 확충 등에는 정부의 협력이 있었고, 1986~1989년에는 초고집적반도체기술 공동개발사업 등 국가연구개발사업을 통해 약 2,476억 원이 지원되었다.

반면, TDX(전자교환기)와 CDMA(디지털이동통신) 기술개발사업은 정부주도 성격이 강한 국책사업이었다. 정부는 자금 지원뿐 아니라 기술 경로 설정, 추진체제 구축, 사업단 운영 등 전반적인 방향을 주도했으며,

---

198) 자동차 산업의 성숙과 마이카 시대의 명암. 우리역사넷(https://con tents.history.go.kr)

한국전자통신연구소(ETRI)와 같은 공공기관을 중심으로 기술개발을 이 끌었다. 민간기업은 이 과정에 참여하거나 결과물을 상업화하는 역할을 맡았다. 전두환 정부는 기술 자립과 산업 고도화를 위해 과학기술 분야에 적극적인 투자와 제도 정비를 추진했다. 특히 정보통신, 반도체, 항공 우주 등 전략 산업에 집중했다. 1981년 한국형 전자교환기(TDX)개발 착수는 통신망 현대화를 위한 핵심 사업이었다.

전자식 교환기(TDX) 개발 사업은 한국 통신 산업의 자립을 목표로 한 장기 국책 프로젝트였다. 이 사업에는 240억 원이라는 막대한 비용이 투입되었고, '단군이래 최대 사업'이라는 수식어가 붙을 만큼 국가적 비중이 큰 과제였다. 당시 ETRI 연구진들은 실패할 경우 다른 국책사업에도 심각한 영향을 끼칠 수 있다는 부담 속에서, "신명을 바쳐 개발에 최선을 다하고 실패하면 처벌을 감수하겠다"는 각서를 작성하며 비장한 각오로 개발에 임했다. 결과적으로 TDX 개발은 성공을 거두었고, 이는 한국 통신망의 국산화와 기술 자립을 가능하게 했다. 더 나아가 이 경험은 세계 최초 CDMA 기반 이동통신용 교환기 개발로 이어져 한국이 이동통신 강국으로 도약하는 계기를 마련했다. 또한 세계 최초 무선 광대역 인터넷 서비스인 와이브로(Wibro) 개발의 초석이 되었으며, 5세대 이동통신(5G) 기술에서도 세계를 선도할 수 있는 기반을 제공했다.[199]

따라서 산업의 성격과 기술 수준에 따라 정부 개입의 정도와 방식은 달라졌으며, 1980년대 이후를 단순히 '민간주도'로 규정하기는 어렵다. 오히려 이 시기는 '민간주도와 정부지원'이 병행된 구조로 이해하는 것이 타당하다. 이러한 변화와 함께 연구개발 투자도 급속히 증가했다. 연구개

---

199) 전자식 교환기 개발… 'IT 강국' 신호탄. 대전일보. 2013. 2. 6.

발 투자가 처음 집계되기 시작한 1963년과 비교하면, 1967년의 연구개발 투자액은 경상가격 기준으로 약 4배 증가한 48억 원에 달했다. 이후 과학기술처가 설립되고 국가 차원의 과학기술 진흥 정책이 본격화되면서 연구개발 투자는 더욱 빠르게 증가했다. 과학기술처 설립 10년이 지난 1977년에는 연구개발 투자액이 1,000억 원을 넘어섰고, 산업화가 가속화된 1980년대 초반부터는 연구개발 투자가 산업 활동의 필수 요소로 자리 잡기 시작했다. 특히 1970년대 후반 중화학공업에 대한 대규모 투자가 이루어지면서 연구개발 수요가 크게 확대되었고, 1981년 이후 연구개발 투자는 가파른 상승세를 보였다. 1985년에는 연구개발 투자 규모가 1조 원을 돌파했고, 1996년에는 10조 원을 넘어서는 등 국가 경제 성장과 함께 연구개발 투자 규모도 비약적으로 확대되었다.

연구개발 인력의 증가도 이러한 흐름과 궤를 같이했다. 1963년 당시 연구원 수는 1,750명에 불과해 인구 1만 명당 연구원 수가 1명에도 미치지 못했다. 그러나 1975년에는 연구원 수가 1만 명을 넘어섰고, 이후 20년이 지난 1995년에는 10만 명을 돌파하며 연구 인력 기반이 크게 확충되었다. 2000년에는 연구원 수가 10만 8,370명에 이르렀고, 인구 1만 명당 연구원 수도 32.1명으로 증가해 연구개발 역량이 양적·질적으로 크게 성장했음을 보여 준다. [200)]

과학기술처가 1989년 발간한 「과학기술연감」에서도 1980년대 산업기술의 핵심은 기업부설연구소에서 수행되었다는 평가가 일반적이었다. 실제로 기업연구소의 규모와 연구개발 능력은 정부출연 연구기관을 능가하는 경우도 나타났으며, 민간의 연구개발비 부담은 1983년을 기점으

---

200) 신태영. 「연구개발투자와 지식축적량의 국제비교」 과학기술정책연구원. 2002. 8.

로 정부를 추월했다. 1980년대 중후반부터는 중소기업들도 독자적인 기술개발의 필요성을 인식하고 연구소 설립에 나섰으며, 국제적인 기술 경쟁 시대에 대응하기 위한 전략적 움직임이었다. 기업부설연구소의 성장은 한국 산업기술의 자립과 경쟁력 확보에 중요한 기반을 마련했으며, 민간 주도의 연구개발 체제가 정착되는 계기를 제공했다. [201]

한국의 기술혁신지원제도는 대부분 1980년대에 정비되었으며, 국가연구개발사업뿐만 아니라 조세지원, 금융지원, 정부구매, 병역특례 등 다양한 정책이 포함되었다. 특히 1981년 정부가 기업부설연구소 인정 기준을 마련하고 연구개발 인력에 대한 병역특례제도를 도입한 것은 다른 선진국에서는 보기 어려운 독창적인 조치였다. 이러한 제도적 기반은 한국의 기술혁신과 산업경쟁력 강화에 중요한 역할을 하게 된다. 병역특례제도의 기준이 점차 완화되면서 중소기업들도 연구소를 설립할 수 있는 여건이 마련되었다. 정부는 기술개발준비금, 세액공제, 연구시설 투자에 대한 세제 혜택, 특별소비세 및 관세 감면, 지방세 면제 등 다양한 재정·세제 지원을 통해 기업의 연구개발 활동을 적극적으로 뒷받침했다.

또한 1987년 항공산업진흥법 제정 및 항공우주연구소 설립은 항공우주 분야의 기술 개발과 산업 육성을 위한 정책적 기반을 마련했다. 항공우주연구소(KARI)의 설립은 이후 한국형 발사체 개발, 위성 기술 확보 등 우주기술 진전에 중요한 역할을 했다. 전두환 정부의 교육·과학기술 정책은 국가 주도의 체계적 접근을 통해 제도 정비와 기술 자립을 동시에 추구한 시기였다. 특히 과학기술 분야에서는 전략적 투자와 법적 기반 마련을 통해 한국의 IT·우주·통신 산업 발전에 결정적인 기초를 제공했다.

---

201) 서울역사편찬원. 『서울 2천년사 38』 현대 서울의 학술과 종교. 2016. p195~196.

• 반도체와 독자 엔진 개발

한국의 반도체 산업은 1960년대 중반에 시작되어, 1980년대 이후 D램을 중심으로 급속한 성장을 이루었다. 삼성전자는 반도체 사업에 본격적으로 뛰어들며 산업의 판도를 바꾸었다. 당시 반도체는 고위험·고비용 산업으로 여겨졌고, 기술격차와 인력 부족, 설비 문제 등 수많은 장애물이 존재했지만, 이병철 회장의 결단과 신념은 삼성의 도전을 이끌었다.

삼성전자는 1969년 1월 13일 출범했다. 비록 후발기업이긴 했지만 세계 굴지의 종합 전자메이커로 육성한다는 방침에 따라 전자단지의 대형화, 공정의 수직계열화, 기술개발능력의 조기 확보라는 3대 원칙을 세우고 경기도 수원시 매탄동에 45만 평, 경남 울주군 가천 지역에 70만 평의 공장부지를 확보했다. '일본 도쿄의 산요단지(40만 평)보다는 한 평이라도 더 크게 지어야 한다'는 이병철 회장의 의지가 담긴 결정이었다.[202] 이후 1983년 2월에는 이른바 도쿄선언을 통해 반도체 사업 진출을 전격 발표했다. "철강 1톤을 생산하면 부가가치가 20만 원밖에 되지 않지만, 1톤짜리 자동차를 생산하면 500만 원의 부가가치가 발생한다. 컴퓨터를 1톤 생산하면 3억 원의 부가가치가 발생하는데 비해 반도체를 1톤 생산하면 무려 13억 원의 부가가치가 발생한다"며 필요성을 설파했다.

당시 가장 큰 고민은 어떤 제품을 개발할 것인가 하는 선택의 문제였다. 삼성은 내부 수요뿐 아니라 글로벌 시장에서 수익을 창출할 수 있는 분야를 개척해야 한다는 판단 아래 비메모리가 아닌 메모리 반도체를 선택했고, 그 중에서도 시장 규모가 크고 기술 발전을 주도하던 D램 개발을 목표로 삼았다. 이 전략적 선택은 빠르게 성과로 이어졌다. 삼성은 1983

---

202) 손해용. 『다시 쓰는 경제교과서』. 중앙북스. 2011. p155.

년 64K D램, 1984년 256K D램을 잇달아 개발하며 선진국과의 기술 격차를 약 5년 수준으로 단축했다. 64K 제품은 해외 기술연수를 기반으로 개발되었고, 256K 제품은 기술 도입과 자체 개발을 병행하는 방식으로 완성되었다. 이후 삼성은 1986년 1M D램, 1988년 4M D램 개발에 성공하며 기술 추격 속도를 더욱 높였다. 이 과정에서 국내 개발팀과 해외 법인팀 간 경쟁체제를 도입해 개발 기간을 단축했으며, 전문성은 부족했지만 높은 집중력과 성실성을 갖춘 국내팀이 최종적으로 성과를 거두었다.

삼성은 기술 변화에도 적극적으로 대응했다. 1M D램에서는 기존 N-MOS 방식 대신 효율적인 C-MOS 설계를 채택했고, 4M D램에서는 웨이퍼 표면을 파내는 트렌치 방식 대신 층을 쌓는 스택 방식을 선택하는 등 과감한 기술 전환을 시도했다. 그러나 선진업체들의 견제가 강화되면서 특허 소송에 직면하기도 했다. 이를 계기로 정부·기업·연구기관이 협력하는 국가공동연구개발사업이 추진되었고, 4M부터 256M D램까지 독자 기술 확보를 위한 기반이 마련되었다.

1988년 이후 삼성은 세계 최고 수준의 기술을 목표로 도전적인 개발 전략을 펼쳤다. 1990년에는 16M D램을 선진국과 거의 동시에 개발하는데 성공했고, 이어 1992년 64M, 1994년 256M, 1996년 1G, 2001년 4G D램을 세계 최초로 개발하며 글로벌 메모리 반도체 시장의 선도 기업으로 자리 매김했다. 64M D램부터는 두 세대 제품을 동시에 개발하는 공격적 전략을 도입했고, 256M D램부터는 차세대 기술을 현세대 제품에 적용해 기존 제품의 성능 향상과 신제품 개발을 동시에 달성하는 혁신적 방식을 구축했다. 1990년대 중반 이후 삼성은 마이크로프로세서와 D램 간 속도 격차를 줄이기 위한 고성능 D램 개발에도 주력하며 반도체 기술의 고도화를 이끌었다. 이러한 일련의 과정은 삼성의 기술 축적, 조직 역량 강화,

전략적 투자, 그리고 과감한 기술 전환이 결합된 결과로, 삼성은 세계 반도체 산업의 핵심 기업으로 도약할 수 있었다.[203]

특히 1992년은 삼성전자가 세계 반도체 시장에서 신화를 써 내려간 해였다. 후발주자로서 수많은 난관과 설움을 극복한 끝에, 삼성은 첨단 반도체 기술을 앞세워 세계 D램 시장 1위에 오르며 본격적인 '불패 신화'의 서막을 열었다. 반도체 산업 진출을 선언한 지 불과 10년 만에 그것도 가장 경쟁이 치열한 메모리 분야에서 세계 정상에 오른 것은 한국 산업사에서 하나의 사건으로 기록될 만한 성취였다. 1993년에는 메모리 전체 분야에서, 1995년에는 S램에서, 2000년대 들어서는 플래시 메모리와 디스플레이 구동 칩 등 비메모리 분야에서도 세계 1위를 차지하며 반도체 강자로서 입지를 굳혔다.

또한 실력뿐 아니라 운도 따랐다. 대표적인 사례가 1990년대 미국과의 통상마찰 사건이다. 당시 미국 마이크론사가 국내 반도체 기업들을 상대로 반덤핑 소송을 제기했을 때, 삼성은 예비 판정에서 '80% 덤핑'이라는 치명적인 결과를 받았다. 그러나 치열한 대응 끝에 최종 판정에서는 '0.74% 관세율'이라는 사실상 승리에 가까운 결과를 얻어냈다. 이는 일본 반도체 산업의 공세로 흔들리던 미국이 한국을 성장시켜 일본을 견제하는 것이 유리하다고 판단한 국제 정세의 흐름과 맞물린 결과였다.[204]

삼성은 기흥·부천·온양의 삼원체제를 구축하여 메모리와 비메모리 제품의 웨이퍼 가공 및 조립을 분담했고, 이를 통해 생산 효율성과 기술 집중도를 높였다. 반도체 개발 과정은 한국 산업의 기술자립과 글로벌

---

203) D램 반도체개발. 국가기록포털(www.archives.go.kr).
204) [스페셜 리포트] 메모리 산업 30년사 빛낸 삼성 반도체 신화의 순간들. 삼성전자 뉴스룸(https://news.samsung.com). 2015. 1. 14.

경쟁력 확보를 상징하는 대표적인 성공 사례로 '반도체 신화'라는 표현이 어울릴 만큼 극적이고 도전적인 여정이었다. 이후 삼성전자는 정보통신·반도체·액정표시장치(LCD)·디지털미디어·생활가전 등 5대 사업부문을 중심축으로 하는 글로벌 전자기업으로 발돋움해 전자업계에서 세계 시장 1위와 세계 최초 행진을 거듭해 왔다. 삼성전자가 한국 경제에서 차지하는 비중도 절대적이다. 삼성은 대한민국 수출에서 18% 정도의 비중을 차지하고, 한국 상장기업의 시가총액에서 삼성의 계열 회사가 차지하는 비율이 20%를 훌쩍 넘는다.

한국 기업들은 선진국의 기술을 효과적으로 추격하기 위해 병렬적 개발 시스템을 적극적으로 활용했다. 이는 핵심 기술 과제를 중심으로 태스크포스팀을 구성하고, 연구개발(R&D), 시제품 개발, 양산기술 개발을 동시에 추진하는 방식이다. 이를 통해 기술 개발 기간을 단축하고 시장성이 높은 제품을 빠르게 출시할 수 있었다. 병렬적 개발 방식은 일본 기업들이 먼저 도입한 모델을 한국 기업들이 자국의 산업 환경과 조직 구조에 맞게 변형하고 보완한 것으로 볼 수 있다. 그러나 한국 기업들은 단순한 모방을 넘어서 독창적인 병렬 개발 전략을 구축하기도 했다. 대표적인 사례로는 삼성전자의 D램 개발 방식이 있다. 삼성의 '병렬개발시스템'은 후발주자의 단점을 극복하기 위한 연구개발 시스템이었다.[205] 삼성은 신제품 개발과 생산라인 건설을 동시에 추진했으며, 한국 본사와 미국 현지법인이 동일한 제품을 병행 개발하는 전략을 사용했다. 또한 여러 세대의 제품을 동시에 연구 개발하는 방식도 도입하여 기술 진화의 연속성을 확보했다.

---

205) 삼성전자 반도체. 서울경제. 2006. 8. 27.

　　1987년 한국 전자산업은 최초로 100억 달러 수출을 달성하며 국가 경제에서 중요한 위치를 차지하게 되었다. 이듬해인 1988년에는 총수출의 25%를 차지하는 최대 수출산업으로 부상하였다. 그 결과 우리나라는 흑백TV 세계 1위, VTR · 비디오테이프 · 전자레인지 · 컬러 브라운관 세계 2위, 컬러TV와 전화기 세계 3위 생산국으로 자리매김하였다. 그러나 1980년대 전자산업은 미국과 유럽연합(EU) 등 주요 수출시장에서 잦은 반덤핑 제소와 수입자유화 요구에 직면하였다. 이에 대응하기 위해 업계는 해외시장 개척과 현지 생산기지 확보에 나섰다. 1981년 금성사가 미국 헌츠빌에 컬러TV 공장을 설립한 것을 시작으로 미국 · 캐나다 · 중남미 · 유럽 등지로 진출을 확대하였다. 1980년대 후반에는 저임금 노동력을 활용하기 위해 아세안 국가로 생산기지를 이전하였고, 1990년대에는 공산권의 경제개방 흐름에 맞추어 이들 지역으로 시장을 넓히고 해외투자를 추진하였다. [206]

　　대한민국 산업화의 궤적 속에서 성장한 현대자동차는 정주영 회장의 개척 정신과 정부의 산업 전략이 어우러져 글로벌 자동차 기업으로 자리매김한 과정을 보여 준다. [207] 정주영 회장은 쌀가게 '경일상회'를 시작으로 사업에 뛰어들었고, 이후 자동차 수리공장 '아도서비스'를 인수하면서 자동차 산업과 첫 인연을 맺었다. 1946년에는 '현대자동차공업사'를 설립했지만, 1947년 건설업에 집중하기 위해 '현대토건'을 창립하면서 자동차 산업과는 잠시 거리를 두게 된다. 그러나 자동차에 대한 꿈을 접지 않았던 그는 1960년대 후반, 포드와의 제휴를 통해 〈코티나〉를 생산하며 다시 자동차 산업에 진출했다. 이 과정에서 직접 운전까지 하며 제휴를 성

---

206)　한국경제60년사 편찬위원회.『한국경제 60년사: 총괄편』. 한국개발연구원. 2010. p153.
207)　유승재.『히트의 탄생』위즈덤하우스. 2021. p326~329.

사시킨 일화는 그의 열정과 추진력을 보여주는 대표적인 사례다.

1969년 정부가 발표한「자동차 국산화 3개년 계획」은 국내 자동차 산업에 큰 전환점을 가져왔다. 국산화율을 높이기 위한 경쟁이 치열하게 벌어졌고, 1974년 기아산업이 〈브리사〉를 출시하며 첫 국산 승용차를 선보였다. 이에 자극받은 현대는 독자 모델 개발에 착수했고, 1974년 이탈리아 토리노 국제자동차박람회에서 〈포니〉를 처음 공개하며 세계 시장에 데뷔했다. 포니는 자체 개발한 고유 모델로 대한민국 최초의 국산 승용차였다.

〈포니〉의 디자인은 세계적인 디자이너 조르제토 주지아로가 맡았으며, 현대는 당시로서는 파격적인 120만 달러를 투자해 디자인을 의뢰했다. 참고로 1985년에 나온 영화 〈백 투 더 퓨처〉에서 타임머신으로 등장하는 차량과 〈포니〉가 많이 닮았는데, 이 차량의 원형인 〈드로리언(Delorean)〉 역시 주지아로가 디자인한 것으로 알려져 있다. 이 과감한 선택은 현대차의 브랜드 이미지를 강화하고 세계 시장에서의 경쟁력을 높이는 데 결정적인 역할을 했다. 특히 박람회에 출품된 '포니 쿠페'는 세련된 디자인으로 큰 주목을 받았고, 이후 현대는 1975년 생산설비를 완공하고 포니의 양산에 돌입했다. 국산화율 85%를 달성한 포니는 대한민국을 세계에서 9번째, 아시아에서는 일본에 이어 두 번째로 독자 모델 자동차 생산국으로 올려놓았다.

1980년대에 들어서면서 현대자동차는 지속적인 연구개발 체제를 정립하며 고유모델 중심의 생산 전략을 본격화했다. 초기에는 포니가 유일한 고유모델 승용차였지만, 1983년 스텔라, 1985년 엑셀, 1988년 소나타, 1992년 뉴그랜저를 차례로 출시함으로써 소형차부터 대형차까지 전 차종에 걸쳐 고유모델 풀라인업을 갖추게 되었다. 현대가 연간 1개 이상의 차종을 자체 개발할 수 있는 능력을 확보했다는 것을 의미하며, 1990년을 전후로 모델 변경을 자체적으로 수행할 수 있는 기술적 기반을 마련한 것으로 평가된다. [208]

이러한 기술력은 국내 자동차 산업의 성장에도 크게 기여했다. 1988년에는 한국의 자동차 생산량이 100만 대, 수출량이 50만 대를 돌파하며 세계 10위의 자동차 생산국으로 부상했다. 특히 현대는 국내 승용차 생산량의 60% 이상을 점유했고, 1984~1986년에는 전체 자동차 수출의 90% 이상을 담당하는 등 압도적인 성과를 거두었다. 1990년 기준으로 현대의 제품 기술 수준은 선진국의 80%에 달해, 경쟁사인 기아(25%)나 대우(20%)에 비해 월등히 높은 수치였다.

알파 프로젝트는 현대자동차가 독자적인 기술을 내재화하는 데 있어 결정적인 전환점이었다. [209] 알파 프로젝트는 1984년부터 1991년까지 약 7년에 걸쳐 진행되었으며, 총 1,000억 원 이상의 연구개발 비용이 투입되었다. 이 프로젝트를 통해 축적된 엔진 개발 경험과 기술은 이후 감마(1993), 베타(1995), 델타(1998), 세타(2004), 람다(2005) 등 다양한 자체 엔진으로 이어지며 현대차의 기술 자립을 이끌었다.

초기 단계에서 현대차는 영국의 기술 컨설팅 업체 리카르도와 함께 엔진 기본 개념 설계를 진행했지만, 당시 국내의 가공·주조·소재 기술 수준이 충분히 뒷받침되지 못해 곧바로 양산에 들어가기는 어려웠다. 이에 현대차는 해외 기술 자료를 추가로 확보하고, 시험 과정과 절차를 세밀히 분석하며 개선 방안을 모색했다. 실험은 대규모로 진행됐다. 엔진 시제

---

208) 송성수. 『한국의 산업화와 기술발전』. 들녘. 2021. p292~296.
209) [현대자동차 기술 내재화 일대기 2부] 종합 자동차 제조사로 완전한 역량을 갖추다. 현대자동차(www.hyundaimotorgroup.com). 2023. 9. 26.

품 약 300기와 시험 차량 150대를 제작해 미국 애리조나의 혹서 환경과 캐나다 온타리오의 혹한 환경에 투입했으며, 총 420만㎞, 지구 105바퀴에 해당하는 거리를 달리며 내구성을 검증했다. 현대자동차의 자동차 개발 과정은 고유 모델의 확대, 기술 수준의 향상, 독자 엔진 개발이라는 세 가지 축을 중심으로 이루어졌으며, 한국 자동차 산업의 세계적 도약을 이끄는 핵심 동력이 되었다.

현대자동차는 이후 지속적인 기술 개발과 글로벌 전략을 통해 성장했고, 1998년 기아자동차를 인수하면서 현대기아자동차그룹으로 통합되었다. 이로써 국내 시장에서는 독보적인 위치를 차지하게 되었고, 세계 완성차 시장에서도 3위권을 유지하는 글로벌 브랜드로 자리매김했다. 2021년에는 첫 독자 전기차 모델 〈아이오닉5〉를 출시하며 포니의 디자인 철학을 계승했고, 혁신적인 기술과 디자인으로 다시 한 번 세계 시장에서 주목받는 브랜드로 부상했다. 현대자동차의 역사는 곧 대한민국 자동차 산업의 성장사이자, 산업화 시대를 이끈 대표적인 성공 사례라 할 수 있다.

한국의 기술발전 경로는 크게 세 단계로 설명할 수 있다. 이근 교수는 저서 『추격의 경제학』(Schumpeterian Analysis of Economic Catch-up, 2013) 등을 통해 후발국의 추격 유형을 세 가지로 분류하며, 한국은 이 중 특정 단계를 성공적으로 거쳤다고 설명한다. 첫째, 경로 추종형 단계에서는 선진국의 기술과 생산방식을 그대로 도입하고 모방하는 방식으로 발전했다. 1960~70년대 한국은 섬유, 신발, 가발 등 노동집약적 산업을 중심으로 일본과 미국의 기술을 받아들여 빠르게 산업화를 추진했다. 이 시기는 한국 경제가 최빈국에서 벗어나 산업화의 기초를 마련한 시기였다.

둘째, 단계 생략형 단계는 1980년대 중반 이후 본격적으로 나타났다. 기술 발전 경로 중 일부 단계를 건너뛰며 빠르게 추격하는 전략을 구사한 것이다. 특히 기술 주기가 짧은 산업에 집중하여 중진국 함정에 빠지지 않고 선진국을 따라잡았다. D램 생산에 있어 1K D램을 건너뛰고 64K D램부터 시작하는 등 반도체 산업에서 일본을 추격해 세계 시장을 선도하게 된 사례나, 자동차 산업에서 내연기관 기술을 빠르게 흡수해 글로벌 경쟁력을 확보한 사례가 대표적이다.

셋째, 경로 개척형 단계는 1990년대 후반 이후 현재까지 이어지고 있다. 단순히 선진국을 모방하는 수준을 넘어 독자적인 기술을 개발하고 새로운 시장을 창출하는 단계다. 반도체 분야에서는 메모리뿐 아니라 시스템 반도체와 파운드리 분야에서 세계적 경쟁력을 갖추었고, 스마트폰 산업에서는 삼성전자가 애플과 함께 글로벌 시장을 주도하고 있다. 조선업에서도 초대형 LNG선과 해양플랜트 같은 고부가가치 분야를 개척하며 선도적 위치를 차지했다. 결국 한국은 경로 추종 → 단계 생략 → 경로 개척이라는 발전 경로를 거치며 단순한 추격자가 아닌 혁신 선도국으로 자리매김했다.

• 정보화의 확산

1983년 1월 29일 제1회 기술진흥확대회의에서 이정오 과학기술처 장관은 "기술주도 정책의 현황과 과제"라는 주제의 특별 보고의 제목을 "정보화 시대의 개막"으로 명명했는데, 이는 당시 세계적으로 정보화가 주요 관심사로 떠오르고 있었기 때문이었다. 실제로 미국의 시사주간지 〈타임〉은 1982년 올해의 인물을 '기계'(Machine of the Year)로 선정하고, "컴퓨터 이사 오다(The Computer Moves In)"라는 특집을 통해 퍼스널 컴퓨터 중심의 새로운 세계 질서를 조명했다. 이러한 국제적 흐름 속에서 이 장관은 1983년을 '정보화 산업의 원년'으로 선언하며, 한국의 정보산업

발전을 위한 정책적 계기를 마련했다.[210]

　우리나라의 정보화 과정은 단순히 컴퓨터를 도입하는 수준을 넘어, 국가 행정의 효율성을 높이고 미래 산업의 기반을 마련하기 위한 전략적이고 점진적인 발전의 역사로 볼 수 있다. 그 시작은 산업화가 본격적으로 이루어지기 전인 1960년대 초로 거슬러 올라간다. 당시 우리나라는 아직 가난에서 벗어나지 못한 상황이었지만, 정부는 행정업무의 효율화를 위해 정보화의 씨앗을 뿌리기 시작했다.[211] 1960년대 초, 내무부는 통계자료 처리를 위해 천공카드 시스템을 도입했다. 우리나라에서 최초로 자료를 기계적으로 처리한 사례로 정보화의 초기 형태라 할 수 있다. 천공카드는 두꺼운 종이에 일정한 규칙에 따라 구멍을 뚫어 정보를 입력하는 방식으로 오늘날의 키보드 입력이나 디지털 저장 방식과는 비교할 수 없을 정도로 비효율적이었다. 저장을 위해서는 영화 필름처럼 생긴 자기 테이프를 사용했으며, 지금의 손톱만 한 메모리카드에 들어갈 수 있는 데이터를 저장하기 위해서는 수많은 천공카드를 트럭에 실어 나를 정도였다. 국내 최초의 컴퓨터도 정부 기관인 경제기획원 조사통계국에 설치되었으며, 이는 정보화가 정부 주도로 시작되었음을 보여 준다.

　1970년 4월, 경제기획원이 예산업무 전산화를 대통령에게 시범으로 선보인 것을 계기로 우리나라 행정업무의 전산화가 본격적으로 시작되었다. 이듬해인 1971년에는 체신부가 방대한 전화요금 업무를 전산화했고, 이어 관세청·관상대·전매청·서울시 등 여러 기관들이 각자의 고유 업무를 전산화하기에 나섰다. 이처럼 초기에는 기관별로 산발적으로 추진되던 전산화가 점차 확대되면서, 국가 차원에서 이를 종합적으로 관리하

---

210)　현원복.『대통령과 과학기술』. 과학사랑. 2005. p204.
211)　그레고리 포코니 등.『세계가 놀란 한국의 과학기술』. ㈜ 자음과 모음. 2016. p166~169.

고 체계적으로 추진할 필요성이 제기되었다. 이러한 인식 속에서 출발한 것이 바로 행정전산화로 단순한 기술 도입을 넘어 국가 행정의 효율성과 현대화를 위한 중요한 전환점이 되었다.[212]

정부는 1975년 박정희 대통령의 지시에 따라 행정자치부 주도로 행정전산화 추진위원회를 구성하고, 국가 차원의 종합 정보화 대책을 마련하게 된다. 이후 1978년에 제1차 행정전산화 기본계획이 수립되었으며, 1978년부터 1987년까지 10년 동안 전국을 단일 정보권으로 묶는 행정정보시스템을 구축하는 것을 목표로 삼았다. 제1차 계획은 정보화의 기초를 다지는 데 중점을 두었으며, 이를 기반으로 1983년에는 제2차 행정전산화 기본계획이 수립되었다. 제2차 계획은 규모의 확장과 함께 중앙행정기관 대부분을 연결하고, 지방은 군 단위까지 통신망으로 연결하는 사업을 추진하였다. 이처럼 1차와 2차에 걸친 행정전산화 기본계획은 우리나라가 처음으로 국가 차원의 전산화와 네트워크 구축을 시도했다는 점에서 매우 중요한 의미를 지닌다. 그러나 이 시기의 정보화는 정부의 행정업무에 국한되어 있었고, 조직 구조나 업무 방식의 근본적인 변화까지는 이루어지지 못했다. 정보화는 단순히 컴퓨터를 도입하는 것만으로 완성되는 것이 아니라, 그에 맞춰 일하는 방식과 조직 구조까지 변화해야 진정한 혁신이라 할 수 있다. 당시의 계획은 이러한 점에서 일부 업무 기능을 개선하는 수준에 머물렀다.

그럼에도 불구하고, 1960년대라는 열악한 환경 속에서 정보화를 위한 시도가 이루어졌고, 정부 차원에서 장기적인 계획을 수립하여 행정업무의 전산화를 추진했다는 사실은 이후 우리나라가 정보화 혁신을 통해 세

---

212) 행정전산화. 국가기록포털(www.archives.go.kr).

계를 선도하는 정보통신기술(ICT) 강국으로 도약하는 데 중요한 기반이 되었다. 이러한 초기의 노력은 단순한 기술 도입을 넘어 국가 발전을 위한 전략적 선택이었으며, 오늘날의 디지털 정부와 첨단 정보기술 산업의 성장으로 이어지는 결정적인 출발점이었다.

우리나라의 정보화 정책은 "산업화는 늦었지만 정보화는 앞서가자"라는 국가적 목표 아래 추진되었다. 1980년대에는 산업화가 본격화되면서 전화 수요가 급격히 증가하였고, 이를 해결하기 위해 통신시설을 대규모로 확충하는 데 집중하였다. 당시 통신부문 매출액의 절반 이상을 인프라 확충과 현대화에 재투자할 정도로 과감한 투자가 이루어졌으며, 이는 선진국과 비교해도 매우 높은 수준이었다. 1990년대에 들어서는 세계적인 정보화 흐름에 발맞추어 범정부 차원의 정보화 정책이 추진되었다. 정부는 새로운 정보기술의 선도적 이용자로서 초기 수요를 창출하여 민간 투자를 유도하고, 이를 통해 사회 전반의 정보화를 가속화하였다. 공급 측면에서는 IT 산업과 인프라를 확충하고, 수요 측면에서는 경제·사회 전반에 정보화를 촉진하는 정책을 균형 있게 병행하였다. 특히 70~80년대에는 공공부문에서 수요를 창출하여 산업화를 촉진하였고, 90년대에는 그 범위를 민간으로 확대하는 전략을 구사하였다.[213]

1987년부터 추진된 국가 5대 기간전산망 사업은 한국 정보통신망 구축의 전기를 마련한 핵심 사업이었다. 이 사업은 1990년대 중반까지 행정전산망, 금융전산망, 교육연구전산망, 국방전산망 및 공안전산망이라는 다섯 개 분야에 걸쳐 국가기간전산망을 완성하는 것을 목표로 했다. 기존의 전화선을 통한 데이터 통신에서 벗어나, 광섬유 기반의 빠르고 안정

---

213) 오정연. 한국의 정보화 정책 발전과정 및 성과. NCA ISSUE REPORT 제7호. 2006. 4. 5.

적인 통신망 구축이 이루어졌으며, 정보화 사회로의 본격적인 진입을 가능하게 했다.

1994년은 한국 ICT 역사에서 중요한 전환점으로 기록된다. 그해 12월, 정보통신부가 출범하면서 정보화 사회를 이끌 핵심 행정기관이 탄생했다. 이전까지 정보통신 관련 업무는 체신부를 비롯해 상공부, 과학기술처, 공보처 등 여러 부처에 분산되어 있었고, 이로 인해 정책 결정의 효율성이 떨어지는 문제가 있었다. 정보통신부는 이러한 분산된 기능을 통합하여 빠르고 일관된 정보화 정책 추진이 가능하도록 만들었고, 그 위상도 크게 강화되었다. 정부는 정보화 촉진을 위해 법적·재정적 기반도 마련했다. 1995년에는 정보화촉진기본법을 제정하고, 정보화촉진기금을 설치함으로써 국가 차원의 정보화 계획을 실행할 수 있는 동력을 확보했다. 이를 바탕으로 수립된 국가정보화 마스터플랜은 정보화의 각 발전 단계에서 필요한 전략과 실행 방안을 제시하는 청사진 역할을 했다.

1996년에는 제1차 정보화촉진기본계획이 마련되었는데, 단순한 행정 업무의 전산화를 넘어 국가 전체의 정보화를 위한 장기 비전과 실행 계획을 담고 있었다. 이후 5년 단위로 3차에 걸쳐 추진된 이 계획은 사회 전반을 아우르는 획기적인 정보화를 목표로 했으며, 그 많은 부분이 현재까지도 진행형으로 이어지고 있다. 이처럼 한국의 정보화 과정은 정부의 전략적 판단과 과감한 투자, 그리고 국민적 공감대 속에서 이루어진 결과물이다. 산업화에서는 뒤처졌지만, 정보화에서는 세계를 선도하는 ICT 강국으로 도약할 수 있었던 배경에는 이러한 치밀하고 지속적인 국가적 노력이 자리하고 있다.

• 1가구 1전화 시대

한국 최초의 전화기는 1896년 덕수궁과 인천 사이에 설치된 자석식 전화기로, 스웨덴 에릭슨사가 1892년에 제작한 모델이었다. 당시 사람들은 영어 telephone을 음역하여 '덕률풍(德律風)'이라 부르기도 했고, '다리풍', '전어기(傳語器)' 같은 이름도 사용했다. 개통 3일 뒤, 고종 황제가 직접 인천 감옥에 전화를 걸어 백범 김구의 사형을 중지시켰다는 일화는 한국 최초의 장거리 전화 통화 사례로 기록됐다. 또한 고종 승하 이후, 순종은 매일 아침 고종의 봉분에 수화기를 대고 곡을 올리며 문상을 드렸다고 전해진다.[214]

1902년에는 한성(서울)과 인천 간에 민간 전화가 개통되면서 일반인도 전화 사용이 가능해졌다. 하지만 가입자는 단 5명뿐이었고, 대부분 고위 관료의 집에 설치되었다. 통화는 전화소를 통해 교환원이 연결해 주는 방식이었으며, 통화 시간과 내용에도 제한이 있었다. 당시 전화 사용료는 매우 비쌌고, 일반 백성이 감당하기 어려운 수준이었다.

광복 직후인 1945년에도 전화 가입자는 4만 5천 명에 불과했고, 대부분 수동식 전화였다. 한국전쟁으로 통신시설은 크게 파괴되었고, 전화는 여전히 제한적으로 사용되었다. 1950년대 중반까지만 해도 한국에서 전화는 매우 희귀한 사치품이었다. 1955년 기준 전화 가입자는 3만 9천 명에 불과했으며, 인구 1,000명당 2명만이 전화기를 보유하고 있었다.

1960년대 전화 가입자는 9만 5000명이었지만 대부분 교환원을 거쳐야 하는 수동식 전화 가입자였다. 이후 1974년 체신부가 자체적으로 자동식 전화기 '체신 1호'를 개발했고 동양정밀에서 제작했다. 전화가 개통된 이

---

214)　(8) 한국 통신 역사 130년, 전화기. 경향신문. 2015. 11. 20.

래 1980년대 초까지 전화기는 가입자의 선택이 아니었고 체신부가 빌려주는 형식으로 관리하고 있었다. 하지만 경제가 성장하면서 통신 수요는 급격히 증가했다. 전화기를 설치하려는 사람은 많았지만 공급이 따라가지 못하면서 전화기를 사고파는 시장이 형성되었고, 심지어 전화기를 전세나 월세로 빌려주는 '전화상'까지 등장했다. 1970년대에는 전화 매매가 사회문제로 대두되었고, 정부는 1971년 이를 제한하기 위해 백색전화(매매 가능)와 청색전화(매매 불가)로 구분하는 정책을 시행했다. 그러나 전화 수요는 계속 증가했고, 1978년에는 청색전화 대기자가 60만 명에 달했으며, 백색전화 가격은 서울 변두리의 50평짜리 집값보다 비쌌다.

이러한 통신 환경을 근본적으로 바꾼 계기는 1980년대 전두환 정권 시절의 통신 인프라 투자였다. 1982년 1월 한국통신(KT)의 설립은 우리나라 통신 산업의 구조적 전환과 기술적 도약을 이끈 중대한 계기였다.[215] 이전까지 체신부가 직접 운영하던 전기통신사업을 분리하여 한국통신이 독립적으로 경영하게 되면서, 정책과 사업의 분리가 이루어졌고 통신 분야의 전문성과 효율성을 높이는 기반이 되었다. 한국통신은 수요에 맞춘 투자계획을 수립하고 전화의 대량 공급체제를 구축함으로써 당시 심각했던 전화 적체 문제를 단기간에 해소할 수 있었다. 또한 기술적인 측면에서도 중요한 전환이 이루어졌다. 전화교환방식이 아날로그에서 전자교환 방식으로 바뀌면서 통화 품질이 향상되었고, 국내 전자산업의 발전에도 긍정적인 영향을 미쳤다. 이러한 변화는 단순한 기술 개선을 넘어, 디지털 시대를 준비하는 기반을 마련한 것으로 평가된다.

특히 김재익 경제수석은 전자산업 육성을 위해 전전자교환기 개발을

---

215) 서울 역사편찬원. 『서울 2천년사 36』 현대 서울의 교통과 통신. 2016. p310.

강력히 추진했다. 1982년부터 시작된 국산 전전자교환기 개발계획에는 당시로서는 막대한 240억 원의 연구개발비가 투입되었고, 많은 비난과 실패에 대한 두려움 속에서도 개발은 강행되었다. 그 결과 1984년 세계에서 10번째로 국산 전전자교환기 'TDX-1'이 개발되었고, 1987년에는 전화 1,000만 회선을 돌파하며 전화 적체 문제가 해결되었다.

전전자교환기의 도입은 전화 교환 시스템을 자동화함으로써 비용과 공간을 절약하고 수용 능력을 획기적으로 늘리는 효과를 가져왔다. 1988년 서울올림픽 전산시스템의 성공적인 운영도 이 기술 덕분이었다. 유선 전화 가입자는 1970년 46만 명에서 1988년 1,000만 명, 1997년에는 2,000만 명으로 급증했다. 또한 김재익 수석의 경제팀은 1981년 체신부에서 한국전기통신공사(KT)를 독립시키고, 1982년에는 데이터통신을 전담할 한국데이타통신(현 LG유플러스)을 설립했다. 이어 1984년에는 한국이동통신(현 SK텔레콤)이 출범하면서 유선·데이터·이동통신의 분업적 발전이 이루어졌다.

TDX-1 개발은 전화 적체 해소, 수입 대체, 수출시장 개척이라는 세 가지 목표를 동시에 달성하며, 한국 통신 산업의 자립과 세계 시장 진출을 가능하게 했다. 이것은 단순한 기술 개발을 넘어, 국가의 전략적 선택과 기술 주권 확보의 상징으로 남아 있다.[216] 이 시기의 통신 인프라 구축은 이후 한국이 IT 강국으로 도약하는 데 결정적인 기반이 된 것이다.

또한 80년대는 이동통신 산업의 기반이 마련된 중요한 시기였다. 이전까지 이동통신은 차량에 설치된 무선 장비를 통한 제한적 서비스에 불과했으며, 일반 국민을 대상으로 한 본격적인 이동전화 서비스는 존재하지

---

216) 그레고리 포코니 등. 『세계가 놀란 한국의 과학기술』. ㈜ 자음과 모음. 2016. p177~178.

않았다. 1984년 한국이동통신(현 SK텔레콤의 전신)이 한국통신의 자회사로 설립되면서 수도권에서 아날로그 방식(AMPS)의 셀룰러 서비스를 시작했다. 초기에는 차량에 설치하는 '카폰'이 주류였고, 이후 '벽돌폰'이라 불리는 대형 휴대전화가 등장했다. 그러나 기기 가격이 당시 돈으로 약 400만 원에 달하고 설치비까지 합치면 서울 일부 지역의 전셋값과 맞먹을 정도로 고가였기 때문에, 극소수의 부유층이나 기업인만 사용할 수 있었다.[217] 1984년 말 기준 가입자는 2,658명에 불과했으며, 음성 통화만 가능한 아날로그 1세대(1G) 방식은 통화 품질이 불안정하고 도청 위험이 있었다.

1987년에는 가입자가 1만 명을 넘어서며 대중화의 가능성이 보였고, 1988년 한국이동통신이 한국통신으로부터 독립하면서 서비스 제공 지역을 전국으로 확대했다. 이후 기술 발전과 함께 휴대전화는 빠르게 보급되었으며, 이후 가입자가 1991년 10만 명, 1999년 2,000만 명을 돌파했고, 2010년에는 5,000만 명으로 당시 인구수를 넘어섰다. 이동전화와 함께 1982년 시작된 무선호출 서비스, 이른바 '삐삐'는 저렴한 가격과 간편한 휴대성 덕분에 1980년대 후반 대중화되었다. 1990년 말에는 가입자가 약 41만 명에 이르렀고, 서비스 지역도 전국 대부분으로 확대되었다. 삐삐는 이동전화보다 먼저 대중화된 통신 수단으로, 1990년대 디지털 이동통신 시대를 여는 토대가 되었다.

• 아파트 투기와 200만 호 건설

1980년대 우리나라의 부동산 시장은 경기 침체와 금융 불안 속에서 정

---

217) [휴대전화 30년] 전셋값과 맞먹은 80년대 '벽돌폰'. 디지털타임스. 2018. 7. 1.

부 정책이 맞물리며 투기적 열풍으로 번졌다. 1981년 가을, 정부는 해방 이후 처음으로 서울의 녹지를 택지로 전환하는 사업을 추진했는데, 강남구 개포동 일대 241만 평의 자연녹지가 개발 대상이었다. 당시 광주 민주화운동 이후 사회가 불안정하고 경제가 침체된 상황에서 정부는 강남 개발을 경기 부양책으로 삼아 적극적으로 분양을 추진하였다. 이후 1982년 장영자 어음사기 사건이 터지면서 금융시장이 큰 혼란에 빠졌고, 금융실명제 추진 움직임도 자금 운용을 위축시켰다. 불안정한 금융 환경 속에서 자금은 상대적으로 안전하고 수익성이 높은 부동산으로 몰리게 되었고, 이는 투기 수요를 급격히 증가시키는 계기가 되었다. 정부는 금융 안정화를 위해 시중에 자금을 대거 공급하고 금리를 낮추는 정책을 펼쳤는데, 이러한 조치 역시 부동산 시장으로 자금이 흘러들어가는 결과를 낳았다. 그 결과 집값과 전셋값은 급등하기 시작했고, 결국 주택 대란으로 이어졌다.[218]

노태우 정부는 집권 초기부터 부동산 시장의 과열을 국가적 문제로 인식하고 '투기와의 전쟁'을 선포하며 강력한 규제책을 연이어 내놓았다. 집권 직후 부동산 상습투기 명단을 공개하고, 이어 '부동산 투기 억제 종합대책'을 발표하는 등 시장 안정화를 위한 규제를 강화했다. 그러나 규제만으로는 부동산 가격 상승을 억제하기 어렵다는 판단 아래, 정부는 대규모 주택 공급을 핵심 전략으로 채택했다. 그 대표적 조치가 바로 대통령 공약이기도 했던 주택 200만 호 건설 계획이다. 1989년 정부는 분당·일산·산본·평촌·중동 등 수도권 5개 지역에 신도시를 건설하겠다고 발표하며 본격적인 공급 확대에 나섰다. 이는 당시로서는 전례 없는

---

218) [한국사회 100대 드라마 ④경제] 38. 부동산 투기의 역사. 중앙일보. 2005. 8. 10.

규모의 신도시 개발로, 수도권 주택난 해소와 투기 수요 분산을 목표로 추진되었다. 같은 해 2월에는 영구임대주택 25만 가구 공급 계획도 발표하며 서민 주거 안정을 위한 공공주택 공급도 강화했다.

이와 함께 정부는 민간 아파트 당첨권 전매 금지, 재당첨 제한 등 투기 억제를 위한 규제도 병행했다. 그럼에도 불구하고 집권 2년 동안 전국 땅값이 50% 이상 급등하자 정부는 더욱 강력한 조치를 도입하게 되었고, 그 결과 등장한 것이 바로 '토지공개념 3법'이었다. 토지초과이득세, 개발이익환수법, 택지소유상한제 등으로 구성된 이 제도는 토지 소유권은 인정하되 이용·수익·처분권은 공공이 관리한다는 원칙을 바탕으로 부동산 시장의 구조적 문제를 해결하려는 시도였다. 이 법 시행 이후 부동산 가격 상승률은 급격히 둔화되었고, 1992년에는 지가 상승률이 마이너스로 전환될 정도로 시장 안정 효과가 컸다.[219]

1990년대에는 한보그룹 정태수 회장이 정치인과 고위 공직자에게 로비를 벌여 서울 강남구 수서지구 내 공공용지를 특별 분양 받은 사건이 발생했다. 대통령의 특별감사 지시로 이어진 이 사건은 정·경·관의 유착이 적나라하게 드러난 대표적 사례로 정 회장과 국회의원 등 9명이 구속되었다. 2000년대에 들어서면서 서울 강남구 도곡동에 타워팰리스가 들어서며 주상복합 아파트 시대가 열렸다. 강남을 중심으로 아파트 가격이 급등하자 노무현 정부는 종합부동산세 도입과 함께 성남 판교, 화성 동탄, 파주 운정, 수원 광교 등 제2기 신도시 개발 계획을 발표했다. 그러나 강남의 교육·주거환경 등의 장점은 여전히 부각되었고, 강남권과 비강남권의 가격 격차는 더욱 심화되었다. 이로 인해 서울 내에서도 강북

---

219) [경제칼럼] 노태우 정부의 부동산 정책. 경북일보. 2025. 2. 11.

주민의 상대적 박탈감과 소외감이 커졌다. 이어 2018년에는 '9·21 주택 공급 대책'을 통해 주택시장 안정을 위한 3기 신도시 계획을 발표했다. 이후 2018년 12월 19일, 정부는 경기도 남양주시 왕숙지구, 하남시 교산지구, 인천광역시 계양구 계양테크노밸리를 3기 신도시 지역으로 공식 발표했고 2019년에는 고양 창릉지구와 부천 대장지구가 추가 지정되면서 총 5대 거점 신도시가 확정되었다.

• 노동자 대투쟁

6월 민주항쟁으로 독재 정권이 국민의 저항에 굴복하자, 그동안 억눌려 있던 사회 각계의 민주화 요구가 폭발적으로 분출되었다. 특히 오랜 기간 저임금과 장시간 노동을 감내해 왔던 노동자들은 민주화의 흐름 속에서 스스로의 권리를 되찾기 위해 민주노조 결성을 본격적으로 추진했다. 1960~70년대 노동자들은 하루 12~15시간의 고된 노동에도 불구하고 낮은 임금을 받았으며, 정부의 강력한 노동 통제로 인해 단체교섭권과 파업권조차 제대로 행사할 수 없었다.

민주화의 바람이 불기 시작한 1987년 여름, 노동자들의 의식도 급격히 변화했다. 7월 5일 현대엔진에서 민주노조가 결성된 것을 시작으로 미포조선, 현대중전기, 현대정공 등 현대 계열사를 중심으로 노조 설립이 잇따랐다. 현대중공업과 현대자동차에서는 노동자들이 농성과 총회를 통해 집행부를 교체하며 노동조합의 주도권을 되찾았다. 이후 현대 계열사 11개 노조는 '현대그룹 노조협의회'를 구성했고, 7월 17일과 18일에는 각각 3만 명, 6만 명의 노동자들이 중장비를 앞세우고 대규모 시위를 벌였다.

울산에서 시작된 노동자들의 투쟁은 마산, 창원, 거제 등지로 확산되었고, 대기업 공장에서 중소공장으로, 제조업에서 서비스업으로 번져 나갔다. 버스·택시·호텔·병원·백화점 등 거의 모든 산업에서 파업과 농성, 시위가 이어졌다. 노동자들은 임금 인상과 노동조건 개선을 요구했으며, 그동안 관행처럼 이루어졌던 부당 노동행위를 규탄하고 작업장의 민주화를 강하게 주장했다. 1987년 7~9월 석 달 동안 발생한 파업 건수는 지난 10년간의 두 배에 달했고, 참가자 수는 5배에 이를 정도로 규모가 컸다. 이른바 '1987년 노동자 대투쟁'은 한국 근대 노동사에서 가장 큰 집단적 저항운동으로 기록되었다. 노동자 대투쟁 이후에도 노동자들의 권익 향상을 위한 투쟁은 계속되었고 1995년에는 전국민주노동조합총연맹(민주노총)이 출범하면서 3공화국 이후 처음으로 복수노총 체제가 열렸다.[220]

노동운동이 폭발적으로 확산하면서[221] 1987년 7월부터 12월까지 신규 노조 1,344개, 신규 조합원 21만 7,000명이 증가했고, 1988년에는 신규 노조 2,000개, 조합원 44만 명, 1989년에는 1,700여 개의 노조와 23만 명의 조합원이 새로 생겨났다. 이는 단순한 경제적 요구를 넘어 민주노조 운동의 확산과 노동자 계급의 정치적 각성을 보여주는 흐름이었다. 노동자 대투쟁은 이후 노태우 정권 5년 동안의 노동쟁의를 예고했으며, 1990년 전국노동조합협의회(전노협) 결성으로 이어졌다. 6월 항쟁은 사회적으로 노동자·민중운동이 질적으로 발전하는 계기가 되었고, 노동조합의 영향력도 강화되었다. 1996년 말과 1997년 초에는 노동법 개정에 반대하는 총파업에 35만 명이 참여해 결국 개정을 유보시켰다.

그러나 민주화와 경제 발전으로 노동자들의 권익이 향상되면서 노동 운동 내부의 변화도 나타났다. 대기업 노조는 높은 임금과 정년 보장을 확보할 수 있었지만, 그 부담이 하청업체나 비정규직 노동자들에게 전가

---

220) 6월 민주항쟁과 1987년 노동자 대투쟁. KDI 클릭경제교육. 2010. 6. 28.
221) 박승호. 『한국 자본주의 역사 바로 알기』. 나름북스. 2020. p194~195.

되는 구조적 문제가 발생했다. 일부 강성 노조는 기업의 투자 의욕을 저해하고 외국인 투자에도 부정적 영향을 미친다는 비판을 받기도 했다. 이러한 점은 노동자 대투쟁이 남긴 성과와 함께 이후 노동운동이 해결해야 할 과제로 남았다.

• 이념적 논쟁 가열

1980년대 초 한국 출판시장은 기술적 혁신과 상업적 확장, 그리고 문화적 다양성이 동시에 진전된 시기로 평가된다. 이 시기에는 컴퓨터 조판 시스템의 도입과 함께 한글 전용 및 가로쓰기 방식이 보편화되면서, 기존의 국한문 혼용과 세로쓰기 판형을 사용하던 문고본이 급속히 사라졌다. 출판물의 제작 방식과 독서 환경에 큰 변화를 가져온 기술적 전환점이었다.[222] 이와 동시에 출판 산업은 본격적인 상업화의 길로 들어섰다. 독서 인구의 증가와 교육 수준 향상, 문화 소비의 확대에 힘입어 출판 시장의 양적 성장이 가속화되었고, 이러한 변화 속에서 한국은 세계 10대 출판국으로 자리매김하게 되었으며, 출판 산업은 단순한 인쇄업을 넘어 문화산업으로서 위상을 갖추게 되었다.

1980년대의 한국 출판 산업은 외형적으로는 눈부신 성장을 이루었지만, 그 이면에는 구조적 불균형과 정치적 억압이라는 모순이 공존한 시대였다. 1980년에 2만 종에 불과하던 발행 종수가 1989년에는 4만 종에 이를 정도로 양적 팽창을 이루었고, 출판사 수도 같은 기간 1,980개에서 4,763개로 폭발적으로 증가하였다. 잡지 창간 규제가 풀리면서 3,500여 종의 잡지가 간행되는 등 잡지 홍수 시대가 열렸고, 인쇄·출판 기술의 발

---

222) 서울역사편찬원. 『서울 2천년사 37』 현대 서울의 교육과 언론. 2016. p278.

전도 외형적 성장을 뒷받침했다. 그러나 이러한 성장은 학습서와 참고서 중심의 기형적 발달에 크게 의존한 결과였다. 교과서 출판사, 영어 학습 교재 출판사, 아동전집류 출판사 등 이른바 '출판 재벌'이 등장하여 수백억 원 규모의 외형 수입을 올리는 현상이 나타났고, 이는 출판 문화의 다양성과 균형을 저해하는 요인으로 작용했다. 한편, 출판 자유의 확대도 중요한 변화였다. 1982년 해방 이후 금기시되던 이념 서적의 출간이 허용되었고, 1988년에는 납·월북 작가들의 작품이 해금되었다. 같은 해 노태우 대통령의 7·7 선언 이후 북한 관련 서적이 대거 출간되면서 출판 영역은 크게 넓어졌다. 하지만 이러한 자유의 확대는 동시에 정부의 이데올로기 정책 변화에 따라 판금, 출판인 구속 등 수난을 불러오기도 했다. [223]

　1980년대 한국사회과학은 5·18광주민주화운동을 계기로 신군부의 폭력과 미국의 군사독재 지원에 대한 반발 속에서 비판적이고 실천적인 성격을 띠며 성장했다. [224] 당시 사회과학은 제도권 밖에서 석·박사 과정 대학원생들을 중심으로 마르크스주의 경제학과 사회구성체론을 학습하며, 사회 현실과 직접 연결된 문제의식을 강조했다. 이러한 흐름은 기존 주류 사회과학에 대한 비판으로 이어졌고, 일부 좌파 사회과학자들이 서울대 등 주요 대학에 진출하는 계기를 마련했다. 1980년대 후반부터는 한국 자본주의의 성격과 구조를 둘러싼 논쟁이 중심이 되었으며, 자본주의의 종속성과 독점성, 그리고 그에 따른 사회적 모순에 대한 분석이 활발히 이루어졌다. 이는 1960~70년대의 근대화 담론을 비판하며 등장한 것으로 자본주의 자체에 대한 비판과 반비판이 학문적 논쟁의 핵심이었다.

　1987년 6월 항쟁을 가능하게 한 동력 중 하나는 출판이었다. 당시 수많

<hr>

223) 80년대 문화계 〈끝〉 무엇을 남겼나. 매일경제. 1989. 12. 25.
224) 서울역사편찬원. 『서울 2천년사 38』 현대 서울의 학술과 종교. 2016. p143~145.

은 출판인들이 구속되고, 1300여 종에 달하는 서적이 불온서적이라는 이유로 압수·판매금지 당하는 수난을 겪었다. 그러나 억압만 있었던 것은 아니다. 독자들의 열망은 분단시대의 역사를 다룬 송건호 외의『해방전후사의 인식』이나 사회변혁을 철학적으로 논리화한 조성오의『철학에세이』같은 책을 베스트셀러로 만들었고, 이는 출판사들의 안정적 경영 기반을 마련하는 데 큰 도움이 되었다. 대하소설 역시 출판사에 든든한 버팀목이 되었다. 황석영의『장길산』, 조정래의『태백산맥』, 홍명희의『임꺽정』같은 대하소설은 민중의 정치적 각성을 촉발하며 사실상 '역사교과서' 역할을 했다.

하지만 1980년대 말 현실사회주의가 몰락하면서 대중의 관심은 '집단'에서 '개인'으로 빠르게 이동했다. 1990년대에 접어들면서 이념 지향적 인문사회과학서는 급격히 퇴조했고, 그 자리를 경제서, 과학서, 실용서가 대신했다. 1980년대에 인문사회과학서를 읽던 30~40대 독자층은 기업경영서, 미래 정보사회 진단서, 환경론, 실용서 등으로 관심을 옮겼으며, 이에 따라 인문사회과학 출판사들은 아동·청소년 분야로 영역을 확장하며 생존을 모색하게 되었다. [225]

이를 반영하듯 80년대 전성기를 누린 사회과학서점들은 90년대 이후 시대변화와 함께 쇠락의 길을 걸었다. 1980년대의 사회과학서점들은 단순한 책 판매 공간을 넘어, 억압적 사회 분위기 속에서 새로운 사상과 변혁의 가능성을 모색하던 이들에게 중요한 거점 역할을 했다. 이해찬 전 총리가 서울대 인근 신림동 고시촌에 세운 '광장서적'은 당시 대표적인 사회과학 서점이었다. 당시 서점들은 '빨간책'이라 불리던 사회주의·마르

---

225) [커버스토리] 사회과학출판사의 변신은 무죄. 주간경향. 2010. 10. 13.

크스주의 관련 서적을 공급하며 지식인과 학생들이 모여 토론하고 연대하는 공간이 되었고, 운영자들 역시 감시와 탄압을 감수하며 운동권 활동에 참여하곤 했다. 이러한 분위기 속에서 사회과학서점은 전국적으로 140여 곳, 서울만 해도 40여 곳에 이를 정도로 활기를 띠며 전성기를 누렸다.

그러나 1990년대에 접어들면서 상황은 급격히 달라졌다. 소련과 동구권의 붕괴로 사회주의 이념의 영향력이 약화되었고, 대학가에는 탈정치화 흐름이 자리 잡기 시작했다. 학생들의 관심이 사회운동에서 멀어지면서 사회과학서점의 존재 기반도 흔들렸다. 그 결과 많은 서점이 문을 닫게 되었고, 2002년에 서울에서 사회과학서점은 단 여섯 곳만 남게 되었다. 서울 외 지역에서도 광주와 부산에 각각 한 곳씩만 명맥을 유지하고 있을 뿐이었다.[226]

1987년 민주화 이후 전성기를 맞았던 한국사회과학은 사회주의 붕괴와 신자유주의의 확산 속에서 크게 위축되었고, 시장이 사회를 지배하는 구조 속에서 사회과학 역시 성과주의와 연구 프로젝트 중심의 체제로 재편되었다. 이로 인해 비판적 지식 생산은 약화되고, 사회과학의 존립 자체가 위협받는 상황에 직면하게 되었다. 그럼에도 1980년대 한국 출판계는 지식인의 유입, 이념 논쟁의 확산, 역사 인식의 재구성, 출판 탄압과 저항, 그리고 대중적 역사소설의 부흥이라는 흐름 속에서 단순한 문화 산업을 넘어 사회 변혁의 동력으로 기능했다. 이 시기의 출판은 억압된 시대를 뚫고 나아가는 지식과 진실의 통로였으며, 한국 현대사의 중요한 전환점에서 결정적인 역할을 수행했다.

---

226) 다시 학구파의 문화저수지로 '인문사회과학서점'. 경향신문. 2002. 7. 1.

　전후부터 한국 미술의 흐름은 정치, 사회, 경제적 변화와 밀접하게 연결되며 복잡한 양상을 보였다. 1953년 국전(국립미술전람회)이 재개되면서 미술계는 문교부 중심의 제도 아래 다시 활동을 시작했다. 그러나 국전은 구상미술 중심의 운영 방식과 학맥 중심의 심사위원 구조로 인해 작가들 사이의 갈등을 불러왔다. 특히 서울대와 홍익대 출신의 경쟁은 국전의 심사와 추천작가 선정에 영향을 미쳤으며, 그 결과 구상작품 외에는 입선이 어려운 현실이 지속되었다. 이에 대한 반발로 젊은 작가들을 중심으로 전시 형태를 탈피하려는 움직임이 나타났고, 이들은 '전후파'로 불리며 새로운 미술운동을 시도했다.

　1960년대에는 군사정권의 영향 아래 미술이 정치적으로 동원되었다. 수많은 동상과 민족기록화 사업은 정권의 정당성을 시각적으로 표현하려는 목적을 갖고 진행되었다. 그러나 이 시기에는 세계 미술의 흐름과 접촉하면서 다양한 실험적 그룹이 등장하기도 했다. 모던아트협회, 창작미술협회, 신조형파, 현대미술가협회 등은 추상표현주의와 비정형적 추상 미술의 앵포르멜 양식을 한국적으로 재해석하며 작업을 이어갔다. 이들은 전후 사회의 무거운 분위기를 반영하듯 어둡고 탁한 색채를 사용했으며, 미술 내적인 논리와 개념 탐구로 전환되는 경향도 보였다.

　1970년대는 한국 현대미술의 흐름을 근본적으로 바꾼 전환의 시기였다. 이 시기에 김환기는 뉴욕에서 '점' 연작을 완성하며 기하추상 속에 동양적 정신성을 담아냈고, 김종영은 자연의 본질을 단순화한 조각으로 한국 조각의 현대화를 이끌었다. 유영국은 암울한 세계에서 벗어나 밝고 힘

---

227)　서울역사편찬원. 『서울 2천년사 1: 총설』. 2016. p400~403.

찬 추상으로 전환했고, 윤형근은 절제된 색과 형태로 인간 내면을 표현하며 일본 미술계에서 주목을 받았다. 서세옥은 한지와 수묵을 활용해 문인적 추상 세계를 구축했고, 김창열은 '물방울' 연작을 통해 파리 화단에 우주의 신비를 전했다. 박서보는 '묘법' 연작으로 한국 단색화의 대표적 성과를 남겼으며, 정상화는 네모꼴 모노크롬을 통해 노동과 실천을 강조하는 철학적 회화를 선보였다. 이우환은 점과 선을 활용한 전위적 작품으로 일본 모노파 운동의 중심에 서며 국제적 담론에 참여했다. 이들의 작업은 서로 다른 개성과 방법론을 지녔지만, 공통적으로 한국 현대미술을 세계적 차원으로 확장시키고 독자적 정체성을 확립하는 데 기여했다.[228]

1970년대에는 경제개발의 성과와 강남 개발로 인한 자산 증가가 미술 소비를 촉진했다. 신흥 부르주아 계층의 등장은 미술시장을 형성했고, 특히 동양화에 대한 수요가 급증했다. 인사동을 중심으로 화랑들이 급격히 늘어났으며, 일부 작가들은 전시 한 번으로 고소득을 올리기도 했다. 이처럼 호황을 누리던 시장은 세무조사를 계기로 하락했지만, 전통미술에 대한 재조명과 민족문화에 대한 학문적 연구가 활성화되는 성과를 낳았다. 동시기에 아파트 생활이 일반화되면서 회화에서도 공간에 대한 새로운 인식이 반영되었다. 단색화는 이러한 생활 문화의 변화와 맞물려 등장하였으며, 하종현, 김기린, 권영우 등이 주도하였다. 이들은 단순한 색채와 평면적 구조를 통해 한국적 미술 정체성을 탐구하였고, 1975년에는 예술단체 '에콜 드 서울'을 결성하여 활동을 본격화하였다.

1970년대 후반에서 1980년대에 이르는 시기는 한국 현대미술에서 리얼리즘 미술과 형상회화가 부상한 시기였다. 당시 미술계는 사회 현실을

---

228) [미술] 한국 현대미술의 전개: 1970~90. 중앙일보. 2001. 9. 26.

    한국·한국인·한국사회 뉴스로 읽다 ①

반영하고 형상과 표현을 중시하는 흐름이 강해졌으며, 특히 극사실회화가 새로운 형상회화의 출발점으로 자리 잡았다. 극사실회화는 국전 중심의 아카데미즘적 재현회화에 대한 회의와 거부, 그리고 국내 화단을 지배하던 단색조 회화에서 벗어나려는 시도 속에서 등장했다. 이는 단순한 형상의 재현을 넘어 이야기성과 서술성의 회복을 지향하며, 현대 생활의 단면, 도시 환경, 자연물과 인공사물 등을 작품 주제로 끌어들였다.

젊은 작가들은 「전후 세대의 사실주의란」, 「형상 78」, 「사실과 현실」, 「시각의 메시지」 같은 소그룹전에 참여하며 새로운 경향을 확산시켰다. 극사실회화는 1970년대 말 민전에서 수상을 휩쓸며 미술계의 전면에 등장했고, 1981년 국립현대미술관의 제1회 「청년작가전」에서도 김창영, 주태석, 지석철 등의 작품이 주목을 받았다. 대표적인 작품으로는 주태석의 〈철길〉, 김강용의 〈시멘트 벽돌〉, 김창영의 〈모래밭〉, 지석철의 〈소파 쿠션〉, 이석주의 〈벽〉, 고영훈의 〈돌〉 등이 있다. 이들은 자연과 인공의 소재를 극사실적으로 묘사하여 대상을 강렬하게 부각시켰다. 동시에 반복적 대상 배치나 전면적 화면 구성으로 공간적 깊이를 제거하며, 구상과 추상, 환영적 일루전과 평면성이 교차하는 이중 구조를 보여주었다.[229]

1980년대 미술계는 급격히 팽창한 미술 인구와 함께 국제적 조류인 포스트모더니즘, 탈모더니즘의 영향, 그리고 대중문화의 확산으로 큰 변화를 겪었다. 이러한 시대적 상황 속에서 동양화 작가들은 1970년대와는 다른 다양한 작업을 모색했다. 먼저 수묵화 운동이 전개되었다. 수묵화를 동양화의 대표적 매재로 삼아 그 정신성과 특수성을 강조하면서 동시에 서구 현대미술의 보편적 어법과 연결될 수 있는 지점을 탐구했다. 또

---

229) 시대를 보는 눈: 한국근현대미술-국립현대미술관(www.mmca.go.kr).

한 채색화 운동이 나타났다. 고구려 고분벽화, 불화, 무속화, 민화 등 전통적 채색화에 주목하며, 그간 배제되었던 채색화를 한국 회화의 중요한 전통으로 새롭게 인식하고 적극적으로 활용했다. 일부 작가들은 탈장르적 실험과 재료 확장을 통해 동양화와 서양화의 구분을 넘어서는 새로운 시도를 펼쳤다. 이는 포스트모더니즘의 영향을 받아 전통적 방법론에서 벗어나려는 움직임이었다.[230]

또한 1980년대로 접어들면서 미술은 단순한 표현을 넘어선 문화운동으로 인식되기 시작했다. 대표적으로 '현실과 발언' 그룹을 중심으로 시작된 민중미술운동은 자본주의, 분단, 노동, 독재 등 사회적 현실을 미술을 통해 표현하고자 하였다. 벽화, 판화, 걸개그림 등 다양한 형식의 확장을 통해 대중성과 참여성을 강조하였으며, 1985년 민족미술협회의 창립으로 조직적인 움직임이 강화되었다. 오늘날에도 김정헌, 홍성담, 임옥상, 신학철 등 여러 작가들에 의해 민중미술의 전통은 유지되고 있다. 한편으로는 단색 회화의 모노크롬 미술이 등장하여 한국적 정체성을 조형언어로 탐구하고자 하였다. 이들은 배경과 형상의 구별을 없애고 평면 자체를 창작의 대상으로 삼았으며, 서구 미니멀리즘과는 다른 정신성과 물성을 지향하였다. 윤형근, 최명영 등이 이 흐름을 이끌었으며, 서구 형식주의에 대한 비판과 함께 독자성을 추구하였다.

1990년대에 들어서면서 한국 미술은 새로운 전환기를 맞이했다. 소련 붕괴와 현실사회주의의 종말은 세계 질서의 변화와 함께 한국 미술의 지향점에도 영향을 주었다. 1980년대 중반 이후 서구로부터 포스트모더니즘이 도입되며 표현 양식이 다양해졌고, 해외유학과 국제 비엔날레, 작업

---

230) 김종길, 박영택, 이선영, 임산 엮음. 『한국미술 다시보기 2:1980년대』. 현실문화. 2022. p9.

공간 등을 지원하는 레지던시 프로그램 등을 통해 국내 작가들이 세계 무대와 활발히 교류하기 시작했다. 그 결과 한국 미술은 단순한 양식 모방을 넘어서 독자적인 정체성 탐구와 사회적 문제의식, 그리고 첨단 테크놀로지를 활용한 설치작품 등 다양한 방식으로 확장되었다. 이러한 흐름은 동시대 미술의 다층적인 양상과 함께 한국 미술의 국제적 위상을 구축하는 데 크게 기여하였다.

• 한국 스포츠의 산실

한국 스포츠 시설의 발전은 단순한 경기장의 확장을 넘어, 사회적·문화적 변화와 함께 해온 역사를 보여 준다.[231] 일제강점기에는 경성운동장이 대표적인 스포츠 시설로 등장했다. 경성운동장은 당시 국제 규격을 갖춘 동양 최대 종합운동장이었다. 경성운동장은 1925년 10월 15일 개장되었다. 2만 1,700평에 공사비 15만 5,000원이었다. 이 운동장은 야구장, 육상 경기장, 정구장, 승마 연습장 등 다양한 시설을 갖추고 있었으며, 조선 체육회와 같은 민족 단체들이 스포츠를 통해 일본의 문화적 지배에 저항하고 민족의 자긍심을 고취하는 공간으로 활용했다. 경성운동장에서 벌어진 운동경기 중에서 특히 한국인이나 경성부민의 관심을 끈 것은 구기 종목이었다. 야구·축구·정구 등이 인기가 높았다. 특히 여자 정구 대회와 같은 행사는 여성 스포츠의 가능성을 널리 알리는 계기가 되었고, 경성운동장은 단순한 체육 공간을 넘어 민족의 정체성을 지키는 상징적 장소로 자리매김했다.

경성운동장 야구장은 광복 이후에 서울운동장 야구장으로 이름이 바

---

231)　서울역사편찬원.『서울 2천년사 1: 총설』. 2016. p473~474.

뛰고, 이어 동대문야구장으로 불렸다. 이곳은 1982년 한국 프로야구의 첫 개막전이 열린 장소로, 고교야구와 실업야구의 중심지로서 수많은 관중의 열기를 끌어모았다. 그러나 시설 노후화와 도시 재개발로 인해 서울시는 2007년 12월 동대문야구장의 철거에 들어갔다. 이에 따라 80여 년 넘게 이곳에서 지속해온 야구 시합도 잠실 등으로 옮기며, 동대문시대가 막을 내렸다. 동대문운동장의 역사성을 감안해 흔적을 남긴다는 차원에서 주경기장 동쪽에 있던 조명탑은 철거하지 않고 보존하고 있다. 현재는 동대문디자인플라자가 그 자리에 들어서 있다.

동대문디자인플라자(DDP)는 서울 중구 을지로에 위치한 복합문화공간으로, 과거 동대문운동장이 있던 자리에 2009년부터 건설되어 2014년에 개관했다. 세계적인 건축가 자하 하디드(Zaha Hadid)가 설계한 이 건물은 곡선과 유기적인 형태, 그리고 45,000장이 넘는 알루미늄 외장 패널로 구성된 독특한 외관이 특징이다. DDP는 세계 최대 규모의 비정형 3차원 건축물로 평가받으며, 전시·패션·디자인·문화가 어우러지는 공간으로 구성되어 있다. 내부에는 아트홀, 디자인박물관, 디자인랩, 마켓, 어울림광장 등 다양한 시설이 있으며, 서울패션위크나 서울라이트 같은 대형 문화행사가 열리는 장소로도 유명하다. 역사적으로는 조선시대 한양도성과 이간수문, 근대기의 동대문운동장이 있었던 장소에 세워졌지만, 자하 하디드는 역사적 맥락보다는 자신의 미래지향적 건축 스타일을 강조하는 방식으로 설계를 진행했고, 이에 대해 일부 비판도 제기되었다. 결과적으로 DDP는 서울의 과거와 미래가 공존하는 상징적 공간으로 자리 잡았으며, 도시의 문화적 활력을 이끄는 랜드마크로 평가받고 있다.

1980년대 이후에는 잠실종합운동장이 건설되며, 국제적 규모의 스포츠 시설로 도약했다. 1976년 9월 22일, 청와대 임방현 대변인은 박정희 대통령이 서울 잠실지구에 10만 명을 수용할 수 있는 대운동장과 실내체육관 2개를 포함한 종합체육시설 건설을 지시했다고 발표하였다. 이에 따라 서울시는 5개년 계획으로 잠실종합운동장 건설을 추진하기로 하였다. 이 발표 직후 구자춘 서울시장은 기자회견을 열어, 1982년에 개최될 제9회 아시아경기대회 유치를 대비해 1977년부터 1981년까지 5년간 총 예산 250억 원을 투입하여 잠실 12만 평 부지에 현대식 종합운동장을 건설하겠다고 밝혔다. 계획에는 10만 명을 수용하는 주경기장과 보조경기장, 야구장, 제1·2실내체육관, 정구장, 민속경기장, 프레스센터 등이 포함되었다.

구 시장은 특히 10만 명 규모의 주경기장이 아시아에서는 인도네시아 자카르타의 세나엔 스타디움, 이란 테헤란의 아리아메르 스타디움에 이어 세 번째로 건설되는 것이지만, 전체 규모로는 아시아 최대라고 강조하였다. 총예산 250억 원 중 이미 확보된 부지대금이 50억 원이었으며, 건설비 200억 원은 시비 100억 원과 국고 보조 100억 원으로 충당될 예정이었다.[232] 잠실야구장은 1982년 세계야구선수권대회를 위해 완공되었고, 이후 LG 트윈스와 두산 베어스의 홈구장으로 사용되며 한국 프로야구의 중심지로 자리 잡았다. 최근에는 잠실 주경기장이 리모델링을 통해 역사성을 보존하면서도 현대적 스포츠·문화 복합공간으로 재탄생하고 있다.

1980년대 한국의 프로스포츠는 국민들에게 위로와 활력을 주는 중요한 여가 문화로 자리 잡았다.[233] 경제적 고도성장과 함께 국민들의 여가 수요가 증가하면서 프로스포츠는 대중적 인기를 얻게 되었다. 1968년 프로골프 출범을 시작으로, 1980년대에는 프로야구, 프로축구, 프로씨름이 본

---

232) 손정목.『서울 도시계획 이야기③』. 한울. 2014. p246~247.
233) 서울역사편찬원.『근현대 서울 사람들의 여가생활』. 2019. p240.

격적으로 등장했고, 이후 농구와 배구까지 프로화되며 다양한 종목에서 프로스포츠가 확산되었다. 이는 국민들의 스트레스를 해소하고, 일상 속 즐거움을 제공하는 해방구 역할을 하며 대중문화의 중요한 축으로 자리 매김했다. 경제 성장과 생활수준이 향상되면서 프로스포츠는 종목과 관람객의 증가, 경기력의 향상 등 전반적으로 성장하고 발전할 수 있었다.

1988년 서울올림픽은 한국 스포츠의 역사적 전환점이었다. 노태우 대통령 집권기에는 엘리트 중심의 스포츠 정책에서 벗어나 생활체육으로의 전환이 이루어졌다. 서울시민을 비롯한 국민들은 스포츠를 여가의 수단으로 받아들이기 시작했고, 스포츠의 대중화와 저변 확대에 기여했다. 이후 2002년 부산 아시아경기대회와 2014년 인천 아시아경기대회에서는 북한 선수단과 응원단이 대거 참가하면서 스포츠가 남북 교류의 장으로도 활용되었다. 노무현 대통령 집권기에는 생활체육 참여율을 50% 이상으로 확대하려는 정책이 추진되었고, 그 결과 스포츠는 국민 일상 속에 자연스럽게 자리 잡았다.

이러한 흐름 속에서 한국은 국제대회에서 눈부신 성과를 거두었다. 2024 파리 올림픽에서 금 13, 은 9, 동 10개로 종합 8위를 차지하여 역대 최다 금메달 타이를 이뤘고, 월드컵 축구 본선에도 11회 연속 진출하는 등 스포츠 강국으로서 위상을 공고히 했다. 이러한 국제 성과에도 불구하고 한국은 아직 스포츠 선진국이라 보기 어렵다. 생활체육의 기반은 확대되었지만, 여전히 엘리트 중심의 구조가 강하게 남아 있으며, 스포츠 생태계의 다양성과 지속가능성은 취약한 상태다.

장충체육관은 1960년에 기공식을 올리고 1963년 2월에 완공된 우리나라 최초의 종합 실내체육관으로, 서울 중구 장충동에 자리 잡고 있다. 원래 육군체육관으로 지어졌지만 대대적인 개보수를 통해 현대식 원형 경

기장으로 탈바꿈했고, 개장 기념으로 제1회 동남아여자농구대회를 개최
할 만큼 주목받는 시설이었다. 실내경기장이 귀하던 시절, 장충체육관의
탄생은 계절과 날씨에 구애받지 않는 스포츠 관람 문화를 열었고, 경기
후 젊은 남녀들이 바로 옆 장충공원으로 이동해 데이트를 이어가는 풍경
도 자연스럽게 자리 잡았다. 이 시기 가수 배호의 히트곡 〈안개 낀 장충
단공원〉이 등장한 것도 같은 시대적 분위기 속에서였다.

장충체육관은 이후 한국 스포츠와 대중문화의 중심 무대로 전성기를
누렸다. 배구, 농구, 레슬링, 권투, 씨름 등 다양한 스포츠 경기가 끊임없
이 열렸고, 콘서트와 마당놀이 같은 문화공연도 활발했다. 방송사의 10
대 가수상·가요왕 선발전, 대학가요제 같은 굵직한 음악 프로그램도 이
곳에서 여러 차례 진행되었다. 1970년대에는 전국새마을지도자대회와
미스코리아 선발대회의 단골 장소였으며, 1981년까지 통일주체국민회의
또는 대통령선거인단이 간접선거를 통해 대통령을 선출하고 취임식을
치르던 공간이기도 해서 '체육관 대통령'이라는 말까지 생겨났다.[234]

이곳은 한국 스포츠 스타들의 산실이기도 했다. 박신자, 박찬숙, 신동
파 같은 세계적 농구선수들이 활약하던 무대였고, 복싱 세계챔피언 김기
수 역시 이곳을 자신의 전성기 복싱링으로 삼았다. 같은 시기 국민들을
TV 앞으로 모이게 한 또 하나의 인기 스포츠는 프로레슬링이었다. '박치
기 왕'으로 불린 김일은 일본과 한국에서 최고의 스포츠 스타로 군림했
다. 그는 20여 차례 세계 챔피언 타이틀을 획득했고, 30여 년간 3,000여
회의 경기를 치르며 전설적인 경력을 남겼다. 김일의 경기는 단순한 스
포츠를 넘어선 국민적 이벤트였으며, 그의 활약은 당시 대중문화의 중심

---

234)　동대문운동장과 장충체육관. 국가기록원(https://theme.archives.go.kr).

에 있었다. 프로 권투와 프로 레슬링 경기는 주로 서울 장충체육관과 동대문운동장에서 열렸다. 이 시기의 프로스포츠는 가난과 어려움 속에서도 국민들에게 기쁨과 활력을 주는 중요한 사회적 기능을 수행했다. 또한 장충체육관은 민속씨름 대회 등 전통 스포츠의 무대이기도 했다.

하지만 시간이 흐르며 시설의 노후화 문제가 대두되었고, 특히 돔형 지붕의 안전성 문제가 제기되면서 대형 공연이나 국제 스포츠 행사 유치에 어려움을 겪었다. 이에 따라 서울시는 2012년 6월부터 리모델링 공사에 착수했고, 총 326억 원의 예산을 들여 2014년에 체육문화복합시설로 재탄생시켰다. 리모델링 후에는 연면적 11,399.20㎡, 관람석 4,507석(가변석 포함), 지하 2층·지상 3층 구조로 구성되었으며, 기존의 돔 형상을 유지하면서 주변 경관과 조화를 이루도록 설계되었다. 또한 보조체육관과 다목적실이 신설되어 다양한 문화·체육 행사를 수용할 수 있는 공간으로 거듭났다. 장충체육관은 한국 실내 스포츠의 산실이자, 서울 시민들의 기억 속에 깊이 자리한 문화적 자산으로 오늘날까지 그 가치를 이어가고 있다.

태릉선수촌은 서울 노원구 공릉동에 자리한 대한민국 엘리트 스포츠의 상징적인 공간으로, 1966년 6월 30일 개촌한 이후 51년 동안 국가대표 선수들의 요람 역할을 해왔다. 본래 이 지역은 조선 명종의 어머니 문정왕후의 능인 '태릉'으로 알려져 있었지만, 시간이 흐르며 국민들에게는 '태릉선수촌'이라는 이름이 더 익숙해질 만큼 한국 스포츠 발전의 중심지가 되었다. 1964년 도쿄올림픽에서 금메달을 하나도 따지 못한 부진을 겪은 뒤, 전문적인 훈련 시설의 필요성이 대두되면서 대한체육회 민관식 회장이 선수촌 건립을 주도했고, 문화재 훼손 우려에도 불구하고 정부의 승인으로 태릉 일대에 국가대표 전용 훈련장이 세워졌다.

초기에는 올림픽 성적이 크게 나아지지 않았지만, 1976년 몬트리올 올림픽에서 레슬링 선수 양정모가 한국 최초의 올림픽 금메달을 획득하면서 태릉선수촌은 본격적으로 금메달의 산실로 자리 잡았다. 이후 리우데자네이루 하계올림픽(2016)까지 96개의 금메달이, 동계올림픽에서는 쇼트트랙 김기훈의 1992년 알베르빌 금메달을 시작으로 소치(2014)까지 총 26개의 금메달이 쏟아졌다. 하계와 동계를 합쳐 122개의 금메달이 태릉선수촌에서 훈련한 선수들의 손에서 탄생한 셈이며, 태릉선수촌이 한국 스포츠에 남긴 가장 큰 유산이다.

그러나 반세기를 넘긴 태릉선수촌은 점차 시설의 노후화와 공간 부족 문제에 직면했고, 결국 새로운 시대를 맞아 충북 진천에 더 큰 규모의 국가대표 종합훈련장이 건립되었다. 2004년 건립이 확정된 진천선수촌은 2017년 공식 개촌하며 '진천 시대'의 시작을 알렸다. 진천선수촌은 태릉보다 3~5배 이상 넓은 부지와 두 배 이상 많은 선수 숙소, 그리고 35개 종목 1,150명의 선수가 동시에 훈련할 수 있는 세계 최대 규모의 시설을 갖추며 한국 스포츠의 새로운 중심지로 자리 잡았다.[235]

• 유흥산업

1980년대부터 한국사회에서 '유흥산업'과 '향락산업'이라는 용어가 본격적으로 사용되기 시작했다.[236] 이 용어들은 법적·학술적 개념으로 정립되지는 않았지만, 1984~1985년부터 언론을 통해 광범위하게 확산되며 대중적으로 자리 잡았다. 유흥·향락산업은 당구장부터 룸살롱까지 다양한 비생산적 서비스업을 포괄하는 넓은 의미로 사용되었지만, 일반적으

---

235) 올림픽 10대 강국의 산실… 51년 태릉선수촌 역사 속으로. 한국일보. 2017. 9. 26.
236) 서울역사편찬원. 『근현대 서울 사람들의 여가생활』. 2019. p200~205.

로는 남성이 비용을 지불하고 여성의 접대나 성적 서비스를 받는 업종을 지칭하는 경우가 많았다. 이러한 산업이 대중화된 시점은 용어의 확산과 함께 1980년대부터였다.

1980년대는 한국의 여가문화가 소비주의와 결합하며 크게 변모한 시기였다. 1960~70년대의 고도성장과 국제적인 3저 호황이 맞물리면서 국민의 소비 여력이 증가했으며 프로야구와 프로씨름의 출범, 컬러텔레비전의 보급, 자가용의 확산 등은 여가생활의 확장을 촉진했고, 유흥문화의 다양화로 이어졌다. 특히 1982년 야간통행금지의 해제는 유흥문화에 결정적인 영향을 미쳤다. 생활시간 구조가 재편되면서 심야영업이 가능해졌고, 이를 기반으로 새로운 형태의 밤 문화가 등장했다. 그 중심에는 '노래 부르는 술집'이 있었으며, 이후 가라오케, 노래방, 단란주점으로 발전하게 된다.

1980년대 유흥산업의 중심지는 서울 강남이었다. 당시 '영동'이라 불리던 강남 지역은 룸살롱, 카바레, 디스코클럽 등 다양한 유흥업소가 밀집하며 유흥문화의 상징으로 떠올랐다. 여기에는 정책적 배경이 있었다. 1970년대 서울시 행정의 가장 큰 과제는 강북 지역으로 집중되는 인구와 산업을 분산시키는 일이었다. 당시 서울시는 도심의 과밀을 억제하기 위해 각종 시설의 신설을 제한하고, 기업과 인구를 강남으로 유도하는 정책을 추진했다. 1972년 2월, 양택식 서울시장은 기자회견을 통해 종로·중구·서대문 등 도심 지역에 바, 카바레, 나이트클럽, 대형 술집과 같은 유흥시설 및 숙박업소의 신규 이전을 불허하겠다고 발표했다. 같은 해 4월 '특정시설제한구역' 제도로 이어졌는데, 종로와 중구 전역을 비롯해 용산·마포의 기존 시가지, 성북·성동 일부 지역까지 총 28㎢에 달하는 구역에서 백화점, 도매시장, 공장 등의 신규 설치가 전면 금지되었다.

이 조치로 큰 타격을 입은 강북의 유흥업소들은 곧바로 규제가 없는 강남으로 이동했다. 특히 신사동, 논현동, 역삼동 일대는 세금 감면 혜택까지 주어지면서 접객 업소들이 몰려들었고, 순식간에 신흥 유흥가로 변모했다. 밤이 되면 강북에서 강남으로 건너오는 '밤 문화 원정대'가 제3한강교(현 한남대교)에 행렬을 이루는 풍경은 당시의 새로운 사회적 풍속도로 자리 잡았다. 이러한 흐름은 강남을 서울의 대표적인 유흥 중심지로 만드는 계기가 되었으며, 오늘날까지도 강남구는 서울 25개 구 가운데 유흥업소 수에서 압도적인 1위를 기록하고 있다.[237]

한국형사정책연구원의 2003년 보고에 따르면 성매매로 오가는 돈은 연간 24조 원에 달해 국내총생산의 4.1%를 차지했으며, 이는 농업총생산과 맞먹는 규모였다. 전문적으로 성매매에 종사하는 여성은 최소 33만 명 이상으로 추산되었고, 하루 평균 35만 8000명의 남성이 성을 구매하는 것으로 나타났다. 여성단체들은 음성적인 업종까지 포함하면 전국적으로 100만~120만 명의 여성이 성매매에 관여하고 있다고 보았다. 성매매 산업은 전통적인 사창가 중심에서 벗어나 유흥주점, 노래방, 이용실, 마사지 업소 등 겸업형 업소로 확산되며 더욱 은밀하고 산업화된 형태로 발전했다. 사창가의 거래 규모가 약 1조 8000억 원에 불과한 반면, 겸업형 업소의 거래 규모는 16조 5000억 원을 넘어서면서 성매매의 중심축이 유흥업소로 옮겨갔다. 경찰이 정기적으로 단속하는 유흥업소는 2002년 말 기준 전국적으로 60만 4484곳에 달했으며, 통계청 자료에 따르면 2001년 기준 일반주점, 단란주점, 카바레, 나이트클럽 등 술집만도 13만 1568곳이 존재했다. 이들 업소에서 일하는 종업원 수는 32만 7328명에

---

237) 50년 전통 '룸살롱 원정대' 왜 생겼나… 높으신 분들의 깊은 뜻 있었네 [사—연]. 매일경제. 2023. 10. 18.

이르렀다.[238]

　대중적 차원에서 유흥문화의 전환점을 마련한 것은 '노래하는 술집'의 등장이다. 1980년대 중반 이후 가라오케가 성행하기 시작했으며, 기존의 룸살롱이나 나이트클럽과 달리 기계 반주에 맞춰 손쉽게 노래를 부를 수 있는 형태로 대중적 확산이 가능했다. 그러나 1990년 '범죄와의 전쟁'을 선포하면서 심야영업 단속이 강화되었고, 가라오케는 쇠퇴하게 된다. 이후 1990년대 초반 등장한 '노래방'은 가라오케 술집에 치명적인 타격을 주며 새로운 유흥문화의 주류로 자리 잡았다.

---

238) "윤락여성 100만" 갈수록 커지는 섹스산업, "방치땐 국가 침몰" 우려도. 서울신문. 2003. 2. 7.

3

산업화에서 민주화로

산업화에서 민주화로의 전환은 단순한 경제 발전의 결과가 아니다. 민주화 과정은 한국사회의 전통적 가치관, 교육에 대한 집념, 시민의 저항 정신, 그리고 국제 정세의 변화가 복합적으로 작용한 역사적 흐름이었다. 유교적 가치관은 산업화 초기부터 한국사회의 질서를 유지하는 데 중요한 역할을 했다. 유교는 위계질서와 권위에 대한 존중을 강조하며, 박정희 정권 시기의 권위주의적 통치에 일정 부분 정당성을 부여했다. 그러나 유교는 동시에 교육을 중시하고, 지식인의 도덕적 책임을 강조하는 전통을 지니고 있다. 이러한 요소는 시간이 흐르며 비판적 지식인층의 형성과 시민의식의 성장으로 이어졌고, 민주화의 토양이 되었다. 한국의 교육열은 이러한 전환의 또 다른 핵심 동력이었다. 산업화 과정에서 교육은 계층 상승의 수단으로 인식되었고, 국민들은 자녀 교육에 막대한 투자를 아끼지 않았다. 그 결과 고등교육을 받은 청년층이 급증했고, 이들은 1970~80년대 민주화 운동의 주역으로 등장했다. 대학 캠퍼스는 민주주의와 인권에 대한 담론이 활발히 오가는 공간이 되었고, 이는 곧 거리로 이어져 집회와 시위로 표출되었다.

여기에다 60~70년대 경제발전에 바탕이 된 민족주의, 평등주의, 능력주의는 이후 산업화에서 민주화로 이어지는 흐름에 중요한 토대를 마련했다. 민족주의는 국민을 하나의 공동체로 인식하게 만들며 '국민이 주인'이라는 민주주의의 기본 정신을 강화하는 역할을 했다. 평등주의의 확산은 사회 구성원 간의 연대감을 높이고, 정치적 참여의 폭을 넓혀 민주화 운동이 확대될 수 있는 조건을 마련했다. 능력주의 역시 개인의 능력과 성취가 기회와 보상의 기준이 되면서 사회 전반에 공정성과 합리성에 대한 요구가 커졌다. 결국 이 세 가지 사회적 가치의 강화는 한국사회가 권위주의 체제를 넘어 민주주의로 나아가는 데 중요한 사상적·사회적 기반이 되었다.

1980년 광주에서 발생한 5·18 민주화운동은 이러한 전환의 분수령이었다. 시민들은 신군부의 권력 장악에 저항하며 목숨을 걸고 민주주의를 외쳤고, 이후 한국사회에 깊은 울림을 남겼다. 당시 국내 언론은 철저히 통제되었지만, 외신과 일부 시민들의 증언을 통해 진실이 국제사회에 알려지면서 한국 정부에 대한 비판 여론이 확산되었다. 시간이 지나면서 언론은 점차 독립성과 비판성을 회복하며 민주화 여론을 형성하는 데 중요한 역할을 하게 된다. 그리고 서울 올림픽은 한국의 민주화에 결정적인 외부 압력으로 작용했다. 국제 사회의 이목이 집중되면서 정부는 이미지 개선을 위해 정치적 유화 조치를 취할 수밖에 없었고, 1987년 6월 항쟁과 직선제 개헌으로 이어지는 배경이 되었다. 이와 함께 냉전의 종식과 민주주의 확산이라는 세계적 변화도 한국사회의 민주화 요구를 정당화하고 뒷받침하는 역할을 했다. 한국의 민주화는 단순히 정치적 사건의 결과가 아니라, 전통과 교육, 시민의 저항, 그리고 국제적 맥락이 맞물려 이룬 복합적 성취였다.

1987년의 민주화 과정의 시작은 1월 14일, 서울대학교 학생 박종철이 경찰의 고문으로 사망한 사건이었다. 정부는 이를 은폐하려 했지만, "책상을 탁 치니 억 하고 죽었다"는 발표는 오히려 국민의 분노를 자극했고, 2월 7일 추도대회와 3월 3일 평화대행진 등 전국적인 항의 시위로 이어졌다. 이 사건은 민주화운동의 불씨를 다시 지피는 계기가 되었다. 이어 4월 13일, 전두환 대통령은 대통령 직선제 개헌 요구를 거부하고 현행 헌법을 유지하겠다는 '호헌조치'를 발표했다. 이는 교수, 종교인, 시민단체 등 각계각층의 격렬한 반발을 불러왔고, 민주대연합의 형성과 전국적 저항의 기반이 마련되었다.

6월 9일에는 연세대학교 학생 이한열이 시위 도중 경찰이 쏜 최루탄에 맞아 중태에 빠졌고, 국민적 분노를 다시 폭발시키는 계기가 되었다. 다음 날인 6월 10일, 민정당의 노태우가 대통령 후보로 지명되자 '고문살인 은폐규탄 및 호헌철폐 국민대회'가 서울을 포함한 전국 22개 도시에서 동시다발적으로 열렸다. 이후 명동성당 농성 투쟁, 최루탄 추방 대회 등 시민과 학생들의 저항은 더욱 거세졌고, 6월 26일에는 전국 34개 시와 4개 군에서 약 100만 명이 참여한 평화대행진이 벌어졌다. 결국 전두환 정부는 국민의 압도적인 저항에 굴복할 수밖에 없었고, 6월 29일 노태우 후보가 대통령 직선제 개헌과 김대중 사면·복권 등을 포함한 '6·29 민주화 선언'을 발표했다. 이로써 1972년 10월 유신 이후 중단됐던 민주헌정체제가 복원되었고, 한국은 본격적인 민주주의 체제로 나아가는 전환점을 맞이하게 되었다.

1) 유교적 가치관의 영향[239]

  대한민국은 전후 폐허 속에서 빠르게 산업화와 민주화를 이루며 세계
사적으로 유례없는 발전을 이룩한 나라다. 1960년대 초 한국은 낙후된
농업 국가로 전쟁의 상흔 속에 신음했지만 이후 고도 성장기를 거치며
'아시아의 호랑이'로 불리는 산업국가로 도약했다. 지속적인 경제 성장을
바탕으로 현재는 세계 10위권의 GDP 규모를 지닌 경제 강국이며 G20과
OECD의 일원이기도 하다. 이러한 급격한 성장은 단순히 경제 정책의 결
과만은 아니었다. 예의, 공손함, 성실성, 공동체 중심의 사고, 국가에 대
한 충성심 등 이른바 '아시아적 가치'가 성장의 중요한 기반이 되었으며,
그 뿌리는 유교 전통에 있다. 경제 활동의 세 주체인 가계, 기업, 정부 모
두에서 유교적 가치가 작동했다. 가계는 교육을 통해 우수한 인적 자원
을 육성했고, 기업은 가족적인 문화와 공동 책임을 토대로 위기 상황에서
도 조직을 지탱했다. 정부 역시 관료제 기반 위에서 도덕적 책임의식을
갖고 제도적 장치를 마련하여 가계와 기업의 활력을 뒷받침했다. 이렇게
이들은 각각의 역할을 통해 상호작용하며 경제 성장을 이끌었다.

• 유교적 능력주의와 민본주의

  동아시아의 급속한 경제 성장의 배경으로 유교적 가치관을 설명한 유
교자본주의론은 동아시아의 경제적 성장과 자본주의적 근대화를 설명하
는 데 있어 유교문화의 역할을 강조하지만, 그 구체적인 연결고리를 명확
히 제시하지 못하는 경우가 있다. 이러한 한계를 보완하기 위해, 유교적

---

239) 이창재. 『평생 읽는 논어』. 좋은땅. 2024. 5장 공자의 유산 재정리.

능력주의 문화를 중심으로 동아시아 자본주의의 문화적 기반을 재조명할 필요가 있다. 유교문화는 오랜 시간 동안 개인의 능력과 성취를 중시하는 가치관을 형성해 왔으며, 조선시대 과거제도를 통해 제도적으로 구현되었다. 과거제도는 출신 배경과 무관하게 학문적 성취를 통해 사회적 지위를 획득할 수 있는 통로였고, 능력주의적 사고 방식을 대중의 의식 속에 깊이 뿌리내리게 했다.[240]

이러한 능력주의는 근대화 과정에서도 '개천에서 용 나는 사회'라는 이념과 결합되어, 많은 한국인들에게 입신출세의 꿈을 심어주었다. 특히 한국은 전쟁과 가난이라는 절망적 환경 속에서도 교육에 대한 열망과 자기계발의 의지는 결코 꺾이지 않았으며, 자본주의적 경제 성장에 필요한 양질의 노동력을 확보하는 데 결정적인 역할을 했다. 더 나아가 개인들이 지닌 능력주의적 성공에 대한 열망은 끊임없는 자기 혁신과 학습의 동기를 제공함으로써 한국사회의 자본주의적 근대화를 견인하는 문화적 원동력으로 작용했다. 유교적 능력주의는 단순히 전통의 잔재가 아니라, 자본주의적 질서에 적응하고 그것을 내면화하는 데 있어서 핵심적인 문화적 자산이 되었던 것이다. 따라서 대한민국의 산업화와 민주화는 단지 제도적 차원이 아니라, 유교적 가치가 깊숙이 내재된 사회문화적 기반과 결합해 이룬 성취로 평가할 수 있다.

한국의 민주주의 발전도 독특한 궤적을 가진다. 2024년 영국 '이코노미스트' EIU의 '민주주의 지수'에서 한국은 167개국 중 32위를 기록해 미국과 함께 '결함 있는 민주주의'로 분류되었으나 여전히 높은 수준이다. 비상계엄 여파를 반영한 것으로 일시적 하락으로 평가되며, 성숙한 시민의

---

240) 장은주. 『공정의 배신』 피어나. 2021. p108~109.

식과 민주적 절차에 따라 새 정부가 들어서면서 민주주의가 회복됐다. 이는 교육과 경제 성장을 통해 민주주의와 인권에 대한 의식이 강해졌기 때문이다.

여기에다 서양에서 들어온 민주주의는 한국의 유교적 민본주의 사상과 결합해 고유한 형태로 발전했다. 백성을 정치의 근본으로 여기는 민본주의는 오경(五經) 중 하나인 『서경』 하서(夏書)에 '백성이 오직 나라의 근본'이라는 '민유방본(民惟邦本)'이라는 구절에서 나온 것이다. 또 흔히 국민 여론을 일컫는 '민심은 천심'이라는 말은 유교 경전인 『서경』 주서(周書)에서 "하늘이 보는 것은 백성이 보는 것에서 비롯되고, 하늘이 듣는 것은 백성이 듣는 것에서 비롯된다. 그러므로 백성이 하고자 하는 것을 하늘이 반드시 따른다.(天視自我民視, 天聽自我民聽, 故民之所欲, 天必從之)"는 구절에 근거한 것이다. 이처럼 동양에서 '민(民)'을 국가의 중심에 놓는 정치철학의 밑바탕이 된 것은 유교에서 비롯됐다. 맹자는 나아가 "백성이 가장 귀하고, 군주는 가장 가볍다"(진심장 하 14)고 강조하며, 폭정에 대한 백성의 저항을 정당화했다.

한국의 지배층은 전통적으로 무력이나 억압이 아닌 도덕과 문치로 백성을 다스리려 했다. 단지 통치 전략이 아니라, 지배층 역시 백성과 같은 '우리'라는 정체성을 공유하고 있었기 때문이다. 고구려의 시조 동명왕이 세자에게 '도(道)로써 나라를 다스리라'고 유언을 남긴 기록, 광개토왕 비문에서의 왕도(王道) 강조, 신라 진흥왕의 황초령비에서 드러나는 수기안민(修己安民)의 도덕정치 이상은 모두 이러한 전통을 보여 준다. 특히 조선은 정치와 문화 전반에서 유교적 민본주의를 국가 운영의 근본 원리로 삼았다. 이는 맹자의 사상에서 규범을 찾은 것으로, 권력 중심의 패도적 정치가 아니라 덕으로 다스리는 왕도를 지향하며 백성을 위한 정치를 강조했다. 나라보다 백성이 먼저라는 인식이 강했고, 주자학에 기초한 인정(仁政) 이데올로기는 단순한 이상이 아니라 실제 통치 원리로 작동했다. 이러한 유교적 민본주의는 특정 집단만의 사상적 기반이 아니었다. 위정척사파뿐 아니라 지배 계급 전체, 심지어 근대화를 주장한 개화 사상가들조차도 그 영향에서 완전히 벗어날 수 없었다. 민중 역시 이를 내면화하여 정치적 행동의 명분으로 삼았다. 실제로 민란이나 농민 전쟁, 의병 운동의 지도자들은 위민(爲民)과 애민(愛民) 사상을 내세워 봉기의 정당성을 주장했다.[241]

나아가 유교 전통은 독특한 형태의 도덕적 평등주의를 발전시켜왔다. 유교의 고전 사상가들은 모든 인간이 잠재적으로 도덕적 완성에 이를 수 있는 가능성을 지닌 존재라고 보았다. 이는 인간의 본성에 대한 긍정적 신념이며, 누구든지 수양을 통해 군자(君子)가 될 수 있다는 가능성의 평등을 의미한다. 다만 유교는 서구 근대의 보편적 평등 개념과는 다른 관점을 취한다. 서구의 평등은 모든 개인이 본질적으로 동일한 도덕적 가치를 지닌다고 보는 반면, 유교는 도덕적 성취의 차이를 인정하고, 그것을 사회적 위계의 정당화 근거로 삼았다.[242]

유교에서 중요한 것은 단순한 출발선의 평등이 아니라, 자기 수양을 통해 도덕적 인격을 완성해가는 과정이다. 공자와 맹자 등 유교의 성현들은 인(仁), 의(義), 예(禮), 지(智)와 같은 덕목을 실천함으로써 이상적 인간상을 제시했으며, 이러한 덕성을 갖춘 자만이 사회를 이끌 자격이 있다고 보았다. 따라서 유교적 사회에서는 누구나 군자가 될 수 있는 가능성을 지니지만, 실제로 군자가 되는 것은 철저한 자기 수양의 결과이며,

---

241) 조선은 '유교적 민본주의' 탓에 무너졌다. 문화일보. 2015. 8. 13.
242) 장은주.『공정의 배신』피어나. 2021. p111.

그 성취 여부에 따라 사회적 지위가 결정된다. 이러한 관점은 유교가 단순한 혈통이나 출신 배경이 아닌, 도덕적 역량과 인격의 완성을 통해 사회적 역할을 부여하는 능력주의적(Meritocratic) 질서를 지향했음을 보여준다. 유교의 도덕적 평등주의는 인간의 가능성을 존중하면서도, 그 가능성을 실현하기 위한 지속적인 노력과 수양을 강조하는 윤리적 체계로 작동하였다.

유교 교육의 중요한 유산 중 하나는 '도덕적 권위'에 기반한 저항의 전통이었다. 유교적 세계관에서는 사회를 도덕적 질서로 이해했기 때문에, 지배자와 관료가 윤리적 기준을 어길 경우 이를 비판하는 것은 학자와 학생들의 당연한 책무로 여겨졌다. 학자들과 하급 관료들은 왕과 조정의 부당한 행위에 대해 상소를 올리며 도덕적 비판을 가했고, 단순한 의견 표명이 아니라 사회적 책임의 실천이었다. 특히 조선시대 성균관 유생들은 이러한 도덕적 감시자의 역할을 적극적으로 수행했다. 권위 있는 인물이 윤리적 기준을 지키지 않거나 의례를 부적절하게 수행한다고 판단되면, 유생들은 집단적으로 항의하며 시위를 벌였다. 이들은 '공관(空館)'이라 불리는 동맹휴학을 통해 학교를 비우는 방식으로 저항했으며, 단순한 수업 거부가 아니라 유교적 이상에 대한 실천적 항의였다. 숙종과 순조 시대에는 각각 19건, 20건 이상의 주요 공관 사건이 기록되어 있을 만큼 빈번하고 조직적인 저항이 있었다.

이러한 행동은 단지 정치적 반발이 아니라, 교육과 학문을 도덕적 권위와 동일시한 유교적 전통의 실천이었다. 성균관 유생들은 자신들의 도덕적 판단을 바탕으로 국가 권력에 대해 비판하고, 그 뜻을 관철하기 위해 상소, 권당(식사 거부), 공관 등의 방식으로 집단 행동을 벌였다. 이들은 단순한 학생이 아니라, 유교적 이상을 실현하려는 도덕적 주체로서 사회적 역할을 수행한 것이다. 조선시대 교육은 단순한 지식 전달을 넘어, 도덕적 감시와 비판의 기능을 내포한 제도로 작동했다. 이러한 전통은 오늘날까지도 한국 교육의 깊은 뿌리로 남아 있으며, 교육을 통해 사회적 정의와 윤리를 실현하려는 이상은 여전히 강하게 작용하고 있다.

한국이 20세기 말 민주주의 체제로 전환하는 과정에서 많은 연구들은 한국사회에 여전히 강하게 남아 있는 전통적이고 문화적인 가치들을 조명하였다. 신도철의 연구[243]에 따르면, 1988년부터 1997년 사이에 실시된 여섯 차례의 조사 결과를 바탕으로 대부분의 한국인은 민주주의와 정치적 형평성이라는 현대적 사상에 공감하면서도, 동시에 유교적 권위주의 가치에 깊이 영향을 받고 있었다.[244] 1997년에 실시된 한 여론조사는 이러한 경향을 더욱 분명히 보여 주었다. 한국인들은 민주적인 절차에 의한 결정보다 도덕적으로 고결한 지도자의 결단을 더 중요하게 여기며, 정치사회적 다원주의보다는 사회적 조화를 우선시하는 태도를 보였다. 이는 민주주의적 가치와 유교적 전통 사이의 긴장과 공존을 보여 주는 대표적인 사례였다.

가이어 헬게젠(Geir Helgesen) 역시 1990년과 1995년의 조사에서 한국인의 정치적 태도가 유교적 관념에 의해 강하게 형성되고 있다고 분석하였다.[245] 그는 한국인들이 지도자에 대해 일반적으로 신뢰하지 않으면서도, 이상적인 지도자는 전통적인 유교적 덕목을 갖춘 인물이어야 한다고 생각한다고 보았다. 즉, 정직하고 도덕적이며 자비롭고 식견이 풍부하

---

243) Shin, Doh Chull. Confucianism and Democratization in East Asia. Cambridge University Press. 2011.

244) 마이클 세스. 『한국교육은 왜 바뀌지 않는가?』 학지사. 2021. p378.

245) Geir Helgesen. Democracy and Authority in Korea: The Cultural Dimension in Korean Politics. Routledge. 1998.

며 겸손하면서도 열정적이고 덕을 겸비한 인물이 지도자로서 적합하다고 여겼다. 이러한 연구들은 한국사회가 민주주의를 수용하는 과정에서 단순히 제도적 변화만이 아니라, 깊이 뿌리내린 문화적 가치와의 조화를 어떻게 이루어 가는지를 보여 주는 중요한 통찰을 제공한다. 민주주의의 제도적 정착과 함께 한국인은 여전히 유교적 전통 속에서 지도자의 도덕성과 사회적 조화를 중시하는 정치적 태도를 유지하고 있었던 것이다.

1960년 4·19 혁명은 민주주의 운동으로 당시 이승만 정부의 부정선거와 독재에 항거한 시민과 학생들의 저항으로 이루어졌다. 해방 이후 민주주의 교육과 도시화가 국민의식의 민주화에 영향을 미쳤지만, 여기에는 오랜 유교적 전통에서 비롯된 지식인의 도덕적 책무 의식이 있었다. 앞서 말했듯이 유교 사회에서 선비는 단순히 학문을 닦는 존재가 아니라, 사회의 도덕과 정의를 바로 세울 책임을 지닌 존재로 인식되었다. 이러한 전통은 근대 이후에도 이어져, 학생과 교수 같은 지식인 집단이 사회 비판과 개혁의 선두에 서야 한다는 인식으로 발전하였다. 1960년 4월 18일, 고려대학교 학생들은 3·15 부정선거와 김주열 열사의 비극적인 죽음에 분노하여 이승만 독재 정권에 맞서 시위를 벌였다. 학생들은 교내에서 집결해 부정선거 규탄과 민주주의 회복을 외치며 거리로 나섰고, 이는 서울에서 처음으로 일어난 대학생 시위였다. 그러나 시위를 마치고 학교로 돌아가던 길에 대한반공청년단 소속 정치깡패들의 습격을 받아 많은 학생들이 부상을 입었고, 전국적인 민주화 운동의 불씨가 되었다. 따라서 학생과 교수들이 거리로 나선 것은 바로 이 유교적 윤리와 민주주의 가치가 결합된 결과였다. 그들은 불의에 침묵하지 않고, 사회를 바로잡아야 한다는 도덕적 책무를 민주주의 실현이라는 시대적 과제와 연결시켰다. 또한 대부분의 국민은 민주주의 경험이 일천함에도 불구하고

"백성이 정치의 근본"이라는 유교의 민본주의 사상이 이미 몸에 배어 있었기 때문에 고등학생부터 70대 노인에 이르기까지 자발적으로 독재에 맞서 저항할 수 있었다. 결과적으로 4·19 혁명은 유교적 대의명분의 내재화를 통해 국민이 정치의 주체임을 선언하며, 국민 주권의 실현이라는 민주주의의 핵심 가치를 드러낼 수 있었다.

3·1 운동 역시 1919년 일제의 식민 지배에 항거하여 전국적으로 확산된 독립 만세 시위로 정치적 독립 요구를 넘어서 도덕적 정의와 공동체적 책임을 실현하려는 정신적 기반을 지니고 있었으며, 그 중심에는 유교의 정의론이 자리하고 있었다. 당시 많은 유교 지식인들과 유교 교육을 받은 청년들이 운동에 적극 참여했으며, 이들은 유교적 가치에 입각해 도덕적 책임과 사회적 정의 실현을 위해 행동했다.

특히 한국 유교는 중국 유교와 달리 '의(義)'를 강조하는 의리사상을 중심으로 발전해 왔다. 중국 유교가 포용성과 조화를 중시한 반면, 한국은 외세의 침략과 지배를 자주 경험한 역사적 배경 속에서 의리사상이 중요한 가치로 자리 잡았다. 이에 따라 의사, 열사, 선비와 같은 인물상이 바람직한 인간상으로 부각되었으며, 고려 말 성리학의 본격적인 수용 이후 의리사상은 한국 유학의 핵심으로 자리 잡았다. 한국 유학은 도학(道學)을 중심으로 전개되었으며, 이 도학은 의리사상을 기반으로 도덕, 정치, 역사 등 다양한 영역에서 실천적 영향력을 발휘했다. 도학적 유교는 단순한 학문적 탐구를 넘어 도덕적 실천과 사회적 책임을 강조하는 사상으로 정치와 교육, 윤리의 핵심으로 작용해 왔다.

위정척사운동의 경우 조선 말기 외세의 침략과 개화사상에 반대하며 전통적인 성리학 질서를 수호하려는 유림 중심의 실천적 사상 운동이었다.[246] 이 운동은 전국의 재야 유생들을 중심으로 확산되었고, 보수적인 양반층 사이에서 널리 지지를 받았다. 척사론자들은 서양과 일본의 정치·경제·문화적 침략을 경계하며, 민족의 자존성과 자립성을 강조하였다. 그들은 성리학의 의리사상을 구국의 이념으로 승화시켜, 외세에 저항하고 전통을 지키려는 정신적 기반을 마련하였다. 이러한 위정척사 사상은 단순한 이론적 주장에 그치지 않고, 실제 행동으로 이어졌다. 특히 일본의 내정 간섭과 국권 침탈이 본격화되면서, 척사론자들은 의병을 조직하여 무장 항일 투쟁에 나섰다. 이 의병운동은 위정척사운동의 실천적 형태로 나타났으며, 이후 일제강점기에는 독립운동으로 계승되었다. 위정척사 사상은 항일의병과 독립운동의 정신적·사상적 원류가 되어, 민족주의 운동의 중요한 기반을 형성하였다. 유교적 위정척사운동은 조선의 전통을 지키고 외세에 저항하려는 민족적 자각의 표현이었으며, 근대 민족운동의 출발점이자 독립운동의 사상적 뿌리로서 역사적 의의를 지닌다.

따라서 한국 유교는 중국 유교의 보편적 사상을 수용하면서도, 한국이라는 역사적·사회적 특수성 속에서 독자적인 성격을 형성해온 사상 체계이다. 한국 유교의 사상사는 각 시대의 과제에 능동적으로 대응하며 이론을 보완하고 논리를 발전시켜온 역사로 인간 중심의 유교 정신을 계승하면서도 현실성과 시의성을 중시하여 민족사 발전에 기여해 왔다.

• 유교 문화의 내재화

대한민국은 유교의 발상지인 중국보다 유교적 전통이 더 강하게 자리

---

246) 서울역사편찬원. 『서울 2천년사 38』-현대 서울의 학술과 종교. 2016. p227, 222~223.

잡은 나라로 평가받는다. 문화체육관광부의 2018년 종교 현황 보고에 따르면, 실제 유교를 종교로 믿는 한국인은 전체 인구의 0.15%, 약 7만 5천 명에 불과하다. 그럼에도 불구하고 한국사회 전반에는 유교적 가치와 문화가 깊이 뿌리내려 있으며, 일상생활과 가정의 의례에서 나타난다. 유교의 대표적 의례 중 하나인 제사는 오늘날에도 한국 가정에서 광범위하게 시행되고 있다. 한국갤럽의 2014년 조사에 따르면 전체 가구의 71%가 유교식 제사를 지낸다고 응답했으며, 특히 불교 신자 중 93%, 천주교도 중 66%, 심지어 개신교도 중 24%도 유교식 제사를 행하고 있다는 결과가 나왔다. 이는 유교가 단순한 종교를 넘어 생활 속 문화로 작용하고 있음을 보여 준다.

한국의 기제사(忌祭)는 조상의 기일에 맞춰 올리는 제사로 고대에는 없던 관습이나 송나라 시대 성리학자들에 의해 시작되어 오늘날까지 이어지고 있다. 전통적으로 기제사는 다른 제사보다 중시되었으며, 제수 역시 풍성하게 마련하여 친지·이웃과 나누어 먹는 공동체 행사의 성격을 지녔다. 이러한 제사는 종법제도를 기반으로 하며, 효(孝), 질서(序), 항렬(別)의 유교적 질서를 반영하고 있다. 즉 한국사회에서 유교는 종교보다는 문화적 관습으로 자리 잡았으며, 가정과 공동체 생활 속에 자연스럽게 스며들어 있다. 제사라는 일상적 행위를 통해 유교의 가치관은 지금도 계속해서 계승되고 있으며, 한국인의 의식과 생활방식을 형성하는 중요한 기반이 되고 있다.

모든 사람들의 지갑 속에 들어있는 지폐에도 유교의 흔적이 뚜렷하다. 지폐에는 그 나라를 대표하는 역사적 인물 등이 등장하는데, 한국 지폐에는 모두 조선시대의 유교 인물이 그려져 있다. 천 원권에는 이황, 오천 원권에는 이이, 만 원권에는 세종대왕, 오만 원권에는 신사임당이 등장한다. 사임당(師任堂)은 공자가 이상적 국가로 생각한 주나라를 세운 문왕의 어머니인 태임(太任)을 본받는다는 뜻이다. 여기서 '사(師)'는 스승으로 삼는다는 의미이고, '임(任)'은 '태임'을, '당(堂)'은 존경의 의미를 담아 현숙한 여성을 부르던 표현이다. 이처럼 우리나라 지폐는 유교 사상에 대한 사회적 존중을 상징하고 있다.

대한민국 국기인 태극기는 어떤가? 태극기 속에는 태극이 음양을 낳고 오행의 변화를 거쳐 천지 만물을 생성하는 성리학적 우주 생성의 원리가 담겨 있다. 성리학의 중심 개념인 '태극'과 '음양', 그리고 '주역'의 '건곤감리'를 바탕으로 만들어진 것이다. 여기에다 대한민국 수도인 서울 사대문은 유교의 사덕(四德)인 '인의예지' 정신을 담아 동서남북 방향에 따라 동대문은 홍인지문(仁), 서대문은 돈의문(義), 남대문은 숭례문(禮), 북대문은 숙정문(智)이라고 이름 지었다. 2014년 고등학교 1학년의 필수 과목이었던 '도덕'이 폐지되었다. 하지만 도덕은 사회생활에 필요한 행동 규범과 올바른 가치관을 배우는 과목으로 도(道)와 덕(德)은 유교에서 중시하는 최고의 덕목이다.

이렇듯 우리는 유교 문화와 환경 속에서 살고 있다. 하지만 이를 의식하는 사람은 드물다. 그 이유는 무엇일까? 중국 출신 미국 사회학자 양경곤(C. K. Yang)은 중국의 종교를 이해하기 위해 '분산형 종교(Diffused religion)'라는 개념을 제시했다. 그는 중국의 민간 신앙이 특정 종교 조직이나 교리 체계에 속하지 않고, 오히려 세속 사회의 제도와 긴밀하게 결합되어 있다고 보았다. 이러한 종교 형태는 경전이나 사제 조직, 교의 등이 명확하지 않으며, 종교적 실천이 일상생활과 사회 구조 속에 자연스럽

게 녹아들어 있는 것이 특징이다. [247]

양경곤은 중국 전통문화에서 종교가 독립된 제도종교가 아니라, 사회의 여러 제도와 연결되어 있는 분산형 종교라고 분석했다. 예를 들어, 조상 숭배는 단순한 종교적 행위가 아니라 가족제도와 밀접하게 연결되어 있으며, 이를 통해 종교는 사회적 기능을 수행한다. 분산형 종교는 독립적인 신학이나 의례 체계를 갖추고 있지 않지만, 사회의 제도와 질서 속에서 종교적 요소들이 퍼져 있어 그 자체로 종교적 역할을 한다. 반면, 제도종교는 명확한 교리와 의례 체계를 갖추고 있으며, 독립된 조직을 통해 종교적 활동을 수행한다. 제도종교는 세속 사회와 일정 부분 분리되어 존재할 수 있으며, 종교적 권위와 해석을 독자적으로 유지한다.

양경곤의 분산형 종교 개념은 중국 사회에서 종교를 단순히 제도화된 형태로만 이해하는 것이 아니라, 민간의 생활 속에 스며든 신앙과 의식을 통해 종교의 사회적 기능과 구조를 파악할 수 있게 해 준다. 중국의 종교가 일상생활과 사회제도 속에서 작동하며, 대중의 삶과 밀접하게 연결되어 있다는 점을 강조하는 분석이다. 따라서 양경곤은 중국 사회의 종교적 특성을 설명하기 위해 '분산형 종교'라는 개념을 제시했으며, 이 틀을 통해 유교를 종교로 이해할 수 있는 새로운 시각을 제공했다. 일반적으로 유교는 철학이나 윤리 체계로 간주되지만, 양경곤은 유교가 중국 사회 속에서 종교적 기능을 수행하는 분산형 종교의 대표적 사례라고 보았다.

유교는 경전과 교리를 갖추고 있음에도 불구하고, 독립적인 종교 조직이나 사제 제도, 교단을 갖추고 있지 않다. 대신 유교의 핵심 가치와 의례는 가족제도, 정치 질서, 공동체 규범 등 세속 사회의 구조 속에 깊이 스

---

247) 양경곤. 『중국 사회 속의 종교』 글을 읽다. 2011. p430.

머들어 있다. 예를 들어, 조상 숭배는 유교에서 중요한 실천이며, 단순한 문화적 관습을 넘어 종교적 의례로 기능한다. 이러한 조상 제사는 가족 내에서 이루어지며, 사회적 질서와 도덕적 규범을 유지하는데 기여한다. 또한 유교의 예(禮)와 인(仁) 같은 윤리적 원칙은 개인의 도덕적 수양뿐 아니라 사회 전체의 조화와 안정에 기여하며, 종교가 사회적 통합을 이루는 기능을 수행한다는 분산형 종교의 특징과 일치한다. 유교는 국가의 통치 이념으로 채택되면서 정치와 종교가 분리되지 않은 형태로 발전했고, 그 결과 유교적 가치와 의례는 교육, 법, 행정 등 다양한 세속 제도에 통합되었다.

이 때문에 유교는 독립적인 종교 제도 없이도 중국 사회에서 종교적 역할을 수행하며, 종교적 요소가 일상생활과 사회 구조 속에 분산된 분산형 종교로 이해될 수 있다. 양경곤의 분석은 유교를 단순한 철학이나 윤리 체계로 보는 기존의 관점을 넘어, 한국사회의 종교적 실천과 구조를 보다 깊이 있게 이해할 수 있는 틀을 제공한다.

따라서 유교는 오늘날에도 한국인의 윤리와 도덕적 의식, 사회적 행동의 기초를 이루는 가치 체계로 작용하고 있다. 삼강오륜(군신·부자·부부의 관계 및 인륜적 덕목)은 여전히 가정 내 질서, 사회적 규범, 국가 운영의 윤리로 인식되며, 한국사회의 가족 중심 문화, 공동체 의식, 충효 중심의 예의 문화, 규율을 중시하는 사회 질서로 이어진다. 군자와 소인을 구분하는 도덕적 가치판단, 예의와 명예에 대한 민감한 태도 역시 유교적 사고에서 비롯되며, 많은 한국인은 성리학의 핵심 개념인 인의예지(仁義禮智)와 희로애락(喜怒哀樂)에 익숙하고 이를 이해한다. 인륜과 패륜, 왕도와 패도와 같은 정치·사회적 기준 역시 유교적 이념의 연장선상에 있다. 21세기 한국사회가 개인주의, 민주주의, 시장경제 같은 서구적 가치들을 받아들였을지라도, 유교의 관념은 여전히 한국인의 정체성과 행동 양식을 형성하는 근본 요소로 자리 잡고 있다.

• 유교의 전래와 명암

유교가 한반도에 전래된 정확한 시점은 명확하지 않지만, 일반적으로 한자의 도입과 함께 자연스럽게 유입되었을 것으로 추정된다. 삼국시대 에는 당나라의 학제인 국학(國學)을 수용하면서 유교 사상이 체계적으로 자리 잡기 시작했다. 고구려는 372년 소수림왕 2년에 태학을 설립해 제자 들을 교육했으며, 지방 곳곳에 경당을 두어 청년들에게 유교 경전과 궁술 을 가르쳤다. 이는 유교의 6예(六藝)를 통해 본격적인 교육이 이루어졌음 을 보여준다. 유교 6예는 유교의 기본 교육 과목으로, 예(禮), 악(樂), 사 (射), 어(御), 서(書), 수(數)를 말하며, 각각 예법, 음악, 궁술(활쏘기), 마 술(마차 몰기), 서예, 산학을 의미한다. 백제 역시 근초고왕 시대에 박사 왕인(王仁)이『논어』와『천자문』등을 일본에 전파했다는 기록을 통해, 유 교 경전을 연구하고 보급하는 기관이 존재했음을 알 수 있다. 이는 백제 에서 유교가 국가적 차원의 교육 및 문화체계에 반영되었음을 의미한다.

신라는 682년(신문왕 2년)에 국학을 설립했으며, 오경(五經)을 중심으 로『논어』와『효경』을 필수 교과로 지정했다. 설총은 이두를 활용해 구경 (九經)[248]을 해설함으로써 유학의 학문적 발전을 도왔다. 유교는 정치 이 념으로도 작용했다. 진흥왕 시절 화랑 제도는 '효·제·충·신'을 국가를 다스리는 핵심 가치로 삼았으며, 임신서기석에 새겨진 맹세에서도『시 경』·『상서』·『예기』·『춘추』를 3년간 학습하겠다는 서약이 등장한다. 이

―――――――
248) 구경은 주역, 서경, 시경, 춘추, 예기, 중용, 논어, 맹자, 효경 등 9가지 경전을 가리킨다.

는 당시 유교 경전이 정신 수양과 정치 질서를 위한 지식으로 활용되었음을 보여준다. 또한 진흥왕 순수비의 문구 "몸을 닦아 백성을 편안케 한다(修己以安百姓)"와 같은 구절은 유교적 수기치인(修己治人)의 원칙을 기반으로 한 통치 철학을 반영한다. '충신정성(忠臣精誠)', '위국충절(爲國忠節)'과 같은 표현은 국가에 대한 충성과 봉사의 개념이 유교적 가치에 깊게 뿌리내리고 있었음을 시사한다. 삼국시대 유교는 단순한 학문이 아니라, 오경 사상을 중심으로 정치와 교육, 윤리 의식의 기초로서 자리 잡았다. 효(孝)의 가치가 강조되는 가운데, 국가적 안정과 수호를 위한 충(忠) 역시 중요한 덕목으로 부각되었으며, 이 두 가지는 이후 한국 유교의 핵심 정신이 되어 현대까지 계승되고 있다.

불교 국가인 고려를 세운 왕건의 「훈요십조」 제10조에 유교적 정치 사상이 뚜렷하게 나타난다. 그는 통치자는 경사(經史)를 널리 공부하고 역사적 사례를 거울삼아 현실을 경계하며, 성현의 가르침을 생활 속에서 실천하라고 권고하였다. 고려는 4대 국왕 광종 때부터 과거 제도를 도입하였는데, 유교적 관료 선발 시험으로 중국 수·당나라의 제도를 이어받은 것이다. 고려의 과거는 제술업·명경업·잡업으로 구성되어, 문학·경학·실무 능력을 평가하여 문신과 기술관을 선발하였다. 제6대 성종 시대에는 국자감이 설치되어 유교 경전을 가르치는 경학박사가 배치되었고, 최승로의 진언을 반영한 국정 개혁이 이뤄졌다. 충렬왕 때에는 안향이 북경에서 『주자전서』를 받아오면서 유교 부흥의 기반을 마련했고, 국학을 재정비하고 문묘를 중수하여 성현을 기리는 제례를 강화했다.

1392년 조선이 건국되면서 유교는 국가의 근본 철학으로 자리매김한다. 조선의 창건 세력은 맹자의 역성혁명론을 기반으로 왕조 교체를 정당화하고, 인정(仁政)과 덕치(德治)를 핵심으로 하는 왕도정치와 민본사상을 실현하고자 하였다. 새 수도 한양은 정도전에 의해 『주례』의 원리에 따라 건설되었는데, 종묘·사직단·궁궐·관청·시장 등이 유교적 공간 질서에 따라 배치되었다. 『주역』의 팔괘 원리를 바탕으로 한양도성을 축성하고, 인의예지신(仁義禮智信)의 덕목을 사대문의 명칭에 반영해 동·서·남·북 방향마다 흥인지문, 돈의문, 숭례문, 숙청문이라 이름 지었다. 따라서 한반도에서 유교 수용은 단순한 종교적 차원을 넘어서, 국가 이념과 제도, 도시 설계와 일상문화에 이르기까지 깊숙이 내재된 정치적·사회적 기틀이었다. 유교는 국가의 정통성과 국민의 도덕의식을 형성하는 중심축으로 작용해 왔으며, 한국 전통 정치문화의 정체성을 규정짓는 핵심이라 할 수 있다.

여전히 서울에는 조선시대에 시기를 달리하여 건설된 5대 궁궐(경복궁·창덕궁·창경궁·경희궁·경운궁)이 남아 있다.[249] 경복궁(景福宮)은 조선 왕조의 정궁이자 법궁으로서, 1394년 기공하여 1395년에 완공된 조선의 도읍을 상징하는 핵심 건축물이다. 정도전은 경복궁의 주요 건물 이름에서도 유교적 이상을 반영하여, 궁궐 이름은 『시경(詩經)』의 주아편에 있는 "이미 술에 취하고 덕에 배부르니, 군자 만년에 이르도록 그대의 큰복(景福)을 도우리라."는 구절을 인용하여 경복궁이라고 했다. 경복궁의 정문은 광화문이며, 그 문을 통과하면 흥해문과 영제교를 지나 근정문과 근정전이 나타난다. 근정전은 조회와 즉위식, 혼례식, 외국 사신 접견 등 국가적 의식을 치르는 장소로서 경복궁의 중심 건물이다. 근정전 뒤에는 왕이 공식 업무를 보는 사정전과 왕비가 생활하는 교태전이 남쪽 방향으로 일직선상에 배치되어 있으며, 동쪽에는 세자의 동궁, 서쪽에는 왕

---

249)　서울역사편찬원. 『서울 2천년사 1: 총설』. 2016. p176~179.

과 왕비가 산책하며 연회도 열었던 경회루가 있다. 경복궁은 왕족과 궁녀, 관료들의 거처뿐 아니라 정원과 다양한 부속 공간들로 구성되어 국왕의 삶과 통치 전반을 아우르는 복합 공간이었다. 경복궁은 1592년 임진왜란으로 소실되어 오랜 기간 폐허로 남았다가, 1865년 흥선대원군에 의해 중건되어 1868년 완공되었다. 이후 고종이 거처하며 경복궁은 다시 조선 왕조의 상징으로 그 위용을 되찾았다.

창덕궁(昌德宮)은 조선 제3대 왕 태종의 명에 따라 1405년 완공된 궁궐로, 경복궁의 동쪽에 위치한 창경궁과 함께 '동궐'이라 불렸다. 임진왜란으로 경복궁이 소실된 이후, 창덕궁은 오랜 기간 정궁의 역할을 맡아 조선 왕조의 중심 공간으로 기능했다. 궁궐 이름은 '덕을 쌓아 널리 펼친다'는 의미를 담고 있다. 창덕궁의 핵심 공간으로는 국가적 의례가 진행되던 인정전, 왕의 집무실인 선정전, 왕과 왕비의 거처인 회정당과 대조전 등이 있다. 정문인 돈화문은 1412년 건립되었고, 1463년에는 궁의 북쪽에 아름다운 후원을 확장하여 조경미를 더했다. 건물 배치는 경복궁과 달리 자연지형을 최대한 보존하며 유기적으로 구성되어 있으며, 정남향의 돈화문을 지나 동쪽의 금천교와 북쪽의 인정전으로 이어지는 구조가 특징적이다. 주요 공간들은 하나의 직선축이 아닌 여러 방향으로 연결되어, 수림 속에 건물이 조화롭게 자리 잡도록 했다. 궁의 후원은 지금도 연못과 정자가 자연과 어우러져 옛 궁궐 조경의 아름다움을 보여준다. 창덕궁은 자연과 건축이 완벽하게 어우러진 구조적 아름다움과 역사적 가치로 인정받아 1997년 세계문화유산으로 지정되며, 한국의 전통 궁궐문화와 건축미를 대표하는 공간으로 자리 잡고 있다.

창경궁(昌慶宮)은 조선 태조 때 별궁으로 지어졌으며, 세종 시기에는 '수강궁'이라 불리다 성종 15년(1485)에 '창성하고 경사스럽다'는 의미로

  한국·한국인·한국사회 뉴스로 읽다 [1]

'창경궁'으로 명명되었다. 이 궁궐은 창덕궁과 연결되어 '동궐'이라 불렸으며, 남쪽으로는 종묘와 이어진다. 처음에는 상왕 태종의 거처로 사용되었지만 이후에는 정희왕후, 소혜왕후, 안순왕후 등 왕실 여성들이 기거하는 공간으로 변화했다. 주요 건물로는 정전인 명정전, 편전인 문정전, 그리고 내전 등이 있으며, 임진왜란으로 소실된 뒤 광해군과 순조 시기 각각 중건되었다. 그러나 일제 강점기에 궁의 대부분이 철거되고 동물원 및 식물원으로 전락하면서 본래의 위상을 잃게 되었다. 궁의 이름은 1984년에 다시 복원되었다.

경희궁(慶熙宮)은 조선 인조가 1617년 아버지 정원군의 집터에 지어 3년 후 완공한 궁궐로, 당시 '경덕궁'(慶德宮)이라 불렸으며 서쪽에 위치해 '서궐'이라 불렸다. 인조반정과 이괄의 난으로 창덕궁과 창경궁이 피해를 입자, 인조는 경덕궁으로 거처를 옮겼다. 1760년에는 '경덕'이라는 이름이 원종의 시호와 같다는 이유로 '기쁨이 넘치고 빛난다'는 '경희궁'으로 개명되었다. 그러나 일제에 의해 궁궐 대부분이 철거되고 사라졌다가, 1985년 발굴을 통해 정전인 숭정전 등 일부 건물만 복원되었다. 경희궁은 현재 서울 시내에서 조선 후기 궁궐의 흔적을 느낄 수 있는 공간으로 남아 있다. 경운궁(慶運宮)은 앞서 언급한 덕수궁(德壽宮)의 옛 이름이다. 임진왜란 이후 선조가 환궁하면서 행궁으로 사용되었고, 고종이 대한제국을 선포하면서 황궁으로 사용되면서 경운궁으로 명칭이 변경되었다.

조선 건국 이후 유학은 국가 운영의 근간이 되었고, 강남농법의 도입으로 농업생산 증대와 인구 증가, 한글과 정간보 창안, 역법·과학기술 발달 등 실용적인 성취를 이끌었다. 그러나 조선 중기 이후 유학은 권력유지 수단으로 변질되며 교조화되었고, 특히 임진왜란·병자호란 후 성리학은 원리주의로 경직화되었다. 예송논쟁은 명분·정통성 논쟁을 극단으로 밀어붙이며 사회를 이념화했다. 더구나 호란과 명나라의 멸망 이후 조선 양반층과 집권세력에 퍼진 소중화사상(小中華思想)으로 중국 한족 문화를 전통적으로 이어받은 나라는 조선이라고 자부했다. 이 때문에 청 나라를 비롯한 외국 문물들을 오랑캐의 문화라며 무시했고 호란 이후로 는 폐쇄적인 고립주의를 고수했다. 이런 경향이 당시 조선사회와 이후 한국사회를 권위주의와 가족주의, 연고주의로 이끌었고 조선 후기 부패 한 권력자들은 자신들의 기득권을 공고히 하고 피지배층을 억누르기 위 해 유교를 왜곡했다. 조선 이후 일제강점기에는 지배층에 대한 복종을 강요했던 일본 무사도의 유입과 함께 한국전쟁과 군사정권으로 변질된 유교전통이 생긴 것이다.

가부장제는 유교적 폐단으로 지적되지만, 조선 전기까지는 남성이 처 가에서 지내는 혼인 풍습과 여성에 대한 학문 장려, 균분 상속 등 상호 존 중의 풍습이 존재했다. 여성은 재산을 소유하고 상속받을 수 있었으며, 족보에도 아들과 딸이 순서대로 기재되었다. 남녀차별도 임진왜란 이전 까지는 제한적이었고, 신사임당처럼 학문과 예술적 활동을 한 여성들도 존재했다. 오륜(五倫)의 부부유별은 남녀차별이 아닌 성윤리 유지가 목 적이었다. 하지만 조선 후기로 갈수록 여성 재혼·이혼은 금기시되었고, 열녀숭상과 정조 강조가 강화되었다. 여성의 제사 참여도 조선 전기에는 일반적이었으나 후기에 족보 매매와 양반 의식의 확산으로 사라졌고, 허 례허식이 만연했다.

조선 『경국대전』에 따르면 서민과 양반이 지내는 제사 횟수가 달랐다. 3품관 이상은 고조부까지 4대 봉사를 지내고, 6품관 이상은 증조부까 지 3대 봉사, 7품관 이하 선비들은 조부모까지 2대 봉사를 하고, 서민들 은 부모만 제사를 지냈다. '4대 봉사(四代奉祀)'는 부모·조부모·증조부모·고조부모까지 지내는 제사를 의미한다. 그런데 1894년 갑오개혁이 일어나고 반상이 무너지면서, 모두가 너도 나도 높은 양반처럼 4대 봉사를 하는 현상이 생겨났다. 무리해서라도 일반 서민들이 양반식 차례 음식을 준비하다 보니 부담이 컸지만 2대 봉사만 하면 우리 집안이 상놈 취급받는다는 인식에 따른 것이다. 유교의 예(禮)는 본래 검소와 진정성이 핵심이나, 사회 변동 이후 형식 중심의 체면치레로 왜곡된 것이다.

오늘날 한국사회에서 '유교'라는 개념은 많은 젊은 세대에게 권위주의와 위계질서의 상징으로 인식되고 있다. 학교에서 학생의 작은 반대조차 도전으로 받아들이며 체벌을 가하는 교사의 태도, 군대에서 '전통적 가치'를 내세우며 인간성을 파괴하는 고참의 폭력, 직장에서 아랫사람을 부려먹는 상사의 갑질 등은 모두 피해자에게 유교의 잔재로 받아들여진다. 이러한 수직적 사회 구조 속에서 피해를 입은 사람들은 자연스럽게 유교를 탓하게 되며, 일부에서는 공자가 이 나라의 미래를 위해 죽어야 한다는 극단적인 주장까지 등장한다. 그러나 이러한 인식은 공자 본래의 사상과는 거리가 있다.[250]

공자 역시 자신이 살던 시대의 현실을 어느 정도 수용했지만, 그의 가르침은 단순한 체제 옹호가 아니라 도덕적 완성과 공동체의 조화를 추구하는 것이었다. 공자의 사상에는 비판정신, 구도정신, 물질에 대한 초월 등이 포함되어 있었으나 후대의 권력과 결탁한 유가에 의해 왜곡되었다. 한나라 이후 유교는 제도화되면서 권위와 복종을 강조하는 어용적 사상으로 변질되었고, 공자의 본래 정신은 점차 사라지게 되었다. 따라서 우리가 비판해야 할 것은 공자 그 자체가 아니라, 그의 사상을 왜곡하고 권

---

250) 박노자. 『당신들의 대한민국 1』. 한겨레출판. 2010. p142.

력의 도구로 삼은 후대의 유교이다. 2500년 전의 고대 사상을 오늘날의 기준으로 완전하지 않다고 탓하는 것은 무리이며, 오히려 공자의 윤리적 가치와 공동체 정신을 현대적으로 재해석하는 노력이 필요하다.

2) 한국의 교육열

한국인들의 교육에 대한 열망은 단순히 좋은 직업이나 경제적 성공을 위한 수단으로만 설명하기 어렵다. 1990년대 한국사회를 연구한 드니스 레트(Denise Lett)는 이러한 교육열을 '양반화'라는 개념으로 해석하였다. 그녀는 점점 확대되는 중산층이 과거 양반들이 누렸던 전통적인 엘리트 지위를 교육을 통해 획득하려 한다고 보았다. 과거처럼 세습적 특권은 더 이상 중요하지 않지만, 사회적 지위를 결정하는 기준은 재산, 결혼, 그리고 무엇보다도 학력이라는 점에서 교육은 핵심적인 역할을 하게 되었다.[251]

한국의 부모들은 자녀에게 양반적 태도를 갖추도록 교육하며, 이는 도덕적 권위와 특권에 대한 인식을 물려주는 것이기도 하다. 육체노동은 수치스럽게 여겨지고, 정신적·도덕적 우월성이 교육을 통해 획득된다고 믿는 경향이 강하다. 경제협력개발기구(OECD) 보고서 역시 이러한 전통적 가치가 한국 교육에 깊은 영향을 미치고 있다고 지적하였다. 한국인들은 위계적이고 등수에 민감한 세계관을 갖고 있으며, 교육은 개인의 사회적 지위를 확고히 하는 수단으로 작동한다. 1950년대, 1960년대, 그리고 1990년대에 걸쳐 이루어진 여러 조사들은 한국인들이 교육의 실질적이고 경제적인 가치를 인식하면서도 교육이 도덕적 권위와 사회적 지

---

251) 마이클 세스. 『한국교육은 왜 바뀌지 않는가?』 학지사. 2021. p376~377.

위를 획득하는 데 가장 중요한 요인이라는 인식을 일관되게 유지하고 있음을 보여 준다. 이러한 교육에 대한 사회적 요구는 한국의 전근대적이고 문화적인 유산에서 비롯된 것이다.

• 유교적 전통

무엇보다도 한국사회의 교육열은 교육 그 자체보다는 교육을 통해 얻을 수 있는 사회적 성취와 결과에 집중되는 경향이 강하다. 이러한 결과 중심적 사고는 학습 과정에서의 노력이나 성장보다는 졸업장이나 학위 같은 형식적 성과를 더 중시하게 만든다. 그 결과, 대학을 거의 마쳤더라도 졸업장을 받지 못하면 고졸자로 간주되는 등, 실질보다 형식을 우선시하는 풍토가 형성된다.[252] 이러한 분위기 속에서 부모들은 자녀의 교육을 지원할 때 과정의 효율성보다는 결과의 효과성에 집착하게 되고, 이는 때로 극단적인 사교육 투자로 이어진다. 특히 물질적 지원이 정신적 지원보다 더 효과적이라는 믿음이 퍼지면서, 막대한 사교육비 지출이 정당화된다. 또한, 결과에 대한 지나친 집착은 사람들로 하여금 '막판 역전'에 대한 환상을 갖게 만들어 진로 선택과 같은 중요한 결정을 불필요하게 미루거나 유예하게 만드는 부작용도 초래한다. 결국, 한국사회의 교육열은 결과 중심적 가치관 속에서 과도한 경쟁과 왜곡된 교육 투자를 낳고 있는 셈이다.

반면에 1950~60년대의 선구자들은 교육의 목적을 도덕성과 인격, 태도의 개발로 보았으며, 이는 사회정치적 리더십과도 밀접한 관련이 있었다. 이러한 가치들은 사회 전반에서 공유되었고, 한 세대가 지난 후에도

---

252) 이종각. 『한국의 교육열 세계의 교육열』. 하우. 2005. p206.

여전히 교육의 목적은 인격 계발이라는 인식이 유지되었다. 한국교육개발원의 연구에 따르면, 교육이 필요한 이유로 '좋은 직업을 얻기 위해서'라는 현실적인 답변이 많아졌지만, 인격계발 역시 중요한 이유로 여겨지고 있었다. 특히 대학을 졸업한 학부모일수록 도덕성과 인격계발을 교육의 핵심 목표로 인식하는 경향이 강했다. 따라서 한국의 교육열은 단순한 경쟁이나 경제적 동기만으로는 설명되지 않는다. 그것은 전통적 가치관, 사회적 지위에 대한 인식, 그리고 도덕적 권위에 대한 기대가 복합적으로 작용한 결과이며, 한국사회의 문화적 정체성과 깊이 연결되어 있는 현상이다.

유교는 '배움'에 최고의 가치를 부여하고 있고, 유교의 숭문(崇文)주의 이념은 한국사회의 교육열의 근원이라 할 수 있다. 조선은 성리학을 국가 이념으로 삼은 유교 국가였으며, 성리학은 모든 인간이 교육과 자기 수양을 통해 성인이 될 수 있다는 가능성을 강조했다. 이에 따라 학교와 과거제도는 천민을 제외한 모든 계층에게 열려 있었고, 능력과 덕을 갖춘 자가 관직에 오를 수 있다는 이상이 제시되었다. 일례로 조선 후기의 선비 김득신(金得臣, 1604-1684)은 독서에 있어 그 누구보다도 철저하고 집요한 태도를 보인 인물로, 그의 삶은 '끈기'와 '성실'이라는 덕목의 극치를 보여준다. 그는 자신의 독서 기록을 『독수기(讀數記)』라는 책에 남겼는데, 이 책에는 유학의 주요 경전 중에서 만 번 이상 읽은 것만을 기록했으며, 그 수가 무려 36편에 달한다. 그중에서도 가장 놀라운 기록은 사마천의 『사기』에 실린 「백이전」을 무려 11만 3천 번이나 읽었다는 것이다. 여기서 '읽는다'는 행위는 단순히 눈으로 글을 훑는 침묵의 독서가 아니라, 소리 내어 읽는 낭독을 의미한다. 즉, 김득신은 같은 글을 수십 년에 걸쳐 반복해서 소리 내어 읽었으며, 단순한 독서가 아니라 일종의 수행에 가까운 행위였다.

　다만 조선시대 교육은 유교적 이념과 능력주의적 이상을 바탕으로 설계되었지만, 실제 사회 구조는 혈통과 세습에 기반한 양반 중심의 위계질서에 의해 지배되었다. 이로 인해 교육 제도는 이론적으로는 개방적이었으나, 현실에서는 폐쇄적이고 배타적인 성격을 띠게 되었다.[253] 현실적으로 시험 준비에 필요한 시간과 자원을 감당할 수 있는 상류층 자제들이 유리했으며, 교육의 기회는 사실상 양반 계층에 집중되었다. 즉 과거 제도는 양반 귀족들 사이에서 권력과 특권을 재생산하는 수단으로 작동했다. 혈통과 항렬, 위계질서가 강조되던 조선 사회에서 과거제도는 능력주의의 외피를 두른 세습적 구조의 일부였으며, 양반 계층은 이를 통해 사회적 지위를 공고히 했다. 양반은 관료, 학자, 지주로 구성된 세습 집단으로서 조선 사회를 지배했으며, 자신들을 도덕적 지도자이자 학문적 권위자로 인식했다. 이들의 가치관은 사회 전반에 퍼져 나가며, 교육을 통한 성공과 도덕적 우수함은 곧 특권의 상징이 되었다. 이러한 양반의 이상은 중산층과 하층민에게도 이상적 모델로 자리 잡았고, 교육을 통한 계층 상승의 꿈을 심어 주었다.

　따라서 조선의 교육은 유교 이데올로기와 시험제도를 통해 능력주의적 이상을 표방했지만, 실제로는 양반 중심의 세습적 구조와 모순된 형태로 운영되었다. 이로 인해 조선 사회는 제도권 교육에 집착하며, 교육을 단순한 학문적 수단이 아닌 사회적 지위와 권력을 획득하는 통로로 인식하게 되었다. 이러한 교육에 대한 집념은 오늘날까지도 한국사회의 교육열과 경쟁 중심의 문화에 깊은 영향을 미치고 있다.

---

253)　마이클 세스. 『한국교육은 왜 바뀌지 않는가?』 학지사. 2021. p39.

• 인적 자원 육성

한국사회의 교육열은 단순히 개인의 성취를 위한 열망이 아니라, 가족 전체의 운명과 연결된 공동체적 연대의식에 의해 지배된다. 교육에 관한 의사결정은 자녀가 아닌 부모 중심으로 이루어지며, 자녀의 성공이 곧 가족 전체의 지위와 명예에 영향을 미친다는 인식에서 비롯된 것이었다. 이러한 문화에서는 개인의 감정이나 의지보다 집단의 분위기와 기대에 따르는 것이 미덕으로 여겨지며, 자녀는 학업에 흥미가 없거나 어려움을 겪더라도 중도 포기라는 선택을 쉽게 할 수 없는 구조에 놓이게 된다.[254] 부모는 자녀의 성공을 위해 개인적 희생을 감수하는 것을 당연한 도리로 여기며, 때로는 그 과정에서 도덕적 한계를 넘는 행동도 서슴지 않게 된다. 예를 들어, 아이의 대학 진학을 위해 '성적 조작'도 마다하지 않는 게 한국의 학부모다.

한국의 교육 발전은 국가의 산업화와 경제 성장의 핵심 동력으로 작용해 왔다. 일제강점기 35년의 식민지 지배가 끝난 후, 한국은 미국과 소련의 영향 아래 분단되었고, 짧은 미군정기를 거쳐 독립국가로 출범했다. 당시 한국은 산업 기반을 거의 상실한 상태였으며, 피난민 문제와 한국전쟁이라는 극심한 혼란을 겪었다. 정치적 불안과 경제적 무질서가 반복되었지만, 교육만큼은 1945년 이후 빠르게 발전했고 중단 없이 지속되었다. 해방되자 한국사회에서는 교육에 대한 보편적 열망이 강하게 드러났고, 교육의 모든 단계에 대한 접근권 보장을 중요한 과제로 인식했다. 이러한 열망은 도시 엘리트층에 국한되지 않았으며, 전국적으로—작은 농촌 마을에서부터 도시 빈민가에 이르기까지—널리 퍼져 있었다.

---

254) 이종각. 『한국의 교육열 세계의 교육열』. 하우. 2005. p208.

　　한국·한국인·한국사회 뉴스로 읽다 ①

1950년대 한국전쟁이라는 극한의 상황 속에서도 교육을 포기하지 않았던 모습은 세계적으로도 놀라운 장면으로 기록되었다. 1951년 2월 26일, 정부는 「전시하 교육특별조치 요강」을 발표하며 피란지에서도 교육을 지속할 수 있는 제도적 기반을 마련했다. 서울이 점령당하고 수많은 학생들이 지방으로 피란했지만, 그들은 노천수업과 천막수업을 통해 학업을 이어갔다. 이러한 모습은 1951년 6월 8일자 〈뉴욕타임스〉[255]에 "많은 학교의 붕괴에도 불구하고 한국인들이 뿜어내는 교육열"이라는 제목으로 소개되며, 국제사회에 깊은 인상을 남겼다. 당시 외신 기자 맥그리거는 한국인들의 교육열의 원천을 "교육 수준의 향상과 문맹률 해소에 나라의 미래가 달려 있다는 믿음"이라고 분석했다.

더욱 놀라운 점은 교육열뿐만 아니라 교사 선발 과정에서도 나타났다. 전시 상황임에도 불구하고 교사 선발은 오히려 평시보다 더 엄격하고 철저하게 진행되었다. 선발은 2단계로 이루어졌는데, 먼저 시·군 단위의 교사선발위원회가 시장 또는 군수, 교육위원, 교장으로 구성되어 후보자에 대한 면접을 실시했다. 이 과정에서는 특히 사상적 오류 여부를 중점적으로 검토했다. 이후 도 단위 심사위원회가 도지사를 위원장으로 하여 최종 평가를 진행했다. 천막 아래, 나무 그늘에서 수업을 이어가던 열악한 환경 속에서도 이러한 체계적인 교사 선발 절차가 유지된 것은 교육의 질을 확보하려는 의지의 표현이었다.[256]

1950년대 우리나라 교육 정책은 "교육입국", 즉 교육을 통해 국가를 세운다는 기치 아래 추진되었다. 정부는 풍부한 노동 인구와 국민의 높은

---

255) Education Pushed by South Koreans Despite Destruction of Many Schools; KOREAN NATIONAL GUARD TRAINING UNDER U.S. ARMY MEN. By Greg MacGreggor Special To the New York Times. June 8, 1951.

256) 서울역사편찬원. 『서울 2천년사 37』현대 서울의 교육과 언론. 2016. p37.

교육열을 국가 발전의 동력으로 삼고자 했으며, 유엔 한국재건단의 지원을 받아 공업고등학교, 수산고등학교 등 실업계 고등학교 시설을 복구하였다. 또한 '1인 1기 교육 운동'을 전개하여 모든 국민이 최소한 하나의 기술을 습득하도록 장려함으로써 실업교육을 국가 재건의 기반으로 삼았다. 1957년에는 농업·공업·상업 과정을 동시에 운영하는 종합고등학교 제도를 도입하여 고등교육의 다양성을 확대하였다. 같은 해 시행된 '실업기술교육 5개년 계획'은 직업기술교육의 체계적 기반을 마련하는 중요한 계기가 되었다.[257]

이승만 대통령 시기의 교육혁명은 한국의 산업화와 경제 발전의 토대를 마련한 핵심 요소로 평가된다. 당시 인도나 남미 국가들이 수입대체 산업화 정책을 추진했음에도 실패한 이유는 인적자본의 부족 때문이었다. 경제학자 루카스 교수의 이론에 따르면, 수입대체 산업화 정책은 초기 인적자본 수준에 따라 그 방향이 달라진다. 인적자본이 낮으면 농업 특화로 흐르지만, 인적자본이 높으면 제조업 특화로 이어진다. 한국은 후자의 경우에 해당하며, 이승만 정부의 교육혁명을 통해 확보된 인적자본은 이후 박정희 정부가 추진한 수입대체 산업화와 산업혁명의 성공을 가능하게 만든 결정적 요인이었다.

남미 국가 등은 장기간 보호 정책을 시행했음에도 불구하고 제조업 기반을 제대로 구축하지 못했고, 결국 농업 중심의 경제 구조에서 벗어나지 못했다.[258] 반면, 한국은 이승만 정부 시절 범국가적으로 추진된 교육 확대 정책을 통해 양질의 인적자본을 빠르게 확보했다. 일제 강점기에는 신식 교육을 받은 인구가 14%에 불과했지만, 1950년대 말에는 학령인구

---

257) 교육으로 일어선 한국경제. KDI 나라경제. 2025년 7월호.
258) 박정희대통령기념재단.『박정희, 그리고 사람』. 미래_H. 2018. p117.

의 취학률이 96%에 달했고, 중학생 수는 10배, 고등학생은 3.1배, 대학생은 12배로 급증했다. 1960년 당시 한국의 대학생 수는 10만 명으로, 인구[259] 5,000만 명의 영국과 비슷한 수준이었다. 또한 이승만 정부는 유학, 훈련, 연수 등의 형태로 2만 명 이상의 인재를 미국에 파견했으며, 그중에는 박정희 대통령도 포함되어 있었다.

우리나라 교육에서 가장 눈에 띄는 특징 중 하나는 초등교육의 빠른 팽창과 조기 보편화다. 해방 직후 미군정과 대한민국 정부는 초등교육의 의무화를 최우선 과제로 삼고 다양한 정책적 수단을 동원했다. 2~4부제 수업, 야간학교 도입, 학급당 학생 수 극대화, 단기 교사 양성 프로그램 확대, 사립학교 설립 장려 등의 전략을 통해 단기간 내 의무교육 기반을 마련했다. 그 결과 1959년 취학률은 96.4%에 도달했고, 1966년에는 98.1%, 1970년에는 100.7%에 이르며 완전 취학을 달성했다. 이러한 수치는 1960년 당시 세계 평균 초등교육 취학률 62.1%와 비교해도 월등히 높았으며, 개발도상국은 물론 개발국보다도 높은 수준이었다. 우리나라의 교육 팽창은 초등 → 중등 → 고등 교육 순으로 단계적으로 진행되었고, 각 교육급의 보편화가 상위 교육급의 수요 증가로 이어지면서 교육 기회가 확장됐다.

따라서 한국은 초등교육을 시작으로 중등, 고등, 고등교육에 이르기까지 순차적으로 보편교육을 실현했다. 진학률 90%(고등교육은 50%)를 기준으로 보편교육 실현 시기를 보면 초등학교는 1957년, 중학교는 1979년, 고등학교는 1985년, 대학은 1995년에 이르러 각각 보편화가 이뤄졌다. 특히 초등교육의 보편화는 국민들에게 기초 문해력과 규칙 준수, 질

---

259) 1960년 대한민국 인구는 2,501만 명이었다.

서 의식 등 직업인으로서 기본 소양을 갖추게 해 주었으며, 생산성이 높은 노동력을 대량으로 양성하여 산업화와 경제 발전에 기여했다. 또한 근대화와 새로운 문명에 대한 국민 저항을 완화하고 교육 투자에 대한 긍정적 인식을 확산시켜 국가 발전을 촉진하는 기반이 되었다.

여성의 초등교육 취학률이 매우 높았다는 점도 특징적이다. 1965년 여학생 취학률은 96.9%에 달해 북미를 제외한 모든 지역보다 높았고, 남녀 취학률 간 격차도 상대적으로 적었다. 이로 인해 1960년대 주요 수출 산업인 섬유, 신발, 가발, 합판 분야에서 미혼 여성 인력이 산업화의 핵심 역할을 수행할 수 있었으며, 농업 및 비공식 부문에서도 여성 교육 성취가 생산성 향상에 기여했을 가능성이 있다. 초등교육의 빠른 보편화는 한국 교육 발전의 토대를 마련했으며, 교육 평등과 산업화, 여성 참여 확대를 동시에 이룬 중요한 성취라 할 수 있다. [260]

이러한 교육기회 확대는 단순한 양적 성장에 그치지 않고, 이후 한국 교육의 질적 발전과 정책적 기반을 마련하는 발판으로 작용하였다. 제한된 자원과 혼란스러운 정치·사회적 상황 속에서도 정부와 국민의 교육에 대한 의지가 결합되어, 단계적이고 체계적인 진학 기회 확대가 가능했던 것이다. 이는 산업화가 급속도로 진행된 지난 60~80년대에 양질의 인적자원을 제공했다. 고등학생 10명 중 7~8명이 대학에 진학할 정도인 세계 최고의 교육열은 학벌주의와 서열화라는 문제가 있지만 한국 경제와 사회발전의 원동력이었다.

---

260) 이종재 등. 연구보고서 『한국교육 60년-성취와 과제』. 한국교육과정평가원. 2009. p185~188.

• 경쟁과 중산층 형성

　해방 이후 한국사회에서 고등교육의 급속한 팽창은 단순한 교육 정책의 결과가 아니라, 식민지 체제에서 교육받은 사람들이 새로운 지배층으로 자리 잡는 모습을 목격한 대중의 반응에서 비롯된 것이다. 일제강점기의 차별적 교육체계가 해방과 함께 사라지자, 한국인들은 교육을 통해 사회적 지위를 획득할 수 있다는 강한 믿음을 갖게 되었고, 폭발적인 교육열로 이어졌다. 특히 1950년대는 전통적인 신분 질서가 무력화되고 모두가 가난하지만 평등한 상태였기 때문에, 학력주의에 기반한 교육 경쟁이 전 국민적 경쟁으로 확산되는 전환점이 되었다.[261] 1954년 기준으로 총 인구 대비 대학생 비율이 0.38%에 달했는데, 당시 대한민국보다 소득 수준이 높은 여러 국가들보다도 높은 수치였다. 이는 고등교육이 단순한 학문적 수련을 넘어, 사회적 지위와 물질적 부를 획득할 수 있는 수단으로 인식되었음을 보여준다. 분단과 전쟁으로 인해 집단적 계층 상승의 경로가 차단된 상황에서, 교육은 개인이 사회경제적 성공을 이룰 수 있는 거의 유일한 통로로 여겨졌다.

　이러한 교육열을 더욱 부추긴 것은 당시의 노동시장 구조였다. 전쟁 이후 한국 경제는 미국의 원조에 의존하면서 3차 산업의 비중이 높은 산업 구조를 갖게 되었는데, 이 서비스 산업은 상업과 금융 부문을 중심으로 고학력자의 비율이 높고 소득 수준도 상대적으로 높았다. 따라서 고등교육을 받은 사람들은 더 나은 직업과 소득을 얻을 수 있었고, 교육의 가치에 대한 대중적 인식을 더욱 강화시켰다.

　한국 교육이 치열한 경쟁을 띠게 된 데는 사회 문화적 요인뿐만 아니라

---

261)　장덕진 외. 『압축성장의 고고학』. 한울. 2015. p107.

오랜 제도적 특징이 있다. [262] 학생 평가 방식과 학제 구조의 변화가 치열한 경쟁을 구조화하는 데 깊은 영향을 미쳤다. 앞서 보았듯이 학생 평가 제도의 측면에서, 일제강점기 초중등교육에서 도입된 상대평가는 학생들의 전 과목 평균 점수를 기준으로 석차를 매기고 이를 진급·진학·취업 등에 활용하였다. 이 석차 중심 제도로 인해 학교 교육의 목적이 학생 개개인의 소질을 발전시키는 것이 아니라, 능력을 변별하고 선발·배치하는 수단으로 기능하면서 경쟁 대상이 동료 학생으로 전환되었다. 이러한 평가 방식은 공동체 의식을 약화시키고, 이기주의적 개인을 양산하는 결과를 낳았다. 해방 이후에도 이 평가 방식이 지속되면서 학생 간 경쟁은 더 격화되었다.

두 번째는 학제 개편이다. 해방 직후 미군정은 기존의 인문학교와 실업학교가 분리되어 있던 복선형 학제를 미국식 단선형 학제로 변경하였다. 이는 교육 접근성의 평등을 높이고 계층 간 진학의 차이를 줄이기 위한 조치였으나, 결과적으로 교육 목표가 대학 진학 중심으로 편향되며 부작용이 발생했다. 학문 중심의 교육 구조 속에서 국어·영어·수학과 같은 소수 교과목이 위계적으로 우위를 점하면서 교육 내용이 제한되었고, 표준화 시험에 의존한 평가 방식이 고착화되었다. 이러한 변화는 대학 진학의 과열을 유도하고, 중등 교육 전반의 경쟁 구조를 심화시키는 계기가 되었다. 즉 한국 교육의 경쟁 문화는 식민 통치 전략으로 도입된 상대평가와 해방 이후 단선형 학제로의 전환이 맞물리며 더욱 고착화되었다. 이로 인해 교육이 공동체적 가치보다는 개인의 성취에 초점을 두게 되었고, 오늘날까지도 교육 경쟁은 강력한 구조적 힘으로 작용하고 있다.

---

262) SBS 미래부·이창재. 『더 좋은 사회 더 나은 미래』. 한울. 2017. p75~77.

따라서 한국 교육은 세계적으로 유례없이 치열한 경쟁 구조를 띠게 되었다. 이러한 경쟁은 크게 두 가지 양상으로 나타난다. 첫째는 조기 경쟁으로 유아기부터 본격적인 교육 경쟁이 시작된다. '2024 유아 사교육비 시험조사' 결과에 따르면 영유아 사교육 참여율은 절반에 가까운 47.6%로 집계됐다. 2세 이하 24.6%, 3세 50.3%, 5세 81.2%로 연령이 높을수록 증가했다. 이는 초·중·고등학교를 포함한 모든 교육 단계 중 가장 높은 수준이다. 둘째는 지속적이고 치열한 순위 경쟁으로, 대부분의 학생들이 유사한 목표—명문대 입학, 좋은 직장, 사회적 성공—을 지향하는 가운데 일부만이 명문대에 입학할 수 있어 과잉 경쟁이 불가피하게 된다. 이러한 경쟁은 단순한 교육열을 넘어서 과당 경쟁으로 이어지고 있다.

이를 반영하듯 입시 열풍도 1960년대부터 시작됐다. '개천에서 용 난다'는 말처럼 어려운 환경 속에서 공부를 통해서 신분 상승의 기회를 잡을 수 있었기 때문이다. 따라서 좋은 학교에 가기 위한 사교육도 기승을 부렸다. 이 때문에 1968년 중학교 무시험 입학제와 1974년 고교 평준화를 실시했다. 1980년대에는 대학 본고사 폐지와 과외 금지령이 내려졌다. 이후로도 교육은 양적으로 더욱 확대되었는데, 고등교육이 확대되고 이를 대중화하기 위한 통신대학이나 산업대학 등 다양한 형태의 대학들이 설립되었다. 대학 교육이 확대되고 본고사에서 학력고사로 그리고 수능과 수시입학 등 입시정책이 쏟아졌지만, 사교육 열기는 수그러들지 않았다.

1974년 도입된 고교평준화 제도는 한국 중등교육에서 중요한 전환점을 마련한 정책으로, 고등학교 입학을 무시험 전형과 거주지 중심의 배정

방식으로 운영함으로써 교육 기회의 균등화를 실현하고자 했다.[263] 이 제도의 도입으로 고교 진학 수요가 급증하면서 더 많은 학생들이 고등학교에 진학할 수 있게 되었고, 중등교육의 기회 확대라는 측면에서 큰 성과를 거두었다. 또한 평준화 제도는 과열된 고입 경쟁을 완화하고, 사교육에 대한 부담을 줄이는 데 기여했다. 중학생들이 입시 경쟁에서 벗어나면서 고급과외 수요가 감소했고, 엘리트주의가 약화되면서 교육의 형평성이 증대되었다. 고등학교 서열이 해체됨에 따라, 학연주의와 학벌주의가 완화되어 학교별 졸업장의 사회적 가치는 평준화되었으며, 고교 수준에서의 학벌 중심 연결망도 상당 부분 해소되었다.

이 제도는 학생 구성의 다양화를 촉진하여 폭넓은 교우 관계 형성에 긍정적인 영향을 주었고, 학교생활 만족도나 시험에 대한 불안, 학업 스트레스 등 정서적 측면에서도 비평준화 지역보다 유리한 결과를 보여 주었다. 이러한 요소는 교육의 질뿐 아니라 학생들의 삶의 질 향상에도 영향을 미쳤다. 국제 학업성취도 평가에서도 평준화 제도의 긍정적 효과가 확인된다. 한국이 PISA, TIMSS[264] 등의 국제 비교 평가에서 높은 성과를 보이는 이유 중 하나로 OECD는 고교 평준화 정책을 언급하였다.

국제학업성취도 평가(PISA)는 OECD가 주관하는 국제 학업성취도 평가로 중3~고1인 만15세 학생들의 수학, 읽기, 과학 소양 수준과 추이를 국제적으로 비교하고 교육 맥락 변인과 성취도 사이의 관계를 파악하기 위해 3년 주기로 시행된다. 2022년 결과를 보면 OECD 국가 중 수학은 1~2위, 읽기 1~7위, 과학 2~5위로 모두 최상위권이었다. 평균 점수로 매긴 순위는 81개 전체 조사 대상국 기준으로 수학은 3~7위, 읽기 2~12위,

---

263) 이종재 등. 연구보고서『한국교육 60년-성취와 과제』. 한국교육과정평가원. 2009. p173.
264) 수학·과학 성취도 추이변화 국제비교 연구.

과학 2~9위였다. 이런 성과 덕분에 매년 60여 개 국가에서 한국교육개발원 등 교육연구기관들을 방문할 정도로 OECD 국가와 개발도상국 사이에서 한국의 교육성과와 교육열은 관심의 대상이다.

평준화 체제는 중위권 이하 학생들에게 분발할 수 있는 여건을 제공하여 전체 평균 성적을 상향시키는 데 효과적이었다. 따라서 고교평준화 제도는 교육기회의 확대, 경쟁 완화, 사회적 형평성 제고, 정서적 안정, 국제적 학업 성과 향상 등에 기여하며, 한국 교육 정책의 중대한 분기점으로 평가된다.

한국의 고등교육 팽창은 1980년대에 들어 급속도로 진행되었다. 1981년 졸업정원을 거의 두 배로 확대하고, 졸업정원제 시행으로 정원의 30% 추가 입학을 허용하면서 대학생 수는 급격히 증가했다. 이에 따라 소규모 학과의 증원, 단과대학의 종합대학 전환, 신규 대학 설립 권장, 서울 소재 대학의 증원, 전문대학의 4년제 승격, 방송통신대학 확충 등이 추진되어 대학 교육 기회가 대폭 확대되었다. 그 결과 1980년에는 세계 평균 고등교육 취학률을 상회하고, 1985년에는 북미를 제외한 모든 지역보다 높은 취학률을 기록했다. 1990년대 들어서는 이공계 중심의 증원이 이어지면서, 대학 전체 학생 중 이공계 비율은 1989년 39.3%에서 1995년 43.6%로 상승하였다.

이러한 고등교육의 팽창은 각 시기별 산업화 정책 변화와 긴밀하게 연계되었다. 1960년대에는 섬유, 전기기계 등 노동집약적 경공업 중심의 산업화가 이루어졌고, 이에 따른 단순 노동력 수요가 급증하였다. 1970년대에는 산업 전략이 자본집약적 중화학공업으로 전환되며 숙련 기능 인력에 대한 수요가 크게 늘었다. 1980년대에는 산업 구조가 기술집약적, 지식·정보집약적 산업으로 진화했고, 동시에 사회간접자본과 서비스업도 성장하면서 고학력 전문 인력에 대한 수요가 확대되었다. 이 같은 한국의 교육기회 확대는 시기별 산업 수요에 발맞춰 인력을 적시에 양성·공급함으로써 국가 경제와 산업 구조 변화에 능동적으로 대응할 수 있는 기반이 되었다.

그리고 교육은 한국사회에서 중산층 형성과 유지에 핵심적인 역할을 담당해 왔다. 개인은 교육을 통해 더 나은 일자리와 안정된 소득을 확보할 수 있으며, 교육은 중산층으로 진입하거나 해당 지위를 유지하는 데 필수적인 조건이 된다. 교육 수준이 높아질수록 소득이 증가할 가능성도 높아지며, 여러 연구들은 이러한 소득 향상이 중산층의 기반을 이루는 주요 요소임을 밝히고 있다. 뿐만 아니라 교육은 사회 이동의 중요한 통로가 되어 왔다. 빈곤층은 교육을 통해 중산층으로 올라설 수 있고, 중산층 내에서도 더 높은 계층으로 이동할 수 있는 발판이 된다. 이는 사회 전반의 유동성과 통합을 증진시키는 기반이 되며, 특히 한국사회에서 교육은 세대 간 계층 이동의 핵심 경로로 기능하고 있다.

자녀 교육에 대한 높은 관심도 중산층의 특징 중 하나로, 부모들은 자녀의 교육을 통해 자신의 계층적 지위를 유지하거나 더 나은 미래를 열어주려는 경향이 강하다. 이러한 모습은 중산층 거주 지역에서의 사교육 공간 구성과도 밀접하게 연계되어 있다. 더 나아가 교육은 사회 통합의 수단으로 기능한다. 구성원 간의 이해와 소통을 증진시키며 공동체 의식을 높이고, 중산층이 사회 안정과 발전에 기여할 수 있도록 하는 기반이 된다. 중산층은 교육을 통해 형성된 시민 의식과 사회적 책임감을 바탕으로 민주주의와 사회 개혁에도 적극적으로 참여한다.

따라서 한국 민주화 과정에서 중산층의 형성은 결정적인 역할을 수행했다. 1960년대 이후 산업화와 경제 성장이 본격화되면서 중산층은 급속히 확대되었고, 단순한 경제적 성취를 넘어 정치적 의식의 성장과 민주주의에 대한 요구로 이어졌다. 경제 발전은 교육 기회의 확대와 함께 국민들의 사회·경제적 지위를 끌어올렸으며, 그 결과 중산층은 안정된 삶을 기반으로 정치적 참여와 자유에 대한 열망을 표출하게 되었다. 중산층이 단순한 소비 주체를 넘어 사회 변화를 주도하는 집단으로 자리 잡은 것이다. 교육 수준 향상과 소득 증가는 시민 의식을 고양시켰고, 민주주의에 대한 이해와 공감으로 연결되었다. 1987년 6월 항쟁을 비롯한 민주화 운동의 주요 참여 세력으로 중산층이 부상하게 된 것도 이러한 흐름의 결과였다. 중산층은 운동권과 연대하여 민주화 운동의 폭을 넓히고 사회적 지지를 형성했으며, 제도적 민주주의가 정착된 이후에도 지속적으로 제도 운영에 참여하고 이를 지지하는 역할을 수행하였다.

특히 중산층은 민주주의의 심화를 요구하는 과정에서 사회 불평등 해소와 다양한 사회 개혁에 대한 목소리를 높이며, 정치적 안정과 민주적 가치를 뒷받침하는 토대가 되었다. 이처럼 교육을 통해 형성된 중산층은 경제적 지위 상승에 그치지 않고, 정치적 의식 성장과 제도적 참여를 통해 한국 민주주의의 발전에 지속적이고 중요한 역할을 했다. 그들의 존재는 단순히 사회 구조의 한 계층을 넘어 민주주의 실현의 동력으로 평가할 수 있다.

3) 5·18 민주화운동과 언론의 역할

1960년대부터 1970년대 초반까지 민주화 운동은 대부분 서울을 중심으로 전개되었다. 서울에 주요 대학과 지식인이 집중되어 있었기 때문이었다. 서울은 해방 이후 정치, 경제, 문화, 교육의 중심지로 집중화되었고, 특히 대학생들의 비판적 의식은 민주화 운동의 핵심 동력이었다. 1970년대 후반에는 유신체제에 대한 반발이 거세졌고, 1979년 부마항쟁은 부산과 마산에서 일어난 대규모 시위로 유신체제 붕괴에 결정적인 역할을 했다. 같은 해 10월 26일, 박정희 대통령이 피살되면서 유신체제는 종말을 맞았고, 민주화에 대한 기대가 높아졌다. 그러나 12월 12일, 군사 조직 '하나회' 중심의 신군부가 쿠데타를 일으켜 군권을 장악하면서 '서울의 봄'은 좌절되었다.

1980년 봄, 한국사회는 민주화를 향한 열망으로 들끓고 있었다.[265] 노동자들은 임금 인상과 노동조건 개선을 요구하며 생존권 투쟁과 노동조합 민주화운동에 나섰고, 학생·지식인·종교인들도 유신체제의 잔재를 청산하고 민주정치를 실현하기 위한 거리 시위를 이어 갔다. 하지만 전두환을 중심으로 한 신군부는 1979년 12·12 군사 쿠데타를 통해 권력을 장악했고, 미국은 한반도에서 친미 반공국가를 유지한다는 정책 아래 이를 묵인했다. 1980년 5월, 서울역 광장에 수십만 명의 시민과 학생들이 모여 계엄 철폐와 유신세력 퇴진을 외쳤지만, 신군부는 이를 계기로 5월 17일 전국에 비상계엄을 확대하고 주요 대학과 도시에 군 병력을 배치했다. 김대중을 비롯한 재야 인사들과 학생운동 지도부는 체포되었고, 민주화운동은 강제로 침묵당했다.

이런 상황에서 5월 18일 광주 전남대학교 앞에서 학생들과 공수부대 간의 첫 충돌이 발생했고, 이후 시민들이 시위에 동참하면서 항쟁은 본격화되었다. 공수부대는 시위대를 무차별적으로 폭행하고, 시민들에게까지 폭력을 행사하며 강경 진압에 나섰다. 5월 21일에는 계엄군이 시민들

---

265) 박승호. 『한국 자본주의 역사 바로 알기』. 나름북스. 2020. p168~171.

에게 집단 발포를 감행했고, 이에 분노한 시민들은 무기를 탈취해 시민군을 조직하고 무장 저항에 나섰다. 계엄군은 광주 외곽을 봉쇄하며 도시를 고립시켰고, 5월 22일부터 27일까지 광주는 '해방 광주'로 불리며 시민들이 자율적으로 질서를 유지하고 공동체를 형성했다. 그러나 5월 27일 새벽, 계엄군은 '도청소탕작전'을 통해 무력으로 항쟁을 진압했고, 이 과정에서 수백 명의 시민이 사망하거나 부상당했다. 5·18 민주화운동 진상규명조사위원회 발표에 따르면 사망 166명, 행방불명 179명, 부상 2천 617명 등 수많은 민간인 피해가 발생했다.

5·18 광주 민주화운동은 1980년 5월, 전두환을 중심으로 한 신군부의 군사독재에 맞서 광주 시민들이 자발적으로 일어나 민주주의와 생존권을 요구하며 벌인 대규모 저항 운동이다. 이 항쟁은 단순한 지역적 시위가 아니라, 1970년대 반독재 민주화운동의 연장이자 이후 한국사회의 민주화와 민중운동의 방향을 결정지은 역사적 사건이었다. 광주항쟁은 이후 1980년대 민주화운동과 반미자주화운동의 상징이 되었고, 전국적인 저항의 불씨가 되었다. 이러한 흐름은 1987년 6월 민주항쟁으로 이어졌다.

1980년대 한국의 민주화운동은 전두환 신군부의 군사적 통치에 대한 국민적 저항과 사회 전반의 민주주의에 대한 열망이 결합되어 전개된 시대적 물결이었다. 신군부는 12·12 군사반란과 5·17 비상계엄, 그리고 광주민주화운동에 대한 유혈 진압을 통해 권력을 장악했지만, 그 과정에서 통치의 정당성을 상실했다. 이에 따라 집권 초기에는 강력한 억압 정책을 펼쳤으나, 1983년 말부터는 제적 학생과 해직 교수의 복직을 허용하는 등 유화조치를 취하기 시작했다.[266]

---

266) 서울역사편찬원. 『서울 2천년사 31』 현대 서울의 정치. 2016. p18, 221~223.

　이른바 '유화조치' 이후 민주화운동은 사회 전반에서 급속히 확산되었다. 학생운동은 학내 자율화 요구에서 시작해 점차 정권에 대한 직접적인 반대 투쟁으로 발전했고, 노동운동은 농민과 도시빈민의 생존권 투쟁과 결합하며 사회적 연대를 강화했다. 특히 노동자와 학생 간의 연대투쟁이 활발해지면서 수천 명의 대학생들이 노동현장으로 뛰어들었다. 재야운동도 다시 활성화되어 1984년에는 민중민주운동협의회(민민협), 민주통일국민회의(국민회의), 민주화추진협의회(민추협) 등이 결성되며 조직적 기반을 갖추었다. 1985년에는 이러한 흐름이 더욱 구체화되었다. 2·12 총선에서 민추협을 기반으로 결성된 신한민주당이 제1야당으로 부상했고, 학생운동에서는 광주항쟁 진압을 묵인한 미국에 대한 항의로 미문화원 점거농성이 발생하며 반미운동이 본격화되었다. 노동운동 역시 대우자동차 파업과 구로동맹 파업을 통해 대규모 사업장과 기업 간 연대파업의 가능성을 보여 주었다. 같은 해 9월에는 민민협과 국민회의가 통합되어 민주통일민중운동연합(민통련)이 결성되었고, 이후 민주화운동의 중심기구로 자리 잡았다.

　유화조치 이후 민주화운동이 폭발적으로 성장한 배경에는 무엇보다도 광주민주화운동에 대한 신군부의 무력 진압이 있었다. 군이 자국민에게 무력을 행사한 사건은 민주화운동 세력에게 큰 충격과 분노, 그리고 깊은 책임감을 안겨 주었다. 이후 유화 국면에서는 이러한 감정이 조직적이고 이론적인 방식으로 표출되었고, 민주화운동은 점차 체계화되고 급진화되었다. 다양한 이론과 전략이 등장하면서 운동의 방향과 전술도 더욱 정교해졌다. 1980년대의 민주화운동은 억압과 저항, 유화와 각성, 조직화와 급진화의 과정을 거치며 1987년 6월 민주항쟁으로 이어지는 기반을 형성했다. 이는 한국 민주주의의 제도적 전환을 이끈 결정적인 동력이 되었으며, 시민사회와 정치문화의 성숙을 이끄는 중요한 역사적 흐름이었다.

1980년 한국 언론계는 전두환 신군부의 언론 통제에 맞서 치열한 저항과 투쟁을 벌였다. 12·12 쿠데타 이후 실권을 장악한 신군부는 계엄령을 이용해 언론을 사전검열하고 여론을 조작했다. 이에 일부 언론사 고위층은 순응했지만, 평기자들은 한국기자협회를 중심으로 검열 거부 및 제작 거부 운동에 나섰다. 기자협회는 1980년 5월 16일, 검열이 여론을 왜곡하는 장치로 오용되고 있다며 5월 20일 0시부터 전면적인 검열 거부 투쟁을 결의했다. 같은 시기, 광주에서는 계엄군의 폭력에 분노한 시민들이 민중 항쟁을 벌였고, 언론은 이를 폭도로 몰아가는 왜곡 보도를 지속했다. 이에 일부 기자들은 광주의 진실을 알리기 위해 유인물을 제작하고 배포하는 등 저항을 이어 갔다.[267]

중앙일보와 동양방송에서는 기자와 간부들이 총회를 열어 광주 보도의 왜곡을 바로잡고 진실이 보도될 때까지 제작을 거부하기로 결의했다. 문화방송(MBC) 역시 5월 20일 보도국 기자들이 총회를 통해 기사 제작과 송고를 중단하기로 결정하면서 일부 프로그램이 중단되고 뉴스 방영도 축소되었다. CBS 라디오 기자들 또한 총회를 열어 검열에 항의하며 제작 거부 투쟁을 벌였다. 이러한 언론인들의 집단적 행동은 단순한 제작 중단이 아니라, 언론의 자율성과 진실 보도를 지키려는 저항의 표현이었다. 당시 언론은 신군부의 강력한 통제 아래 있었지만, 기자들은 집단적 결의를 통해 민주화운동의 진실을 알리고자 했다. 한국기자협회는 이러한 저항을 기려 2006년에 5월 20일을 '기자의 날'로 제정했다.[268] 신군

---

267) 제20회 기자의날, 80년해직언론인협의회 "5·18 정신 헌법에 명기해야". 미디어오늘. 2025. 5. 20.
268) 5·18, 언론의 침묵 속에 신군부에 항거한 기자들. 연합뉴스. 2013. 5. 13.

부는 이에 대한 보복으로 기자협회장을 비롯한 주요 인사들을 구속했고, '블랙리스트'를 만들어 전국적으로 700명 이상의 기자들을 강제로 해직시켰다. 비판적인 기자들도 표적이 되어 해고의 대상이 됐다.

그해 11월, 전두환 정권은 '건전 언론 육성'을 명분으로 언론 통폐합 조치를 강행했다. 전국의 64개 언론사 중 신문 14개사와 방송 27개사를 남기고 대거 통합했으며, 동양통신·합동통신·시사통신·경제통신·산업통신 등 통신사도 연합통신으로 합쳐졌다. 지방신문은 '1도 1사' 원칙에 따라 정리됐고, TBC 동양방송과 동아방송 등도 KBS에 흡수되었다. 이에 반발하던 언론사 사주들에게는 보안사가 압박을 가해 '포기각서'를 강제로 받아냈다. 통폐합 과정에서도 300여 명이 추가로 해직됐다. 이러한 통폐합은 권력의 자의적 결정으로 언론 지형을 바꾼 조치였다.

본질적으로 1980년 언론투쟁의 핵심은 신군부에 정면으로 맞선 검열과 제작거부 운동이었다. 당시 언론계는 사실상 유일하게 집단적이고 조직적으로 정권에 저항한 직업군이었으며, 신군부로서는 이를 심각한 위협으로 받아들였다.[269] 해직된 언론인들은 1984년 '80년해직언론인협의회'를 결성하고, 동아투위·조선투위 등 선배들과 연대하여 언론자유 수호 운동을 이어 나갔다. 이들은 민주언론운동협의회(언협)를 창립하고, 〈말〉지를 통해 보도지침을 폭로했으며, 1988년 한겨레신문 창간에도 기여했다. 이후 언협은 민주언론운동연합(민언련)으로 발전했다.

1980년대 대한민국 언론은 정부의 강력한 통제 아래 놓이며 '언론 암흑기'라는 평가를 받았다. 언론의 자유가 심각하게 제한되었고, 방송과 신문 모두 정부의 홍보 수단으로 전락했다는 비판이 거셌다. 당시 공영방

---

269) 〈1980년 '언론'은 비겁했으나 '언론인'들은 치열하게 저항했다〉. 민언련 2025년 여름호(통권 231호)

송에서 정권의 동정을 보도하며 시작하는 TV 메인 뉴스가 '땡전 뉴스'로 불릴 만큼, 언론의 독립성과 다양성이 상실된 시기였다.[270] 이러한 언론 통제의 핵심 기구는 1981년 1월 19일에 공식 출범한 문화공보부 산하 홍보조정실이었다. 이 기구는 계엄 해제 이후 정부의 대언론 창구를 문공부로 일원화하고, 언론 협조 체제를 구축한다는 명분 아래 만들어졌지만, 실제로는 보도지침을 하달하는 상설 통제기구로 기능했다. 홍보조정실은 청와대 비서실의 재가와 국무회의 의결을 거쳐 설립되었으며, 언론기관에 대한 보도 협조 및 지원이라는 이름으로 사실상 보도 내용을 사전 조율하고 통제했다.

보도지침은 주로 기자 출신 인사들이 작성했으며, 언론사 출신이 내부 사정을 잘 아는 만큼 지침은 매우 구체적이고 현실적인 방식으로 전달되었다. 기사 제목, 분량, 배치 위치, 표현 방식까지 세세하게 지시되었고, 언론사들은 이를 피해가기 어려웠다. 실제로 여권 성향 신문은 평균 92.2%, 주요 일간지는 71.2%의 이행률을 보였다. 특히 민감한 사안일수록 지침의 강도는 높아졌다. 대표적으로 1986년 부천경찰서 성고문 사건에 대해선 "검찰 발표만 보도", "성추행 대신 성모욕행위로 표현", "사회면에서 취급" 등 기사 제목과 용어까지 세세히 지시했다. 반체제 단체의 성명이나 고소장은 일절 보도 금지되었다. 반면 대통령 이미지를 미화하기 위한 기사 작성도 지시됐다. 예컨대 대통령 집무실에 '목민심서'가 있다는 점을 강조하라는 지침이 있었다. 이러한 통제 결과, 당시 언론은 내용과 형식에서 획일화되어 '땡전뉴스'라는 조롱을 받았고, 정권 홍보 수단으로 전락했다는 평가를 받았다. 동시에 안전기획부는 언론사와 기자들을 사

---

270)   서울역사편찬원. 『서울 2천년사 37』 현대 서울의 교육과 언론. 2016. p384.

찰하고, 지침을 어긴 기사에 대해 불법 연행과 폭력을 행사하기도 했다.

이런 상황 속에서 1986년 9월 〈말〉지는 김주언 당시 한국일보 기자가 제공한 자료를 바탕으로 "권력과 언론의 음모—권력이 언론에 보내는 비밀통신문"이라는 제하의 특집기사를 통해 1985년 10월부터 1986년 8월까지 문화공보부가 각 언론사에 시달한 보도지침 584건을 폭로하였다. 정부는 폭로 직후 언협 관계자들을 체포하고 국가보안법, 국가모독죄 등을 적용해 탄압했다. 김태홍, 신홍범, 김주언 등이 구속되었고, 국내외 단체들의 구명운동 끝에 1995년 대법원에서 무죄 판결을 받았다.

보도지침 사건은 1986년 전두환 정부의 언론 통제 실태를 폭로한 중대한 사건으로 이후 언론 환경에 큰 영향을 미쳤다. 이 사건은 단순한 내부 고발을 넘어, 정권의 언론 통제 방식과 그 실체를 국민에게 알리는 계기가 되었다. 우선 국내외에서 언론 자유를 요구하는 비판 여론이 확산되었다. 국제 사회는 한국의 언론 통제가 민주주의 원칙에 어긋난다는 점을 지적했고, 국내에서도 언론의 독립성과 자율성에 대한 요구가 거세졌다. 이러한 비판은 5공 정권의 정당성을 약화시키는 데 영향을 주었고, 언론계 내부에서도 반발이 커졌다. 기자들과 언론인들은 정부의 지침에 순응하던 태도에서 벗어나, 언론의 본래 역할을 되찾기 위한 움직임을 본격화했다. 이러한 움직임은 1987년 6월 민주항쟁으로 이어지는 민주화 운동의 동력으로 작용했고, 정권은 점차 언론 통제를 완화할 수밖에 없는 상황에 직면하게 됐다. 보도지침 사건이 언론 통제를 즉각적으로 무너뜨린 것은 아니지만, 사회적 감시와 저항을 강화시키는 결정적 계기가 되었고, 이후 박종철 고문치사 사건을 적극적으로 보도함으로써 6월 민주 항쟁의 도화선이 되었다.

1987년 6월 항쟁은 직접적으로 박종철 고문치사 사건에서 비롯되었다.

박종철은 1987년 1월 14일 치안본부 남영동 대공분실에서 경찰의 고문으로 사망했고, 다음날 중앙일보 석간 사회면에 짧게 보도되면서 이 사실이 알려졌다. 이어서 동아일보가 보도지침을 어기고 1월 19일에는 "물고문으로 질식사"를 1면 톱 기사로 실어 대서특필하고 고문 근절 특집 기사를 사회면에 대대적으로 보도하면서 공론화되었다. 언론 보도를 통해 사건이 알려지면서 대학가를 중심으로 추모 시위가 시작되었다. 이후 종교계, 재야, 야당으로 확산되며 사회 전반의 분노를 불러일으켰다. 2월 7일에는 전국적으로 국민추도회가 열렸고, 3월 3일에는 '고문추방 민주화 국민평화대행진'이 개최되며 전국 동시다발적 시위의 형태가 자리 잡기 시작했다. 5월 18일, 천주교정의구현사제단이 박종철 사건의 은폐·축소 조작 사실을 폭로하면서 국민적 분노는 더욱 고조되었다.

앞서 4월 13일 전두환 정부는 대통령 직선제 개헌 논의를 일절 금지하는 '4·13 호헌조치'를 발표했고, 이에 반발하여 5월 27일 '호헌철폐 및 민주헌법쟁취 국민운동본부(국본)'가 결성되었다. 국본은 각계각층의 인사 2,000여 명이 참여한 전국적 조직으로 6월 항쟁을 주도하게 된다. 국본은 6월 10일 '고문살인 은폐규탄 및 호헌철폐 국민대회'를 기획했고, 그 전날인 6월 9일 연세대학교 학생 이한열이 최루탄에 맞아 중태에 빠지는 사건이 발생하면서 항쟁의 불씨는 더욱 거세졌다. 6월 10일 국민대회는 전국 22개 지역에서 동시다발적으로 개최되었고, 시민들의 자발적인 참여가 두드러졌다. 시위대에게 음료와 음식을 제공하거나 차량 경적을 울려 호응하는 시민들의 모습은 항쟁의 성격을 대중운동으로 확장했다.

이후 시위는 계속되었고, 일부 시위대는 명동성당에 들어가 15일까지 농성을 이어 갔다. 이 과정에서 중산층 직장인을 상징하는 '넥타이 부대'

가 등장하며 항쟁의 폭은 더욱 넓어졌다.[271] 6월 18일에는 최루탄 추방 대회가, 6월 26일에는 '민주헌법쟁취 국민평화대행진'이 전국적으로 열렸다. 결국 1987년 6월 29일, 노태우 민정당 대통령 후보가 '6·29 민주화 선언'을 발표하며 대통령 직선제 개헌을 수용했고, 6월 항쟁은 민주화의 결정적 전환점으로 마무리되었다.

4) 올림픽과 국제 정세 변화

1988년 서울올림픽은 전두환 정권이 국제적 이미지 개선과 국내 경제 위기 극복을 위한 전략적 수단으로 삼은 국가적 프로젝트였다. 정권은 올림픽을 통해 군사 독재 체제의 안정성과 성과를 과시하고자 했지만, 역설적으로 국민의 민주화 요구를 더욱 증폭시키는 계기가 되었다. 국제 사회의 시선이 한국에 집중되면서, 국내 인권 문제와 정치적 억압에 대한 비판이 거세졌고, 국민들은 이를 계기로 더욱 적극적으로 민주주의를 요구하게 되었다.

'6월 항쟁'은 민주헌법쟁취국민운동본부가 주도한 6·10 국민대회를 기점으로 본격화되었으며, 전국 곳곳에서 매일 평균 100회 이상의 시위가 동시다발적으로 전개되었다. 항쟁에 참여한 시민은 연인원 약 400만~500만 명에 달할 정도로 광범위했고, 단순한 정치적 요구를 넘어 국민들이 민주주의를 갈망하고 있음을 보여 주는 역사적 사건이었다. 특히 1970~80년대 경제 성장으로 형성된 중산층은 정치적 안정과 더불어 민주적 권리를 요구하며 항쟁의 중심 세력으로 떠올랐다. 이들은 독재 정

---

271) STREET PROTESTS BY SOUTH KOREANS RESUME AND GROW. By Clyde Haberman, Special To the New York Times. June 16, 1987.

권의 억압에 저항하며 자유와 인권, 참된 대표성을 요구했다.

특히 6월 26일에는 전국 37개 도시에서 약 100만 명이 참여한 사상 최대 규모의 시위가 밤늦게까지 이어지며 정권을 압박했다. 이처럼 전국적이고 격렬한 시위가 지속되자 경찰력은 사실상 마비되었고, 정부는 위수령 발동과 군 투입을 검토하기에 이르렀다. 위수령은 육군이 지역에 주둔하며 질서 유지와 시설 보호를 수행하는 대통령령으로, 발동 시 군이 직접 치안에 개입할 수 있다. 당시 전두환 정권은 비상사태 선포를 고려했으나, 온건론이 우세해지면서 국민의 직선제 개헌 요구를 수용하는 방향으로 선회했다. 이 결정에는 1988년 서울 올림픽을 앞둔 국제적 이미지 관리와 외교적 부담이 작용했다.

미국은 위수령 발동 징후를 감지하고 한국 정부에 압력을 가해 이를 저지했으며, 야당과의 신속한 타협을 촉구했다. 릴리 주한 미대사는 6월 19일 레이건 미대통령의 친서 전달 자리에서 전두환 대통령에게 "만일 계엄 선포가 임박했음을 발표한다면 한미동맹을 훼손할 위험을 감수해야 할 것이며 1980년 광주의 재난적 사건의 재발을 자초하게 될 것이라고 말했다"고 2004년 회고록에 썼다. 그는 "그날 오후 최광수 외무장관은 나에게 전화해 전 대통령이 나를 만난 직후 계엄을 선포하지 않기로 결정했다고 알려 줬다"고 밝혔다. 이후 6월 29일, 노태우 후보는 '6·29 민주화 선언'을 발표하며 대통령 직선제 개헌을 수용하고, 정치적 자유 확대를 약속했다. 노태우는 훗날 이 선언의 배경에 대해, 6월 20일 새벽 4시 위수령 발동이 예정되었다는 소식을 듣고 전두환 대통령을 직접 만나 정치적 해결 의지를 확인한 뒤 선언 구상에 착수했다고 회고했다.[272] 이처럼 6월 항쟁

---

272) 이경남. 『용기있는 보통사람 노태우』. 을유문화사. 1987.

은 시민의 힘과 국제적 압력, 정권 내부의 판단이 맞물려 민주화의 전환
점을 만든 역사적 사건이었다.

1980년대는 세계적으로 민주화의 물결이 확산된 시기로, 권위주의 정
권에 대한 시민들의 저항이 활발히 전개되었다. 필리핀에서는 1986년 피
플 파워 혁명으로 마르코스 독재가 무너지고, 코라손 아키노가 대통령에
취임하며 평화적 정권 교체가 이루어졌다. 대만에서는 1987년 장징궈 총
통이 계엄령을 해제하고 야당 활동을 허용하면서 민주주의로의 전환이
시작되었다. 태국은 1988년 민간 정부가 출범하며 군부 중심의 정치에서
벗어나려 했지만, 이후 쿠데타로 민주화가 일시적으로 좌절되었다. 버마
(현 미얀마)에서는 1988년 8888 항쟁을 통해 시민들이 군사 독재에 저항
했고 중국에서도 1989년 천안문 민주화운동이 벌어졌지만 군의 강경 진
압으로 좌절되었다. 반면 동유럽에서는 1989년을 기점으로 공산주의 정
권이 연쇄적으로 붕괴되며 민주주의가 확산되었다. 이러한 민주화 흐름
은 냉전의 종식과 맞물려 세계 정치 질서에 큰 변화를 가져왔으며, 우리
나라 역시 민주화 전환의 한복판에 있었다.

한국 민주주의는 1987년 헌법 개정을 계기로 권위주의 체제에서 벗어
나 본격적인 민주화의 길로 접어들었다. 헌정체제가 정상적으로 작동하
면서 정권의 자의적인 권력 행사는 점차 줄어들었고, 억눌려 있던 정치사
회와 시민사회는 자율성을 회복하며 활발한 활동을 시작했다. 이로 인해
정당정치의 영향력이 커졌고, 다양한 시민운동과 사회운동이 빠르게 확
산되었다.[273] 1990년대 들어 정보화가 진전되면서 인터넷이 광범위하게
보급되었고, 새로운 온라인 공론장의 등장을 의미했다. 특히 김대중 정

---

273) 서울역사편찬원. 『서울 2천년사 31』 현대 서울의 정치. 2016. p232, 262.

부는 IT 산업을 적극적으로 육성하여 한국사회의 정보화 수준을 크게 향상시켰으며, 그 결과 인터넷을 기반으로 한 시민 참여가 확대되었다. 이후 SNS의 발전은 시민들이 사회적 이슈에 대해 직접 의견을 표현하고 행동할 수 있는 기반을 마련했다.

민주화 이후 가장 두드러진 변화 중 하나는 시민단체의 급속한 증가였다. 서울을 중심으로 녹색연합(1994), 환경운동연합(1993), 한국불교환경교육원(1994)과 같은 환경단체, 도시연대(1994), 교통문화운동본부(1992) 등의 교통 관련 단체, 참교육을 위한 학부모회(1989)와 같은 교육단체, 그리고 참여연대(1994), 신사회공동선운동연합(1994)과 같은 종합시민단체들이 설립되어 활발한 활동을 펼쳤다. 이들은 각자의 분야에서 시민의 권리와 책임을 강조하며 사회적 문제 해결을 위한 다양한 교육과 캠페인을 진행하였다. 이러한 시민단체의 다양화는 시민교육의 내용과 방식에도 큰 변화를 가져왔다. 과거 정치 참여나 경제 이해에 국한되었던 시민교육은 환경 보호, 교통 안전, 성평등, 교육 개혁 등 실생활과 밀접한 주제로 확장되었고, 시민단체들은 강연, 워크숍, 출판물 등을 통해 시민들에게 실천적이고 참여 중심의 교육을 제공하였다. 이로 인해 시민교육은 학교나 제도권을 넘어, 사회 전반에서 이루어지는 비형식 교육의 중요한 형태로 자리 잡게 되었다.

2003년 기준으로 전체 시민운동단체의 절반 이상이 1990년대 이후 설립되었다. 정부는 2000년부터 비영리 민간단체 등록 및 지원 사업을 시작했고, 이후 등록 단체 수는 꾸준히 증가하여 서울시의 경우 2015년에는 1,800개를 넘었다. 전국적으로는 약 1만 3,943개(2024년)의 단체가 등록되었으며, 중앙정부에 등록된 전국 단위 단체 중 대부분이 서울에 소재하고 있다. 이러한 변화들은 한국 민주주의가 제도적 안정성과 시민 참여를 기반으로 점차 성숙해지고 있음을 보여 준다. 권위주의적 통치에서 벗어나 시민의 자율성과 정보 접근성이 확대되면서, 민주주의는 보다 다양하고 역동적인 형태로 발전해 왔다.

4

문민화, 세계화, 선진화
(1990~1996)

1990~1996년은 대한민국이 정치적으로는 민주화의 진전을 이루고, 경제적으로는 선진국 진입을 눈앞에 둔 황금기를 누리던 시기였다. 그러나 동시에 대형 참사와 구조적 문제들이 드러나며 위기의 전조가 나타난 시기이기도 했다. 사회문화적으로는 새로운 세대가 등장해 한국사회의 정체성을 바꾸어 나가는 출발점이 된 시기였다.

1990년은 한국의 정치, 사회, 외교, 경제 분야에서 커다란 변화를 맞이한 해였다. 1월에는 민정당, 민주당, 공화당이 통합되어 민자당이 출범하면서 여소야대 정국이 막을 내렸으나, 내각제 개헌 논의와 계파 간 갈등으로 당내 내분이 심화되었고, 김영삼 총재의 '가출' 사태는 정치권 전반을 혼란에 빠뜨렸다. 2월부터 시작된 북방 외교는 헝가리와의 수교를 시작으로 9월에는 소련과도 외교 관계를 수립하며 본격화되었다. 이러한 흐름은 12월 노태우 대통령의 소련 방문과 고르바초프와의 정상회담, 그리고 '모스크바 선언' 발표로 정점을 찍었다. 군 정보기관의 권한 남용이 드러난 것도 중요한 사건이었다. 윤석양 이병이 보안사의 민간인 사찰 자료를 폭로하면서 서빙고 분실의 폐쇄 등 개혁 조치가 추진되었고, 군의 투명성과 문민화 요구가 확산되었다. 정치 제도적으로는 지방자치제의 부활이 확정되면서 30년 만에 풀뿌리 민주주의를 위한 준비를 마쳤고, 11월에는 안면도 핵폐기장 건설 계획이 주민들의 강한 반대로 백지화되었으며, 이에 과학기술처 장관이 사임했다.

경제 분야에서는 4월 정부가 발표한 '4·4 경제활성화종합대책'을 통해 금융실명제가 유보되고 제2금융권의 금리가 인하되었으나, 결과적으로 물가와 전세값이 급등하여 서민 경제는 큰 타격을 입었다. 비슷한 시기 일본은 버블 경제를 억제하기 위해 대출 총량규제를 실시했지만, 오히려 자산 거품 붕괴를 촉발하며 '잃어버린 10년'의 서막이 되었다. 보건 분야에서도 성과가 있었다. 6월에는 세계 최초로 유행성 출혈열 예방 백신이 개발되어 한국 의학계의 위상이 높아졌고, 북한에서는 평양에 양각도국제호텔이 완공되면서 대외 이미지를 개선하려는 움직임이 나타났다.

감사원 소속 이문옥 감사관의 폭로는 한국사회에 큰 충격을 안겨주었다. 그는 당시 재벌의 비업무용 부동산 보유 실태를 감사하던 중, 정부가 발표한 수치와는 현격히 다른 결과를 발견했다. 은행감독원이 발표한 1.2%라는 비율과 달리, 실제로는 주요 재벌들이 보유한 비업무용 부동산 비율이 무려 43.3%에 달했던 것이다. 이문옥 감사관은 이 감사 결과가 재벌의 로비로 인해 상부에 의해 중단되었다는 사실을 한겨레신문에 제보하며 공익제보자로 나섰다.

이 폭로는 단순한 감사 비리의 고발을 넘어, 1980년대 후반 3저 호황으로 축적된 재벌의 여유 자금이 생산적 투자로 이어지지 않고 부동산 투기에 집중되었다는 구조적 문제를 드러냈다. 재벌의 부동산 투기는 경제적 불균형을 심화시켰고, 1990년대 초반의 경제 침체로 이어지는 원인 중 하나가 되었다. 더 나아가 재벌의 투기 행태는 중산층 이상의 국민들에게도 영향을 미쳐, 일반 국민들까지 부동산 투기에 열광하게 만들었다. 재벌이 단순한 경제 주체를 넘어 시민사회의 가치와 행동 양식에까지 영향을 미치는 지배력을 행사하고 있었음을 보여준 사례였다.

이문옥 감사관의 폭로는 이후 한국사회에서 '내부고발'과 '공익제보'라는 개념을 정착시키는 계기가 되었으며, 권력과 자본의 유착에 대한 시민사회의 비판적 인식을 강화하는 전환점이 되었다. 그는 비밀누설 혐의로 구속되고 파면되었지만, 1996년 대법원에서 무죄 판결을 받고 복직했다. 이 사건은 한국 민주주의의 성숙 과정에서 중요한 이정표로 남아 있다.

9월에는 한강 대홍수가 발생하여 150여 명의 사망·실종자와 18만 명의 이재민이 발생했으며, 65년 만의 큰 재해였다. 같은 시기 남북 총리회담이 서울과 평양에서 개최되었고, 통일축구, 음악회, 영화제 등 민간 교류도 활발히 이루어졌다. 사회적 불안도 이어졌다. 10월 노태우 대통령은 '범죄와의 전쟁'을 선포하고 경찰 무장화를 지시했지만, 화성 연쇄살인 사건과 일가족 생매장 사건 같은 충격적인 강력범죄가 계속되면서 국민들의 불안감은 쉽게 해소되지 않았다.

1990년 10월 서울시는 불법주차한 차량을 적발할 여성 단속원 365명을 처음으로 선발했다. 1980년에는 도심의 평균 운행속도가 시속 30.8㎞로 비교적 원활한 수준이었으나, 1990년에는 시속 16.4㎞까지 급격히 하락하며 극심한 정체 현상이 나타났다.[274] 이에 대응하여 서울시는 1990년 10월부터 불법주차에 대한 강력한 단속을 시행하였고, 그 결과 1994년에는 평균 속도가 시속 20.04㎞까지 회복되었다. 그러나 1995년에는 자치구의 단속이 느슨해지면서 다시 시속 18.25㎞로 둔화되었고, 도쿄(16.5

---

274)   서울역사편찬원. 『서울 2천년사 36』 현대 서울의 교통과 통신. 2016. p55.

㎞)나 샌프란시스코(22.5㎞)와 비슷하거나 낮은 수준이었다. 1997년 서울시의 속도조사 결과에 따르면, 1996년보다 평균 속도가 0.77% 증가하여 시속 21.06㎞를 기록하였다. 특히 도심 지역은 1994년 이후 다시 악화되었으나, 혼잡통행료 도입으로 1997년부터 다소 개선되는 모습을 보였다. 그럼에도 불구하고 1990년대 말의 차량 운행속도는 1995년 이전보다 전반적으로 낮아져 교통 혼잡 문제가 여전히 심각한 상태였다.

1990년 제정된 「장애인고용촉진 등에 관한 법률」과 2007년 제정된 「장애인 등에 대한 특수교육법」은 한국사회에서 장애인의 권리 보장을 위한 중요한 전환점을 마련한 법적 기반이다. 이들 법률은 장애인을 단순한 보호 대상이 아닌, 사회 구성원으로서 권리를 가진 존재로 인식하고, 그 권리를 실질적으로 보장하기 위한 제도적 장치를 마련했다.[275] 먼저, 「장애인고용촉진 등에 관한 법률」은 장애인의 고용 기회를 확대하기 위한 법으로, 일정 규모 이상의 기업에 장애인을 의무적으로 고용하도록 규정하고 있다. 이를 통해 장애인의 경제적 자립과 사회 참여를 촉진하고자 하였다. 고용부담금 제도와 고용장려금 등의 정책은 기업의 참여를 유도하며, 장애인 고용에 대한 인식을 개선하는 데 기여했다.

「장애인 등에 대한 특수교육법」은 교육 영역에서의 차별을 금지하고, 장애인의 교육권을 명문화한 법이다. 이 법은 장애를 이유로 입학 지원을 거부하거나, 합격자의 입학을 제한하는 행위를 금지하며, 교육기관이 장애 학생에게 시험 편의를 제공하도록 의무화하였다. 예를 들어, 시험 시간 연장, 보조기기 사용, 별도 시험 공간 제공 등이 포함된다. 또한 일부 기관에서는 일정 비율 이상의 장애인을 선발하도록 규정함으로써, 형

---

275) 이경숙. 『시험국민의 탄생』. 푸른역사. 2017. p155.

식적 평등을 넘어 실질적 기회를 보장하려는 노력이 이어지고 있다. 이러한 제도적 변화 덕분에 과거에는 장애를 이유로 시험 응시 자체가 제한되던 사례들이 거의 사라졌으며, 교육과 고용의 출발선에서의 평등이 점차 실현되고 있다. 그러나 여전히 이동권, 취업권, 생존권 등 삶의 다양한 영역에서 장애인에 대한 차별과 제약은 존재한다. 교통수단의 접근성 부족, 중증장애인에 대한 고용 기피, 복지 서비스의 지역 간 격차 등은 해결해야 할 과제로 남아 있다.

방송 분야에서는 SBS가 설립되며 민영방송 시대가 시작되었고, TBS, 가톨릭평화방송, 불교방송 등 다양한 매체가 잇달아 개국하면서 언론 지형이 보다 다채로워졌다. 대중문화와 사회 현상에도 변화가 있었다. LG 트윈스가 창단되어 프로야구계에 활력을 불어넣었고, 전국 출생성비는 116.5:100으로 극단적인 남아선호 경향을 보였다. 특히 1990년 첫째 자녀의 출생 성비가 108.5인 데 반해, 셋째 자녀의 출생 성비는 189.5까지 되었다. 이는 백말띠 해의 미신과 사회적 인식이 반영된 결과였다.

『소설 동의보감』은 1990년 2월 말 상권이 출간되고, 3월 15일 하권까지 완간되었지만 초기 반응은 미미했다. 그러나 1990년 5월 16일, 조선일보에 실린 이문열의 서평이 결정적인 전환점이 되었다. 이후 책은 폭발적으로 팔려 나가기 시작했다. 입소문을 타고 확산된 이 책은 총 400만 부 이상 판매되며 한국 출판 역사상 보기 드문 베스트셀러가 되었다.[276] 작가 이은성은 1976년 MBC 드라마 〈집념〉의 극본을 썼고 이 드라마를 바탕으로 10여 년에 걸쳐『소설 동의보감』을 집필했다. 1984년부터 연재를 시작했지만, 1988년 서울올림픽 기념 특집극을 집필하던 중 심장병으로 갑작

---

276) 한기호. 『베스트셀러 30년』. 교보문고. 2011. p155.

스럽게 작고했다. 원래는 춘·하·추·동 4부작으로 기획되었으나, 결국 상·중·하 3권으로 미완의 상태로 출간되었다. 출판 당시 몇몇 출판사로부터 거절당했지만, 창작과비평사에서 출간되었고, 이 책 하나로 24년간 이어진 적자를 흑자로 전환시키는 기적을 만들어냈다. 이후 이 소설은 방송 콘텐츠로도 확장되었다. 1991년 MBC에서 〈동의보감〉이라는 제목으로 드라마화되었고, 1999년에는 〈허준〉으로 다시 제작되어 높은 시청률을 기록하며 국민적 사랑을 받았다. 이 드라마는 허준의 인간적 면모와 의술에 대한 헌신을 감동적으로 그려내며, 역사 인물소설과 의학 드라마의 새로운 지평을 열었다. 이후 한국 출판계에는 역사 인물소설 붐이 일었고, 허준은 단순한 의학자 이상의 존재로 자리매김하게 되었다.

서울우편집중국은 대한민국 최초의 우편집중국으로, 1990년 7월 4일 서울 용산구 한강로 3가에 개국했다. 이 시설은 당시로서는 획기적인 규모와 첨단 설비를 갖춘 우편물류 거점으로, 서울 지역 우편물의 발송과 도착을 자동으로 대량 처리하는 핵심 인프라였다. 서울우편집중국은 하루 최대 250만 통의 우편물을 처리할 수 있는 능력을 갖추었으며, 광학문자판독기(OCR) 등 첨단 장비를 통해 주소와 우편번호를 자동으로 인식하고 분류하는 시스템을 도입했다. 이는 우편물 처리의 자동화율을 크게 높이고, 우편번호 기반 분류 체계를 정착시켜 작업 효율성과 정확도를 비약적으로 향상시킨 계기가 되었다. 서울우편집중국은 이후 전국적인 우편집중국망 구축의 모델이 되었으며, 우리나라 우편물류 체계가 수작업 중심에서 자동화 중심으로 전환되는 데 중요한 역할을 했다. 그러나 2011년 용산국제업무지구 재개발로 인해 폐국되었고, 그 기능은 동서울

우편집중국 등 다른 집중국으로 이관되어 운영되고 있다.[277]

1990년은 냉전이 막을 내리며 세계 질서가 새롭게 재편된 역사적 전환의 해였다. 가장 상징적인 사건은 독일의 통일이었다. 동독과 서독이 분단 45년 만에 하나의 국가로 합쳐지며, 유럽의 중심에서 자유와 통합의 상징으로 다시 자리매김하게 되었다. 이에 더해 서독이 이탈리아 월드컵에서 우승을 차지하면서 스포츠에서도 통일 독일의 시대를 예고했다. 같은 해 예멘은 분단 약 150년 만에 남북 통일을 이뤄 내며, 중동 지역에서 새로운 국가 모델을 제시했다. 소련의 변화도 두드러졌다. 미하일 고르바초프는 냉전 종식을 이끈 공로로 노벨 평화상을 수상하며 국제적인 지도자로 인정받았다. 그의 페레스트로이카와 글라스노스트 정책은 동유럽 민주화에 불씨를 지폈고, 그 결과로 여러 사회주의 국가들이 자유와 개방의 길로 나아갔다.

과학기술 분야에서는 인류의 시야가 우주로 더욱 확장되었다. 허블 우주망원경 발사를 통해 우리는 별과 은하, 먼 우주의 모습을 보다 선명히 관측할 수 있게 되었고, 천문학의 패러다임을 뒤흔든 계기가 되었다. 남아프리카공화국에서는 넬슨 만델라가 27년 만에 석방되며 인종차별 철폐와 민주주의 이행의 물꼬를 텄다. 그의 석방은 전 세계 인권운동에 불을 지폈고, 남아공이 점차 화해와 평화의 길로 나아가게 되는 역사적 전환점으로 평가받는다.

1991년은 한국사회 전반에 걸쳐 정치적 제도 변화, 환경 문제, 사회적 충격 사건, 그리고 남북 간 역사적 진전이 어우러진 해였다. 먼저 환경 문제에 대한 국민적 관심을 일깨운 사건으로 3월 14일 낙동강 페놀 유출 사

---

277) [서울우편집중국] 대량 우편물(郵便物) 컴퓨터로 자동(自動)처리. 국정신문. 1992. 12. 3.

고가 있다. 구미 두산전자에서 발생한 이 사고는 무려 30톤의 페놀 폐수가 대구 시민들의 식수원으로 흘러들며 시민 건강에 심각한 위협을 가했다. 이를 계기로 환경 보호에 대한 경각심이 크게 확산되었고, 환경 정책의 강화 필요성이 대두되었다.

같은 달에는 대한민국 사회를 충격에 빠뜨린 대구 와룡산 개구리 소년 실종 사건이 발생했다. 등교를 하지 않고 놀러 간 초등학생 5명이 실종된 이 사건은 무려 11년 뒤 유골로 발견되면서 국민적 비탄을 낳았고, '미제 사건'으로 남으며 한국 치안 시스템의 허점과 어린이 안전에 대한 경각심을 불러일으켰다. 3월 26일, 한국 민주주의 역사에 있어 중요한 전환점이 되는 지방자치제가 30년 만에 부활했다. 시·군·구의회 선거가 실시되며 풀뿌리 민주주의가 재정착하기 시작했고, 지방 행정 자율성 강화의 시작이었다.

사회적 충격도 이어졌다. 4월 26일, 시위에 참여했던 명지대생 강경대가 전경의 쇠파이프에 맞아 사망하면서 1987년 박종철 사건 이후 또다시 공권력에 의한 대학생 희생으로 전국적 분노가 폭발했고, 대규모 시위로 이어졌다. 광복절을 하루 앞둔 8월 14일 위안부 피해자 김학순 할머니가 처음으로 피해 사실을 공개 증언하면서 일본군 위안부 문제가 국제적 인권 이슈로 부각되었다. 이후 관련 피해자들의 연이은 증언으로 일본의 전쟁 범죄 책임이 국제사회에서 주목받게 되었다. 5월에는 강기훈 유서 대필 조작 사건이 발생하였다. 검찰은 동료의 분신 유서를 그가 대신 썼다고 발표하며 구속했지만, 이 수사는 이후 조작으로 밝혀지며 검찰의 권력 남용과 사법개혁의 필요성에 대한 사회적 논의를 촉진시켰다. 또 10월에는 여의도 광장 차량 질주 사건, 이춘재의 10번째 연쇄살인 등으로 시민 불안은 여전했다.

외교와 민족 화해 측면에서도 이해는 매우 의미 깊다. 4월, 일본 지바에서 열린 세계탁구선수권대회에 남북 단일팀이 출전하여 여자 단체전에서 중국을 꺾고 우승을 차지하며 한반도에 새로운 희망을 심었다. 이 감동적인 실화는 후에 영화 〈코리아〉로 제작되기도 했다. 이어 6월 FIFA 월드 유스 챔피언십에도 단일팀이 참가하면서 민족 간 화해 분위기는 더욱 고조되었다. 9월 17일, 남북한이 유엔에 동시 가입하며 국제사회에서 각각의 주권국가로 공식 인정받았다. 이어 12월 13일에 채택된 남북 기본합의서는 불가침, 교류 협력, 상호 존중 등 평화 공존의 원칙을 명문화하는 역사적 계기가 되었다.

이해에 국군의 날과 한글날이 법정 공휴일에서 제외되면서 국민들에게 아쉬움을 남겼다. 한글날은 이후 2013년에서야 다시 공휴일로 복원되었다. 도시 개발 면에서는 1기 신도시 공급이 본격화되며 1980년대의 부동산 광풍은 진정 국면으로 들어갔다. 방송계에도 큰 변화가 있었다. SBS TV의 개국으로 민영방송 시대가 본격적으로 열리며, 1980년 언론 통폐합 이후 10년 만에 방송의 다양화가 시작되었다. MBC는 이 시기 〈사랑이 뭐길래〉, 〈여명의 눈동자〉 같은 드라마로 전성기를 맞았고, 이경규의 〈몰래카메라〉는 예능 포맷의 혁신으로 국민적 인기를 끌었다.

1991년 출판계에 있어 주목할 만한 변화는 국제표준도서번호(ISBN)와 판매시점관리제(POS)의 도입이었다. ISBN은 각 도서에 고유한 번호를 부여함으로써 도서의 식별과 관리가 체계화되었고, POS 시스템은 판매 현장에서 실시간으로 데이터를 수집하여 판매 동향 분석, 반품 처리, 재고 관리, 판매량 예측 등 유통 전반에 걸친 효율성을 획기적으로 높였다. 이는 출판 유통의 디지털화와 정보화의 출발점이 되었으며, 출판 산업의 운영 방식에 근본적인 변화를 가져왔다. 같은 해에 도서관진흥법이 제정·시행되면서 국공립 및 학교 도서관의 운영이 문화부의 관할로 이관되었고, 도서 구입 예산이 제도적으로 확보되기 시작했다. 이로써 학술도서와 양서 출판의 안정적인 판로를 마련하는 계기가 되었으며, 도서관이 단순한 자료 보관소를 넘어 지식 유통의 중심지로 재조명되는 계기를 제공했다.

또한 1975년 폐지되었던 도서상품권이 16년 만에 부활하여 1991년 4월부터 다시 발매되었다.[278] 독서 장려와 건전한 선물 문화 조성을 목표로 하였으며, 발매 초기부터 높은 수요를 기록하며 출판계의 새로운 수익 모델로 자리 잡았다. 이와 함께 새로 발행된 출판물을 법률에 따라 특정 기관(도서관 등)에 의무적으로 제출하는 납본제도도 개선되어 출판사의 부담을 줄이고, 공공도서관의 장서 확보에 긍정적인 영향을 미쳤다.

1980년대 후반부터 1990년대에 이르기까지 한국의 유통시장과 소비 문화가 급격히 변화하면서 해외 유명 브랜드의 국내 진출이 본격화되었다.[279] 압구정동 현대백화점은 고급품 중심의 판매 전략을 채택하며 해외 명품 브랜드의 직수입 매장을 지속적으로 확장했고, 롯데백화점은 1988년 한 해에만 76개의 해외 브랜드 상품을 직수입해 판매했다. 그러나 이러한 움직임은 언론으로부터 "자체 상품 개발보다 해외 유명상표 도입에만 의존한다"는 비판을 받기도 했다. 1991년에는 갤러리아백화점이 '압구정 명품 1번지'를 표방하며 '갤러리아 명품관'을 개장했고, 고가의 해외 브랜드를 집중적으로 판매하면서 명품 소비의 중심지로 부상했다.

이와 동시에 국제화 추세에 따라 주요 선진국들이 한국에 유통시장 개방을 압박했고, 이에 따라 한국은 1989년부터 점진적으로 시장을 개방해

---

278) '91 출판계 10대 뉴스. 연합뉴스. 1991. 12. 9.
279) 서울역사편찬원. 『서울 2천년사 40』 현대 서울의 시민생활. 2016. p53~54.

1996년에는 완전 개방에 이르렀다. 이러한 환경 변화 속에서 해외 브랜드들은 단순히 수입을 통한 간접 진출이 아닌, 한국 법인을 설립하여 직접 진출하는 방식으로 전략을 바꾸었다. 대표적으로 1991년 루이비통과 샤넬이 한국 법인을 설립했고, 1994년에는 청담동에 조르지오 아르마니 단독 매장이 들어서면서 청담동은 해외 명품 브랜드 매장이 집중되는 지역으로 발전했다. 압구정동과 청담동은 이후 '한국의 베벌리힐스'로 불리며 강남 패션의 중심지로 자리 잡았다. 이곳에는 단순히 명품 매장뿐만 아니라 미용실, 피부 관리실, 모델 양성 학원 등 패션 관련 산업이 집적되었고, '오렌지족'과 '낑깡족'이라 불리는 소비 성향이 강한 젊은 층이 몰리면서 첨단 유행의 집결지이자 과소비의 상징으로 인식되었다.

1월 중동에서는 걸프전이 발발하면서 전쟁의 그림자가 드리웠다. 이라크의 쿠웨이트 침공 이후 국제연합군이 개입하여 전쟁은 빠르게 전개됐고, 석유 자원과 지역 패권을 둘러싼 갈등이 국제 정세를 불안정하게 만들었다. 걸프전은 위성 생중계로 전 세계에 보도되며, 시청자들은 전쟁을 마치 '비디오 게임'이나 영화처럼 직접 목격하게 되었다. 한편, 소련에서는 8월 쿠데타가 발생하며 개혁을 추진하던 고르바초프가 잠시 실각했지만, 쿠데타는 국민들의 저항과 옐친의 대응으로 실패로 끝났다. 그 여파로 12월, 소련은 공식 해체되고 각 공화국은 독립을 선언했다. 이는 냉전 구도의 완전한 종식을 의미했으며, 이후 세계는 미국 중심의 단극 체제로 빠르게 재편되기 시작했다.

유럽에서는 유고슬라비아에서 전쟁이 발발하며, 발칸반도는 피로 물들기 시작했다. 슬로베니아와 크로아티아의 독립 선언을 계기로 민족·종교 갈등이 격화되었고, 유럽 내 새로운 분쟁의 불씨가 형성되었다. 문화와 보건 측면에서도 상징적인 사건이 있었다. 11월, 영국 록 밴드 퀸의 프레디 머큐리가 에이즈로 사망하면서 전 세계 팬들이 충격과 슬픔에 빠졌고, 이 사건은 에이즈에 대한 대중의 인식을 크게 변화시키는 계기가 되었다. 그의 죽음은 성소수자에 대한 차별 문제, 질병에 대한 낙인을 재조명하게 만들었고, 이후 에이즈 예방과 치료 연구에 대한 관심이 더욱 높아졌다.

1992년은 한국이 글로벌 경제와 외교 무대에 발을 들이며 역사적 전환점을 맞은 해였다. 1월 1일, 자본시장 개방으로 외국인의 국내 주식 매수가 허용되며 본격적인 세계 자본시장과의 연결이 이루어졌다. 8월 24일에는 한중수교가 이루어지며 동북아 외교 지형의 대전환을 이끌었다. 12월 18일 제14대 대통령 선거에서 김영삼 후보가 당선됨으로써 군부 중심 정치가 막을 내리고 문민정부 시대가 도래했다.

1월 일본군 위안부 문제 해결을 촉구하는 수요집회가 시작되고, 피해자 김학순의 증언은 국제사회에 충격을 주며 진정한 사죄를 요구하는 목소리를 고조시켰다. 수요시위는 일본군 '위안부' 문제 해결을 촉구하기 위해 1월 8일, 서울 일본대사관 앞에서 처음 시작된 정기적인 시위이다. 이 시위는 한국정신대문제대책협의회(정대협)를 중심으로 조직되었으며, 당시 일본 총리의 방한을 계기로 피해자들의 목소리를 직접 전달하고자 하는 취지에서 시작되었다. 이후 매주 수요일마다 열리는 이 시위는 세계에서 가장 오래 지속되고 있는 정기 시위로 자리 잡았다. 1990년대 이후 수요시위는 국내뿐 아니라 미국, 일본, 대만, 필리핀 등 세계 여러 도시로 확산되었으며, 국제적인 연대 운동으로 발전하였다. 특히 2011년 12월에는 1,000번째 수요시위를 맞아 국내외 70여 도시에서 동시 행동이 진행되었고, 이 날을 기념해 서울 일본대사관 앞에는 '평화의 소녀상'이 세워졌다.

1월 발생한 입시 문제지 도난 사건은 대학 입시 연기로 이어지며 교육 제도의 허점을 드러냈다. 4월 29일, 미국 로스앤젤레스 폭동에서 수백 개의 한인 상점이 약탈 및 방화로 재외동포 사회에 큰 상처를 남겼고, 동포 사회 내부의 연대 필요성이 대두되었다. 6월 30일, 경부고속철도 기공식이 열리며 한국은 고속철도 시대가 성큼 다가왔다. 7월 31일 발생한 신행주대교 붕괴 사고는 부실공사와 안전불감증의 뼈아픈 현실을 보여 주었다. 8월 우리별 1호 위성 발사로 인공위성 보유국 대열에 합류하였다. 8월 9일, 황영조 선수가 바르셀로나 올림픽 마라톤에서 금메달을 차지하며 56년 만에 한국 마라톤의 명성을 되찾았고, 10월 28일, 종말론을 주장한 다미선교회 '휴거' 소동은 사회적 해프닝으로 끝났지만 종교광신과 집단심리에 대한 경각심을 불러왔다.

문화적으로는 2월 17일, 서울에서 열린 〈뉴 키즈 온 더 블록〉 내한 공연은 관객 압사로 1명이 숨지는 비극을 남기며 공연문화의 안전 문제가 수면 위로 떠올랐다. 3월, 서태지와 아이들이 〈난 알아요〉로 데뷔하며 X세대의 자의식을 일깨우고 K-팝의 서막을 열었다. 원조 아이돌 김완선은 매니저와의 갈등 속에 은퇴를 선언했고, 마광수 교수는 『즐거운 사라』로 외설 논란에 휘말리며 표현의 자유와 검열 사이의 첨예한 논쟁을 불러일으켰다. 한편, 〈메로나〉가 출시되며 국민 여름 아이스크림으로 자리매김했다.

1992년 한국의 대학생 수가 급격히 증가했는데, 주요 원인은 방송통신대학 입학생 수의 폭발적인 증가였다. 1991년에는 약 16만 명이었던 방송통신대학 학생 수가 1992년에는 30만 명을 넘어서며 거의 두 배 가까이 늘어났다. 이러한 변화는 방송통신대학의 학제 개편과 밀접한 관련이 있다. 기존 방송통신대학은 5년제 학부 과정을 운영하고 있었기 때문에 일반 대학의 4년제와 비교해 학습 기간이 더 길었음에도 불구하고 사회적으로 동등한 대우를 받지 못하는 문제가 있었다. 특히 졸업 후 취업이나 진학 과정에서 4년제가 아니라는 이유로 차별을 받는 경우가 많았다. 이에 따라 1991년 방송통신대학은 학제를 5년제에서 4년제로 변경하였고, 이 조치는 사회적 인식 개선과 제도적 정비를 이끌어 내며 많은 사람들이 방송통신대학에 관심을 갖게 되는 계기가 되었다.

이해 국내 최초의 택배 브랜드인 〈파발마〉가 한진에 의해 선보이면서 한국 택배산업의 본격적인 시작을 알렸다. 이 서비스는 일본의 〈야마토운수〉를 벤치마킹한 것으로 당시 국내에서는 '택배'라는 개념 자체가 생소했기 때문에 소비자들의 이해를 높이고 수요를 창출하기 위한 기반 작업이 필요했다. 한진은 지상파 TV 광고와 다양한 프로모션을 통해 '택배'라는 용어를 대중화시키는 데 주력했고, 이후 브랜드명을 '한진택배'로 전환하여 시장 정착에 성공했다. 한진의 선도적 진출 이후, 택배 시장은 빠르게 확대되었다. 대한통운(1993년), 현대로지엠(1994년), CJ GLS(1999년) 등 대기업들이 잇따라 시장에 진입하면서 경쟁이 치열해졌고, 곧 기업 간 인수합병(M&A) 흐름으로 이어졌다. 2006년 CJ GLS가 삼성HTH를 인수하면서 M&A 열풍이 본격화되었고, 2007년 이후에는 유진이 로젠택배를, 동부가 훼미리택배를, 한진이 세덱스를 인수하며 산업 구조에 큰 변화를 일으켰다.

2000년대에 들어서면서 택배산업은 온라인 쇼핑몰과 스마트폰 기반 커머스의 확산에 발맞춰 폭발적인 성장을 이루었다. TV홈쇼핑을 시작으로, 인터넷 쇼핑과 모바일 앱을 통한 주문이 일상화되면서 택배는 유통의 핵심 채널로 자리 잡았다. 특히 2007년에는 산업 시작 15년 만에 '1억 상자' 배송 돌파라는 상징적인 기록을 달성하며, 택배가 국민 생활의 필수 서비스로 자리매김했음을 보여 주었다. 이 시기 택배산업은 연평균 20% 이상의 성장률을 기록하며 불황을 모르는 산업으로 평가받았고, 물류 수요의 다양화와 서비스 고도화가 동시에 진행되었다. 단순한 물품 전달을 넘어, 정시 배송, 당일 배송, 새벽 배송 등 고속 물류 서비스가 등장했고, 고객 편의성과 효율성을 중심으로 서비스 품질이 지속적으로 향상되었다.

1992년은 냉전이 끝난 뒤 세계 곳곳에서 체제의 변화와 국제 협력의 새로운 방향이 본격화된 해였다. 보스니아 내전이 발발하면서 유고슬라비아는 극단적 민족주의의 피로 물들었다. 특히 내전 중 1995년 발생한 스레브레니차 대학살은 2차 세계대전 이후 유럽 최악의 인종분쟁으로 기록되며 국제사회의 경각심을 불러일으켰다. 4월 아프가니스탄에서는 무자헤딘이 카불을 점령해 나지불라 정권을 붕괴시켰지만 내전 양상은 심화됐다. 태국에서는 시민들의 대규모 항쟁으로 군부 정권이 무너지는 등 각국에서 혼란이 계속됐다.

6월 3일 브라질 리우데자네이루에서 개최된 유엔 환경개발회의에서는 기후변화협약이 채택되며 전 지구적 환경 문제에 대한 국제사회의 첫 집단 대응이 시작되었다. 지속 가능한 개발의 이념과 환경 보호를 동시에 추구하기 위한 새로운 전환점이었다. 11월 3일 미국 대통령 선거에서 민주당의 빌 클린턴이 당선되며 12년 만의 정권 교체가 이루어졌고, 이와 함께 북미자유무역협정(NAFTA)이 체결됨으로써 북미를 중심으로 한 자유무역 체제가 세계 경제 재편의 새로운 흐름으로 자리 잡기 시작했다. 이해 세계 최초의 휴대전화 문자메시지(SMS) 서비스가 시작되며 새로운 모바일 커뮤니케이션 시대의 문이 열렸다. 최초의 문자메시지는 1992년 12월 3일 영국의 닐 팹워스가 보다폰(Vodafone)의 리처드 자비스에게 보낸 "Merry Christmas"라는 메시지였다.

　　1993년은 한국 정치사에 큰 획을 그은 해였다. 2월, 김영삼 대통령의 취임으로 32년 만에 문민정부가 출범하며 군부 중심 정치에서 민주주의로의 이행이 본격화되었다. 이어 8월엔 금융실명제가 전격 도입되며 투명한 금융거래의 시대가 열렸고, 고위 공직자의 재산 공개와 군 비선조직 '하나회' 해체는 개혁의 상징적 조치였다.

　　금융실명제는 금융 거래의 투명성을 확보하고 부정부패를 방지하기 위해 도입된 제도로 모든 금융 거래를 실명으로만 할 수 있도록 의무화한 정책이다. 이 제도는 금융기관의 예금, 증권 매입 등 모든 금융자산 거래에서 가명이나 차명, 무기명 거래를 금지하고, 거래자 본인의 이름으로만 거래하도록 규정한다. 금융실명제는 1982년 장영자·이철희 사건이라는 대형 금융사기사건을 계기로 정부 내에서 논의되기 시작했다. 당시 사금융이 활개를 치며 금융시장의 불투명성과 부패가 심각한 사회 문제로 떠올랐고, 이에 대한 대책으로 실명제 도입 필요성이 제기되었다. 그러나 전두환·노태우 정부는 금융시장 붕괴와 자금이탈 가능성 등을 우려해 시행을 계속 미뤘다. 마침내 1993년 8월 12일, 김영삼 대통령이 대통령 긴급명령 제16호를 발동해 금융실명제를 전격적으로 실시했다. 이 조치는 예고 없이 단행되었으며, 오후 8시를 기해 모든 금융기관은 실명 확인 없는 인출을 금지하고, 일정 금액 이상의 자금 인출 시 국세청에 통보하도록 했다. 헌법 제76조에 따른 대통령의 긴급명령권을 활용한 조치로, 당시로서는 매우 이례적인 방식이었다.

　　금융실명제의 도입은 한국 금융문화에 큰 변화를 가져왔다. 실명에 의한 금융거래 관행이 정착되면서 신용거래가 확산되었고, 금융거래의 투명성이 높아졌다. 특히 검은 돈의 흐름을 차단하고, 자금 추적이 가능해지면서 부정부패를 줄이는 데 큰 역할을 했다. 이후 금융소득종합과

세 제도도 함께 도입되어 과세의 형평성과 경제 정의 실현에 기여했다. 1995년에는 전두환·노태우 전 대통령이 실명제 도입 이후 비자금 계좌가 추적되면서 구속되었고, 김영삼 대통령의 차남도 한보 비리 사건에 연루되어 실명제에 의해 계좌가 추적되며 구속되는 일이 있었다. 김대중 정부 시절의 대북 송금 사건 역시 실명제와 계좌추적을 통해 전모가 드러났다. 금융실명제는 이후에도 몇 차례 개정을 거쳐 현재까지 유지되고 있으며, 금융거래의 정상화와 경제의 건전한 발전을 도모하는 핵심 제도로 자리 잡고 있다.

3월 구포역 열차 탈선으로 78명이 목숨을 잃었고, 6월에는 한강 영화 촬영 헬기 추락 사고로 배우 변영훈 등 7명이 사망했다. 7월 목포에서는 아시아나 여객기 추락으로 66명이 숨졌으며, 10월에는 서해 훼리호 침몰 참사로 292명의 희생자가 발생하는 등 국민들은 잇따른 대형 사고에 깊은 충격을 받았다. 경제·사회적으로는 한약 조제권 논란이 전국적인 파업과 시위로 번지며 의료계 권한 구조에 대한 근본적 논쟁을 촉발했다. 교육 분야에서도 전환점이 있었다. 11월에는 대학수학능력시험(수능)이 첫 시행되며 입시제도의 대개혁이 시작되었다. 하지만 광운대 입시비리 등으로 교육계에 대한 신뢰는 흔들렸다. 같은 해 우루과이라운드 협상 타결로 쌀시장 개방이 결정되며 농업계는 큰 충격을 받았고, 이는 세계무역기구(WTO) 출범의 기반을 마련하는 과정이기도 했다.

사회운동의 세대 교체도 이루어졌다. 학생운동의 중심이던 전대협이 해체되고 한총련이 출범하며 새로운 흐름이 형성되었다. 환경운동연합은 1993년 4월 서울의 공해추방운동연합과 8개의 지역 환경조직들이 연대하여 전국적인 환경운동단체로 출범했다. 8월부터 11월까지 개최된 대전 엑스포는 1,400만 명 이상의 관람객이 찾아 과학기술의 미래를 엿

볼 수 있는 장이 되었다. 이해 등장한 대형 할인마트는 '가격파괴'를 선언하며 유통 시장에 변화를 가져왔다. 국내 최초의 대형마트는 1993년 11월 서울 창동에 문을 연 이마트로, 마케팅과 판촉비용을 줄이고 최소한의 판매사원으로 운영하여 인건비를 절감했다. 이러한 비용 절감은 소비자에게 저렴한 가격으로 상품을 제공할 수 있는 기반이 되었고, 이후 GS마트, 홈플러스, 롯데마트 등 다양한 대형마트들이 뒤를 이어 등장했다. 전통 음료 식혜·수정과가 캔음료로 출시되며 명절의 맛이 일상으로 스며들기 시작했다.

문화적으로는 복고 열풍과 함께 전통문화에 대한 재조명이 활발했다. 영화 〈서편제〉는 판소리의 깊은 정서를 스크린에 담아내며 흥행에 성공했고, 1993년에 출간된 유홍준의 『나의 문화유산답사기』는 출판계와 여행 문화에 깊은 영향을 미친 책으로 평가받는다. 이 책은 단순한 여행 안내서가 아니라, 문화유산에 대한 깊은 이해와 감상을 바탕으로 한 인문 기행서였다. 당시로서는 보기 드문 무거운 색감의 표지와 다소 어려운 제목에도 불구하고, 독자들의 폭발적인 반응을 이끌어냈다. 책에 소개된 장소를 직접 찾아가는 '답사 여행'이 유행처럼 번졌고, 많은 사람들이 책을 손에 들고 현장을 방문하는 모습이 흔하게 목격되었다.[280]

이러한 현상은 자가용 보급이 700만 대를 넘어서며 가족 단위의 교육적·문화적 여행 욕구가 증가한 사회적 배경과 맞물려 있었다. 친구나 가족과 함께 떠나는 여행에서 단순한 관광을 넘어, 역사와 문화적 의미를 알고자 하는 분위기가 형성되었고, 『나의 문화유산답사기』는 그 흐름을 선도하는 역할을 했다. 이 책은 '아는 만큼 보인다'는 철학을 바탕으로, 독

---

280) 한기호. 『베스트셀러 30년』. 교보문고. 2011. p127.

자들에게 문화유산을 단순한 유적이 아닌 살아 있는 역사로 인식하게 만들었다. 이 책은 한국인의 여행 방식과 문화적 자긍심에 깊은 영향을 주었고, 이후 수많은 답사 관련 도서와 프로그램이 등장하는 계기가 되었다. '답사'라는 행위 자체가 하나의 문화로 자리 잡게 된 것은 이 책이 남긴 가장 큰 유산이라 할 수 있다.

난지도 쓰레기 매립장은 서울의 급격한 도시화와 인구 증가에 따라 발생한 폐기물을 처리하기 위해 1993년까지 운영된 대규모 매립지다. 마포구 상암동에 위치한 이곳은 서울시의 중심에서 벗어난 외곽 지역으로, 교통이 편리하고 접근성이 좋아 매립지로 선정되었다. 초기에는 방지시설 없이 단순히 쓰레기를 쌓아 올리는 비위생적 매립 방식이 사용되었으며, 약 9,200만 톤의 폐기물이 매립되면서 해발 95m에 달하는 거대한 쓰레기 산이 형성되었다. 이로 인해 악취, 유해가스, 침출수 등 환경오염 문제가 심각했고, 폐품 수집인들이 이곳에서 생계를 이어 가기도 했다.

1993년 3월 매립이 종료된 이후, 서울시는 난지도 안정화 사업을 통해 침출수 처리, 매립가스 포집, 사면 안정화 등의 환경 복원 작업을 진행했다. 이후 난지도는 생태공원으로 탈바꿈하여 월드컵공원으로 재탄생했고, 하늘공원·노을공원·평화의공원 등 5개의 테마공원이 조성되었다. 또한 쓰레기 처리 방식도 변화하여, 1997년 양천과 노원 자원회수시설이 준공된 것을 시작으로, 2002년 강남, 2005년 마포 자원회수시설이 가동되면서 서울시는 총 4개의 소각시설을 운영하게 되었다.

국제적으로는 북한의 핵확산금지조약(NPT) 탈퇴 선언과 국제사찰 거부로 북핵 문제가 국제화되어 동북아 안보에 긴장을 불러왔다. 같은 해 김진명 작가의 소설 『무궁화 꽃이 피었습니다』가 출간돼 400만 부 이상이 판매됐다. 이휘소 박사(1935-1977)는 한국이 낳은 세계적인 이론물리학자로 입자물리학 분야에서 탁월한 업적을 남긴 인물이다. 이휘소 박사는 서울대학교 공과대학 화학공학과에 입학했지만 물리학에 뜻을 두고 미국으로 유학을 떠났다. 마이애미대학교에서 물리학 학사, 피츠버그대학교에서 석사, 펜실베이니아대학교에서 박사 학위를 받았다. 이후 프린스턴 고등연구소, 뉴욕주립대 스토니브룩, 페르미 국립가속기연구소 등에서 연구 활동을 이어 갔으며, 20세기 입자물리학의 핵심 이론인 자발적 대칭성 붕괴와 게이지 이론의 재규격화 문제 해결에 결정적인 기여를 했다.

1977년 6월 16일, 이휘소 박사는 미국 일리노이주 고속도로에서 가족과 함께 이동 중 대형 트럭의 바퀴가 이탈해 차량을 덮치는 사고로 사망했다. 당시 언론과 대중은 그의 죽음을 단순 사고로 보기 어려워했고, 박정희 정권의 핵무기 개발과 관련해 미국 정보기관이 암살했다는 음모론이 제기되었다. 그러나 이휘소 박사의 제자였던 강주상 고려대 교수는 이 박사가 핵무기 개발과는 무관한 순수 이론물리학자였으며, 사고 역시 고의로 보기 어려운 우연한 사건이었다고 밝혔다. 이휘소 박사는 미국에서 활동했지만, 한국에 대한 애정은 남달랐다. 1965년 한국과학기술연구원(KIST) 창설 당시, 최형섭 초대 소장에게 "기초연구를 할 수준이 되면 제일 먼저 저를 불러 달라"는 편지를 보내며 한국 과학 발전에 대한 관심을 표명했다. [281]

'정보고속도로 구상(Information Superhighway)'은 1990년대 초 미국 클린턴 행정부가 디지털 시대를 대비해 발표한 국가적 정보 인프라 구축 계획으로, 당시 부통령이었던 앨 고어가 주도한 전략적 비전이었다. 클린턴 대통령은 1993년 2월 22일, 실리콘밸리에서 이 구상을 발표함으로

---

281) 현원복. 『대통령과 과학기술』 과학사랑. 2005. p174~176.

써 정보화 시대의 상징적 출발을 알렸다. 이 계획의 핵심은 미국 전역에 걸쳐 컴퓨터 터미널을 연결하는 고속 정보망을 구축하는 것이었다. 이를 통해 국민들은 단순한 정보 검색뿐 아니라 영화 감상, 쇼핑, 교육 등 다양한 분야에서 쌍방향 전자 서비스를 이용할 수 있게 될 것으로 기대되었다. TV, 전화, 컴퓨터 기술을 통합한 새로운 형태의 정보 서비스로 당시로서는 매우 획기적인 개념이었다.

정보고속도로 구상은 정부가 기본 인프라와 정책 방향을 제시하고, 민간 기업이 실제 구축과 운영을 맡는 방식으로 추진되었다. 디즈니, 타임워너, 뉴스코프 등 대형 정보통신·미디어 기업들이 참여하면서 정보통신 산업의 급성장과 고용 창출이 기대되었고, 미국 경제의 혁신을 이끄는 동력이 되었다. 또한 미국이 정보 인프라의 표준을 선점함으로써 세계 정보통신 산업의 주도권을 확보하려는 전략적 의도도 담고 있었다. 이후 '정보고속도로' 개념은 GII(Global Information Infrastructure)로 확장되어 세계적 정보망 구축 논의로 이어졌으며, 한국을 포함한 여러 국가들이 이 흐름에 영향을 받아 자국의 정보화 정책을 본격화하는 계기가 되었다. 정보고속도로 구상은 단순한 기술 인프라 구축을 넘어, 디지털 시대의 사회·경제적 구조를 재편하려는 미국의 미래 전략이었으며, 오늘날 우리가 누리는 인터넷 기반 서비스의 원형이 되었다.

2월 26일, 미국 뉴욕 세계무역센터(WTC) 지하 주차장에서 발생한 폭탄 테러는 6명의 사망자와 1,000여 명의 부상자를 낳으며 전 세계를 충격에 빠뜨렸다. 훗날 9·11 테러의 전조로 해석되며 글로벌 안보 체계에 대한 경각심을 고조시키는 계기가 되었다. 10월 3일, 소말리아 모가디슈 전투에서는 미군과 현지 군벌 사이의 무력 충돌이 발생해, 미군 19명이 사망하고 블랙호크 헬기 2대가 격추되는 등 대규모 피해가 발생했다. 이 사건은 미국의 대외적 군사 개입에 대한 회의적 시각을 불러왔고, 이후 전략적 개입 방식에 대한 재검토가 이어지게 되었다. 같은 해 10월 7일, 미국 작가 토니 모리슨은 흑인 여성 최초로 노벨문학상을 수상하며 문학사에 새로운 이정표를 세웠다. 그녀의 작품은 아프리카계 미국인의 정체성과 억압의 역사를 섬세하고 강렬하게 그려 내며 인종과 성별의 벽을 넘어선 보편적 감동을 전했다.

1994년 한반도는 요동쳤다. 김일성 사망은 남북한에 큰 충격을 주었고 10월 제네바 합의는 잠시 남북관계를 완화시키는 전환점이 되었다. 여름에는 박홍 총장의 '주사파 발언'이 정국을 들썩이게 했다. "주사파 뒤에는 김정일이 있다"는 발언은 학계·종교계까지 반향을 일으키며 고해성사 누설 논란으로 번졌다.

1994년 3월, 서울 견지동 조계사에서 발생한 조계사 폭력 사태는 대한불교조계종 총무원장 선출을 둘러싼 내부 갈등이 극단적으로 표출된 사건이다. 당시 서의현 총무원장의 장기집권에 반대하는 승려 200여 명이 조계사에서 농성을 벌이던 중, 서의현 지지 세력이 폭력배를 동원해 이들을 폭행하면서 사태가 발생했다. 이후 총무원이 폭력 사태에 직접 개입하고 사주한 정황이 드러났고, 조계종 원로회의는 서의현의 당선 인준을 거부하며 즉각 사퇴를 결의했다. 서의현 총무원장은 이를 수용하고 사퇴함으로써 사건은 일단락되었지만, 불교계와 사회 전반에 종단의 도덕성과 공공성에 대한 심각한 충격을 남긴 사건으로 기억된다.

그해 여름은 기록적인 폭염이 전국을 강타했고, 연이어 터진 사회적 참사들이 국민을 불안에 빠뜨렸다. 지존파 사건으로 알려진 잔혹한 살인과 인육 섭취라는 엽기 행각은 범죄를 넘어 사회의 빈부격차와 청년층의 절망을 드러냈다. 이뿐만 아니라 종로 지하통신구 화재, 충주호 유람선 사고, 성수대교 붕괴, 아현동 도시가스 폭발 등은 서울과 전국을 충격에 빠뜨렸고, 도시 안전과 인프라에 대한 근본적 경고가 되었다. 1945년부터 이어져온 대한뉴스의 종료는 국가 주도의 정보 전달 방식이 마침표를 찍는 순간이었다.

1994년에 수도 서울의 600년 역사를 기념하며 다양한 행사와 사업을 진행했다. 1394년 한양을 조선의 수도로 정한 것을 기념하기 위해, '서울시민의 날'을 10월 28일로 새로 제정했다. 또 서울시민의 생활과 모습을 담은 600점의 물품을 타임캡슐에 넣어 남산골한옥마을에 매설했다. 이 타임캡슐은 400년 후인 2394년(서울 정도 1000년)에 개봉될 예정이다. 도시의 모습도 급변했다. 남산 외인아파트와 삼각지 고가차도 철거는 서울 도심의 경관을 바꾸며 입체 교차로 시대의 종언을 알렸다. 남산 제모습 찾기 사업은 1990년대 초 서울시가 남산의 역사성과 자연환경을 되살리기 위해 추진한 대규모 도시재생 프로젝트였다. 한동안 남산은 중앙정보부, 외국인 아파트, 군부대 등 권위주의 시대의 상징적 시설들이 자리해 시민들의 접근이 제한되고, 자연경관도 크게 훼손된 상태였다. 서울시는 이러한 억압적 이미지를 지우고 남산을 시민의 공간으로 되돌리기 위해 시설 철거와 자연 복원을 중심으로 한 정비 사업을 시작했다.

사업은 외국인 아파트를 철거하고 그 자리에 소나무 숲을 조성하는 것에서부터 출발했다. 이어 중앙정보부(안기부)와 군부대가 이전하면서 남산 일대의 폐쇄적 시설들이 사라졌고, 그 자리에 시민을 위한 공간이 하나둘 들어섰다. 수도방위사령부가 이전된 자리에 남산골 한옥마을이 조성되어 한국의 전통문화를 체험할 수 있는 장소가 마련되었고, 야외 식물원과 산책로가 정비되면서 남산은 점차 자연과 휴식이 공존하는 공간으로 변모했다. 이 사업은 2000년대 후반에 추진된 '남산 르네상스'로 이어지며 더욱 확장되었다. 남산 전체를 생태 공원으로 재편하고, 역사적 가치 회복을 위해 한양도성 복원과 소나무림 확대 같은 후속 작업이 지속되었다. 그 결과 남산은 과거의 억압적 이미지에서 벗어나 시민 누구나 쉽게 찾을 수 있는 열린 생태·문화 공간으로 자리 잡았다.

문화적으로는 깊은 울림이 있었다. 박경리의『토지』완간은 26년에 걸친 집필 대장정의 마무리로 한국 문학사의 상징적 순간이 되었다. 최영미 시인은 1990년대 초 한국 문단에 등장한 시인으로, 그녀의 첫 시집『서른, 잔치는 끝났다』(1994)는 시의 대중성과 사회적 영향력을 다시 환기시킨 대표적인 작품이다. 1980년대 이후 시 장르가 점차 쇠퇴하던 시기에 70만 부 이상 판매된 이 시집은 보기 드문 초대형 베스트셀러로 기록되며 '최영미 현상'이라는 사회적 반향을 일으켰다.

김건모·룰라·투투 등 레게풍 댄스 음악의 인기는 혼성그룹의 전성시대를 열었다. 하지만 서태지와 아이들의 '교실 이데아' 백워드 마스킹 논란은 악마주의 오해로 음악계와 사회를 술렁이게 했고, 음원 역재생이라는 해프닝으로 마무리되었다. 극장가는 그 어느 때보다도 풍요로웠다. 〈라이온 킹〉, 〈포레스트 검프〉, 〈마스크〉, 〈스피드〉 등 할리우드 블록버스터들이 대거 개봉하며 관객들의 발걸음을 이끌었고, 자연농원에 개장한 판다월드는 밍밍과 리리의 귀여운 매력으로 어린이들의 마음을 사로잡았다.

삼성전자는 세계 최초로 256M D램을 개발하며 메모리 반도체 시장의 주도권을 일본에서 빼앗고, 한국 반도체 산업의 초격차 신화를 여는 결정적인 계기를 마련했다. 같은 해, 한국통신과 데이콤의 상용 인터넷 서비스가 시작되며 대한민국은 본격적으로 디지털 시대에 진입했다. 전화선을 통해 세계가 연결되면서 정보의 흐름은 근본적으로 바뀌기 시작했다.

10월 삼성전자는 휴대전화 모델 SH-770을 삼성 〈애니콜〉이라는 이름으로 공식 출시했다. 당시 마케팅의 첫 타깃은 모범택시 기사들이었다. 휴대전화 사용량이 많고 다양한 사람들과 접촉하는 직업 특성상, 이들을 통해 자연스럽게 제품의 성능과 신뢰성이 입소문으로 퍼질 수 있다고 판단한 것이다. 실제로 택시기사들은 애니콜이 "잘 터진다"는 경험을 주변에 공유하며 긍정적인 브랜드 이미지를 형성하는 데 기여했다. 또한 삼성은 소비자 신뢰를 확보하기 위해 '애니콜 안심보험'이라는 파격적인 서비스를 도입했다. 제품 구매 후 1년 이내에 분실, 도난, 화재 등의 피해를 입은 경우, 새 제품으로 보상해 주는 제도였다. 이는 당시로서는 매우 혁신적인 소비자 보호 정책으로, 제품에 대한 신뢰도를 높이는 데 큰 역할을 했다.

1990년대 포항에 건설된 방사광가속기는 한국이 거대 과학 분야에 본격적으로 진입하는 역할을 한 대형 과학 인프라였다. 1988년 포항제철 창립 20주년을 기념해 구상된 이 사업은 초기에는 포항제철이 주도했으나, 건설비가 예상보다 두 배 가까이 증가하면서 정부가 추가로 출연하게 되었고, 결국 국가와 포항공과대학교가 공동으로 추진하는 형태로 발전했다. 1991년 4월 착공된 가속기는 1994년 12월 준공되었으며, 1995년 시운전을 거쳐 본격적으로 운영되었다. 포항방사광가속기는 세계에서 다섯 번째로 구축된 제3세대 방사광가속기로, 미국·유럽연합·대만·이탈리아에 이어 한국이 이 분야에 합류하게 된 것이다. 총 건설비는 약 1,500억 원으로, 포항제철이 864억 원, 정부가 596억 원을 부담했으며 나머지는 기타 수입으로 충당되었다.

이 가속기는 전자를 빛의 속도에 가깝게 가속시켜 원형 궤도에 저장하고 회전시키면서 X선에서 적외선에 이르는 넓은 파장 영역의 고강도·고휘도 방사광을 발생시킨다. 이러한 방사광은 기존 X선 광원으로는 수십

시간이 걸리던 물질 분석을 단 몇 초 만에 수행할 수 있게 해주며, 생명과학·나노과학 등 첨단 분야의 초미세 연구에 활용된다. 2024년 기준으로 39개의 빔라인이 운영 중이며, 연구 성과는 세계적으로 주목받고 있다. 또한 2015년에는 4세대 선형 방사광가속기가 추가로 설치되어, 한국이 기초과학 연구와 첨단산업에서 경쟁력을 확보하는 데 중요한 기반을 마련했다. 포항방사광가속기는 단순한 과학 장비를 넘어, 한국 과학기술의 위상을 세계적으로 끌어올린 상징적 인프라로 평가된다.[282]

세계는 절망과 가능성이 교차하며 강렬한 변화를 경험했다. 아프리카 르완다에서는 100일간 약 80만 명이 목숨을 잃은 대학살이 발생하며, 민족 갈등이 얼마나 잔혹한 비극으로 이어질 수 있는지를 보여 주었다. 유엔 등 국제사회는 대규모 학살을 외면하며 개입에 소극적이었고, 대량학살을 방치하는 결과를 낳았다는 비판을 받았다. 반면, 남아프리카공화국에서는 역사적인 희망의 장면이 펼쳐졌다. 넬슨 만델라가 첫 흑인 대통령으로 취임하며 아파르트헤이트 체제가 공식적으로 막을 내리고, 인종 차별 철폐와 사회 통합을 향한 새 시대가 열렸다. 절망 속에서도 가능성은 피어났다.

러시아 남서부에서 체첸 전쟁이 발발했다. 러시아와 체첸 반군 간의 충돌이 시작되며 민족 자결과 중앙 권력 간의 긴장이 고조되었다. 문화적으로도 깊은 울림이 있었다. 미국의 싱어송라이터이자 밴드 〈너바나(Nirvana)〉의 리더인 커트 코베인이 자살로 생을 마감하며 전 세계 음악 팬들을 충격에 빠뜨렸다. 한편, 영국과 프랑스를 잇는 유로터널이 개통되며 유럽 대륙 간 이동이 혁신적으로 바뀌었고, 유럽 통합의 상징적 인

---

282) [광복절 특집] 대한민국 과학을 비춘 초강력 빛, 포항방사광가속기. 사이언스타임스. 2025. 8. 13.

프라로 자리 잡았다.

1995년은 한국사회에 깊은 상흔을 남긴 참사와, 정의와 자각을 향한 중대한 전환이 함께한 해였다. 가장 충격적인 사건은 6월 29일, 서울 강남에서 일어난 삼풍백화점 붕괴였다. 영업 중 백화점이 무너져 502명이 사망하고, 수백 명이 부상당한 대재앙이었다. 구조대원들의 사투와 생존자들의 기적은 전국을 울렸고, 이 참사는 부실공사와 관리 소홀이라는 인재의 전형으로 남아 이후 안전관리 기준 강화의 계기가 됐다. 이보다 두 달 앞서 4월 28일 대구 지하철 공사장 가스 폭발 사고로 학생 등 101명의 목숨이 희생되며 또 다른 안전 불감증의 비극이 발생했다. 이어 7월 23일, 씨 프린스호 유조선 기름 유출로 700톤의 원유가 남해안 해양 생태계를 파괴했고, 환경 재난에 대한 경각심도 높아졌다.

6월 27일 지방자치제 부활로 국민이 직접 시장·도지사를 선택하는 정치 참여의 시대가 열렸고, 야당 후보의 서울시장 당선은 정치 지형에도 균열을 일으켰다. 7월 18일, 김대중 전 대표가 정계에 복귀해 국민회의를 창당하며 다시 3김 시대가 전개되었고, 8월 15일 광복 50주년을 맞아 조선총독부 건물 철거가 시작되며, 일제의 상징물이 역사의 뒤안길로 사라졌다. 11월과 12월에는 노태우·전두환 두 전직 대통령이 동시 구속되며 대한민국 역사상 초유의 사건이 일어났고, 12·12 군사반란과 비자금 혐의에 대한 사법적 심판이 이루어졌다. 이와 함께 5·18 특별법 제정으로 광주민주화운동의 진상 규명과 책임자 처벌이 본격화되며 "역사 바로 세우기"가 시작되었다.

남북관계에도 변화의 물결이 있었다. 우리 정부는 북한에 쌀 15만 톤을 무상 지원하며 인도주의적 교류를 시작했고, 이후 남북대화의 물꼬를 트는 계기가 되었다. 교육 개혁도 주요 이슈였다. 5월 31일, 본고사 폐지와 생활기록부 도입 등 입시 제도 개편안이 발표되며 평생학습사회로의 전환이 시도되었다. 환경 분야에서는 쓰레기 종량제 봉투가 전국적으로 시행되며 분리수거가 생활화되고, 환경에 대한 인식이 캠페인에서 일상으로 자리 잡기 시작했다. 인구통계적으로도 중요한 전환점이었다. 1995년은 대한민국 정부 수립 이후 마지막으로 출생아 수가 70만 명을 넘긴 해였고, 이듬해부터 출산율은 급격히 하락해 2002년 이후엔 초저출산 사회에 접어들었다.

이해는 한국에서 전통적인 가정 술 문화인 '가양주'가 다시 살아나는 중요한 전환점이 된 해이다. 과거 일제강점기에는 주세법이 시행되면서 집에서 술을 빚는 행위가 '밀주'로 간주되어 법적으로 금지되었고, 단속의 대상이 되었다. 이로 인해 오랜 시간 동안 가양주 제조는 사회적으로 단절되었다. 그러나 1995년, 주세법이 개정되면서 이러한 규제가 완화되었고, 가양주를 자가 소비 목적에 한해 제조하는 것이 합법적으로 허용되었다. 이 법 개정은 판매를 목적으로 하지 않는 경우, 개인이 집에서 술을 빚어 마시는 전통을 되살릴 수 있는 길을 열어주었다. 그 결과 오랜 세월 억눌려 있던 가양주 문화가 다시 주목받으며 현대 사회 속에서 부활하게 되었다.

창작과비평사에서 출간한 에세이집 『나는 빠리의 택시운전사』로 홍세화의 존재가 알려졌다. 이 책은 출간 두 달 만에 종합 베스트셀러 1위에 오르며, 그 해에만 30만 부가 판매되는 등 큰 반향을 일으켰다. 경기고와 서울대 외교학과를 졸업한 엘리트 지식인이 이국에서 택시 운전사로 살아가는 이야기는 독자들에게 강한 인상을 남겼고, 특히 '조국만 빼고 어디든 갈 수 있는' 삶이라는 설정은 많은 이들의 공감을 자아냈다. 실제로 택시 운전 경력은 1년 남짓이었지만, 제목이 인생의 단면을 극적으로 부각시키며 상징적 힘을 발휘했다. 홍씨는 2024년 4월 18일 세상을 떠났다.

　니콜라스 네그로폰테는 디지털 시대의 철학과 방향성을 제시한 혁신가로 평가받는다. 그의 저서 『디지털이다(Being Digital)』는 1995년 출간 직후 큰 반향을 일으켰고, 디지털 문명의 전환점을 설명하는 데 있어 지금도 널리 인용되는 고전이다. 이 책은 그가 잡지 〈와이어드(Wired)〉에 연재했던 칼럼들을 바탕으로 구성되었으며, 디지털 기술이 인간의 삶, 사고방식, 사회 구조를 어떻게 변화시키는지를 통찰력 있게 풀어냈다. 네그로폰테는 MIT 미디어랩의 창립자이자 소장으로서 기술과 인간의 접점을 탐구하는 데 집중해 왔다. 그는 디지털 시대가 단순히 기술의 진보가 아니라, 인간 중심의 사고와 창의성을 요구하는 새로운 패러다임이라고 강조했다. 특히 "아톰에서 비트로의 전환"이라는 개념은 디지털 경제와 사회를 이해하는 핵심 키워드로 자리 잡았다. 『디지털이다』는 출간 이후 40여 개 언어로 번역되었고, 전 세계적으로 수백만 부가 판매되며 디지털 시대의 바이블처럼 여겨졌다. 한국어판(1999) 서문에서는 한국의 교육 체제에 대한 날카로운 비판과 함께, 디지털 시대에 걸맞은 창의적이고 유연한 학습 방식의 필요성을 강조하기도 했다.

　교통카드 시스템은 세계 최초로 한국에서 개발되어 외국 여러 도시로 수출되었으며, 도시 교통의 디지털화를 선도한 사례로 평가받는다. 1990년대 초반, 민간업체가 RF(Radio Frequency) 방식의 비접촉식 교통카드를 개발하면서 교통카드 기술이 실용화 단계에 접어들었다.[283) 1995년 말, 서울버스조합이 21-2번 버스에 시범적으로 교통카드를 도입하면서 대중교통에서의 실제 사용이 시작되었다. 당시의 교통카드는 버스에서

---

283)　서울역사편찬원. 『서울 2천년사 36』-현대 서울의 교통과 통신. 2016. p65.

만 사용할 수 있었고, 지하철을 이용하려면 별도로 승차권을 구매해야 하는 불편함이 있었다. 이후 1998년 부산시가 시내버스, 마을버스, 지하철, 택시, 공영주차장 등 다양한 교통수단에 통합 교통카드 시스템을 최초로 적용하면서 본격적인 다중 교통수단 통합 결제 시대가 열렸다. 이로써 하나의 카드로 다양한 교통수단을 이용할 수 있게 되었고, 교통 이용의 편의성과 효율성이 크게 향상되었다. 교통카드 시스템은 단말기, 사용자 카드, 중앙 처리 시스템으로 구성되며, 비접촉식 스마트카드를 통해 실시간 요금 정산과 데이터 처리가 가능하다. 이후 서울, 경기, 인천 등 수도권을 비롯한 전국 주요 도시로 확산되었고, 현재는 전국 호환 교통카드 시스템으로 발전하여 KTX 등 고속철도까지 통합 이용이 가능해졌다.

1995년, 세계는 커다란 비극과 변화의 순간들을 동시에 맞았다. 1월 1일, 세계화의 기틀을 마련하는 세계무역기구(WTO)가 공식 출범하며 GATT 체제를 대체하고, 글로벌 무역의 제도적 기반을 확립했다. 이어 8월 24일, 마이크로소프트의 〈윈도우 95〉 출시는 전 세계 개인 컴퓨터 환경을 혁신하며 대중화의 속도를 높였다. '시작' 버튼 하나로 사용자 경험은 완전히 달라졌고, 디지털 시대의 일상이 본격화되었다. 그해 극장가의 판도 역시 뒤흔들렸다. 세계 최초의 풀 3D 애니메이션 영화 〈토이 스토리〉는 카우보이 우디와 우주전사 버즈의 우정을 통해 아이는 물론 어른들의 마음까지 사로잡았다. 단순한 엔터테인먼트가 아닌, 상상력과 기술이 만난 시대의 상징으로 기억되었다.

1월 17일, 일본 고베 대지진은 규모 7.3의 강진으로 6,400여 명이 사망한 참사를 낳았다. 일본 현대사 최악의 자연재해로 기록되며 방재 시스템에 대한 전면 재검토가 이루어졌다. 이어 3월 20일, 도쿄 지하철에서는 옴진리교의 사린가스 테러로 13명이 사망하고 수천 명이 부상, 종교적 광신과 테러의 실체가 드러난 충격적인 사건이었다. 4월 19일, 미국 오클라호마시티 연방청사 폭탄 테러는 168명의 사망자를 남기며, 미국 내 극단주의 세력에 대한 경각심을 높이는 중요한 사건이 되었다. 11월 4일, 이스라엘의 총리 이츠하크 라빈이 극우 유대인의 총격으로 암살되며 중동 평화협정 추진에 중대한 타격이 가해졌다.

프랑스는 남태평양 무루로아 환초에서 핵실험을 재개하며 전 세계의 환경운동을 자극했고, 국제 사회의 격한 반발을 받았다. 반면 12월 14일, 유럽에서는 데이턴 평화협정이 체결되며 참혹했던 보스니아 내전이 종식하며, 유엔과 나토의 외교·군사적 중재가 빛을 발한 사례로 기록되었다. 아시아에서도 역사적 장면이 펼쳐졌다. 11월, 중국의 최고지도자 장쩌민 주석이 한국을 처음으로 공식 방문해 한중 관계의 새로운 전기를 마련하며 양국 외교에 있어 중요한 이정표가 되었다. 한편, 멕시코에서는 페소화 폭락으로 경제위기가 발생하며 신흥국 금융시장에 불안을 안겼고, 훗날 1997년 IMF 외환위기의 전조로 해석되기도 했다.

1996년은 대한민국이 세계적 위상을 한층 높이며 동시에 사회 곳곳에서 깊은 긴장과 변화의 파도를 겪은 해였다. 10월 11일, 한국은 OECD에 29번째 회원국으로 가입하며 선진국의 반열에 공식적으로 들어섰다. 국민소득 1만 달러 시대, 세계 경제 중심에 다가선 상징적인 순간이었다. 국제 스포츠 외교에서도 역사적 결실이 있었다. 5월 31일, 국제축구연맹(FIFA)은 2002년 월드컵을 한국과 일본 공동 개최하기로 결정하며 한일 협력과 아시아 스포츠의 위상을 세계에 드러냈다. 교육·문화적으로도 뚜렷한 변환점이 많았다. 3월 1일, '국민학교'라는 명칭이 '초등학교'로 변경되며 일제 잔재 청산과 민족 정체성 회복에 나섰고, 11월 13일, 경복궁 앞의 조선총독부는 완전 철거되며 70년 만에 역사의 뒤안길로 사라졌다.

10월 4일, 헌법재판소는 영화 사전심의 제도 위헌 결정을 내리며 표현의 자유에 날개를 달았다. 이로써 영화인들은 자유로운 창작 활동을 보장받게 되었다.

1996년 7월 우리나라에 설립된 코스닥(KOSDAQ) 시장은 벤처기업 중심의 주식시장으로 벤처투자의 회수 시장 역할을 수행하며 국내 벤처산업의 성장에 결정적인 기여를 했다. 당시 김영삼 정부는 정보화와 기술혁신을 국가 경쟁력 강화의 핵심 전략으로 삼았고, 이에 따라 벤처기업 육성을 위한 제도적 기반 마련에 적극 나섰다. 코스닥 시장의 개장은 벤처캐피털 활성화를 위한 정부의 강력한 벤처기업 육성책과 맞물려 이루어졌으며, 벤처기업들이 자본을 조달하고 성장할 수 있는 새로운 통로를 제공했다. 특히 코스닥은 기술력과 성장 가능성을 갖춘 중소·벤처기업들이 상장할 수 있도록 문턱을 낮추고, 투자자들에게는 고위험·고수익의 투자 기회를 제공함으로써 시장의 활력을 불어넣었다. 이 시기 미국에서도 IT와 벤처기업 중심의 경제 회복이 이루어지고 있었으며, 실리콘밸리를 중심으로 한 기술혁신이 세계적으로 주목받고 있었다. 한국은 이러한 흐름에 발맞춰 코스닥 시장을 통해 벤처기업 생태계를 조성하고, 정보통신 산업을 중심으로 한 신경제 기반을 구축하려는 전략을 펼쳤다.

하지만 국내 상황은 녹록지 않았다. 공직자 비리 수사 확대로 고위직 인사들이 연이어 구속되며 공직사회에 대한 신뢰가 바닥을 쳤고, 경제 침체 속에서 명예퇴직 바람이 거세지며 '고개 숙인 아버지'라는 유행어가 생겨났다. 4월 11일 총선에서는 신한국당이 139석으로 승리하며 서울에서 여당이 최초로 승리를 거두는 이변을 낳았다. 정치 신인들이 대거 국회에 입성하며 세대교체의 흐름이 뚜렷해졌다. 8월 한총련의 연세대 점거 사태가 벌어지며 5,800여 명이 연행되고 주사파 논란이 재점화되었다.

같은 달 26일, 전두환은 무기징역, 노태우는 징역 17년을 선고받으며 '역사 바로 세우기'는 법정에서 또 한 걸음을 내디뎠다. 9월 18일, 강릉 잠수함 사건이 발생하며 전국이 긴장에 휩싸였다. 북한 무장공비 26명이 침투해 민간인과 군인 17명이 희생되었고, 남북관계는 급속히 얼어붙었다. 이어 12월 9일, 김경호 씨 일가 17명이 탈북해 귀순하는 등 북한 체제의 불안정성이 국제적으로 주목받았다.

1990년대 후반 한국사회는 'EQ 열풍'이라는 독특한 문화적 현상을 경험했다. EQ, 즉 감성지능은 단순한 유행을 넘어 교육, 산업, 출판, 기업문화 전반에 영향을 미친 하나의 사회적 흐름이었다. 이 열풍은 1995년 미국 시사주간지 〈타임〉이 "성공은 IQ가 아니라 EQ에 달렸다"는 커버스토리를 내놓으며 본격적으로 불붙었고, 한국에서는 1997년 문용린 서울대학교 교육학과 교수가 『EQ가 높으면 성공이 보인다』를 출간하면서 대중적 관심이 폭발했다.

대중음악계는 상징적인 전환기를 맞았다. 1월 31일, 서태지와 아이들의 해체는 90년대 청춘에게 하나의 시대가 저무는 충격으로 다가왔고, 9월 7일, SM엔터테인먼트가 기획한 H.O.T.가 데뷔하며 아이돌 시대의 서막을 열었다. 〈전사의 후예〉와 〈캔디〉는 새로운 대중문화를 이끌었고, 세대 교체를 실감하게 했다. 스포츠에서는 박찬호가 미국 메이저 리그(MLB) 최초 한국인 승리투수가 되는 쾌거를 달성했다. LA 다저스 소속으로 거둔 승리는 단순한 기록을 넘어서 한국 야구의 세계 진출을 상징했고, '코리안 특급'이라는 이름은 전설로 자리 잡게 되었다. 여가문화도 확장됐다. 용인의 〈자연농원〉은 〈에버랜드〉로 개명되며 글로벌 테마파크로의 도약을 선언했고, 국내 최초 워터파크 〈캐리비안 베이〉개장은 물놀이 문화의 패러다임을 바꾸는 여름철 필수 명소가 되었다.

부산국제영화제는 1996년 출범한 아시아 최대 규모의 영화제로, 한국 영화의 세계화를 이끈 핵심적인 문화 행사다. 당시 한국 영화는 국내 시장에서 할리우드 영화에 밀려 점유율이 낮았고, 국제 영화제에서도 존재감이 미미했다. 그러나 부산국제영화제의 출범은 이러한 흐름을 바꾸는 전환점이 되었다. 첫 회 영화제는 31개국에서 169편의 영화가 상영되며 성공적으로 개최되었다. 이후 매년 가을 부산에서 열리는 이 영화제는 아시아 영화의 중심지로 자리 잡았다. 특히 '뉴 커런츠'와 '아시아 영화의 창' 같은 프로그램을 통해 아시아 신인 감독과 작품을 조명하며, 아시아 영화 산업의 발전에 크게 기여했다. 또한 '아시아 프로젝트 마켓'과 '콘텐츠&필름마켓' 같은 산업 플랫폼을 통해 영화 제작과 유통을 지원하며, 단순한 상영 행사를 넘어 영화 산업의 허브로 성장했다. 부산국제영화제는 한국 영화가 칸, 베를린, 베니스 등 세계 유수의 영화제에 진출하는 데 중요한 역할을 했으며, 부산이라는 도시를 '영화의 도시'로 자리매김하게 했다.

1996년 정부는 전통 의복인 한복의 생활화를 촉진하고 국민적 관심을 높이기 위해 문화체육부 주도로 '한복 입는 날'을 제정했다. 이날은 매월 첫째 토요일로 지정되었으며, 단순한 기념일을 넘어 문화 운동의 성격을 띠고 있었다. 2013년부터는 한복을 입고 4대궁과 종묘, 조선왕릉을 방문하는 관람객들에게 무료관람 기회를 제공해 한복 착용을 장려하고 있다. 이 운동은 단순히 전통을 보존하는 데 그치지 않고, 한복을 일상복으로 정착시키려는 시도였다. 1997년은 '한복 입는 해'로 지정되면서 생활한복이라는 개념이 본격적으로 자리 잡기 시작했고, 이후에는 민간 단체들이 주도하여 다양한 한복 관련 행사를 이어 갔다.

주한미군 방송인 AFKN(American Forces Korea Network)은 1996년 4월 30일 VHF 채널을 한국 정부에 반환하고 UHF 채널과 케이블 TV 방송

망으로 전환했다. AFKN은 1957년부터 1996년까지 약 40년 동안 한국에서 운영된 주한미군 대상의 방송망으로, 단순한 군사 방송을 넘어 한국사회와 대중문화에 깊은 영향을 끼친 매체였다. AFKN은 미국 국방부 산하의 방송 시스템으로 시작되었지만, 당시 한국의 방송 인프라가 미비했던 상황에서 AFKN의 텔레비전과 라디오 방송은 사실상 한국 국민들에게도 개방되어 있었다. 영어로 진행되는 방송이었음에도 불구하고, AFKN은 한국인들에게 미국식 생활양식과 대중문화를 접할 수 있는 창구 역할을 했다.

특히 AFKN은 미국의 최신 오락 프로그램, 뉴스, 드라마, 음악 등을 실시간으로 소개함으로써 한국 방송계와 대중문화에 큰 자극을 주었다. 당시 한국 방송은 기술적·내용적으로 미국에 비해 뒤처져 있었기 때문에, AFKN은 일종의 '문화적 쇼윈도'로 기능하며 한국 시청자들에게 새로운 시각과 감각을 제공했다. 이러한 영향은 단순한 시청 경험을 넘어, 한국 방송 제작자들과 예술가들에게 미국식 연출과 콘텐츠 스타일을 학습하고 모방하는 계기가 되었다.

또한 AFKN은 미8군 무대와 연결되어 한국 대중음악의 발전에도 중요한 역할을 했다. 미군 클럽에서 활동하던 한국 가수들은 AFKN을 통해 미국식 음악과 퍼포먼스를 익히며, 이후 한국 대중음악계로 진출하는 기반을 마련했다. 이로 인해 AFKN은 한국 대중음악의 병참기지로 불리기도 했다. 그동안 AFKN은 사실상 한국의 공중파 방송처럼 기능하며, 한국사회의 문화적 지형을 바꾸는 데 큰 역할을 했다. 영어 교육, 문화 다양성, 방송 기술 향상 등 긍정적인 측면도 있었지만, 동시에 미국 중심의 시각 강화와 문화 종속에 대한 우려도 함께 제기되었다.

1996년은 인류의 과학적 도약과 국제 정세의 격동이 교차하며 세계사의 중요한 전환점들을 만들어 낸 해였다. 7월 5일, 영국 로슬린 연구소에서 세계 최초의 체세포 복제 양 '돌리'가 탄생하며 생명공학계는 전례 없는 충격에 빠졌다. 돌리는 단순한 실험의 산물이 아닌, 생명 윤리와 존재의 경계를 묻는 상징이 되었고, 인간 복제에 대한 치열한 윤리 논쟁을 촉발시켰다. 11월 5일, 미국에서는 빌 클린턴 대통령이 재선에 성공해, 경제 안정과 중도 노선이 유권자의 선택을 이끌며 미국 정치의 세대교체 흐름을 굳혔다. 7월 3일, 러시아에서는 보리스 옐친이 재선했으나 건강 악화와 권력 공백 우려로 크렘린 내부 권력투쟁이 본격화되었다.

세계 여러 지역에서는 갈등과 불안이 지속되었다. 광우병(BSE) 공포는 유럽 전역으로 확산되며 식품안전의 국제적 경각심을 불러왔고, 북한의 식량난은 탈북 러시와 엘리트층의 이탈로 체제 균열의 신호를 보였다. 6월, 이스라엘에서는 베냐민 네타냐후가 총리로 취임해, 중동 평화 프로세스에 새로운 변수가 등장했다. 체첸에서는 내전이 재격화되며 민간인 피해가 속출했고, 아프리카 대호수 지역에서도 내전과 난민 사태가 악화되며 위기가 고조되었다. 3월 중국이 대만 총통선거를 앞두고 미사일을 발사하며 대만해협의 긴장이 고조되었고, 미국은 항공모함을 파견해 군사적 충돌을 방지했다. 반면 미국과 쿠바는 이민 협정을 체결, 냉전의 잔재를 하나씩 지워 나가는 모습도 보였다. 같은 해, 국제우주정거장(ISS)의 공동 개발이 본격화되며 미국, 러시아, 유럽, 일본이 우주를 향해 손을 맞잡는 협력의 모습을 보였다.

5

북방외교에서 OECD 가입까지

1990년대 한국은 냉전의 종식과 함께 외교, 경제, 과학기술 등 다양한 분야에서 큰 전환을 맞이한 시기였다. 북방외교가 본격화되며 소련과 중국 등 공산권 국가들과 수교를 맺었고, 한국의 외교 지평을 넓히는 계기가 되었다. 동시에 G7 프로젝트를 통해 선진국 수준의 과학기술 개발이 추진되었고, 국가 경쟁력 강화를 위한 기반이 마련되었다. 1996년 OECD 가입은 한국이 국제사회에서 선진국으로 인정받는 중요한 이정표가 되었고, 금융실명제 실시 등 경제 개혁은 투명성과 신뢰를 높이는 계기가 되었다. 기술 분야에서는 세계 최초로 CDMA 방식의 휴대전화가 상용화되며 통신 환경이 급변했고, 인터넷 신문의 등장은 정보화 시대의 도래를 알리는 상징적인 변화였다. 이러한 변화 속에서 1990년대는 한국이 외교적으로는 다자 관계를 확대하고, 경제적으로는 개혁과 기술 혁신을 통해 선진국 진입을 시도한 도약의 시기로 평가된다.

• 냉전 종식과 북방외교

노태우 정부의 북방외교는 1980년대 후반 냉전의 해체라는 세계사적 흐름을 기민하게 포착하여, 한국 외교의 지평을 획기적으로 넓힌 전략적 외교 정책이었다. 이 정책은 단순한 외교 관계 수립을 넘어, 한국 경제의 새로운 활로를 개척하고 남북관계에 구조적 변화를 유도한 중대한 전환점이었다. 1989년 헝가리와의 수교를 시작으로 노태우 정부는 재임 기간 동안 37개 공산권 국가들과 국교를 수립했다. 당시로서는 매우 파격적인 외교 행보였으며, 특히 소련과 중국이라는 냉전의 핵심 공산국가들과 수교는 한국 외교사에서 전례 없는 성과였다. 이러한 수교는 단기간에 이루어진 것이 아니라, 청와대 중심의 비밀 협상과 전략적 결단을 통해 추진된 결과였다.

1990년 6월 4일, 미국 샌프란시스코의 페어몬트 호텔에서 노태우 대통령과 미하일 고르바초프 소련 대통령이 역사적인 첫 정상회담을 가졌다. 이 회담은 '태백산'이라는 암호명 아래 두 달 전부터 극비리에 준비되었는데, 북한의 반발을 의식한 조치였다. 실제로 회담 직후 북한은 소련 외무성에 항의하며 한반도 정세 악화를 주장했지만, 불과 넉 달 뒤 한국과 소련은 공식적으로 국교를 수립했다. 소련 붕괴 이후 등장한 러시아는 한국과의 관계를 그대로 이어받았고, 경제 교류와 안보 협력이 확대되었다. 특히 1996년 러시아는 과거 소련이 북한과 맺었던 1961년 군사동맹 조약을 연장하지 않음으로써, 한반도 군사적 대치 구도에서 발을 빼고 외교적 관계로 전환했다.[284] 이는 한국과의 협력에서 얻는 이익이 북한과의 관계보다 훨씬 크다고 판단했기 때문이었다. 북방정책은 사회주의권 국가들과의 관계 개선을 통해 한국 외교를 글로벌 차원으로 격상시킨 전략이었고, 그 상징적 성과가 바로 한-소 수교였다. 동시에 남북관계에서도

---

284) 러시아와 북한은 2024년 6월 체결된 「포괄적 전략적 동반자 관계에 관한 조약」(북러조약)을 통해 사실상의 군사 동맹 수준으로 관계를 격상했다.

화해와 상호 불가침, 교류 협력 등을 담은 남북 기본합의서가 채택되며 이후 한반도 평화 구상의 기초가 마련되었다. [285]

소련과의 수교는 1990년 10월 1일에 성사되었으며, 6·25전쟁 당시 북한을 지원했던 국가와의 국교 수립이라는 점에서 상징적 의미가 컸다. 수교 조건으로 한국은 30억 달러 규모의 차관을 제공했는데, 현금과 상품을 혼합한 경제협력 형태였다. 이 과정에서 외무부는 적극적이었지만, 경제부처는 재정 부담을 이유로 소극적이었다. 그러나 노태우 대통령은 "돈이 들더라도 공산권 수교는 해야 한다"는 입장을 고수하며, 정무적 판단을 우선시했다. 그는 경제적 부담을 감수하더라도 외교적 돌파구를 열어야 한다는 신념을 갖고 있었고, 이에 따라 김종인 당시 경제수석에게 협상을 일임했다. [286]

소련과의 수교는 북한에 큰 충격을 주었고, 이후 남북한의 유엔 동시가입(1991년)이라는 역사적 사건으로 이어졌다. 남북관계의 새로운 국면을 여는 계기가 되었으며, 한국의 국제적 위상도 크게 높아졌다. 이어서 1992년에는 중국과의 수교가 이루어졌는데, 소련과의 수교로 인해 중국 측의 부담이 줄어든 덕분이었다. 중국은 북한의 반발을 의식했지만, 결국 한국과의 수교를 선택했고, 한국 경제에 결정적인 전환점을 제공했다.

중국과의 수교는 한국 기업들이 세계 최대 시장 중 하나인 중국에 진출할 수 있는 길을 열어 주었으며, 오늘날 중국은 한국의 주요 수출국으로 자리 잡았다. 만약 이 수교가 몇 년 늦어졌다면, 한국의 중국 시장 진출은 크게 지연되었을 것이며, 국가 경제에 큰 손실로 작용했을 것이다. 노태우 정부의 북방외교는 냉전 해체라는 국제적 흐름을 정확히 읽고, 과감한

---

285) 북방정책의 시효 [유레카]. 한겨레. 2024. 10. 30.
286) 이장규.『대한민국 대통령들의 한국경제 이야기2』. 살림. 2014. p30~32.

결단과 전략적 접근을 통해 한국의 외교·경제·안보에 중대한 영향을 미친 정책이었다. 단순한 외교 확장이 아니라, 한국이 세계 속에서 자주적이고 실용적인 외교를 펼칠 수 있는 기반을 마련한 역사적 성과로 평가된다.

• G7프로젝트와 과학기술 개발

1990년대 들어 한국의 연구개발(R&D) 투자는 급속히 확대되었다. 전체 R&D 지출의 국민총생산(GNP) 대비 비율은 1990년 1.7%에서 1997년 2.5%로 상승하였으며, 이 과정에서 전체 지출의 70~80%를 민간 부문이 차지하게 되었다. 이는 과거 정부와 공공부문이 기술개발을 주도하던 모습과는 크게 달라진 양상이었다. 기업 연구소의 수도 빠르게 증가하였다. 1990년에 1,000개 미만이었던 기업 연구소는 2000년에 이르러 7,100개로 늘어나, 산업발전이 기술개발에 의해 주도되고 있다고 해도 과언이 아닐 정도의 수준에 도달하였다. 이러한 변화는 반도체 분야에서 세계를 선도하는 기술력을 확보하는 성과로 이어졌으며, 주력 산업 분야 곳곳에서 민간의 특허출원 건수가 폭발적으로 증가하는 결과를 낳았다.[287]

노태우 정부는 교육과 과학기술 분야에서 제도적 기반을 정비하고 국가 경쟁력을 높이기 위한 다양한 정책을 추진했다. 노태우 정부는 교육의 자율성과 질적 향상을 위한 제도적 개혁을 중심으로 정책을 펼쳤다. 특히 교육 자치의 복원, 고등교육의 질 관리, 평생학습 기회 확대 등이 핵심 방향이었다. 1989년에는 전국교직원노동조합(전교조)의 출범에 대해 정부가 강경 대응하면서 1,600여 명의 교사를 해직하는 사건이 발생했

---

287)　한국경제60년사 편찬위원회. 『한국경제 60년사: 총괄편』. 한국개발연구원. 2010. p139.

다. 교육계에 큰 충격을 주었고, 이후 교원단체의 법적 지위와 협상권을 보장하기 위한 교원지위향상특별법이 1990년에 제정되었다. 이 법은 교원의 처우 개선과 교육부와의 교섭 기반을 마련하는 계기가 되었다.

1990년에는 독학 학위제가 도입되어, 대학에 진학하지 않아도 시험을 통해 학사 학위를 취득할 수 있는 길이 열렸다. 이 제도는 평생교육과 자기주도 학습을 장려하는 제도로 학습 기회의 다양화를 의미했다. 1991년에는 교육 자치제가 부활하면서 지방교육자치에 관한 법률이 시행되었고, 교육감을 간선제로 선출하는 방식이 도입되었다. 이후 주민직선제로 발전하는 기반이 되었으며, 지역 교육의 자율성과 책임성을 강화하는 계기가 되었다. 같은 해에는 브레인풀 제도가 도입되어, 국가 정책에 우수 인재를 활용하기 위한 전문가 풀을 구성했다. 이는 과학기술 및 교육 정책 자문에 활용되며, 정책의 전문성과 효율성을 높이는 데 기여했다.

또한 1991년에는 대학평가인정제가 실시되어, 대학의 교육 질을 평가하고 인증하는 제도가 마련되었다. 이에 따라 고등교육의 질적 향상을 위한 기반을 마련하고, 대학 간 경쟁을 유도하는 효과를 가져왔다. 이 외에도 1990년부터 1992년까지는 교육환경개선특별회계를 통해 3년간 총 1조 1,100억 원을 투입하여 교실, 화장실, 난방 등 교육시설을 개선하는 데 집중했고 교육의 물리적 환경을 개선하여 학생들의 학습권을 보장하는 데 중요한 역할을 했다.

노태우 정부는 과학기술을 국가 경쟁력의 핵심으로 인식하고, 기초과학 육성과 선도기술 개발을 중심으로 전략적 투자를 단행했다. 가장 주목할 만한 정책은 1992년에 발족한 선도기술 개발사업, 즉 G7 프로젝트였다. 이 사업은 고선명 TV, 초고집적 반도체, 차세대 자동차 등 11개 첨단기술 분야에 3조 7,000억 원을 투자하여 2001년까지 선진국 수준의 기술 확보를 목표로 했다. 한국이 기술 후진국에서 벗어나 세계적 기술 경쟁에 참여하기 위한 대규모 전략적 프로젝트였다. 이 외에도 과학기술진흥기금 조성, 대학원 중심 대학 지정, 광주과학기술원 설립 추진, 해외 과학기술자 유치 및 국제 협력 확대 등 다양한 정책이 병행되며, 과학기술 기반을 강화하고 국제 경쟁력을 높이는 데 기여했다. 이 사업은 노태우 정부 말기에 기획되었지만, 본격적인 실행은 김영삼 정부와 김대중 정부를 거치며 이루어졌고, 총 3조 8,089억 원의 사업비가 투입되었으며, 이 중 정부가 44%를, 민간이 56%를 부담했다.[288] 약 10만 명의 인력이 참여한 이 프로젝트는 범부처적 협력과 산·학·연 연계를 통해 국가 혁신 시스템 구축에 기여했다.

과학기술부는 2004년 발표한 '선도기술 개발사업 10년 성과' 보고서에서 G7 프로젝트를 성공적인 사업으로 평가했다. 보고서에 따르면, 이 사업은 국제 연구 네트워크 구축과 선진국 수준의 지식기반 확보에 기여했으며, 참여 기업들에게는 실질적인 경제적 이익을 안겨주었고, 국가 GDP 성장에도 긍정적인 영향을 미쳤다. 특히, 기술 이전이 어려운 국제 환경 속에서 소수 전략 기술에 집중 투자함으로써 기술 자립과 경쟁력 확보를 도모했다는 점에서 의미가 크다.

G7 프로젝트는 제품 기술과 기반 기술 개발로 나뉘어 추진되었으며, 제품 기술 분야에서는 의약품, 차세대 자동차, 고속전철, 평판 표시 장치, 광대역 정보통신망(B-ISDN) 등이 포함되었고, 기반 기술 분야에서는 차세대 반도체, 신에너지, 핵융합 발전을 위한 초전도 토카막 장치, 감성공학, 차세대 원자로 등이 주요 과제로 선정되었다. 결과적으로 G7 프로젝

---

288) 현원복.『대통령과 과학기술』 과학사랑. 2005. p347~348.

트는 한국이 기술 중심의 지식기반 경제로 전환하는 데 중요한 발판을 마련했으며, 이후 국가 연구개발 정책의 방향성과 전략 수립에 있어 중요한 모델로 평가받고 있다. 이 사업은 단순한 기술 개발을 넘어, 국가적 차원의 과학기술 혁신 체계를 구축하고 미래 산업 기반을 조성하는 데 큰 역할을 했다.

김영삼 정부는 '문민정부'라는 상징 아래 교육과 과학기술 분야에서 대대적인 개혁을 추진했다. 이 시기의 정책들은 한국사회의 구조적 변화를 이끌었으며, 특히 정보화와 세계화 시대에 대응하기 위한 기반을 마련하는 데 중점을 두었다. 교육 분야에서는 1994년 대입수학능력시험이 도입되어 기존의 학력고사를 대체했다. 대학입시의 공정성과 객관성을 높이고, 학생들의 사고력과 종합적 능력을 평가하는 방향으로 전환한 중요한 변화였다. 이어 1995년에는 '5·31 교육개혁 조치'가 발표되었는데, 교육의 자율화, 다양화, 정보화, 세계화를 핵심 방향으로 설정하고 지방교육자치제 확대, 학교운영위원회 설치, 교사 자격제도 개선 등 교육행정의 분권화를 추진했다. 이러한 개혁은 학교 중심의 운영체제를 강화하고 교육의 질을 높이려는 시도였다. 또한 1996년에는 국제대학원이 설치되어 고등교육의 국제화를 촉진하고 글로벌 인재 양성의 기반을 마련했다.

IT업계는 문민정부의 가장 성공적인 정책으로 벤처기업 육성을 꼽았다. 당시 정부는 정보산업의 급격한 성장 가능성을 인식하고, 기존 대기업 중심의 산업 구조만으로는 빠르게 변화하는 시장에 대응하기 어렵다고 판단했다. 이에 따라 벤처기업 육성을 국가적 전략으로 삼았다. 정부는 창업자금 지원과 세제 혜택을 비롯한 다양한 정책을 통해 벤처기업의 성장을 촉진했다. 이러한 지원은 자본력이 부족한 신생 기업들이 기술과 아이디어를 기반으로 시장에 진입할 수 있는 발판을 마련해 주었다. 또한 1996년 개설된 코스닥 시장이 활성화되면서 벤처기업들이 자본을 조달하고 성장할 수 있는 제도적 기반이 마련되었다. 성공 사례가 늘어나자 벤처 관련 단체들이 잇달아 출범했고, 업계 내부의 협력을 촉진하며 공동의 이익을 대변하는 창구 역할을 했다.[289]

우리나라가 전자정부로 행정혁신에 성공한 배경에는 IT 인프라의 기본인 초고속정보통신망이 있었다. 1994년 1월, 윤동윤 체신부 장관은 김영삼 대통령에게 새해 업무보고를 통해 초고속정보통신망을 3단계로 구축하겠다는 계획을 제시했다. 그는 2015년까지 총 44조 8000억 원을 투입해 전국에 초고속망을 건설하고, 국무총리를 위원장으로 하는 범정부적 추진위원회를 구성하며, 체신부 내에 기획단을 설치해 사업을 효율적으로 추진하겠다고 보고했다. 이 사업은 당시 1994년도 정부 예산안(43조 2500억 원)보다 큰 규모로, 단군 이래 최대의 국가정보화 프로젝트라 불릴 만큼 방대한 계획이었다. 산업화에서는 뒤처졌지만, 정보화에서는 세계적으로 앞서가겠다는 국가적 의지가 반영된 것이다. 당시 미국 클린턴 정부가 엘 고어 부통령 주도로 '정보고속도로' 사업을 시작한 상태였지만, 다른 국가들은 아직 본격적으로 정보화에 나서지 않은 상황이었다. 따라서 한국의 초고속정보통신망 추진은 세계적으로도 매우 혁신적인 시도였으며, 이후 전자정부와 IT 강국으로 도약하는 기반을 마련했다.[290]

정보화 사업의 체계적 추진을 위해 정부 조직도 개편되었다. 1994년 12월, 기존의 체신부를 확대 개편하여 정보통신부를 발족시켰고, 상공지원부, 과학기술처, 공보처 등에 흩어져 있던 정보 관련 기능을 통합함으로써 정보화 정책을 종합적으로 수행할 수 있는 기반을 마련했다. 이어

---

289) [IT산업 20년 전] 문민정부, 정보화의 기틀 마련하다. 컴퓨터월드. 2017. 11. 1.
290) 초고속정보통신망 일궈 유례없는 행정혁신 DNA 심다. 디지털타임스. 2017. 10. 24.

1995년 8월에는 「정보화 촉진 기본법」을 제정하여 법적 뒷받침을 강화했고, 1996년 4월에는 국무총리를 위원장으로 하는 정보화추진위원회를 구성해 범국가적 차원에서 정보화 시책을 추진했다.

산업 측면에서도 정보통신산업 육성을 위한 다양한 조치가 이루어졌다. 1994년에는 이동전화 시장에 경쟁제도를 도입했고, 1995년에는 시외전화 시장에도 경쟁을 허용하여 통신 산업의 효율성과 서비스 품질을 높였다. 같은 해 3월부터는 CATV 방송이 시작되었으며, 8월 5일에는 미국 케이프 케너베럴 우주기지에서 무궁화 1호 위성을 성공적으로 발사함으로써 대한민국은 본격적인 우주통신 및 방송시대로 진입하게 되었다. 과학기술 분야에서는 산업기술 자립화를 위한 정책들이 추진되었다. 1993년 공업기반기술개발사업을 통해 중소기업의 기술력 향상과 산업구조 고도화를 도모했고, 1995년에는 광주과학기술원이 설립되어 지역 균형 발전과 첨단 과학기술 인재 양성을 위한 연구중심 대학으로 자리 잡았다. 같은 해에는 '과학기술선진화 비전'이 발표되어 '빅 사이언스' 프로젝트가 착수되었고, 이는 대형 연구시설과 프로젝트를 통해 선진국 수준의 과학기술력을 확보하려는 전략이었다.

또한 1995년에는 연구자 중심의 자율적 과제 운영을 위한 PBS(연구과제중심 운영제도)가 도입되어 연구성과 중심의 평가체계로 전환되었다. 1996년에는 정보화 정책이 본격적으로 추진되었으며, 정보통신부 신설과 정보통신비서관 제도 도입을 통해 ICT 강국으로의 기반을 마련했다. 같은 해에는 아시아태평양 이론물리센터가 개원되어 국제 협력과 기초 과학 연구가 강화되었고, 고등과학원이 발족되어 수학과 물리학 등 기초 과학 분야의 고급 연구기관으로서 창의적 연구환경을 조성하고 세계 수준의 연구 성과 창출을 목표로 했다.

• OECD 가입과 선진국 눈앞

1996년 한국의 OECD(경제협력개발기구) 가입은 단순한 국제기구 가입을 넘어, 선진국 진입을 향한 중요한 상징적 계기이자 역사적 전환점이었다. 당시 세계는 냉전 종식 이후 새로운 경제 질서로 재편되고 있었으며, 이에 따라 한국은 국제 경제의 세계화와 개방 경제 체제에 능동적으로 대응할 필요성을 느꼈다. 이러한 배경 속에서 OECD 가입은 외교적·경제적 전략의 일환으로 추진되었다. 한국은 전쟁의 폐허를 딛고 세계 10위권의 경제 강국으로 성장했으며, 1990년대에는 멕시코, 체코, 헝가리 등 신흥 공업국들도 OECD에 가입하면서 이 기구가 점차 선진국뿐만 아니라 다양한 경제 수준의 국가들을 포용하는 방향으로 확대되었다. [291]

따라서 OECD 가입이 곧바로 선진국 진입을 의미한다고 보기는 어렵지만, 한국의 가입은 국제사회로부터 경제적·정치적 성숙도를 인정받은 사례로 평가되며, 선진국 진입의 자격을 갖추었다는 상징적 의미를 지닌다. 특히 한국은 개발 원조를 받던 나라에서 원조를 제공하는 나라로 전환한 최초이자 유일한 사례로, 국제 개발 협력 역사에서 매우 독특한 위치를 차지한다. 이는 한국이 선진국과 개발도상국 사이의 가교 역할을 수행하며, 국제사회에서 책임과 역할을 다하는 국가로 자리매김했음을 보여 준다.

1990년대의 한국은 산업화와 민주화라는 두 축을 바탕으로 괄목할 만한 경제 성장을 이루었다. 1990년부터 외환위기 직전인 1996년까지 실질 GDP 성장률은 평균 8.5%에 달했으며, GDP 총액은 2,793억 달러에서 4,862억 달러로 증가했다. 같은 기간 1인당 국민소득도 6,505달러에서

---

291) 김종태. 『선진국의 탄생』 돌베개. 2018. P199, 206.

10,548달러로 상승하여 한국은 명실상부한 신흥 경제 강국으로 자리매김했다. 김영삼 정부의 출범은 '문민정부'라는 이름과 함께 한국의 국가적 위상을 한 단계 더 끌어올려야 한다는 사회적 기대를 동반했다. 국민의 높은 지지를 받으며 출범한 김영삼 정부는 산업화 과정에서 누적된 사회경제적 모순을 해결하고, 개혁을 통해 새로운 국가 발전 전략을 제시하고자 했다.

1990년대에는 전세계적으로 '신자유주의'가 널리 퍼졌다. '세계화'라는 이름 아래, 국제기구들이 자유시장 정책을 밀어붙였다. 김영삼 정부는 이런 세계 흐름을 적극 받아들였다. 그래서 '글로벌 스탠더드'를 도입하고, 한국의 경쟁력 제고를 국가 전략의 핵심으로 삼았다. 당시 한국사회와 경제 구조가 세계화에 부합하지 않는다는 위기의식이 있었기 때문이었다. 또한 '선진국처럼 되어야 한다'는 생각은 정부가 정책을 추진할 때 정당성을 얻는 데 도움이 되었다.

1990년대 중반, 특히 1993년부터 1995년까지는 한국 경제가 외형적으로 매우 양호한 성과를 보인 시기였다. GDP 성장률은 1993년에 6%대를 회복한 뒤, 1994년과 1995년에는 각각 8~9%에 달하는 고성장을 기록했다. 1인당 국민소득도 매년 1,000달러 이상 증가하며 1995년에는 마침내 1만 달러를 돌파했고, 국민들에게 선진국 진입에 대한 기대감을 불러일으켰다. 소비자 물가상승률 역시 5% 내외로 안정세를 유지했으며, 1995년에는 수출 1,000억 달러, 종합주가지수 1,000선 돌파 등 상징적인 경제 성과들이 연달아 나타났다.

하지만 1997년 외환위기 직전 한국 경제는 구조적 취약성이 누적된 상태였다. 당시 글로벌 컨설팅 기업 부즈·앨런&해밀턴은 한국 경제가 고비용·저효율 구조에 갇혀 있으며 중국의 저비용 경쟁과 일본의 고효율

경쟁 사이에서 마치 넛크래커 속 호두처럼 깨질 수밖에 없는 운명이라고 경고했다. 이러한 지적이 나온 직후 한국은 실제로 외환위기를 맞게 되었다. 경제 상황을 보면 1996년부터 1997년 초까지 17개월 연속 경상수지 적자가 이어졌고, 1996년에는 약 230억 달러 규모의 사상 최대 적자를 기록했다. 이는 GDP 대비 4.75%에 달하는 심각한 수준으로 대외 신뢰도를 크게 떨어뜨렸다. 여기에 과도한 단기 외채 의존으로 외환 유동성이 취약해졌고, 원화 가치가 고평가되면서 수출 경쟁력이 약화되었다. 또한 대기업들의 방만한 투자와 연쇄 부도, 특히 한보철강 부도는 금융 불안을 심화시켰다. 국제 유가와 원자재 가격 상승까지 겹치면서 적자 구조는 더욱 고착화되었다.

결국 외환보유액은 빠르게 고갈되었고, 대외 신뢰 상실과 금융 불안이 맞물리면서 1997년 11월 외환위기로 폭발했다. 요약하면, 외환위기 직전 한국 경제는 지속된 경상수지 적자, 단기 외채 의존, 원화 고평가, 대기업 부실, 국제 원자재 가격 상승이라는 복합적 요인 속에서 대외 충격에 극도로 취약한 상태였으며, 이러한 구조적 문제들이 위기를 불러온 직접적 배경이 되었다.

• 금융실명제 등 개혁과 세계화

김영삼 대통령은 집권 초기부터 강력한 개혁 의지를 보였다. 그는 "윗물이 맑아야 아랫물이 맑다"는 신념 아래, 공직자들이 먼저 부패 척결에 앞장서야 한다고 강조했다. 이를 실천하기 위해 정치자금 수수 금지를 선언하고, 공직자 재산등록제를 도입했다. 이 제도는 국회의원을 포함한 고위공직자들의 재산을 투명하게 공개하도록 의무화함으로써, 한국 사회의 고질적인 부패 구조를 개선하는 데 큰 역할을 했다. 가장 상징적인 개혁은 1993년 8월 12일에 단행된 금융실명제로 긴급명령을 통해 전격적으로 시행했다. 가명·차명 거래를 원천적으로 차단하고 금융거래를 실명으로만 할 수 있도록 만든 한국 금융역사상 최대의 제도적 전환이었다. 이는 기존 금융경제질서를 단숨에 뒤흔든 '사건'으로 평가된다.

1980년대 초 이철희·장영자 어음사기 사건 이후 두 차례나 실명제 도입이 시도되었지만, 금융시장 위축 우려와 정치권·대기업의 반발로 번번이 무산되었다. 이런 상황에서 김영삼 대통령은 기습적으로 실명제를 단행했고, 이러한 전격 시행이 아니었다면 또다시 실패했을 것이라는 평가도 뒤따랐다. 실명제 시행 후 정부는 두 달간 실명 전환 기간을 운영했다. 그 결과 금융기관의 가명계좌에 있던 2조 8천억 원 중 96%가 실명으로 전환되었고, 차명계좌 27만여 개도 실명으로 바뀌었다. 초기에는 금융시장에 충격이 있었지만, 주가지수와 현금통화량 등 주요 지표는 비교적 빠르게 안정세를 되찾았다.

금융실명제는 이후 금융실명제법, 특정금융거래보고법(FIU법), 범죄수익은닉규제법 등 후속 법률 제정으로 보완되며 제도적 기반을 강화했다. 이러한 변화는 정치권의 부패 자금, 기업의 비자금 문제를 줄이는 데 큰 영향을 미쳤고, 한국 금융의 투명성을 높이는 계기가 되었다. IMF 외환위기 과정에서 일부 후퇴가 있었다는 지적도 있지만, 금융실명제는 김영삼 정부의 대표적 개혁이자 한국 경제·정치의 투명성을 높인 중요한 전환점으로 평가된다.[292]

부동산 거래 실명제는 1995년 김영삼 정부가 금융실명제의 성공을 기반으로 추진한 두 번째 핵심 개혁 조치였다. 이 제도는 부동산 거래를 반

---

292) 〈금융실명 20년〉 금융개혁 이끈 실명제… 성과와 한계. 연합뉴스. 2013. 8. 6.

드시 실제 매매 당사자의 이름으로만 할 수 있도록 하고, 다른 사람 명의로 등기한 부동산에 대해서는 법적 보호를 인정하지 않겠다는 강력한 원칙을 담고 있었다. 이는 차명 거래를 통해 탈세·탈법을 일삼거나 부동산 투기를 조장하던 관행을 근본적으로 차단하려는 목적에서 도입되었다.

실명제가 추진된 배경에는 1994년 헌법재판소의 토지초과이득세 헌법불합치 판정 이후 부동산 시장이 다시 불안정해질 것이라는 우려가 있었다. 경기 상승, 사회간접자본 투자 확대, 지방자치단체장 선거, 해외 단기 자본 유입 등 여러 요인이 겹치며 1995년부터 부동산 투기가 재연될 가능성이 높아졌기 때문이다. 실제로 토지전산망이 시험 가동된 뒤, 이를 회피하기 위한 토지 증여나 명의신탁 해지 같은 편법 거래가 급증하는 현상도 나타났다. 또한 부동산 정보 관리 체계가 등기소, 지적부서, 지방정부의 토지·건축물대장, 과세대장, 주택전산망 등으로 분산되어 있어, 실소유자 정보가 정확하지 않으면 정책의 실효성을 확보하기 어려운 구조였다. 등기부가 모든 부동산 정보의 출발점이 되는 만큼, 실체적 권리관계를 정확히 반영하는 것이 필수적이었다.

금융실명제와 함께 시행된 부동산실명제는 한국사회의 지하경제를 양성화하고, 자산 형성과 거래의 투명성을 확보하는 데 큰 역할을 했다. 거래 행위와 실제 소유자를 일치시키면서 탈세 가능성을 크게 낮추었고, 부동산 시장의 공정성과 신뢰성을 높이는 데 기여했다. 이 제도는 단순한 행정 개혁을 넘어, 한국 경제의 구조적 문제를 바로잡는 획기적인 전환점으로 평가받는다.[293] 김영삼 정부는 또한 군부의 정치 개입을 차단하기 위해 군 내 사조직인 하나회를 해체했고, 과거 군사정권의 책임을 묻는

---

293) 박지웅 등. 『세금, 알아야 바꾼다』. 메디치. 2018. p194~195.

역사 바로 세우기 작업도 단행했다. 전두환·노태우 전 대통령을 구속하고, 5·16 군사정변을 쿠데타로 규정하는 등 민주주의의 원칙을 확립하려는 노력이 이어졌다.

경제적으로는 '세계화'를 국정 철학으로 내세우며 시장 개방과 금융 자유화를 추진했다. 1995년 WTO 가입, 농산물 시장 개방, 기업 회계 기준 국제화 등이 그 일환이었다. 김영삼 정부의 세계화 정책은 1990년대 중반 한국이 국제사회에서 선진국으로 도약하는 데 중요한 전환점이 되었다. 그는 "고립을 자초할 것인가, 아니면 세계로 나갈 것인가"라는 질문을 던지며, 개방과 진출을 통해 한국의 경쟁력을 높이겠다는 의지를 천명했다. 이러한 세계화 전략은 단순한 경제 개방을 넘어 정치적 슬로건이자 통치 철학으로 작동했다.

1994년 11월, 김영삼 대통령은 아시아 태평양 경제협력체(APEC) 정상회담 참석차 시드니를 방문한 자리에서 세계화 구상을 전격 발표했다. 당시 소련 붕괴 이후 세계적으로 확산되던 글로벌라이제이션 흐름과 맞물려 시의적절한 전략으로 받아들여졌다. 그러나 김영삼이 말한 세계화는 일반적인 의미의 '국경 없는 무한경쟁'이 아니라, 한국 중심의 능동적 개방과 자주적 발전을 강조한 것이었다. 그는 한국이 세계 시장에 적극적으로 진출해야 한다고 주장하면서도, 외국 자본의 유입은 최소화하려는 '일방통행식 세계화'를 추구했다. 하지만 세계화 정책은 한계를 지니고 있었다. 세계화의 개념이 명확하지 않아 정부 내에서도 혼란이 있었고, 구체적인 실행 전략이 부족했다. 외국 자본에 대한 경계심은 세계 시장 진출이라는 구호와 모순되었으며, 재벌 중심의 경제 구조나 금융 시스템의 취약성은 충분히 개선되지 않았다. 이러한 구조적 문제는 이후 1997년 외환위기의 단초가 됐고, 국제통화기금(IMF)에 구제금융을 요청하는 사태로 이어졌다.

• CDMA 상용화와 휴대전화 확산

우리나라 정보통신산업은 1970년대 후반부터 빠른 속도로 성장하며 세계적 수준을 따라잡았다. 개인용 PC가 1978년에 처음 개발되고 1981년 IBM이 양산을 시작했는데, 불과 2년 뒤인 1983년 삼성반도체가 국내에 개인용 PC를 보급하기 시작하였다. 통신산업에서는 유선전화 도입이 늦었던 반면, 무선통신 분야에서는 세계적 수준을 빠르게 추격하였다. 1991년 인터넷이 처음 보급된 이후 몇 년 지나지 않아 우리나라는 초고속 인터넷망을 구축하기 시작하였고, 정보화 사회로의 진입을 크게 앞당겼다.

또한 삼성반도체가 세계 최초로 256M D램을 개발하면서 반도체 분야를 비롯한 정보통신산업의 일부 영역에서 세계를 선도하는 위치에 올랐다. 이어 TDX 교환기와 CDMA(코드분할다중접속) 기술 등은 한국 정보통신산업의 선도적 역할을 보여주는 대표적인 성과였다. 이처럼 정보통신산업이 빠르게 성장할 수 있었던 데에는 정부의 적극적인 지원이 큰 역할을 했다. 1994년 정보통신부가 설립되어 초고속 인터넷망인 국가정보화 고속도로 건설을 주도하였고, 정보화촉진기금을 마련하여 IT 분야에 재투입함으로써 정보통신산업을 국가의 대표적인 신기술산업이자 성장동력으로 발전시키는 데 기여하였다.[294]

대한민국 이동통신의 발달 과정은 기술 혁신과 사회 변화가 맞물려 이뤄진 눈부신 진화의 역사다. '삐삐'에서 시작해 5G까지 이어지는 흐름은 단순한 통신 수단의 발전을 넘어, 국민 생활과 산업 구조를 바꾸는 결정적 역할을 해 왔다. 1982년 무선호출기, 일명 '삐삐'가 등장하면서 이동 중

---

294) 한국경제60년사 편찬위원회. 『한국경제 60년사: 총괄편』. 한국개발연구원. 2010. p139~140.

에도 연락을 받을 수 있는 시대가 열렸다. 초기에는 고가였기 때문에 수사관, 기자 등 특정 직업군의 전유물이었지만, 1990년대 들어 가격이 낮아지면서 학생과 주부까지 대중적으로 확산되었다. 삐삐는 음성사서함 서비스와 함께 인사말 녹음, 배경음악 삽입 등 문화적 유행을 낳았고, 공중전화 부스는 메시지를 확인하려는 사람들로 붐비기도 했다. 삐삐의 인기에 힘입어 1990년대 중반에는 '씨티폰'이 등장했다. 발신만 가능한 이동전화로, 공중전화 요금으로 통화할 수 있었지만 수신이 되지 않는다는 한계가 있었다. 삐삐에 연락처가 찍히면 씨티폰으로 전화를 거는 방식이 유행했지만, 2000년 1월 발신과 수신이 모두 가능한 휴대전화가 상용화되면서 씨티폰은 시장에서 퇴출되었다.

1996년 한국은 세계 최초로 코드분할다중접속(CDMA)방식의 디지털 이동통신을 상용화했다. 기존 아날로그 방식보다 통화 품질이 뛰어나고 데이터 전송 용량이 10배 이상 많아, 통신 기술의 획기적인 전환점이 되었다. 이후 1997년에는 개인휴대통신(PCS)가 등장하면서 휴대전화가 본격적으로 대중화되었다.

CDMA 개발 과정은 단순한 기술 도입을 넘어, 미래를 내다본 과감한 투자와 협력의 결과였다.[295] 1980년대 후반, 한국은 미국 AT&T의 기술을 기반으로 아날로그 이동통신을 시작했지만, 통화 품질과 수용 능력에서 점차 한계를 드러냈다. 이에 따라 정부와 이동통신 기업들은 2세대 디지털 이동통신 기술 개발을 추진하게 됐다. 당시 세계적으로는 시분할다중접속(TDMA) 방식이 디지털 이동통신의 표준으로 자리 잡고 있었고, 이미 미국과 유럽에서 상용화에 성공한 상태였다. 반면 CDMA는 퀄컴이라

---

295) 그레고리 포코니 등.『세계가 놀란 한국의 과학기술』 ㈜ 자음과 모음. 2016. p198~201.

는 미국의 벤처기업이 개발한 기술로, 상용화된 사례가 없었고 시장의 관심도 낮았다.

한국은 쉬운 길을 택해 TDMA를 도입할 수도 있었지만, 그렇게 되면 기존 강자들에게 종속될 수밖에 없다는 판단 아래 CDMA를 선택했다. CDMA는 기술적으로 TDMA보다 우수했고, 아직 상용화된 나라가 없다는 점은 한국이 기술 종주국이 될 수 있는 기회로 작용했다. 그러나 이 선택은 많은 반대에 부딪혔다. 검증되지 않은 기술에 투자하는 것은 위험 부담이 크다는 의견이 많았고, 국제적으로 고립될 수 있다는 우려도 있었다.

그럼에도 불구하고 정부와 민간 기업은 협력하여 기술 개발에 총력을 기울였다. 한국전자통신연구원에서 CDMA 통화에 성공한 이후에도, 실험실 수준의 기술을 대규모로 상용화하는 과정은 또 다른 도전이었다. 마침내 1996년 1월, SK텔레콤이 세계 최초로 CDMA 이동통신 상용 서비스를 시작하면서 한국은 기술 선도국으로 발돋움하게 됐다. 초기에는 미국산 단말기를 사용했지만, 같은 해 LG전자와 삼성전자가 국산 CDMA 휴대폰을 출시하면서 단말기 시장에서도 빠르게 자립하게 됐다.

이후 3세대 이동통신 시대로 접어들면서 CDMA 기술의 우수성이 더욱 부각되었고, 미국과 유럽도 차세대 기술로 CDMA를 채택하기 시작했다. 한국은 CDMA 상용화를 일찍 시작한 덕분에 관련 기술과 경험에서 앞서 있었고, 이동통신 산업의 성장과 제품 수출의 급증으로 이어졌다. 오늘날 세계 곳곳에서 한국산 휴대폰과 스마트폰을 사용하는 모습을 볼 수 있는 것은 당시의 과감한 선택과 투자가 만들어낸 결과다. 더불어 통신사 간 가격 경쟁이 치열해지면서 100만 원대였던 휴대전화 가격은 20만~30만 원대로 낮아졌고, 가입자 수는 급증했다. 1996년 318만 명이던 가입자는 1998년 1000만 명, 1999년 2000만 명, 2002년 3000만 명을 돌파했고,

  한국·한국인·한국사회 뉴스로 읽다 ①

2006년에는 4000만 명을 넘어섰다. 2010년 말에는 가입자 수가 5076만 명에 달해 전체 인구를 초과했다.

2000년대 이후 대한민국의 이동통신 기술은 스마트폰의 보급과 함께 세대별로 눈부신 발전을 거듭해왔다. 2002년부터 상용화된 3세대(3G) 이동통신은 유심칩 도입과 함께 음성 통화와 문자뿐 아니라 인터넷 접속과 영상통화 등 멀티미디어 기능을 가능하게 하며 스마트폰 시대의 문을 열었다. 단순한 통신 수단을 넘어 정보 접근성과 소통 방식을 획기적으로 변화시켰다. 2011년부터 본격적으로 도입된 4세대 LTE(Long Term Evolution)는 데이터 전송 속도를 비약적으로 향상시켜 유튜브, 넷플릭스 등 스트리밍 기반 산업의 성장을 견인했다. 고속 인터넷 환경이 일상화되면서 모바일 콘텐츠 소비가 폭발적으로 증가했고, 스마트폰은 단순한 통신 기기를 넘어 생활의 중심 플랫폼으로 자리 잡았다.

2019년부터 상용화된 5세대(5G) 이동통신은 초고속, 초저지연, 초연결이라는 특징을 바탕으로 자율주행, 인공지능(AI), 사물인터넷(IoT) 등 4차 산업혁명의 핵심 인프라로 자리매김했다. 5G는 단순한 개인 통신을 넘어 산업 전반의 디지털 전환을 가속화하며, 대한민국을 세계적인 통신 기술 선도국으로 부상시키는 데 기여하고 있다. 이처럼 대한민국의 이동통신 기술은 세대별로 진화를 거듭하며 국민 생활의 질을 높이고, 산업과 사회 전반에 걸쳐 혁신을 이끌어왔다. 대한민국의 이동통신은 단순한 기술 발전을 넘어, 국민의 생활 방식과 산업 구조를 바꾸는 핵심 동력으로 작용해왔다. 삐삐와 씨티폰에서 시작된 개인 통신의 시대는 CDMA 상용화로 세계적 기술 리더십을 확보했고, 스마트폰과 5G 시대를 거치며 디지털 사회의 중심축으로 자리 잡았다. 이제는 6G를 향한 준비가 시작되며, 또 다른 통신 혁신의 시대를 예고하고 있다.

개인 휴대 전화의 증가는 공중전화 사용률 급감으로 이어졌다. 공중전화는 한때 일상생활에서 빼놓을 수 없는 중요한 통신 수단이었다. 특히 1980~90년대에는 다양한 사건과 사고의 배경이 되기도 했다. 1990년 8월, 서울의 한 공중전화 부스에서는 통화를 빨리 끝내달라는 요청에 격분한 20대 청년이 흉기를 휘둘러 상대 여성을 살해하는 충격적인 사건이 발생했다. 당시 공중전화 이용 수요가 폭발적으로 증가하면서 대기 시간이 길어지고, 시민 간 갈등이 심화된 사회적 현상을 보여주는 사례였다. 1992년에는 공중전화 부스의 유리창이 깨지거나 전화기가 파손되는 사례가 전국적으로 빈번하게 발생했다. 한 해 동안 47만 건에 달하는 파손이 접수되었고, 수리 비용만 18억 원에 달해 이는 공중전화 1,800대를 새로 설치할 수 있는 금액에 해당했다. 불량 동전이나 실을 달아 회수하려는 방식 등 부정 사용도 적지 않았다. 또한 공중전화 부스에 갇히는 사고도 종종 발생했다. 1990년대에는 술에 취한 남성이 공중전화 부스에 들어갔다가 문이 닫혀 갇히는 일이 있었고, 이를 119에 신고했지만 장난전화로 오인되는 사례도 있었다. 심지어 수십 년 만에 초등학교 동창에게 연락해 도움을 요청하는 해프닝도 벌어졌다.[296]

1902년 서울과 인천 사이에 전화소가 설치되면서 일반 백성들도 공중전화를 사용할 수 있는 길이 열렸다. 당시에는 교환원이 동전 소리를 듣고 통화를 연결해주는 방식이었고, 요금은 5분에 50전 정도였다. 이후 1903년에는 서울 마포, 도동, 시흥, 경교 등지에 전화소가 설치되며 초기 공중전화의 형태가 자리 잡았다. 1954년 8월 16일, 국내 최초의 공중전화 서비스가 시작되었는데, 전화국이나 우편국에서 관리인이 돈을 받고 전

296) [팩트체크] '한국인의 추억' 공중전화가 거리서 사라진다?. 연합뉴스. 2025. 1. 17.

화를 쓰게 하는 방식이었다. 같은 해 자동식 관리공중전화 제도가 도입되었고, 탁상형 흑색 전화기가 사용되었다. 1962년에는 동전을 넣는 무인 공중전화기가 등장하면서 누구나 거리에서 자유롭게 통화할 수 있는 시대가 열렸다.

1970년대에는 다양한 형태의 공중전화기가 등장했고, 1978년에는 시외통화가 가능한 DDD 공중전화기, 일명 '노랑전화기'가 도입되었다. 1986년 서울올림픽을 앞두고 카드 공중전화가 보급되면서 공중전화는 더욱 편리해졌다. 1990년대에는 삐삐와 함께 공중전화가 시민들의 필수 통신 수단으로 자리 잡았다. 번화가나 터미널 앞에는 수십 대의 공중전화가 설치되었고, 줄을 서거나 시비가 붙는 일도 흔했다. 그러나 휴대전화가 등장하면서 공중전화의 시대는 빠르게 저물었다. 1998년 7,800억 원에 달하던 매출은 2001년 3,400억 원으로 반토막이 났고, 2007년에는 650억 원으로 줄어들며 운영 적자가 발생했다.[297]

1999년 56만 대였던 공중전화는 이후 급격히 줄어들어, 2023년에는 약 2만5천 대 수준으로 감소했다. 하루 평균 1대당 이용자는 1명 미만이며, KT는 공중전화 운영에서 지속적인 적자를 내고 있다. 그럼에도 불구하고, 공중전화는 「전기통신사업법」상 국민에게 제공해야 하는 '보편적 서비스'로 규정되어 있어 법이 개정되지 않는 한 완전히 사라지지는 않는다. 재난·재해 시 무선망이 마비될 경우를 대비해 유선망인 공중전화는 여전히 중요한 역할을 할 수 있다. 실제로 2018년 KT 아현지사 화재 당시 일부 공중전화는 정상 작동하며 통신망 복구에 기여했다. 공중전화 부스는 점차 줄어들고 있지만, 일부는 Wi-Fi 공유기, 충전소, 미세먼지 측정기

---

297) 사랑의 메신저 공중전화·우체통 너 어디갔니. 한겨레21. 2009. 1. 8.

등 다양한 용도로 재활용되고 있다.

• 인터넷 신문 등장

1980년대 후반부터는 언론 환경이 점차 변화하기 시작했다.[298] 1987년
6·29 선언 이후 언론 자유가 확대되면서 등록 신문 수가 급증했다. 전국
일간지는 30개 수준에서 65개로 늘었고, 1991년에는 112개를 돌파했다.
조선일보는 발행 면수를 늘려 1992년에는 32면까지 확대했다. 이 시기에
는 재벌과 종교 자본이 언론에 진입했고, 국민주 공모 방식으로 한겨레가
창간되었다. 정부의 통제가 약화되면서 신문사 간 경쟁은 더욱 치열해졌
지만, 조선·동아·중앙·한국일보 등 4대 신문의 영향력은 여전히 강력
했고, 이들의 매출은 10년간 6배 이상 증가했다. 1990년대에 들어서면서
신문 산업은 급속히 성장했고, 과열 경쟁이 심화되었다. 대부분의 신문
이 석간에서 조간으로 전환되었으며, 1994년 기준 서울에서 발행되는 중
앙일간지가 전체 구독자의 73.2%를 차지할 정도로 중앙지의 시장 지배
력이 강화되었다. 이에 따라 지방 언론은 상대적 박탈감을 느끼게 되었
고, 지방 신문 난립과 사이비 언론의 광고 압박 문제가 대두되었다.

그러나 1990년대 중반 이후부터는 신문 열독 시간과 구독률이 점차 하
락세로 접어들었다. 1993년 국민의 하루 평균 신문 열독 시간은 42.8분
이었으나, 2013년에는 12.0분으로 급감했다. 구독률은 1986년 62%에서
1996년 69.3%로 증가했지만 이후 지속적으로 하락해 2013년에는 20.4%
에 불과했다. 종이신문을 읽는 사람의 비율도 2002년 82.1%에서 2013년
33.8%로 감소했고, 하루 동안 신문을 전혀 보지 않는 인구는 65%를 넘었

---

298) 서울역사편찬원. 『서울 2천년사 37』현대 서울의 교육과 언론. 2016. p222~223.

다. 구독자의 90.6%가 서울에서 발행된 신문을 구독하는 등 중앙지 집중
현상은 더욱 심화되었다. 2022년 한국언론진흥재단 조사에 따르면, 종이
신문 열독률은 약 9.7%이며, 하루 평균 열독 시간은 약 3.3분이다. 신문
사별 신문 열독 점유율은 조선일보와 중앙일보, 동아일보 등 3개 신문이
50% 이상을 차지하는 것으로 나타났다.

　2008년 기준 등록된 일간지는 총 275개였으나, 2011년에는 243개로 소
폭 감소했다. 인터넷 종합신문과 주간지를 포함하면 전국적으로 1,342
개의 신문이 등록되어 있었으며, 서울의 종이신문 수는 1960년대 이후
11~14개 수준을 꾸준히 유지하고 있다. 문화체육관광부의 정기간행물
등록 현황을 보면 2025년 1월 31일 기준 국내에 등록된 인터넷신문은 1
만2천327개로 2015년(6천347개)의 2배 가까운 수준으로 늘었다. 같은 기
간 일반 일간신문이 292개에서 342개로, 잡지가 5천8개에서 5천911개로
증가한 것에 비하면 인터넷 신문이 압도적으로 증가한 셈이다. [299]

　1990년대 중반부터 시작된 한국의 인터넷 신문은 기존 오프라인 언론
의 디지털 전환과 독립적인 온라인 언론의 등장이라는 두 흐름을 중심으
로 발전해 왔다. [300] 한국에서 본격적인 인터넷 신문의 시작은 1995년 3
월 중앙일보가 아시아 최초로 인터넷을 통해 신문을 제공하면서 시작되
었다. 이어 같은 해 10월에는 조선일보가 '디지털 조선일보'를 설립했고,
1996년 9월에는 동아일보가 '마이다스 동아'라는 인터넷 서비스를 시작
하면서 주요 일간지들이 경쟁적으로 온라인 진출을 시작했다. 이후 방송
사와 잡지사, 지방지 등도 인터넷 서비스를 도입하며 2000년대 초반에는
대부분의 언론매체가 인터넷으로 진출하게 되었다.

---

299)　10년 새 2배로 늘어난 인터넷신문…뉴스 생산 기반은 취약. 연합뉴스. 2025. 2. 2.
300)　서울역사편찬원. 『서울 2천년사 37』 현대 서울의 교육과 언론. 2016. p420~421.

1997년부터는 기존 오프라인 언론과는 별도로 독립적인 인터넷 신문사들이 등장하기 시작했다. 초기에는 기존 언론의 뉴스 콘텐츠를 단순히 옮겨 놓는 방식이었지만, 점차 자체 기자와 시민기자를 확보하고 독자적인 취재와 콘텐츠 생산을 통해 독립 언론으로 성장했다. 이들은 전문 분야에 집중하거나 틈새시장을 공략하며 차별화된 전략으로 발전해 나갔다. 초창기 독립 인터넷 신문은 사회풍자와 패러디를 중심으로 시작되었으며, 대표적인 사례로는 1998년 서비스를 시작한 〈딴지일보〉가 있다. 〈딴지일보〉는 조선일보와 보수정당을 패러디하며 대중의 관심을 끌었고, 대안언론으로서 가능성을 보여 주었다. 당시 열악한 자본과 조직 여건 속에서도 금융, 증권, 교육, 정보통신, 시민운동 등 전문화된 영역을 중심으로 활동하며 웹진 수준의 서비스를 제공했다.

2000년대에 들어서면서 인터넷신문은 새로운 전환기를 맞이했다. 정보통신기술의 발전과 저널리즘의 결합으로 전문화된 인터넷 뉴스 서비스가 등장했고, 대표적으로 정보통신 산업을 다룬 〈아이뉴스24〉, 경제금융 중심의 〈머니투데이〉와 〈이데일리〉 등이 있다. 이들은 기존 미디어와 차별화된 콘텐츠를 제공하며 전문 언론으로 자리 잡았다. 또한 인터넷 기반 종합지로서 〈오마이뉴스〉와 〈프레시안〉의 등장은 인터넷 신문의 지형을 크게 바꾸었다. 〈오마이뉴스〉는 2000년 2월 22일 "모든 시민은 기자다"라는 모토 아래 출범하여 시민기자가 직접 뉴스 생산에 참여하는 방식으로 언론 환경에 근본적인 변화를 일으켰다. 시민기자들의 활약은 다양한 특종 보도를 가능하게 했고, 〈오마이뉴스〉는 기동성과 참여성을 기반으로 성장했다. 〈프레시안〉은 속보 중심의 인터넷신문과 달리 분석적이고 심층적인 기획보도를 중심으로 발행되며 종합지 형태의 인터넷신문의 새로운 모델을 제시했다.

특히 포털 사이트의 뉴스 서비스가 빠르게 성장하며 디지털 뉴스 유통의 중심으로 자리 잡았다. 포털 뉴스의 시작은 1998년 야후코리아가 언론사로부터 뉴스를 받아 첫 화면에 뉴스 박스를 마련하면서였다. 이어 2000년 네이버가 제휴 언론사 15곳의 뉴스를 시간대별로 제공하는 '네이버 뉴스' 서비스를 시작했고, 2001년부터는 메인 페이지에 뉴스를 게시하며 본격적인 뉴스 플랫폼으로 발전했다. 2003년에는 미디어다음이 출범하면서 포털 뉴스 경쟁 구도가 형성되었다. 초기 포털 뉴스는 9·11 테러, 월드컵, 대통령 선거 등 대형 사회적 사건을 계기로 급격히 성장했고, 이후 네이버와 다음이라는 양대 포털이 디지털 뉴스 유통을 주도하는 흐름이 20년 이상 지속되었다.[301]

1980년부터 1996년까지의 대한민국은 경제적 고도성장과 정치적 민주화, 그리고 세계화의 흐름 속에서 중대한 전환기를 맞이한 시기였다. 1980년대 초반, 한국은 '3저 호황'이라 불리는 저유가·저달러·저금리의 세계 경제 환경 속에서 수출이 급증하고 물가가 안정되는 '한 자릿수 물가 시대'를 경험했다. 이러한 경제적 안정은 기술 자립과 첨단 산업 육성으로 이어졌으며, 반도체 산업과 독자 엔진 개발을 통해 산업 구조가 고도화되었다. 동시에 정보화가 확산되며 '1가구 1전화 시대'가 도래했고, 도시화와 함께 아파트 투기 열풍이 불면서 정부는 '200만 호 건설 계획'을 추진해 주거 문제 해결에 나섰다. 이 시기 노동자들의 권리 의식도 높아져 1987년에는 전국적인 '노동자 대투쟁'이 벌어졌고, 민주화 운동과 맞물려 사회 전반에 큰 영향을 미쳤다. 정치적으로는 1987년 6월 항쟁을 통해 대통령 직선제가 도입되며 권위주의 체제에서 민주주의로의 전환이

---

301) 이창재. 『AI도 혹하는 뉴스』. 좋은땅. 2025. p519.

본격화되었다. 이념적 논쟁이 활발해졌고, 유흥문화와 스포츠 산업이 성장하면서 대중문화의 기반도 형성되었다.

1990년대에 들어서면서 한국은 문민정부 출범과 함께 정치적 문민화를 이루었고, '세계화'를 국가 전략으로 채택하며 금융실명제와 같은 개혁 정책을 추진했다. 과학기술 분야에서는 G7 프로젝트를 통해 기술 개발이 본격화되었고, 세계 최초로 CDMA 방식의 휴대전화가 상용화되면서 정보통신 혁신이 이루어졌다. 인터넷 신문의 등장도 이 시기의 정보 유통 방식 변화의 한 단면이었다. 외교적으로는 냉전 종식 이후 북방외교를 통해 중국, 소련 등 공산권 국가들과 외교 관계를 수립하며 외교 지평을 넓혔고, 1996년에는 OECD 가입을 통해 대한민국이 선진국 문턱에 도달했음을 세계에 알렸다. 이처럼 1980년부터 1996년까지의 시기는 대한민국이 산업화의 성과를 바탕으로 민주주의를 정착시키고, 세계화와 정보화의 물결 속에서 선진국으로 도약하기 위한 기반을 마련한 '성취의 시간'이었다.

한국·한국인·한국사회
뉴스로 읽다 [1]

ⓒ 이창재, 2026

초판 1쇄 발행 2026년 3월 31일

지은이   이창재
펴낸이   이기봉
편집   좋은땅 편집팀
펴낸곳   도서출판 좋은땅
주소   서울특별시 마포구 양화로12길 26 지월드빌딩 (서교동 395-7)
전화   02)374-8616~7
팩스   02)374-8614
이메일   gworldbook@naver.com
홈페이지   www.g-world.co.kr

ISBN   979-11-388-5844-1 (04300)
       979-11-388-5843-4 (세트)

• 가격은 뒤표지에 있습니다.
• 이 책은 저작권법에 의하여 보호를 받는 저작물이므로 무단 전재와 복제를 금합니다.
• 파본은 구입하신 서점에서 교환해 드립니다.